PENGUIN
COMPANHIA DAS LETRAS

ESSENCIAL CELSO FURTADO

CELSO FURTADO nasceu em Pombal, Paraíba, em 1920. Estudou direito na Universidade do Brasil e doutorou-se em economia na Universidade de Paris (1948). Fez estudos de pós-graduação na Universidade de Cambridge. Foi diretor da Divisão de Desenvolvimento Econômico (1949-57) da Comissão Econômica para a América Latina (Cepal), no Chile; criador e primeiro superintendente da Superintendência do Desenvolvimento do Nordeste/Sudene (1958-64); primeiro ministro do Planejamento do Brasil (1962-3). Em 1964, cassado pelo golpe militar, instalou-se na França, onde foi por vinte anos professor de economia da Universidade de Paris-I/Sorbonne, tendo lecionado também nas universidades de Yale, Columbia, American University e Cambridge. Foi ministro da Cultura do Brasil (1986-8). Publicou cerca de trinta livros, majoritariamente sobre teoria, história e política econômicas, traduzidos numa dúzia de idiomas. Faleceu no Rio de Janeiro em novembro 2004.

ROSA FREIRE D'AGUIAR nasceu no Rio de Janeiro. Formou-se em jornalismo pela PUC do Rio de Janeiro. Nos anos 1970 e 1980 foi correspondente em Paris das revistas *Manchete* e *IstoÉ* e do *Jornal da República*. Em 1986 retornou ao Brasil e desde então trabalha no mercado editorial. Traduziu do francês, espanhol e italiano cerca de cem títulos nas áreas de literatura e ciências humanas, de autores como Céline, Lévi-Strauss, Sabato, Balzac, Montaigne e Stendhal. É autora de *Memória de tradutora* (2004) e editora da coleção Arquivos Celso Furtado (Contraponto/Centro Celso Furtado), na qual já publicou cinco títulos. Entre os prêmios que recebeu estão o da União Latina de Tradução Técnica e Científica (2001) por *O universo, os deuses, os homens*, de Jean-Pierre Vernant, e o Jabuti (2009) por *A elegância do ouriço*, de Muriel Barbery, ambos da Companhia das Letras. É presidente do Conselho Deliberativo do Centro Internacional Celso Furtado.

CARLOS BRANDÃO é professor do Instituto de Pesquisa e Planejamento Urbano e Regional da UFRJ. Suas atividades de docência, pesquisa e extensão se concentram na área do Desenvolvimento Socioeconômico e do Planejamento Urbano e Regional. É doutor, livre-docente e professor titular de economia pela Unicamp. Seu mestrado foi defendido na UFMG e seu pós-doutorado, no Centro de Estudos Sociais da Universidade de Coimbra. É, ainda, coordenador do site <www.interpretesdobrasil.org> e do Observatório Celso Furtado para o Desenvolvimento Regional, vinculado ao Centro Internacional Celso Furtado de Políticas para o Desenvolvimento.

ESSENCIAL CELSO FURTADO

Organização, apresentação e notas de
ROSA FREIRE D'AGUIAR

Prefácio de
CARLOS BRANDÃO

PENGUIN
COMPANHIA DAS LETRAS

Grafia atualizada segundo o Acordo Ortográfico da Língua Portuguesa de 1990, que entrou em vigor no Brasil em 2009.

Published by Companhia das Letras in association with Penguin Group (USA) Inc.

PROJETO GRÁFICO PENGUIN-COMPANHIA
Raul Loureiro, Claudia Warrak

PREPARAÇÃO
Andressa Bezerra Corrêa

REVISÃO
Huendel Viana
Jane Pessoa

Dados Internacionais de Catalogação na Publicação (CIP)
(Câmara Brasileira do Livro, SP, Brasil)

Essencial Celso Furtado / organização, apresentação e notas de Rosa Freire d'Aguiar. — 1ª ed. — São Paulo: Penguin Classics Companhia das Letras, 2013.

ISBN 978-85-63560-71-1

1. Condições econômicas 2. Desenvolvimento econômico 3. Política econômica 4. Furtado, Celso, 1920-2004 I. D'Aguiar, Rosa Freire II. Brandão, Carlos.

13-04515 CDD-330.9

Índice para catálogo sistemático:
1. História econômica 330.9

[2013]

EDITORA SCHWARCZ S.A.
Rua Bandeira Paulista, 702, cj. 32
04532-002 — São Paulo — SP
Telefone: (11) 3707-3500 Fax: (11) 3707-3501
www.penguincompanhia.com.br
www.companhiadasletras.com.br
www.blogdacompanhia.com.br

Sumário

Apresentação — Rosa Freire d'Aguiar 7

Prefácio — Carlos Brandão 19

ESSENCIAL CELSO FURTADO

TRAJETÓRIAS
Aventuras de um economista brasileiro 35
Entre inconformismo e reformismo 53
A Comissão Econômica para a América Latina 84
O verdadeiro desenvolvimento 107

PENSAMENTO ECONÔMICO
Teoria
Elementos de uma teoria do subdesenvolvimento 113
Interação entre decisões e estruturas 141
Alienação do poder econômico 153
O mito do desenvolvimento econômico 167
Subdesenvolvimento e dependência: as conexões fundamentais 176
O desenvolvimento do ponto de vista interdisciplinar 197
A crise econômica contemporânea 236
O subdesenvolvimento revisitado 251
A superação do subdesenvolvimento 276

História
Os mecanismos de defesa e a crise de 1929 287
A estrutura agrária no subdesenvolvimento brasileiro 298

PENSAMENTO POLÍTICO
A Operação Nordeste 337
O Nordeste: reflexões sobre uma política alternativa de desenvolvimento 362
Nova concepção do federalismo 377
Reflexões sobre a pré-revolução brasileira 386
Obstáculos políticos ao crescimento brasileiro 405
O novo quadro internacional 428
Para onde caminhamos? 435
Globalização e identidade nacional 439
Metamorfoses do capitalismo 450

CULTURA, CIÊNCIA, ECONOMISTAS
Acumulação e criatividade 461
Reflexões sobre a cultura brasileira 473
Ciência para quê e para quem? 482
A responsabilidade dos cientistas 488
A formação do economista em país subdesenvolvido 494
Objetividade e ilusionismo em economia 501
Tábua de matéria sugerida 508

Cronologia 521

Apresentação

ROSA FREIRE D'AGUIAR

Organizar uma coletânea sobre Celso Furtado pressupõe reunir temas aparentemente distantes mas que, justapostos, vão se encaixando na visão global que marca sua obra, múltipla por excelência. Celso chegou ao Rio de Janeiro em 1939, aos dezenove anos, para cursar a faculdade de direito. Ganhou a vida, inicialmente, como jornalista na *Revista da Semana*, na qual escrevia sobre assuntos nacionais e internacionais. Aos 22 anos, aprovado no concurso de técnico de administração do Departamento de Administração do Serviço Público (Dasp), ensaiou os primeiros artigos teóricos que, à distância, parecem o embrião do que viria a ser um de seus objetos privilegiados de estudo: o planejamento.

Até o último texto, escrito duas semanas antes de morrer, em 20 de novembro de 2004, foram seis décadas de uma produção constante, com mais de trinta títulos publicados numa dúzia de línguas, e dezenas de artigos. Com o tempo, o leque de reflexões — senão paixões — foi se ampliando. À problemática do subdesenvolvimento que esteve no centro de suas preocupações na Comissão Econômica para a América Latina (Cepal), acrescentou, ao assumir funções de governo a partir de 1958, a questão regional nordestina e o planejamento. Os anos do exílio são os mais fecundos de sua produção acadêmica. Suas tarefas universitárias juntam-se ao desafio de entender os rumos do Brasil e de uma conjuntura mundial em plena mutação, com o surgimento do que ele chamará de capitalismo pós-nacional e as transformações do Estado no novo quadro internacional. A moldura conceitual se expande em direção às outras ciências sociais, à cultura e à filosofia, num processo em que Celso cruza a todo instante as fronteiras nem sempre porosas das interdisciplinaridades. O retorno ao Brasil, depois da anistia, dá origem a trabalhos de política econômica, alguns muito combativos, tentativa de deslindar o cipoal em que o país se debatia entre a crise da dívida externa, a recessão, os estertores do regime militar e as premências da redemocratização. Depois desse momento conturbado, é como se Celso, que sempre sentiu uma espécie de responsabilidade visceral pelo destino do Brasil, aceitasse desfrutar de certo repouso para se dedicar a uma escrita mais amena, suas memórias. Mas já nos anos 1990 retomou os ensaios em que tratou, com a mesma privilegiada lucidez, embora em estilo mais decantado, os temas que lhe eram caros: o Brasil e sua inserção no mundo globalizado, o desenvolvimento em suas múltiplas dimensões, a social em primeiro lugar.

Toda coletânea tem um quê de subjetividade. O propósito desta é destacar quatro linhas que nos parecem essenciais no pensamento de Celso Furtado. De certa forma, a seleção foi feita a partir de indicações dele. Explicando melhor: Celso teve, em vida, duas antologias publicadas de sua obra, ambas para editoras de língua espanhola.[1] Consultado pelos organizadores, sugeriu artigos seus que julgava significativos. Essa pista foi valiosa. O subsídio mais estimulante, porém, foram suas cartas para editores, amigos e pesquisadores, em que ora comenta um artigo

1 *El subdesarrollo latinoamericano: Ensayos de Celso Furtado*. Org. de Óscar Soberón. México: Fondo de Cultura Económica, 1982; *Obras escogidas de Celso Furtado*. Org. de José Consuegra. Bogotá: Plaza&Janes, 1982.

recém-escrito, ora esclarece um ponto de sua contribuição teórica.

O eixo "Trajetórias", que abre este *Essencial*, reúne textos de cunho autobiográfico, em que sua lembrança remonta ao sertão paraibano, onde, na infância, ainda era real a presença do cangaço. "Aventuras de um economista brasileiro" foi escrito em Paris em março de 1972, a pedido da Unesco. Fazia sete anos que Celso estava na França. A truculência do governo Médici ecoava no exterior criando entraves de todo tipo aos exilados. Pouco tempo antes, o consulado brasileiro lhe negara a possibilidade de usar seu passaporte para ir a um congresso de historiadores em Leningrado, e o embaixador do Brasil nem sequer se dignou responder a uma carta do renomado historiador Fernand Braudel, amigo de Celso, pedindo que reconsiderasse a decisão. Não estranha um matiz de amargura que transpira nesse perfil.

Doze anos depois, foi o Banco Mundial que lhe encomendou longo artigo sobre sua trajetória intelectual, para o projeto Pioneiros do Desenvolvimento. Assim nasceu "Entre inconformismo e reformismo", que ele concluiu relatando as frustrações de um reformista. O terceiro texto, balanço dos quase dez anos que passou na Cepal desde sua criação, lhe foi encomendado em 1988 pela Universidade das Nações Unidas, mas nunca foi publicado. Tampouco o curto depoimento "O verdadeiro desenvolvimento", que Celso preparou para a XI Unctad, realizada em São Paulo em junho de 2004. Lá receberia uma homenagem do secretário-geral da ONU, Kofi Annan, mas por questões de saúde não pôde comparecer.

O núcleo mais relevante de sua obra é, evidentemente, o "Pensamento econômico", aqui subdvidido em teoria e história, cobrindo um período que vai de 1961 a 1994. A problemática do subdesenvolvimento é seu fulcro. Em suas palavras: "Se tivesse de singularizar uma ideia sintetizadora de minhas reflexões de economista sobre a história, diria que ela se traduz na dicotomia *desenvolvimento--subdesenvolvimento*, que utilizei como título do livro em que reuni meus primeiros ensaios de teoria econômica".[2]

É desse livro o ensaio "Elementos de uma teoria do subdesenvolvimento", primeira parte da monografia que apresentou em 1958 para o concurso à cátedra de economia política da faculdade de direito da Universidade do Brasil. O concurso não se realizou até Celso partir para o exílio, mas o ensaio se tornou um clássico por ter sido aí que ele esboçou sua teoria do subdesenvolvimento, mostrando que este se tratava de um processo histórico autônomo, resultante de estruturas específicas, e por isso mesmo merecendo interpretação teórica própria. O estudo do subdesenvolvimento era campo novo, o que talvez explique a repercussão do livro *Desenvolvimento e subdesenvolvimento*: lançado em julho de 1961, em setembro estava na segunda edição e ainda na lista dos mais vendidos, ao lado de *Os velhos marinheiros*, de Jorge Amado, e *O homem nu*, de Fernando Sabino.

Cinco anos depois, Celso lecionava desenvolvimento econômico e economia latino-americana na Sorbonne em Paris. Ressentia-se da oferta reduzida de livros sobre o desenvolvimento. A pedido de um editor francês, reescreve o livro de 1961 e publica, primeiro na França, *Teoria e política do desenvolvimento econômico*, hoje visto como um clássico do pensamento estruturalista. Por ele Celso tinha um carinho especial, vendo-o como provavelmente seu maior esforço intelectual. "Interação entre decisões e estruturas" é um de seus capítulos.

"O mito do desenvolvimento econômico", núcleo de um trabalho mais abrangente chamado "Tendências estruturais do sistema capitalista na fase das grandes empresas", foi exposto no curso sobre desenvolvimento que Celso deu na Universidade de Cambridge em 1973-4. Como muitos,

2 *Em busca de novo modelo*. São Paulo: Paz e Terra, 2002.

ele estava impressionado com o estudo feito pelo MIT para o Clube de Roma, quando pela primeira vez parecia claro que se todos os países adotassem os padrões de desenvolvimento dos países ricos, as consequências ecológicas levariam o mundo a um colapso. E, acrescentava Celso, a exclusão social seria aprofundada, privando a maioria da humanidade dos benefícios do desenvolvimento. Nesse sentido, concluía, o desenvolvimento era um mito, afirmação que suscitou — suscita até hoje — muita controvérsia. Ele esclareceria ao editor mexicano:

> Estou enviando um pequeno artigo abordando o problema de fundo do informe do Clube de Roma. Parece-me que as críticas feitas até agora não levam em conta que o mundo está dividido entre economias chamadas desenvolvidas e economias chamadas subdesenvolvidas, e que há uma diferença qualitativa entre os dois tipos de economia capitalista.[3]

Também em Cambridge escreveu outro texto de relevo em seu pensamento desses anos: "Subdesenvolvimento e dependência: as conexões fundamentais". Apresentado no seminário dedicado aos professores, a ele se referirá em diversas cartas. Ainda de Cambridge escreve ao economista Edmar Bacha: "Creio que aí pude expressar de forma mais clara algumas das ideias em que venho trabalhando há algum tempo. Claro que estou recebendo pedradas de todos os lados: tanto dos que se enquadram no paradigma marxista como dos que se narcotizam no paradigma equilibrista".[4]

Quase dez anos depois, expõe a Joseph Love, brasilianista da Universidade de Illinois:

3 Carta a Óscar Soberón, de 12 jul. 1973.
4 Carta a Edmar Bacha, de 16 jan. 1974.

> Em ["Subdesenvolvimento e dependência: as conexões fundamentais"] apresentei uma teoria da dependência que se afasta das simples afirmações doutrinárias, pois pode ser submetida a teste. O ponto de observação inicial é o seguinte: os países que se inserem no sistema de divisão internacional do trabalho como exportadores de produtos primários (em particular agrícolas) absorvem tecnologia mais rapidamente no nível dos produtos finais do que dos processos produtivos. A *modernização* é mais rápida do que o avanço nas técnicas produtivas. Portanto não se necessita adotar uma visão conspiratória da história para perceber os vínculos entre subdesenvolvimento e desenvolvimento.[5]

Outro trabalho de fôlego é "O desenvolvimento do ponto de vista interdisciplinar", que Celso via como "uma tentativa de visão global da teoria do desenvolvimento: seu quadro conceitual visto de uma perspectiva histórica".[6] Os dois ensaios dos anos 1990 — "O subdesenvolvimento revisitado" e "A superação do subdesenvolvimento" — são de síntese, em que as ideias brotam mais depuradas, numa hora de balanço do que foi esse mais de meio século pensando o desenvolvimento.

De seu livro mais conhecido, *Formação econômica do Brasil*, marcadamente de história econômica, aqui se inclui o capítulo "Os mecanismos de defesa e a crise de 1929", sobre a iniciativa do governo Vargas de queimar os estoques de café quando os preços internacionais despencaram, o que inesperadamente acabou mantendo a renda dos cafeicultores. Em outros estudos, Celso recorreu à história e à economia para explicar as raízes e estruturas do subdesenvolvimento — método conhecido como interpretação estruturalista do desenvolvimento. É o que

5 Carta a Joseph Love, de 22 dez. 1982.
6 Carta a Óscar Soberón, de 12 fev. 1978.

se pode verificar em "A estrutura agrária no subdesenvolvimento brasileiro", capítulo de *Análise do "modelo" brasileiro*, de 1972. Quando o enviou, por intermédio do irmão, ao editor carioca, Celso temeu que o livro fosse censurado: "A linguagem é sóbria e essencialmente técnica. Mas o assunto chama a atenção e os grandes editores, como o de São Paulo, podem querer submetê-lo, mesmo sub-repticiamente, à opinião de gente oficiosa, criando dificuldades inúteis".[7]

Naqueles tempos árduos de "milagre" econômico e ditadura, Celso conseguia, embora no exílio, ter boa penetração no Brasil, onde seus livros logo atingiam várias edições. O artigo sobre a estrutura agrária brasileira visava influir no debate, como explicava ao editor da revista mexicana *El Trimestre Económico*:

> Pode parecer incrível mas a verdade é que se criou uma nova doutrina com amplo apoio em meu país e em certos círculos universitários dos Estados Unidos, segundo a qual a estrutura agrária do Brasil é perfeitamente *funcional*: responde plenamente aos requerimentos do desenvolvimento. Por uma dessas ironias da atividade intelectual, pessoas sérias e de orientação de esquerda estão contribuindo para reforçar essa doutrina. O objetivo de meu artigo é colocar o problema em seus devidos termos.[8]

Abrem o "Pensamento político" dois estudos sobre o Nordeste, separados por 25 anos. O primeiro é "A Operação Nordeste", conferência proferida no Iseb semanas depois do lançamento do vasto programa que Celso idealizou a pedido do presidente Kubitschek em 1958. Ele saíra da Paraíba aos dezenove anos; agora retorna-

7 Carta a Jorge Furtado, de 13 jun. 1973.
8 Carta a Óscar Soberón, de 2 jul. 1971.

va ao Nordeste levando uma sólida bagagem intelectual e um imenso entusiasmo para tentar desmontar os mecanismos que condenavam a região a ser problema sem solução. Por quase seis anos, interrompidos pelo golpe militar que lhe calou fundo até a morte, teve a oportunidade rara, como reconhecia, de poder conjugar teoria e prática: agir sobre a realidade era, para ele, a razão de ser do conhecimento. Um quarto de século depois, os problemas do Nordeste eram outros, mas o tom político de "O Nordeste: reflexões sobre uma política alternativa de desenvolvimento" se mantém quando explicita a noção de "mau desenvolvimento".

Em janeiro de 1962, uma palestra que Celso pronunciou em São Paulo deu o que falar: "Reflexões sobre a pré-revolução brasileira". A virulência do tiroteio na imprensa nacional, rotulando-o de comunista e "leniniano", amainou um pouco quando a respeitável revista americana *Foreign Affairs* publicou o texto.[9] O que ele dizia? Que no estágio político e econômico em que o Brasil já se encontrava, não havia, ao contrário do que propugnavam vozes mais radicais, por que defender uma revolução no país, sob pena de pôr em risco o que se havia conseguido. A solução, caso se desejasse manter a democracia, eram as reformas estruturais que sugeria. Esclareceria anos depois: "No meu pensamento político, entre reforma e revolução não existe uma diferença qualitativa. Contudo, considero que só a reforma seja uma forma eficaz de alcançar transformações sociais de fundo em uma sociedade aberta. Essas ideias eu expus no meu *A pré-revolução brasileira*".[10]

E a outro interlocutor: "A *Pré-revolução* é uma tentativa de comunicação com as forças que estavam preten-

9 "Brazil: What Kind of Revolution?", *Foreign Affairs*, Washington, v. 41, n. 3, 1963.
10 Carta a Carlos Rama, de 31 jul. 1970.

dendo 'virar a mesa'. Daí que eu mude a objetiva numa e noutra direção, dando ênfase a uma coisa ou a outra".[11]

Em Santiago, onde passou os primeiros meses do exílio, uma das perguntas mais correntes nas reuniões era o que estava acontecendo no Brasil. Amigos lhe sugeriam publicar algo a respeito do golpe militar e do novo governo. Foi uma carta de Albert Hirschman, vinda de Princeton, que o decidiu:

> [Ele] dizia-me: "Esses acontecimentos podem com demasiada facilidade ser interpretados como a prova definitiva de que nunca houve uma chance real de que reformas viessem a ser introduzidas no Brasil, de que os que pensavam de outra forma eram incuravelmente ingênuos. Ora, eu creio que você concorda comigo que essa interpretação é equivocada, a menos, evidentemente, que incluamos entre as inevitabilidades históricas os erros, inépcias e crimes da esquerda". Fazia um apelo para que eu escrevesse alguma coisa, pois muitos eram os perplexos em busca de uma luz.[12]

Escreveu "Obstáculos políticos ao crescimento brasileiro". Apresentado numa conferência em Londres em 1965, aqui é publicado em sua versão original. "Nova concepção do federalismo", súmula de reflexões feitas desde o plebiscito de 1993 sobre o sistema de governo, circulou primeiro numa revista sobre o federalismo, preparada para as comemorações do v Centenário do Brasil, em 2000. "Para onde caminhamos?" foi o último artigo que Celso escreveu, em 3 de novembro de 2004, dezessete dias antes de sua morte. Nele volta a questões como a má distribuição da renda e as altas taxas de juros, e insiste numa reforma fiscal que reparta de modo mais justo a alta carga tributária do país.

11 Carta a Ademar Ribeiro Romeiro, de 1 mar. 1979.

12 *Os ares do mundo*. São Paulo: Paz e Terra, 1991.

Três artigos sobre questões internacionais completam o eixo "Pensamento político". Em "O novo quadro internacional", de 1989, ele alerta para dois processos que estão se gestando em escala mundial: a legislação sobre propriedade intelectual e a globalização das políticas macroeconômicas, esta, a seu ver, mutação maior na evolução do capitalismo. A mesma ideia retorna em artigos posteriores, como em "Globalização e identidade nacional" e "Metamorfoses do capitalismo".

O tema da cultura tem um lugar destacado no pensamento de Celso Furtado. A partir de meados dos anos 1970 é bem visível em seus livros a dimensão cultural do desenvolvimento, ou melhor, o elo explícito entre cultura e desenvolvimento — noção que quando ele se torna ministro da Cultura cristaliza na de cultura como síntese do desenvolvimento. Ele considerava a apresentação mais acabada dessa faceta o livro *Criatividade e dependência*, de 1978, no qual figura o ensaio "Acumulação e criatividade". A temática cultural mais voltada para o Brasil é tratada em "Reflexões sobre a cultura brasileira". Os dois trabalhos sobre ciência são exemplos das múltiplas direções em que se movia seu pensamento, para além do quadro e da dinâmica estritamente econômica. Ambos são publicados pela primeira vez.

Neste *Essencial* não poderiam faltar textos de um economista escritos para economistas. "A formação do economista em país subdesenvolvido" é de 1962, quando Celso recebia uma profusão de convites para ser paraninfo de turmas de jovens universitários. Este é um discurso em que transmite aos recém-formados o que julgava ter sido a marca de sua própria trajetória: o cientista social deve ter o atrevimento de pensar por conta própria, com independência. Em "Objetividade e ilusionismo em economia", que data de quase quarenta anos, vale notar que Celso já ressalta a importância de se levar em conta na medição do PIB a destruição dos recursos naturais e a poluição das águas.

Em suas memórias diz que o texto tinha destinatário certo: os economistas "milagreiros" que na época manipulariam os dados contábeis, qual ilusionistas dispostos a obter efeitos deslumbrantes de um "milagre" concentrador de renda.

Em 1976, Celso publica um livro de título instigante: *Prefácio a Nova Economia Política*. Vinha se dedicando cada vez mais a problemas de teoria, o que nem sempre lhe agradava: "Isso deixa um certo sabor de esterilidade e frustração. A verdade é que a partir de certa idade a teoria pura já não é uma dieta satisfatória".[13] Considerava insuficientes as ferramentas dos cientistas sociais, mais ainda dos economistas. Daí a proposta de um prefácio para um futuro tratado de economia política. Conforme explica a Fernando Henrique Cardoso:

> Estou terminando o trabalho de que lhe falei, que recebeu o título de *Prefácio a uma Nova Economia Política*. Na verdade trata-se de um *Prefácio* e de uma *Tábua de matérias*. Retomei a tradição da economia, anterior a Ricardo, de uma ciência social global, o que requer partir de um quadro conceitual mais amplo do que esse a que nos habituamos na *análise econômica*. Uma tentativa desse tipo implica abrir um diálogo em muitas direções. Alguns anos atrás esse diálogo seria principalmente com os neoclássicos em economia, ou com os funcionalistas em sociologia, hoje o interlocutor mais vigoroso são os marxistas. Como estes vivem fechados em um monólogo, simplesmente trazê-los para um diálogo seria uma não pequena vitória.[14]

É esta "Tábua de matérias", sumário dos temas de reflexão de um livro ainda a ser escrito, que encerra o *Essencial*, à guisa de sugestão para os leitores.

13 Carta a Helio Jaguaribe, de 24 jul. 1971.
14 Carta a Fernando Henrique Cardoso, de 7 abr. 1976.

* * *

Os textos desta seleta, quando necessário, foram cotejados com os originais de Celso, manuscritos ou datilografados. Assim, têm aqui sua versão definitiva. As notas foram revistas, os lapsos corrigidos. Certas referências bibliográficas foram completadas, em geral com nome e cidade da editora. Nas notas de rodapé estão citadas entre colchetes novas edições dos livros do autor. As raras referências bibliográficas introduzidas pela organizadora vêm assinaladas por asterisco.

Prefácio

CARLOS BRANDÃO

É muito difícil construir com precisão um painel que propicie uma ideia ou balanço adequados da vasta, abrangente e profunda obra de Celso Furtado. Ele é fundador de uma verdadeira escola de pensamento, inspirador que exerceu forte e ampla influência sobre pesquisadores de diferentes vertentes teóricas e posições políticas. Formulador de um arcabouço teórico e de um modo de interpretação marcados pela originalidade, pela atualidade e perenidade, e de uma teoria do desenvolvimento, enfim, cujo sentido e alcance são passíveis de renovação constante. Intelectual completo: de ampla e variada cultura, um erudito que aciona e mobiliza argutamente autores e concepções diversas e distintas, de forma perspicaz, didática e sempre com extremo comprometimento social e político. Antes de tudo, um intelectual e homem público de ação, empenhado na transformação social. Por isso mesmo, uma enorme dificuldade desta coletânea foi justamente separar em pensamento econômico, teórico, histórico e político a obra de Furtado, tendo em vista sua característica necessariamente não compartimentável.

O que chama a atenção de início é a erudição que lhe permite transitar com leveza e profundidade pelos mais variados campos disciplinares, buscando sempre construir uma visão global, coerente, e em imaginativa perspectiva dinâmica, concreta e histórica dos processos sociais, resultando em um sistema teórico-analítico de grande alcance e provocador de diálogos diversos.

Felizmente Furtado nos deixou muitos artigos, depoimentos e correspondências em que decifrava sua formação, as influências iniciais de sua matriz teórico-metodológica e os autores que ia incorporando, sempre com uma leitura muito própria e articulada com grande originalidade, a seu sistema interpretativo.

Ao realizar diversas autoanálises e autorretratos intelectuais de sua obra (como o aqui reproduzido em "Aventuras de um economista brasileiro"), deixou claro de onde e de quem partiu para construir sua agenda própria, explicitando sua formação e perguntas-chave que orientariam toda sua brilhante carreira acadêmica e política. Também fica clara sua agenda permanente que, ao mesmo tempo, ia sendo renovada e enriquecida. Malgrado o inóspito ambiente sociopolítico de sua juventude, marcado por arbitrariedades, resignação e rigidez das estruturas sociais e políticas, sua genealogia intelectual é ampla: parte e articula elementos teórico-conceituais do positivismo, do marxismo, da sociologia americana, da antropologia cultural, da filosofia e da história. Na verdade, vai mobilizando conhecimentos do conjunto das ciências humanas e sociais a partir de múltiplos autores: Weber, List, Tönnies, Simmel, Sombart, Schumpeter, Keynes, Mannheim, Prebisch, Perroux, Myrdal, Hirschman, Marcuse, entre muitos outros.

Hoje, no século XXI, com o avanço da literatura sobre as múltiplas escalas espaciais, impressiona como Furtado pensou sempre em variados níveis escalares (planetário, latino-americano, nacional, regional) e planos analíticos (em um jogo dialético e dinâmico entre o particular e o universal). A busca da visão global. A América Latina e o Brasil e sua inserção no mundo. O Nordeste e sua inserção no Brasil. O retorno ao global, e assim por diante. Pensando, recorrente e simultaneamente (em aproximações sucessivas e em espiral), o movimento, o *sentido* e a transformação das relações, estruturas e processos.

Sempre inquieto com as insuficiências das ferramentas de que dispunham, elegiam ou manejavam os cientistas sociais, ele alertava recorrentemente para o grande equívoco das más abstrações, das generalizações excessivas, sobretudo as feitas pelos economistas com seus modelos entorpecentes e sua busca cega para alcançar maiores graus de consistência lógica e formalismos, em abordagens com pretensões de universalidade, que não só se distanciavam da realidade, mas, o que é pior, orientavam políticas públicas que prestavam grande desserviço à nação.

Ao contrário das abstrações cientificistas, Celso Furtado buscava na história a possibilidade de apreender e descrever as estruturas em movimento, visando a uma interpretação globalizante de processos sociais historicamente determinados, que por isso mesmo tanto poderiam revelar o acúmulo do atraso das estruturas quanto a possibilidade de sua mutação, passíveis portanto de ganhar maior racionalidade no curso da história, dependendo das forças políticas em jogo.

Foi essa capacidade de desenvolver um método histórico-estrutural que lhe permitiu compreender, de forma integral, o processo, específico e complexo que é o subdesenvolvimento, enquanto malformação estrutural, geneticamente dotada de grande capacidade de persistência, cumulatividade e reprodução. Tal procedimento metodológico vai permitir-lhe apresentar cientificamente a "dicotomia" desenvolvimento-subdesenvolvimento, que não é uma dicotomia, mas um par, uma dupla dialética (de natureza distinta), sendo o subdesenvolvimento não uma fase ou etapa, mas outra face do próprio processo de desenvolvimento. Em suas palavras, "desenvolvimento e subdesenvolvimento devem ser tomados como situações históricas distintas, mas derivadas de um mesmo impulso inicial e tendendo a reforçar-se mutuamente".[1]

Nesse sentido, compreender o subdesenvolvimento envolvia também alargar o conceito de acumulação, investigando seu perfil e a orientação do esforço acumulativo de determinada sociedade. Quais as razões pelas quais determinado povo atrasa, trava ou interrompe sua acumulação (re)produtiva, não canalizando adequadamente, mas, pelo contrário, esterilizando excedente social? Por que algumas sociedades logram maiores graus de homogeneização social e satisfação de suas necessidades básicas, enquanto outras promovem uma incompatível diversificação e sofisticação do lado da demanda, reproduzindo modos de vida miméticos? Como uma sociedade historicamente acumula atraso e deforma suas estruturas sociais, dinamizando apenas o consumo conspícuo e ostentatório, realizando progresso técnico pelo lado da demanda, pela via da modernização em acelerada temporalidade e jaz comandada por elites aculturadas e por processos induzidos do exterior? Furtado indagava como essas experiências nacionais, engendradas a partir do processo expansivo europeu, puderam juntar tantos elementos de retardo em suas estruturas e relações e geraram tamanha "incompatibilidade", ou seja, movimentos dissonantes, que vão aprofundando, no curso histórico, divergências recorrentes entre três processos cruciais: acumulação de capital, aumento da produtividade e mudanças nos padrões de consumo. De forma diversa dos espaços nacionais que lograram fazer avançar paralelamente acumulação e diversificação da demanda, os subdesenvolvidos promovem transformações ligadas ao dinamismo da demanda final (modernização), mais do que da acumulação reprodutiva e da diversificação do

1 *Pequena introdução ao desenvolvimento*. São Paulo: Ed. Nacional, 1980, p. 23.

aparelho produtivo, com vistas a atender as necessidades do mercado interno (industrialização).

Além dessas tendências estruturais, seria bom lembrar outras, como o faz Furtado: as características da civilização predatória que se formou no Brasil, cicatrizada por mais de três séculos de escravismo e de exploração extensiva de recursos naturais, com fronteiras em expansão itinerante, uso destrutivo de solo, tradições etc., acúmulo de massas marginalizadas e destituídas, e pressões desarticuladoras ao longo do largo e diferenciado território.

Para decifrar e tentar romper com o processo histórico de subdesenvolvimento caberia analisar, em sua essência, o específico perfil da acumulação periférica em sua essência. Entendê-lo para empenhar-se em reorientar o esforço de acumulação do país, buscando ampliar a margem de arbítrio sobre nosso destino. Os fins (racionalidade substantiva), ancorados em um sistema de valores, deveriam orientar o alargamento dos horizontes de possibilidades humanas. Entretanto, é a eficiência (a racionalidade instrumental), é a lógica dos meios que prevalece. Nesse contexto, a criatividade acaba canalizada para a inovação técnica e se volta precipuamente para a difusão da civilização industrial. A inovação, a inventividade técnica dá suporte, apoia e fica subordinada à reprodução da estrutura de privilégios.

Ao mesmo tempo, no plano mundial, a unificação do espaço econômico internacional e a articulação dos espaços nacionais, promovidas sob a coordenação oligopolista e financeira, ampliam as disparidades no processo de acumulação e modelam relações assimétricas entre os centros de decisão e suas periferias. A concentração geográfica do avanço heterogêneo das técnicas, beneficiando seletivamente alguns países e regiões e acumulando atraso em outros, conforma a problemática da constituição e evolução do sistema de relações centro-periferia.

Furtado chama a atenção para as hegemonias que vão se repondo e renovando em escala global pela via das inovações e da informação. É clara sua intenção de colocar a questão do papel dos Estados Unidos e de suas grandes empresas no centro da agenda investigativa. Seria preciso examinar a ordem econômica internacional, em sua estrutura e dinâmica, constituída por Estados e grandes empresas, que são as unidades dominantes, conforme lhe ensinou seu mestre François Perroux. Seria preciso investigar a superestrutura política, a estrutura de poder na escala mundial e analisar os mecanismos através dos quais as relações internacionais definem e impõem uma divisão internacional do trabalho, marcada por assimetrias e hierarquizações de diversas naturezas (comerciais, monetário-financeiras, produtivas e políticas), conforme lhe ensinou outro de seus mestres, Raúl Prebisch.

A dependência, que vai ganhando novo caráter, também deve ser investigada em sua transformação evolutiva e em suas formas plurais e revigoradas. A assimilação de formas de vida e a modernização dos padrões de consumo reclamariam um papel destacado nessa agenda científica e política. O estudo das variadas configurações da dependência cultural permitiria não apenas analisar a subordinação da acumulação aos processos de modernização, mas, sobretudo, abriria espaço para a interpelação da complexidade das articulações entre as relações externas e os mecanismos de dominação sociopolíticos internos.

No intento de se estudar minuciosamente os mecanismos e sistemas de dominação, segundo Furtado, seria crucial examinar o papel das empresas transnacionais, como um nível, instância ou plano de ação fundamental de condensação de poder. Essas "unidades dominantes", de influência assimétrica na cadeia de decisões estratégicas, representam uma inovação na organização de relações entre formações socioeconômicas, pois aprofundam a divisão do trabalho, desenvolvem técnicas de produção e transferência de excedente (geralmente com equipamentos já amortizados), operam como "motores de integração" de mercados, jogando em um espaço plurinacional. Tais empresas obedecem a uma unidade de comando central, controlam os elos mais dinâmicos da atividade econômica e difundem sistemas de cultura hegemônicos, reforçando as estruturas de poder da escala mundial. Esses grandes conglomerados internacionais se afirmam, assim, como "instrumentos da acumulação, inovação e integração do sistema", sobretudo na periferia semi-industrializada.

Outro importante alerta, dado por Furtado no livro *O mito do desenvolvimento econômico*, de 1974, um dos mais instigantes e que mereceu maior atenção dos pesquisadores, é o de que "não há lugar para todos". Não seria facultado a todas as sociedades reproduzirem o padrão do capitalismo central. Esse era um mito marcante na discussão do processo de desenvolvimento--subdesenvolvimento. O desenvolvimento material experimentado historicamente pelos países hoje industrializados do centro do capitalismo criou formas de vida que não têm como ser universalizadas para todas as pessoas do planeta. A ideia de um acesso generalizado aos padrões de consumo cêntricos seria apenas um prolongamento do mito da filosofia positivista do progresso, como se existisse um processo constante, linear e de difusão do avanço material, mais ou menos natural, "rumo ao desenvolvimento". Essa fantasia estaria ligada à ideia do aperfeiçoamento técnico incessante, como uma "enteléquia concebida fora de qualquer contexto social"[2] e a uma concepção de que haveria uma fronteira externa ilimitada (um "sistema aberto") de recursos não

2 *O mito do desenvolvimento econômico*. Rio de Janeiro: Paz e Terra, 1996, p. 9.

reprodutíveis que não se exauririam. De forma pioneira, Furtado questionará as variadas pressões que são exercidas pelo uso mais intensivo de energia e matérias-primas sobre os recursos naturais não renováveis, portanto finitos, em um "sistema que é fechado": o planeta.

Diante das transformações planetárias, dirigidas estritamente pela racionalidade econômica, como dizia Furtado, a busca por afirmar decisões autônomas e soberanas no contexto nacional, lutando por regular o funcionamento de um sistema econômico nacional, articulando desenvolvimento e interesse nacionais, paulatinamente ameaçava perder sentido. Essa luta nacional, historicamente ancorada no seu primordial instrumento de avançar em um processo de industrialização, com proteção e intencionalidade, tendo o Estado como coordenador/orientador, que intentava superar os retardamentos dos processos e das relações e os anacronismos das estruturas herdadas (por exemplo, da agrária, da distribuição da renda etc.), deparava com constrangimentos de monta. Esbarrava na estreiteza do mercado interno subdesenvolvido, no desequilíbrio do balanço de pagamentos e nas pressões inflacionárias, entre outros obstáculos. A vigorosa intencionalidade requereria vir associada a uma ampla visão da "produtividade social", a fim de se estabelecer e legitimar amplamente um projeto nacional de desenvolvimento.

Empreender a batalha contra o atraso acumulado e construir um sistema de forças produtivas mais avançado significaria necessariamente buscar uma racionalidade mais abrangente que aquela dada por orientação do mercado, tendo o planejamento como uma técnica social que ordenasse a ação estatal, engendrasse um horizonte temporal mais largo, duradouro e racional. Na visão perspicaz de Furtado, só o processo de planejamento poderia lograr revelar os interesses postos, ou seja, tornar menos opacas as relações de poder e os projetos políticos em disputa em cada alternativa escolhida ou a escolher.

Portanto, levar adiante essa transformação estrutural significaria romper interesses constituídos, buscar novas bases sociopolíticas de sustentação do Estado, para que este alcançasse arbitrar e coordenar interesses conflitantes, construindo uma trajetória de desenvolvimento que legitimasse confrontações mais enérgicas e ostensivas em relação às desigualdades regionais e sociais e o estado de insegurança e privação da maioria da população. Tal projeto de ruptura com a ordem estabelecida (secularmente) encontraria constrangimentos estruturais de toda ordem, muitos de "condicionamento mental" que tendem a se autorreproduzir e se autolegitimar. Combater os mecanismos reprodutores de desigualdades multidimensionais não seria tarefa trivial, pois haveria no Brasil poucas "tensões nas estruturas de dominação internas", e portanto poucas chances de "rupturas no sistema de poder". Os textos mais de intervenção política aqui reproduzidos esquadrinham alguns desses constrangimentos estruturais, que se encontram em variadas arenas e instâncias de poder e em múltiplas escalas espaciais (mundial, nacional e regional).

Uma espécie de campo de prova dessa concepção global e estruturalista da necessidade de romper imobilismos e rigidezes (desde as mentais até as mais explicitamente violentas) era, para Furtado, o dever de pensar a escala regional e os problemas de sua terra. Isto é, como pensar e agir no Nordeste. Como gostava de repetir: a mais extensa área subdesenvolvida de todo o hemisfério ocidental. Espaço regional em que o ecológico, o econômico, o social e o político se entrecruzam no processo de malformação estrutural. Amostra ampliada do ser subdesenvolvido, enquanto conexão da exploração com a dependência. Uma máquina concentradora de riqueza e renda com viés do agravamento constante de suas tendências antissociais. Um sistema socioeconômico complexo, não só atrasado e de baixa produtividade, mas, sobretudo, muito particular, frágil, instável e sujeito a crises sui generis de produção e emprego, já que pouco ajustado e coerente com as singularidades do meio. Ele chama a atenção para o impressionante divórcio ali entre as formas de vida e o contexto ecológico da região. Devidamente coloca ênfase nas raízes desse atraso estrutural: o problema agrário secular e as estruturas enrijecidas que concentram renda, riqueza e poder em ambiente de baixo crescimento.

Três pontos cruciais podem ser destacados em sua contribuição para a discussão das disparidades regionais brasileiras, que têm flagrante atualidade no Brasil neste início do século XXI: 1) o risco das inversões de capital em enclaves minerais, metalúrgicos e agrícolas, que ficam circunscritos a pontos restritos no espaço "sem maiores reflexos na forma de organização da produção nas regiões circundantes";[3] 2) a importância de se voltar a realizar diagnósticos abrangentes dos problemas específicos de cada região, ampliando o conhecimento global de suas estruturas físicas, sociais e econômicas; 3) a necessidade de que a problemática regional seja abordada convenientemente no quadro mais amplo do federalismo.

Também neste sentido poder-se-ia lembrar sua concepção original do papel que a Sudene deveria cumprir no contexto federativo brasileiro, tendo em vista a necessidade da instalação de instituições e instâncias decisórias intermediárias, aptas a aglutinar, canalizar e dar voz a uma vontade política regional.

A propósito, a temática do federalismo, enquanto pacto territorializado do poder e organização política do espaço nacional, sempre esteve no centro da agenda teórica e política de Furtado no que tange aos desafios de se estruturar um projeto nacional de desenvolvimento. Em um país grande e diverso como o Brasil, seria decisivo

3 *Prefácio a Nova Economia Política*. Rio de Janeiro: Paz e Terra, 1976, p. 58.

dar margem de manobra às aspirações das regiões mais dependentes e garantir que o desenvolvimento material se difundisse menos assimetricamente dentro e na relação entre as regiões. Ele lembrava sempre a capacidade criativa com raízes nacionais, marca maior da nossa diversidade e riqueza cultural, visto que "o desenvolvimento é sempre tributário de uma atividade criadora".[4] Assim, pensava que as relações entre as regiões brasileiras não deveriam ser de contraposição entre unidade nacional e identidade regional, sobretudo em um contexto em que a concentração geográfica da riqueza e da renda e a transnacionalização tendiam a promover um perigoso afrouxamento dos vínculos de solidariedade entre as regiões díspares, colocando o risco sempre iminente da fragmentação. Só a integração, em suas diversas dimensões, poderia costurar a continental e heterogênea nacionalidade. Integração para dentro, mas também para fora, a fim de construir a coesão de toda a América Latina.

Vem de Furtado a revolucionária concepção do desenvolvimento como eleição de trajetórias alternativas, como exercício de opções e possibilidades facultadas a determinada sociedade que orienta suas ações por valores substantivos e renovados modos de se perceber, refletir e agir. Assim, para além da transformação no plano das forças produtivas, o processo de ampliação de horizonte de sociabilidades civilizatórias, que é o desenvolvimento, envolve antes invenção, criatividade, escolhas, apresentando trajetórias abertas, sujeitas a decisões estratégicas e embates em contexto de incontornável diferenciação de poder. Envolve empenho coletivo de encontrar vias diferenciadas de acesso a formas sociais mais aptas a engendrar permanentemente tensões e estímulos à criatividade humana e dar vazão a aspirações coletivas e realizar suas potencialidades.

4 *Pequena introdução ao desenvolvimento*, op. cit., p. 47.

Ensinando como vislumbrar o desenvolvimento tal qual um processo histórico, com trajetórias em aberto, fruto que são de decisões "cujos efeitos se manifestam no nível das chamadas estruturas",[5] o desafio maior de Furtado é procurar aproximar e fazer entrelaçar, convergir mesmo, a teoria da acumulação, a teoria da estratificação social e a teoria do poder.

Outro alerta que ele faz é no sentido de se olhar para a matriz estrutural (as arcaicas estruturas de poder de base patrimonial: o sistema fundiário, a propriedade imobiliária, mas também os novos constrangimentos, como o controle da propriedade intelectual). Enfrentar tais sistemas de dominação requereria construir homogeneização social, habilitando a população, dando-lhe acesso à terra, aos bens e serviços públicos de qualidade. Seria fundamental mexer na estrutura fundiária e no acesso da população ao conhecimento, o que permitiria valorizar a riqueza cultural brasileira e desmontar os mecanismos geradores de insegurança e marginalidade social típicos das formações capitalistas subdesenvolvidas, periféricas e dependentes.

Furtado procurou demonstrar como o mero crescimento (ou o mau desenvolvimento), enquanto manutenção do statu quo, preserva e enrijece os interesses constituídos, ao passo que o verdadeiro processo de desenvolvimento significa acumular forças para romper com as estruturas criadas pelo acúmulo de atraso, democratizando e tornando endógenos os centros de poder e colocando a serviço das expectativas maiores de determinada sociedade o sistema de forças produtivas para o aperfeiçoamento de seus valores substantivos.

Como exemplo, Furtado chamava a atenção para o fato de que se o desenvolvimento no Brasil continuasse

5 "O desenvolvimento do ponto de vista interdisciplinar", *Ensaios de Opinião*, Rio de Janeiro, v. 10, 1979, p. 22.

a se processar com desigualdades e heterogeneidades estruturais (sociais, regionais etc.), o país não teria futuro, pelo menos não como civilização. Poderia se transformar em mera plataforma hospedeira de investimentos e sede do poder patrimonial, porém não numa nação.

Espero que este *Essencial Celso Furtado* possa realmente cumprir o papel de levar a um público mais amplo — sobretudo aos jovens cientistas sociais e cidadãos aos quais ele tanto se preocupou em dirigir suas mensagens — uma ideia da amplitude, profundidade e comprometimento com a transformação social que está presente em sua obra, mas, antes de tudo, da atualidade de seu pensamento global para se armar uma reflexão crítica e de longo alcance sobre os destinos civilizacionais desta nação, que continua em construção, marcada que é ainda pelo atraso, pela heterogeneidade e pelas desigualdades.

TRAJETÓRIAS

Aventuras de um economista brasileiro*

O Nordeste brasileiro, onde nasci e vivi até os vinte anos, constitui o mais antigo núcleo de povoamento do Brasil. Após uma fase de prosperidade que se estende pelos séculos XVI e XVII, a região conhece um longo declínio, o que explica que as estruturas sociais aí sejam mais rígidas que em qualquer outra área do país. Já nos começos do século XVIII, a descoberta do ouro e dos diamantes nas Minas Gerais retirava à região sua preeminência econômica; na metade desse século, a capital é transferida da Bahia para o Rio de Janeiro, o que significou a perda da preeminência política. No século XIX, acelera-se o declínio relativo e, finalmente, no século XX a região seria transformada em simples área dependente, produtora de matérias-primas para as indústrias instaladas no sul do país.

Na minha infância, no sertão, a família ampliada constituía o quadro básico de formação do indivíduo. A política absorvia parte importante da vida dos chefes de grandes famílias. Mas essa atividade política só remotamente estava ligada ao que ocorria no país: ela consis-

* Publicado originalmente em francês: "Aventures d'un économiste brésilien", *Revue Internationale de Sciences Sociales*, Paris, Unesco, v. XXV, n. 1/2, 1973. (Todas as notas indicadas com asterisco são da organizadora do volume.)

tia essencialmente em rivalidades e conflitos, com apelo corrente à violência, entre famílias e grupos de famílias locais. As incursões de cangaceiros eram frequentes. As histórias de violências, relacionadas a pessoas conhecidas e não simples mitologia, povoaram minha infância. Essas violências referiam-se mais a atos de arbitrariedade, prepotência e crueldade que a gestos de heroísmo à *western*.

Esse mundo dos homens, em que poder e arbitrariedade estavam sempre mais juntos que separados, compunha com a natureza circundante um quadro harmonioso. O clima da região é extremamente peculiar: a chuva chega em quantidade relativamente grande (para uma região semiárida) e em época precisa, provocando brusca metamorfose no mundo exterior. Mas a vinda da chuva é incerta, e entre a abundância e a mais total miséria a distância é mínima, dependendo de um golpe da *fatalidade*. Esse golpe ocorreu duas vezes nos cinco anos que antecederam ao meu nascimento (em 1915 e em 1919), com funestas consequências para a família de minha mãe. As histórias dessas secas, nas quais se entremeiam a violência do mundo físico e as arbitrariedades dos homens, povoam o meu espírito na primeira infância. Também ocorria de as chuvas chegarem com violência excessiva. Aos quatro anos, escapei por pouco (cheguei a ficar alguns meses de cama, com queimaduras) do incêndio havido em nossa casa em consequência de um desmoronamento provocado pela enchente.

Nesse mundo marcado pela incerteza e pela brutalidade, a forma mais corrente de afirmação consistia em escapar para o sobrenatural. Os grandes milagreiros existiam não somente como legenda, mas também como presença. Não longe de onde morávamos, reinava o padre Cícero, cujos milagres atraíam legiões de peregrinos. De forma mais imediata, existia a necessidade de se estar ligado a um chefe político, sem o que um mínimo de segurança pessoal era praticamente inconcebível.

Esse chefe, por seu lado, respondia a outro, em nível da região, o que o ligava indiretamente a um terceiro, no âmbito do estado, e finalmente a alguém de expressão nacional. Assim, a necessidade de segurança pessoal, local, levava cada indivíduo a tomar posição, automaticamente, com respeito a toda a organização nacional, da qual quase nenhuma informação possuía. Por outro lado, a obediência no plano local era absoluta, pois a única possibilidade de escapar à tutela do *chefe* era *trair* o seu próprio grupo, passando-se para o *inimigo*.

Quando eu tinha oito anos, surgiu um chefe político no estado (já então minha família se trasladara para a capital), que convulsionou profundamente a vida de toda a comunidade. No espírito da população, esse político — João Pessoa — fundia as imagens do *chefe* e do *milagreiro*. Dirigindo-se ao povo como se fora seu protetor e passando por cima de todos os formalismos legais, conseguiu ele mobilizar a população de forma só comparável aos movimentos religiosos. Eu ouvia crédulo, das domésticas de minha casa, as histórias desse homem que se disfarçava "numa pessoa qualquer" para praticar o bem nos bairros mais humildes. O assassínio brutal desse homem (exatamente no dia em que eu completava os meus dez anos) provocou uma tal angústia coletiva que ainda hoje não posso me recordar sem me emocionar. Várias vezes acompanhei aquelas domésticas em longas procissões pelas ruas da cidade, seguindo um andor sobre o qual ia uma fotografia de João Pessoa de corpo inteiro. Creio que no espírito do povo havia mais tristeza do que revolta. A perplexidade diante de forças que pairam por cima de tudo e uma resignação que raia ao masoquismo e se traduz na frase "alegria de pobre não pode durar" foram as impressões mais profundas que me ficaram das conversas que ouvia ao acompanhar essas procissões.

Esses dados quiçá possam explicar a formação em meu espírito de certos elementos que considero como invariantes, dos quais dificilmente eu poderia libertar-me sem correr o risco de desestruturar minha própria personalidade. Esses elementos se manifestam na forma de ideias-força, que enquadram meu comportamento na ação e também minha atividade intelectual criadora. A primeira dessas ideias é a de que a arbitrariedade e a violência tendem a dominar no mundo dos homens. A segunda é a de que a luta contra esse estado de coisas exige algo mais que simples esquemas racionais. A terceira é a de que essa luta é como um rio que passa: traz sempre águas novas, ninguém a ganha propriamente e nenhuma derrota é definitiva.

A formação intelectual num pequeno mundo provinciano como o do Nordeste do Brasil não era nem boa nem ruim. Era, sim, atrasada pelo menos um quarto de século com respeito às áreas culturalmente dominantes na época. Refiro-me à formação intelectual do pequeno patriciado local, pois quatro quintos da população eram constituídos de analfabetos. Quiçá seja necessário ter em conta que meu pai vinha de uma família que tradicionalmente desempenhava funções públicas. Ele mesmo era juiz. Seu pai fora professor primário, e seu avô fora juiz na época do governo monárquico. Sendo homem sem fortuna pessoal, para manter sua independência como juiz, necessitava guardar distância de toda atividade política. A ideia de que um político era alguém sempre disposto a trapacear se me incutiu no espírito de forma indelével. Demais, ele era franco-maçom, o que em sua geração significava ser anticlerical e aberto a ideias novas. Graças a ele, desde minha infância li Swift, Defoe, R. L. Stevenson. E também graças a ele dispus de uma ampla biblioteca, o que me permitiu cultivar minha primeira paixão intelectual, a partir dos catorze anos, que foi a história.

Talvez convenha acrescentar que minha segunda paixão intelectual foi a literatura. Nos meus sete anos de curso secundário, a nenhuma matéria dediquei tanto tempo como ao latim. Seja porque as matérias científicas eram ensinadas com muito menos habilidade, seja em razão de minha paixão pela história antiga e pela literatura, a verdade é que o latim se me afigurava como a chave que me permitiria o acesso a uma cultura superior. Progressivamente, fui me fixando na literatura, particularmente no estudo de autores de língua portuguesa. O interesse pela literatura foi duradouro e decisivo. Até os trinta anos, acreditei que minha forma de expressão natural seria a ficção literária e o meu primeiro livro (publicado aos 25 anos) foi uma coleção de contos. Explica-se, assim, que eu haja buscado um meio de vida no jornalismo, ao qual me dediquei desde os vinte anos, se bem que essa atividade em nada me atraísse. Já aos 23 anos me engajaria na função pública, seguindo a tradição familiar. Foi o contato com a função pública que me descortinou uma problemática nova e me encaminhou finalmente para o estudo dos problemas sociais.

As influências intelectuais que sobre mim se exerceram estão presentes desde o ginásio. Para compreendê-las, é necessário ter em conta a grande efervescência intelectual que ocorre no Brasil no período posterior à Revolução de 1930, a qual encerra a era de total predomínio da oligarquia cafeeira. Entre esse ano e 1937, quando se implanta a ditadura de Vargas, o país conhece um debate amplo e pela primeira vez toma contato abertamente com as grandes correntes de ideias da época. Mas também é necessário ter em conta que, a partir de 1937, a repressão a toda atividade intelectual independente será total. As ideias absorvidas na fase anterior passam, assim, por um período de hibernação e de amadurecimento, o que, para uns, significaria sedimentação e triagem, e, para outros, endurecimento mental e cristalização dogmática.

Entre essas influências intelectuais exercidas desde cedo, identifico três correntes principais. Em primeiro lugar, está a positivista. É conhecida a profundidade e a persistência da influência positivista no Brasil. Um militar reformado, da família de minha mãe, deixou em minha casa um conjunto de livros positivistas, aos quais tive acesso desde os quinze anos. A primazia da razão, a ideia de que todo conhecimento em sua forma superior se apresenta como *conhecimento científico*, a ligação entre conhecimento e progresso, tudo isso se impregnou em mim como evidente. O meu ateísmo, que cristalizara desde os treze anos, encontrou aí uma fonte de justificação e um motivo de orgulho.

A segunda linha de influência vem de Marx, como subproduto de meu interesse pela história. Foi lendo a *História do socialismo e das lutas sociais*, de Max Beer, que me dei conta pela primeira vez de que a busca de um *sentido* para a história era uma atividade intelectual perfeitamente válida. Na sociedade estratificada e parada do tempo em que eu vivia, a ideia de que as formas sociais são *históricas* — portanto, podem ser superadas — permitia ver o mundo com outros olhos. Essa ideia, ligada à do conhecimento como arma do progresso, que vinha do positivismo, compôs no meu espírito uma certa visão do homem em face da história. Essa ideia permitia superar o círculo fechado do fatalismo e do absurdo, e ao mesmo tempo desembocava numa responsabilidade moral.

A terceira linha de influência é a da sociologia norte-americana, em particular da teoria antropológica da cultura, com a qual tomei contato pela primeira vez por intermédio do livro de Gilberto Freyre, *Casa-grande e senzala*. Esse livro, lido aos dezessete anos, não somente permitia ver muitas coisas com olhos novos, mas também nos *atualizava*, isto é, nos punha em dia com o que se pensava no mundo intelectual em que se estava criando o conhecimento. Olhando retrospectivamente, vejo com clareza que o livro de Freyre pouco ou nada me influenciou no que respeita a sua mensagem substantiva, isto é, no que se refere à interpretação do processo histórico brasileiro. Sua importância esteve em que nos revelou todo um instrumental novo de trabalho.

Essas influências, eu as absorvi, já na época de ginásio, de leituras mais ou menos ao acaso. Nenhum professor meu dessa época era positivista, marxista ou tinha um interesse direto na sociologia norte-americana. O estudante vive numa comunidade intelectual da qual muito pouco ou nada participam os professores. É dentro dessa comunidade que se formam as influências, mediante a circulação de publicações, a discussão de livros. O livro que é lido com paixão por um quase sempre tende a ser lido por outros. É por essa razão que, num país pobre, de escolas insuficientemente equipadas e professores de formação inadequada, a vida intelectual dos estudantes pode ser relativamente rica. O fundamental é que todos os estudantes tenham acesso à informação e que em torno deles exista um mundo aberto ao debate.

As três linhas de influência referidas persistiram e se entrelaçaram nos anos subsequentes de formação universitária no Rio de Janeiro e, posteriormente, em Paris. A influência direta de Marx se ampliou através da leitura dos livros de Karl Mannheim. A sociologia do conhecimento era uma forma de ligar a atividade intelectual do homem à história. Com efeito, o desejo de vincular a atividade intelectual criadora à história será o ponto de partida de meu interesse pelas ciências sociais. Já não se tratava de *ler* livros de ciências sociais, e sim de buscar neles meios para atuar. Contudo, essa influência não anulará a outra, de raiz positivista, segundo a qual grande parte do que concerne ao comportamento dos homens, individual e socialmente, pode ser *objeto* de conhecimento científico não distinto do que temos do mundo exterior ao homem. Assim, a ruptura epistemológica entre conhecimento científico e conhecimento ideológico sempre me pareceu clara. O enfoque da sociologia norte-americana facilitava o trânsito dos grandes esquemas teóricos para a problemática com a qual se tinha um contato direto, ademais de permitir liquidar o acervo de preconceitos de raça, clima e caterva que nos envolviam num fatalismo imobilizador.

Quando entrei na Universidade do Brasil, no Rio de Janeiro, os estudos de ciências sociais estavam apenas em seus começos. Uma reforma recente, de inspiração francesa, introduzira esses estudos visando principalmente a formar professores para as escolas secundárias. A economia ainda não existia como curso universitário. O direito era o caminho para a atividade pública e, no meu caso, a tradição familiar. Contudo, os meus estudos, já no terceiro ano universitário, se afastaram do direito para a administração. No campo da administração, passei a interessar-me especificamente por problemas de organização. Tomei então contato com a moderna literatura norte-americana sobre organização, tanto no que respeita a atividades estatais como empresariais. Os meus primeiros estudos publicados, de caráter não literário, são no campo da organização, tanto aplicada como teórica. Fascinava-me refletir sobre a organização de um time de futebol *jogando*: que flexibilidade comporta a sua estrutura, ou seja, o conjunto das regras do jogo! Utilizei esse exemplo num estudo de teoria de organização. Minha primeira atividade ligada ao Estado foi como técnico-assistente de organização.

Os estudos de organização levaram-me a pensar em planejamento de um ângulo estritamente operacional. Nessa época, ainda não dispúnhamos de uma teoria das decisões nem percebíamos uma diferença clara entre um programa e uma estratégia. Daí a dificuldade de captar a natureza da direção na organização. Contudo, compreendia-se claramente que a racionalidade da direção dependia de um planejamento. Essa visão operacional do problema ampliou-se com a leitura do livro de Mannheim, *Man and Society in Age of Reconstruction*.

A partir desse momento, o planejamento foi para mim uma *técnica social* de importância muito maior, a qual permitia elevar o nível de racionalidade das decisões que comandam complexos processos sociais, evitando-se que surjam processos cumulativos e não reversíveis em direções indesejáveis. Fixou-se, assim, no meu espírito a ideia de que o homem *pode* atuar racionalmente sobre a história. Hoje me pergunto se não existe uma grande arrogância nessa atitude: imaginar que estamos preparados para *dar* um sentido à história.

É necessário colocar-se nessa época sombria da ascensão de governos ditatoriais, de degradação da história, para compreender que, mais que arrogância, tratava-se de um desejo de salvação. A verdade é que essas reflexões — que fazia comigo mesmo, pois com o regime ditatorial que existia no Brasil o ambiente universitário se confinara ao extremo — tiveram para mim um efeito liberatório. A violência e a arbitrariedade desencadeadas pelo governo ditatorial se confundiam no meu espírito com o mundo absurdo de minha infância. A extrema angústia intelectual que sofri nessa época e que me levou a buscar na música e na literatura um refúgio quase obsessivo começou a dissipar-se quando cristalizou no meu espírito essa ideia de que o homem virá a ser dono de seu próprio destino numa sociedade cujas estruturas hajam sido concebidas com esse fim. Aqueles que alcançam esse ponto, isto é, que pensam que o homem pode conduzir a história, quase sempre já estão preparados para dar o passo seguinte, ou seja, pensar que ele *deve* fazê-lo. O problema que se coloca então é o de saber *como* fazê-lo. Que eu não haja dado uma resposta clara a esse último problema, deve-se quiçá a circunstâncias pessoais. Com efeito, vim para a Europa (como membro da Força Expedicionária Brasileira) no fim do governo ditatorial de Vargas e logo depois fiz uma segunda viagem, com o mesmo destino, para completar meus estudos universitários. Quase sem interrupção, segui da Europa para as Nações Unidas, onde permaneceria cerca de dez anos. Quando voltei ao Brasil, livre de quaisquer compromissos, em 1958, as possibilidades de ação eram de tal forma amplas que o problema praticamente não se colocava. Pude então escolher a forma e o local para atuar, sem me hipotecar a qualquer organização política. Entretanto, existe em tudo isso mais que circunstâncias. A ideia de que o poder era fonte de corrupção e violência esteve sempre presente em meu espírito, quando de uma ou outra forma entrei em contato com políticos. Para vencer essa resistência, teria sido necessário iniciar a atividade política muito mais cedo. Ora, de meus dezessete aos 25 anos o regime ditatorial impediu toda atividade política. Por outro lado, a ideia de atuar dentro de uma ideologia fechada me parecia intelectualmente esterilizante. Talvez haja sido esse temor da esterilização mental, particularmente de uma asfixia da imaginação, que me afastou de todo engajamento em partidos de filiação marxista. No Brasil, a tarefa de entender e explicar a realidade social estava muito atrasada para que se pensasse apenas em transformar essa realidade.

Assim como os estudos de organização me levaram ao planejamento, este me abriu a porta para a economia. A verdade é que somente nos dois últimos anos dos cinco que passei na Universidade do Brasil interessei-me por estudar economia, o que fiz por conta própria, sem qualquer supervisão. Tivera em anos anteriores dois cursos de economia que me haviam deixado a impressão de que esta era uma ciência menor, para gente sem imaginação. Dos malabarismos verbais com que o professor procurava transmitir a ideia de utilidade marginal (o último pedaço de pão, o último copo de água...) ficou-me uma vaga impressão de jogos de espírito pueris.

A partir do terceiro ano, afora meus estudos sistemáticos de organização, enriquecidos pela prática das técnicas derivadas dessa disciplina, ampliei minhas leituras no campo da sociologia, principalmente da sociologia alemã: Max Weber, Tönnies, Hans Freyer, Simmel. Também nessa época tomei contato com Henri Pirenne, que será de importância definitiva para mim. São os trabalhos desse autor sobre a história medieval europeia, bem como os de Sombart, Sée e outros sobre as origens do capitalismo, e, finalmente, os de António Sérgio sobre a história portuguesa, que me permitirão ver a importância dos estudos de economia para melhor compreender a história. Dessa forma, cheguei ao estudo da economia por dois caminhos distintos: a história e a organização. Os dois enfoques levavam a uma visão global, a macroeconômica.

Quando finalmente comecei a estudar economia de modo sistemático, aos 26 anos, minha visão do mundo, no fundamental, estava definida. Dessa forma, a economia não chegaria a ser para mim mais que um instrumental, que me permitia, com maior eficácia, *tratar* problemas que me vinham da observação da história ou da vida dos homens em sociedade. Pouca influência teve na conformação do meu espírito. Nunca pude compreender a existência de um problema *estritamente econômico*. Por exemplo: a inflação nunca foi em meu espírito outra coisa que a manifestação de conflitos de certo tipo entre grupos sociais; uma empresa nunca foi outra coisa que a materialização do desejo de poder de um ou vários agentes sociais, em uma de suas múltiplas formas etc.

Se meus contatos com as ideias de Marx no plano da teoria da história foram definitivos, o mesmo não poderia dizer com respeito às suas ideias referentes à economia. Minha leitura de *O capital* ocorreu quando meus conhecimentos de economia clássica (na versão ricardiana) já eram avançados e quando a moderna macroeconomia (na versão keynesiana) já se havia imposto. Dessas leituras, ficaram-me, contudo, algumas ideias que se incorporarão definitivamente à minha forma de ver os processos econômicos. A primeira dessas ideias (reforçada pelas leituras de Schumpeter, feitas um pouco depois) é a da importância decisiva do progresso tecnológico. A outra é que os capitalistas tendem *compulsivamente* a acumular capital, ou seja, tentarão romper todos os obstáculos que se lhes opuserem nesse caminho. Essa ideia permitia afastar o mito do estado estacionário, implícito tanto nos esquemas clássicos como nos neoclássicos. Essas duas ideias tiveram no meu espírito uma evolução complexa, mas considero fundamental tê-las captado cedo, o que devo à minha leitura atenta de *O capital* nos tempos de estudante da Universidade de Paris.

A influência da obra de Keynes foi igualmente decisiva para mim. Compreendo que toda decisão econômica envolve o exercício de uma forma de poder — é algo que derivei das reflexões de Marx. A isso devo que a visão do mundo econômico como um conjunto de automatismos, marca do pensamento neoclássico, me haja sido totalmente estranha. Nada é tão esterilizante, para o economista que se interessa pelos problemas do subdesenvolvimento, quanto essa visão. Contudo, não basta a ideia de poder, tal qual o exerce compulsivamente o capitalista. O poder também deve existir como um sistema. E, na economia capitalista, os centros de decisão mais importantes desse sistema se situam no Estado. Essa ideia de que a economia capitalista não poderia operar sem um certo grau de centralização de decisões, ou seja, sem uma estrutura superior de poder (todo capitalismo é em certo grau um capitalismo de Estado), derivei-a da leitura de Keynes. Graças a ela, pude compreender muito cedo o fenômeno da dependência econômica em sua natureza estrutural.

Minhas atividades de economista se desdobraram em três fases. A primeira compreende os anos que passei na Cepal, que me permitiram um contato direto com os problemas do desenvolvimento na maior parte dos países latino-americanos. A segunda são os anos que dediquei ao Nordeste brasileiro, como planejador e executor da política de desenvolvimento da região nos governos de Kubitschek, Quadros e Goulart. A terceira fase são os anos de vida universitária, primeiro nos Estados Unidos, e em seguida, e mais prolongadamente, em Paris. Essas atividades, no que respeita à pesquisa, se desenvolveram em torno de três temas: o fenômeno da expansão da economia capitalista, o da especificidade do subdesenvolvimento e o da formação histórica do Brasil vista do ângulo econômico. Em realidade, o ponto de partida e a preocupação permanente foi o processo brasileiro, objeto já de minha tese, preparada sob a direção do professor Maurice Byé na faculdade de direito da Universidade de Paris e defendida em 1948. Um ano depois da tese, a qual se limitara a estudar a fase açucareira da economia colonial brasileira, publiquei meu primeiro estudo analítico das transformações da economia brasileira no século XX. Nesse ensaio estão os germes do que seria, dez anos depois, meu *Formação econômica do Brasil.* O esforço para compreender o *atraso* brasileiro levou-me a pensar na *especificidade* do subdesenvolvimento. A ideia de que desenvolvimento e subdesenvolvimento são dois processos integrados, que se apresentam conjuntamente na evolução do capitalismo industrial, formulei-a em uma tese de aspirante a professor, apresentada na Universidade do Brasil em 1958. Convenci-me desde então de que o atual subdesenvolvimento é a resultante de um processo de dependência, e que para compreender esse fenômeno era necessário estudar a estrutura do sistema global: identificar as invariâncias no quadro de sua história. Mas o objetivo final era compreender as razões do *atraso* de um país que reunia as potencialidades do Brasil.

Muitas vezes me pergunto se o desejo insaciável de penetrar na realidade do próprio país não encobre outro desejo ainda mais fundamental: o de conhecer-se a si mesmo. Como superar as limitações do quadro psicológico pessoal sem penetrar nas condicionantes sociais e culturais? Até que ponto meu interesse pelo Nordeste decorre de uma simpatia profunda pelo mundo que mais conheço (o de minha infância e adolescência) ou reflete principalmente a consciência que tenho de que sou prisioneiro das estruturas sociais em que me formei, mesmo quando contra elas me revolto? Como desalienar-se sem haver alcançado a lucidez que nos permite ver através de todas essas estruturas, que são nosso segundo código genético? Quiçá essas razões confluam e se reforcem mutuamente. A verdade é que o desejo de compreender o meu próprio país absorveu a parte principal de minhas energias intelectuais no quarto de século transcorrido desde que escrevi minha tese sobre a economia colonial brasileira.

Porque no centro de minhas reflexões estavam problemas reais, a pesquisa econômica foi sempre para mim um meio de preparar a ação, minha ou de outros. Compreender melhor o mundo para agir sobre ele com mais eficácia. Isso significa que os fins últimos devem estar sempre presentes no espírito. As afinidades doutrinárias decorriam da concordância na escolha dos temas ou problemas que convinha abordar. As divergências sobre métodos não eram relevantes, pois a eficácia destes se comprova utilizando-os. Minhas divergências com os economistas neoclássicos vieram sempre de que os problemas que a eles interessavam me pareciam irrelevantes ou simplesmente falsos. Minhas divergências com os economistas marxistas vieram de que estes pretendiam abandonar a priori os instrumentos da economia neoclássica, mesmo quando obviamente não existiam outros para substitui-los.

Não há dúvida de que se nos colocamos num plano estritamente ideológico, a diferença entre fins e meios é em grande parte ilusória. Mas, se admitimos que existe uma ciência social, dois planos de racionalidade se definem nitidamente. Limitar-se à racionalidade formal (concernente aos meios) é a vocação do tecnocrata. Mas ignorar que essa racionalidade existe e que é independente dos juízos de valor com respeito aos fins é fechar a porta ao avanço de uma ciência social. Combater esta simplesmente porque pode ser eficaz nas mãos daqueles que têm como objetivo consolidar as estruturas sociais que não aprovamos é desconhecer que, para construir novas estruturas, ela não é menos indispensável.

O meu enfoque dos processos econômicos, no qual se combina uma visão histórica global com um corte sincrônico para o qual se utilizam todos os recursos da análise econômica, alcançou a forma que para mim passou a ser definitiva quando cristalizaram em meu espírito duas ideias: a de estrutura e a de centro de decisão. Os estudos paralelos que fiz de direito e de organização me permitiram perceber desde o início a diferença entre instituições e estruturas. Não que a importância dessa diferença me haja ocorrido na primeira fase universitária. Foram as reflexões sobre sistemas econômicos reais, que eu observava na prática, que me conduziram nessa direção, para a qual estava preparado. Graças a essa distinção pude me dar conta de que a mudança no quadro institucional podia ser irrelevante ou permanecer no plano formal. Por outro lado, também percebi que, em certas circunstâncias, se podia avançar em modificações estruturais sem prévias alterações no quadro institucional. Quando Marx admitiu implicitamente que as forças produtivas podiam desenvolver-se sem prévia modificação da "superestrutura" (para ele, essencialmente o complexo de instituições), estava fazendo uma constatação similar. Segundo ele, as modificações superestruturais viriam depois, por rupturas violentas. Ora, não se trata apenas de forças produtivas. Todas as estruturas podem modificar-se dentro de certo quadro institucional. Se essas modificações são *orientadas*, as transformações do quadro institucional virão subsequentemente, sem encontrar maiores resistências. Se apenas um segmento das estruturas se modifica (a acumulação, por exemplo), é possível e mesmo provável que a adaptação institucional se faça de forma cataclísmica. Mas se ela afeta o conjunto das estruturas, o mais provável é que a adaptação institucional se faça sem maiores choques. Seria possível planejar essas modificações estruturais? Que condições se requerem para isso? Foi esse enfoque que me encorajou a aceitar as responsabilidades de direção da política econômica no Nordeste brasileiro, região onde o acúmulo de problemas econômicos e sociais supera o que se possa imaginar.

Graças à ideia de centro de decisão, pude escapar do ilusionismo dos *mecanismos* econômicos, os quais impedem muitos economistas de integrar os processos econômicos nos conjuntos sociais reais. Quem *decide* atua em função de objetivos e exerce alguma forma de poder. Ver os processos econômicos como cadeias de decisões, e estas como estruturas de poder, é afastar-se dos conceitos de mecanismo e equilíbrio, que são a essência de todo o enfoque neoclássico. Antes de estudar economia, eu já sabia que não existe organização sem coordenação e controle, e que para que se efetivem a coordenação e o controle é indispensável que existam centros diretores capazes de definir objetivos. Ora, por uma simples economia de esforço, todo centro de decisão tende a aprofundar o seu horizonte temporal, isto é, a planejar a sua ação. Dessa forma, quando se observa a economia como uma organização, a ideia de planejamento como técnica destinada a elevar a eficiência dos centros de decisão surge naturalmente. Por último, quem diz planejamento diz objetivos explícitos ou implícitos. Assim, cai por terra o mito do *laissez-faire*, o qual nas economias subdesenvolvidas tem servido para sancionar e consolidar a dependência.

As circunstâncias que modificaram o curso de minha vida em 1964, quando um golpe militar no Brasil privou-me de direitos políticos e praticamente impediu-me de continuar a trabalhar para a minha região e meu país, somente em parte são responsáveis pela decisão que tomei de dedicar-me inteiramente à vida acadêmica. A participação indireta e direta que durante quinze anos tive na formulação de políticas — como assessor técnico das Nações Unidas e como administrador e membro do governo em meu país — convenceu-me de que nossa debilidade maior está na pobreza de formulações teóricas e de ideias operacionais. A esse vazio se deve que a atividade política tenda a organizar-se em torno de esquemas importados os mais disparatados. Como todo esforço de globalização é particularmente difícil a partir da perspectiva que se tem num subsistema dependente, a linha de menor resistência do mimetismo ideológico tende facilmente a prevalecer. A inexistência de instituições culturais capazes de abrigar núcleos significativos de pesquisadores sociais e as bruscas interrupções que no trabalho destes provocam as ditaduras, intermitentes em muitos países, contribuem igualmente para o lento avanço, na América Latina, de uma consciência crítica. Uma solução para esse problema, ainda que de alcance limitado, pode encontrar-se na mobilização de meios fora da região. Paris constitui, a esse respeito, um centro privilegiado, pois atrai um número crescente de estudantes latino-americanos de pós-graduação, os quais ganham distância com respeito aos seus próprios países e adquirem uma visão mais equilibrada com respeito ao conjunto da região. Por outro lado, o ambiente é mais propício ao debate e ao intercâmbio de ideias com não latino-americanos do que o que pude observar nas universidades dos Estados Unidos.

Paralelamente às tarefas de professor, continuo empenhado em decifrar os enigmas do subdesenvolvimento, oferecendo ocasionalmente hipóteses novas que desejo que estimulem outros a levar mais longe o esforço de reflexão e invenção. Nesses anos em que leciono em Paris, preparei um livro de teoria do desenvolvimento, dois sobre a América Latina e dois sobre o Brasil. Não foi um esforço estéril, pois mais de 400 mil exemplares de meus livros já foram comprados por latino-americanos. Ainda que esse dado nenhum valor tenha em si mesmo, constitui uma indicação de que não me equivoquei quando formulei a hipótese inicial de que existe uma enorme fome de ideias na região.

Se tivesse de, em poucas linhas, traçar o retrato típico do intelectual nos nossos países subdesenvolvidos, diria que ele reúne em si 90% de malabarista e 10% de santo. Assim, a probabilidade de que se corrompa, quando já não nasce sem caráter, é de nove em dez. Se escapa à regra, será implacavelmente perseguido e, por isso mesmo, uma viravolta inesperada dos acontecimentos poderá transformá-lo em herói nacional. Se persiste em não corromper-se, daí para a fogueira a distância é infinitesimal. De resto, por maior que seja a sua arrogância, nunca entenderá o que lhe terá ocorrido.

Entre inconformismo e reformismo*

INTERROGAR A HISTÓRIA COMO ECONOMISTA

Como explicar que países surgidos da expansão econômica da Europa, cujas estruturas foram criadas para viabilizar essa expansão, hajam acumulado tanto *atraso*? A pergunta está no cerne de minha reflexão sobre o subdesenvolvimento. A teoria do crescimento econômico que vinha sendo elaborada no imediato pós-guerra produziu uma dinamização a-histórica de modelos macroeconômicos, na linha keynesiana ou na neoclássica, conforme a natureza da função de produção implícita. Ora, a indagação sobre as causas do atraso somente adquire pertinácia se concebida historicamente, o que exige outra abordagem teórica.

Que caminhos nos trouxeram ao subdesenvolvimento? Trata-se de um estágio evolutivo ou de uma conformação estrutural que tende a reproduzir-se? Ao introduzir a dimensão histórica fui levado a colocar uma questão metodológica: que contribuição podem dar as ciências sociais, em particular a economia, ao estudo da história? Pergunta similar vinha sendo feita pelos historiadores europeus da École des Annales. Eles buscavam ajuda nas ciências sociais e nós, partindo destas, a buscávamos na história. Minha indagação partia da ideia de que o subdesenvolvi-

* Publicado em *Pioneers in Development: Second Series*. Washington: Oxford University Press, 1987.

mento, por sua especificidade, estava fora do alcance explicativo das teorias do crescimento econômico. Por que em determinadas economias engendradas pela expansão do capitalismo comercial manteve-se lento o processo acumulativo ou tendeu este a realizar-se de preferência fora das atividades produtivas? Por que a assimilação de novas técnicas se fez muito mais rapidamente no plano do consumo do que no dos processos produtivos? Essas perguntas eram fruto da aplicação dos instrumentos do economista a uma análise diacrônica que desbordava o campo de percepção deste. Assim, a reflexão sobre o subdesenvolvimento começa como uma nova leitura da história apoiada no uso de conceitos e instrumentos da ciência econômica e se prolonga num esforço de ampliação do quadro conceptual desta.

No esforço de interrogar a história como economista cedo me convenci de que os conceitos de que me estava servindo eram fruto da observação das estruturas sociais que se haviam formado com o capitalismo industrial. O entendimento das estruturas sociais engendradas pela expansão internacional do capitalismo impunha uma apreciação crítica desse quadro conceptual. A denúncia feita por Prebisch em 1949 do "falso universalismo" da ciência econômica apontava nessa direção.[1]

O comportamento diacrônico das comunidades humanas confirma um elemento de intencionalidade que se traduz pelo exercício de opções. Ora, num horizonte de possibilidades, uma margem de escolha pressupõe a disponibilidade de meios acima do necessário para reproduzir-se. Os meios excedentários de que dispõe uma comunidade podem assumir a forma de um estoque, utilizado de

1 Raúl Prebisch, "The Economic Development of Latin America and its Principal Problems", *Economic Bulletin for Latin America*, mar. 1961. Esse estudo foi originalmente apresentado na Conferência da Cepal realizada em maio de 1949, em Havana.

uma só vez, mas também podem apresentar-se como um fluxo, a exemplo do que ocorre com a abertura de linhas de comércio. Esses meios excedentários, que abrem graus de liberdade, são na realidade a base do processo acumulativo. Assim, o retorno ao conceito de excedente social, introduzido pelos fisiocratas na metade do século XVIII, constituiu meu ponto de partida para situar o desenvolvimento econômico em seu contexto histórico.

AS "ANOMALIAS" DA ECONOMIA BRASILEIRA

A produção cafeeira, ao apresentar óbvias vantagens comparativas para o Brasil, pôde crescer com rapidez quando surgiram condições favoráveis do lado da demanda e dos meios de transporte. Contudo, essa atividade era seriamente afetada pelas condições climáticas, o que engendrava acentuada instabilidade de preços, os quais tendiam a ser manipulados por especuladores localizados fora do país. Daí que os produtores hajam forçado o governo brasileiro a intervir nos mercados mediante a formação de estoques reguladores. Isso permitiu, desde começos do século, que o preço do café nos mercados internacionais gozasse de certa estabilidade a um nível relativamente elevado. Como contrapartida, surgiu uma dependência vis-à-vis dos financiadores internacionais desses estoques, a qual se traduziu em políticas monetária e fiscal restritivas que frearam o desenvolvimento do mercado interno. Inferia-se da observação desse quadro que a intervenção do Estado era fator decisivo na determinação do nível interno da renda e dos termos do intercâmbio externo. A regulação da economia pelas simples forças dos mercados conduzia inexoravelmente à instabilidade e à degradação dos termos do intercâmbio externo. Se bem que considerada pelos economistas da época como uma "anomalia", a intervenção estatal introduzia racionalidade no sistema econômico. A realidade simplesmente escapava ao campo de percepção dos economistas.

Nada me ajudou tanto a superar a visão convencional do *atraso* da economia brasileira quanto a observação do comportamento "anômalo" dessa economia durante a grande depressão de 1929-33. Ao tentar elaborar indicadores do desempenho das atividades agrícolas e manufatureiras no longo prazo, pude comprovar que a produção agrícola de exportação crescera fortemente no período de 1929 a 1931, quando os preços internacionais estavam em derrocada. Por outro lado, a produção manufatureira aumentara sensivelmente a partir de 1931, época em que a economia era asfixiada pelo corte brutal das importações. Ocorrera que, em face das grandes safras de café em 1930 e 1931, o governo havia sido forçado a acumular volumosos estoques (os quais seriam em grande parte queimados). À falta de crédito externo, financiava-os com expansão dos meios de pagamento. Dessa forma, a contração da renda monetária causada pela queda dos preços de exportação fora compensada pela acumulação de estoques em mãos do governo, ao mesmo tempo que se comprimiam brutalmente as importações. A forte elevação dos preços das manufaturas importadas, causada pela depreciação da moeda, operou como barreira protecionista, o que explica a ativação da produção manufatureira desde 1931. A "anomalia" estava na recuperação precoce de uma economia primário-exportadora, num período em que a depressão mundial continuava a aprofundar-se. Reuni os resultados dessas observações em artigo escrito em junho de 1949.[2]

A importância da função reguladora, exercida ou não pelo Estado, evidenciava-se nesse caso em sua plenitude.

2 Celso Furtado, *Formação econômica do Brasil*. Rio de Janeiro: Fundo de Cultura, 1959. As ideias elaboradas nesse livro foram originalmente apresentadas no artigo "Características da economia brasileira", *Revista Brasileira de Economia*, mar. 1950.

Se era verdade que a economia lograra superar a forte pressão depressiva vinda de fora durante a grande crise, também o era que na fase anterior a capacidade produtiva e acumulativa do setor manufatureiro fora subutilizada. Em um e outro casos fora decisiva a ação reguladora do Estado. Cabia, portanto, formular a hipótese de que o atraso acumulado pelo país encontrava explicação na história, pois as políticas econômicas, que em grande parte respondiam por ele, não eram fruto da fatalidade e sim a expressão de forças sociais identificáveis.

À medida que a economia se fez mais complexa, a regulação macroeconômica se tornou mais incerta. No passado, a defesa dos interesses ligados ao café e outros produtos de exportação havia servido de bússola orientadora. Com o avanço da industrialização, forças conflitantes passaram a disputar o comando dos centros de decisão. Nesse contexto, as consequências de uma decisão macroeconômica nem sempre podiam ser avaliadas e menos ainda previstas. Daí que a inflação haja passado a desempenhar o papel de mecanismo de ajustamento a posteriori.

No imediato pós-guerra, preocupado em defender os preços do café no mercado internacional, o governo brasileiro fixou a paridade do cruzeiro com evidente sobrevalorização deste, o que foi interpretado como ameaça ao setor industrial. Os preços baixos das importações também significavam receitas insuficientes para o Estado, gerando-se um foco de pressão inflacionária. Esse quadro anômalo conduziu ao rápido esgotamento das reservas de câmbio e à introdução de controles quantitativos das importações, o que favoreceria necessariamente o setor industrial. Dessa forma, uma política inspirada na defesa dos interesses do café, pelo fato de que gerava pressão inflacionária, transformou-se em política de fomento às atividades industriais. A inflação vinha suprir a inexistência de uma política de industrialização, num momento em que esta se definira como aspiração nacional. Maior "anomalia" não podia haver do que uma inflação geradora de efeitos positivos.[3]

A opção pela industrialização, com efeito, era tema que se discutia amplamente no Brasil no período da guerra. A carência de produtos manufaturados, provocada pela interrupção do suprimento externo, trouxe argumentos decisivos aos críticos da velha doutrina do país de vocação "essencialmente agrícola".

Quando iniciei meu trabalho na Cepal, o primeiro estudo que realizei[4] teve como tema central o comportamento do setor industrial latino-americano. Introduzi nesse estudo um exercício que consistiu em medir o impacto no comércio internacional de um hipotético aumento da oferta de produtos manufaturados em quatro países da América Latina (Argentina, Brasil, México e Chile), caso essa oferta alcançasse, por habitante, o nível que então prevalecia na Europa ocidental e devesse ser obtida mediante importações. O valor destas teria que exceder o valor total das exportações mundiais de manufaturas na época. Assim, por uma *redutio ad absurdum*, pretendi demonstrar que não havia alternativa à industrialização, se se pretendia alcançar na América Latina padrões de consumo comparáveis aos dos países desenvolvidos.

No ano seguinte (1950), tivemos uma série de discussões em torno de dados empíricos recolhidos por um grupo de trabalho constituído de engenheiros da Cepal e do Banco Mundial que apreciavam a situação da indústria têxtil de sete países latino-americanos. Os parâmetros

3 Ibid., capítulo 35, "Os dois lados do processo inflacionário". Essas ideias foram inicialmente apresentadas em *A economia brasileira*. Rio de Janeiro: A Noite, 1954, pp. 177-87.

4 Trata-se de minha contribuição ao primeiro *Estudio Económico de America Latina*, referente ao ano de 1948 e apresentado na Conferência da Cepal realizada em Havana, em maio de 1949.

usados pelos engenheiros para medir a produtividade levavam à conclusão de que a maior parte das fábricas eram obsoletas, cabendo destrui-las, o que implicava sucatear grande parte do equipamento e reduzir consideravelmente o emprego no setor. As discussões que tivemos então nos levaram a introduzir o conceito de produtividade social, global e setorial, média e marginal. Abria-se, assim, o debate sobre "alternativas tecnológicas" e estabeleciam-se as bases metodológicas para a formulação de políticas integradas de desenvolvimento.[5]

A observação da produtividade como um fenômeno social global levou-me a recuperar o conceito de "sistema de forças produtivas" que havia sido introduzido um século antes por Friedrich List.[6] As atividades produtivas passavam a ser vistas como um todo articulado, cuja compreensão devia anteceder à de seus elementos constitutivos. Isso projetava nova luz sobre a natureza das relações externas, às quais cabia o papel de "centro dinâmico" ou de "motor" das transformações que estavam na base do desenvolvimento dessas economias na fase primário-exportadora.

5 As ideias sobre escolha de tecnologias foram elaboradas no estudo "Problemas teóricos y practicos del crecimiento económico", apresentado na Conferência da Cepal realizada em Montevidéu, em 1950. A redação desse trabalho coube a Raúl Prebisch. As ideias sobre um enfoque integrado da política de desenvolvimento foram reunidas no estudo "Introducción a la técnica de programación", apresentado na Conferência da Cepal realizada em 1953 no Quitandinha. A redação desse trabalho coube a uma equipe sob minha direção.

6 Friedrich List, *Das nationale System der politischen Oekonomie*. Iena: Gustav Fischer, 1920, pp. 239-53. A primeira edição é de 1841.

ESTRUTURALISMO E DEPENDÊNCIA

A visão global derivada da história, ao apoiar-se no conceito de sistema de forças produtivas, produziu o enfoque que viria a ser chamado de "estruturalista". Este não tem relação direta com a escola estruturalista francesa, cuja orientação básica consistiu em privilegiar o eixo das sincronias na análise social, o que a levou a construir uma sintaxe das disparidades nas organizações sociais. O nosso estruturalismo, surgido nos anos 1950,[7] empenhou-se em destacar a importância dos parâmetros não econômicos dos modelos macroeconômicos. Como o comportamento das variáveis econômicas depende em grande medida desses parâmetros, que se definem e evoluem num contexto histórico, não é possível isolar o estudo dos fenômenos econômicos em seu quadro histórico. Essa observação é particularmente pertinente com respeito a sistemas econômicos heterogêneos, social e tecnologicamente, como é o caso das economias subdesenvolvidas.

Sem um estudo aprofundado da estrutura agrária não é possível explicar a tendência à concentração da renda na fase de industrialização, nem a rigidez da oferta de

7 A teorização a partir do enfoque estruturalista surgiu inicialmente na abordagem do problema da inflação. Entre os primeiros trabalhos cabe citar: Juan Noyola Vázquez, "El desarrollo económico y la inflación en México y otros países latinoamericanos", *Investigación Económica*, XVI, n. 4, 1956; Celso Furtado, "The External Disequilibrium in the Underdeveloped Economies", *The Indian Journal of Economics*, abr. 1958; Osvaldo Sunkel, "La inflación chilena: un enfoque heterodoxo", *El Trimestre Económico*, Cidade do México, out./dez. 1958; Anibal Pinto, "Estabilidad y Desarrollo", *El Trimestre Económico*, Cidade do México, jan./mar. 1960. Minhas ideias foram elaboradas em dois ensaios preparados entre 1959 e 1960 e publicados em *Desenvolvimento e subdesenvolvimento*. Rio de Janeiro: Fundo de Cultura, 1961, pp. 195-264.

alimentos geradora de pressões inflacionárias. Sem uma percepção da natureza da industrialização retardada (orientada para a substituição de importações), não será possível entender a "inadequação tecnológica" que gera o desemprego da mão de obra.

Como fatores "não econômicos"— regime de propriedade da terra, controle das empresas por grupos com visão transnacional dos investimentos, permanência de grande parte da mão de obra fora dos mercados organizados etc. — integram a matriz estrutural do modelo com que trabalha o economista, ao darmos ênfase ao estudo de tais parâmetros fomos chamados de estruturalistas. Em certo sentido, os estruturalistas retomaram a tradição do pensamento marxista, na medida em que este colocou em primeiro plano a análise das estruturas sociais para compreender o comportamento dos agentes econômicos.

Tal esforço visando ampliar o quadro conceptual, a fim de abranger os condicionantes internos e externos do sistema de decisões, conduziu finalmente à teoria da *dependência*.[8] Esta se funda numa visão global do capitalismo — enfocado como um sistema econômico em expansão vertical e horizontal e como uma constelação

8 Celso Furtado, "Underdevelopment and Dependence: The Fundamental Connections", *Working Papers*, Center for Latin American Studies, Universidade de Cambridge, n. 17, 1973. Foram meus estudos sobre a dinâmica da demanda e a modernização na reprodução do subdesenvolvimento que me orientaram para a ideia de dependência, primeiro cultural e depois tecnológica. Cf. "Dependencia externa y teoria económica", *El Trimestre Económico*, Cidade do México, abr./jun. 1971; "Los perfiles de la demanda y la inversión", *El Trimestre Económico*, Cidade do México, jun./set. 1970; *Criatividade e dependência na civilização industrial*. São Paulo: Paz e Terra, 1978. [Nova edição: São Paulo: Companhia das Letras, 2008.]

de formas sociais heterogêneas — que permite captar a diversidade no tempo e no espaço do processo de acumulação e as projeções dessa diversidade nos países de industrialização tardia. Graças a tal enfoque abrangente foi possível aprofundar a percepção das vinculações entre as relações externas e as formas internas de dominação social, bem como projetar luz sobre outros temas de não pouca significação, tais como a natureza do Estado e o papel das firmas transnacionais.

Fora do quadro da dominação colonial, o fenômeno da dependência se manifestou de início no plano cultural, mediante a transplantação de padrões de consumo que puderam ser adotados graças ao excedente gerado no quadro das vantagens comparativas estáticas obtidas no comércio exterior. É o forte dinamismo do segmento modernizado do consumo que projeta a dependência no plano tecnológico e a inscreve na estrutura produtiva. Com efeito, é quando se pretende, mediante a industrialização, substituir os bens importados, que o aparelho produtivo se fratura em dois segmentos: um ligado a atividades tradicionais, destinadas às exportações ou ao mercado interno, e outro constituído de indústrias produzindo para o setor modernizado do consumo. Se observamos as economias subdesenvolvidas como sistemas fechados, podemos ser levados a afirmar que essa descontinuidade do aparelho produtivo é a manifestação de um "desequilíbrio no nível dos fatores", daí deduzindo que a tecnologia é "inadequada".

Estaremos ignorando o fato de que os bens que estão sendo demandados pela minoria modernizada só podem ser produzidos com essa tecnologia, e que para a minoria não se coloca o problema de ter de optar entre essa constelação de bens e outra. Na medida em que os padrões de consumo da minoria que se apropria do excedente devem acompanhar o estilo de vida dos países que lideram o progresso tecnológico (e que se instalaram em elevado nível de capitalização), qualquer tentativa visando a "adaptar" a tecnologia será repudiada. Quando se tem em conta que a situação de dependência está sendo permanentemente reforçada, mediante a introdução de novos produtos (cuja produção requer o uso de técnicas cada vez mais sofisticadas e dotações crescentes de capital), é evidente que o avanço da industrialização dá-se de forma simultânea à concentração da renda. Daí que o crescimento econômico tenda a depender mais e mais da capacidade das classes que se apropriam do excedente para forçar a maioria da população a aceitar crescentes desigualdades sociais. Somente a vontade política poderá modificar esse quadro.

Se tivesse que singularizar uma ideia sintetizadora de minhas reflexões de economista sobre a história, diria que ela se traduz na dicotomia desenvolvimento-subdesenvolvimento, que utilizei como título do livro em que reuni meus primeiros ensaios de teoria econômica.[9] As ideias aí esboçadas e posteriormente elaboradas estão resumidas nas duas seções seguintes.[10]

9 *Desenvolvimento e subdesenvolvimento*, op. cit. No primeiro desses ensaios, chamei a atenção para a necessidade de estudar, ao lado do processo de acumulação, a dinâmica da demanda. Cf. Celso Furtado, "Formação de capital e desenvolvimento econômico", *Revista Brasileira de Economia*, Rio de Janeiro, v. 6, n. 3, set./dez. 1952. Esse ensaio foi escrito como comentário às conferências de Ragnar Nurkse, pronunciadas no Rio de Janeiro em 1951. Veja também a resposta desse autor aos meus comentários, publicada na mesma revista, em março de 1953. Uma versão modificada do meu artigo foi publicada em *International Economic Papers*, Londres, n. 4, 1954.

10 Essas ideias aparecem em sua forma mais elaborada em *Teoria e política do desenvolvimento econômico*. São Paulo: Cia. Editora Nacional, 1967.

UMA TEORIA DO EXCEDENTE SOCIAL

Para agir com maior eficácia o homem dota-se de técnicas que, via de regra, ampliam sua capacidade operativa mediante o uso de instrumentos. Seja incorporando-se diretamente ao homem, seja na forma de instrumentos, as técnicas somente se transmitem por um processo de *acumulação*. Portanto, o desenvolvimento da capacidade do homem para agir (e para produzir) funda-se num misto de inventividade e acumulação. O esforço acumulativo que realiza a sociedade tanto assume a forma de aperfeiçoamento do homem (neste caso considerado como um meio, ou recurso produtivo), como de aparelhamento desse mesmo homem: fabricação de instrumentos de trabalho, de estruturas para acolher esses instrumentos, plantações agrícolas, meios de acesso a essas plantações etc.

Quando se limita à difusão de técnicas já conhecidas e comprovadas, o desenvolvimento se confunde com a acumulação. Mas circunscrever o estudo do desenvolvimento à acumulação é perder de vista que as técnicas não são outra coisa que formas de comportamento cuja racionalidade não é independente de fins preestabelecidos. A substituição do cavalo pelo automóvel não é apenas uma evolução do sistema de transporte: é a transformação de um estilo de vida. Falar de difusão ou transmissão de tecnologia é, portanto, um eufemismo, pois o que se está difundindo nesse caso é uma forma de viver, o que implica a desarticulação do sistema de valores preexistente na sociedade receptora das novas técnicas.

A reflexão sobre o *desenvolvimento econômico* tem se concentrado no estudo do processo acumulativo das forças produtivas. Ora, por trás dos indicadores quantitativos que preocupam o economista desdobra-se o vasto processo histórico de difusão da civilização industrial: a adoção por todos os povos da terra do que se convencionou chamar de *padrões de modernidade*, ou seja, a forma de viver engendrada pela industrialização nos países que a lideram. Daí que o papel da criatividade no desenvolvimento haja perdido nitidez, bem como toda relação entre a acumulação e os valores que presidem a vida social. Essa simplificação oculta a existência de modos de desenvolvimento hegemônicos que monopolizam a inventividade a nível dos fins em benefício de certos países.

Que condições são necessárias para que a acumulação ocorra em dada sociedade? A partir de que momento cabe falar em horizonte de opções? Qual o limite último ao esforço de acumulação? Responder a essas questões é formular uma teoria do *excedente social*. Pouca dúvida pode haver de que os recursos *acumulados*, ou seja, cuja utilização final é transferida para o futuro, são aqueles não essenciais à imediata sobrevivência da coletividade. Também é evidente que os recursos não essenciais têm múltiplas utilizações, sendo a acumulação no nível das forças produtivas apenas uma delas. A teoria do excedente liga-se à teoria da estratificação social e, por intermédio desta, ao estudo das formas de dominação que engendram as desigualdades na repartição do produto social, ou definem as opções a tomar na utilização do excedente.

Pode-se fundar a noção de excedente no fato, de observação simples e universal, de que a divisão social do trabalho aumenta a produtividade deste. Mesmo em níveis de diferenciação rudimentares, o todo social representa uma força produtiva maior do que a da soma de seus elementos concebidos isoladamente. Alcançada certa dimensão, as coletividades humanas produzem mais do que o estritamente necessário para reproduzir-se. O intercâmbio entre comunidades, intensificando a especialização, criou possibilidades adicionais à divisão social do trabalho.

Contudo, a elevação da produtividade social do trabalho não seria condição suficiente para produzir o que chamamos de excedente. Com efeito, se os recursos adicionais são imediatamente utilizados para a satisfação de necessidades que os membros da coletividade consideram como essenciais, não teria sentido falar de horizonte de opções. Estas surgem porque os sistemas de dominação social limitam a satisfação de necessidades básicas que a população considera como ainda não satisfeitas de todo. É a estratificação social que permite a emergência do excedente, ou seja, de recursos com usos alternativos, abrindo caminho à acumulação. Portanto, os recursos que permitem o desenvolvimento das forças produtivas são os mesmos que tornam possível mobilizar a população para a guerra e que engendram as desigualdades sociais.

Assim, a acumulação assume as formas mais variadas nas distintas culturas. Ela é o cimento da estratificação social e da legitimação do sistema de poder, por um lado, e, por outro, é o vetor do progresso das técnicas. Que ela se oriente de preferência nesta ou naquela direção é problema que transcende a temática das teorias do desenvolvimento e invade o estudo comparativo das culturas, particularmente nos seus aspectos morfogenéticos. Por que em determinada cultura o esforço acumulativo é principalmente absorvido pela construção de pirâmides e outras formas de vinculação do sistema de poder ao sobrenatural? Por que a criatividade no plano estético tendeu a absorver grande parte do esforço acumulativo na Grécia clássica? Pouca dúvida pode haver de que tanto as esfinges egípcias como as colunas dóricas do Partenon ligavam-se ao propósito de prestigiar (e por essa forma, legitimar) um sistema de poder. É certo que os valores que prevalecem numa sociedade, e orientam o processo de criatividade, não são independentes das estruturas sociais. Mas um mesmo problema pode receber soluções muito diversas numa sociedade ou noutra. E é nessa diversidade que se manifesta a originalidade de uma cultura.

Sempre que as sociedades alcançaram certo grau de complexidade a apropriação do excedente apresentou-se sob duas formas básicas: a *autoritária* e a *mercantil.*

O caso extremo do excedente gerado autoritariamente é a escravidão. Os sistemas impositivos têm origem idêntica, o que não impede que eles hajam evoluído no sentido da legitimação pelo consenso dos indivíduos tributados. Formas mais sutis de extração autoritária do excedente são as normas que regem as profissões hereditárias, que freiam a mobilidade geográfica das pessoas, que impedem a circulação de bens, que restringem o acesso à terra arável e à água. Formas ainda mais sofisticadas são os sistemas de patentes, o controle da informação, o controle do acesso às escolas de prestígio etc.

A segunda forma primária de apropriação do excedente — a *mercantil* — funda-se nas operações de intercâmbio. Ela também gera a estratificação social, mas o seu ponto de partida não é a dominação e sim o aumento de produtividade criado pela especialização, possibilitada pelo intercâmbio. Com efeito, o intercâmbio pode existir no quadro de relações simétricas, ou seja, entre parceiros totalmente independentes um do outro. É verdade que todo intercâmbio pressupõe um fluxo de informações cujo controle por um ou outro dos que o praticam rompe a simetria da relação. Mas nesse caso a apropriação do excedente envolve um elemento de autoridade.

Em todas as sociedades complexas as duas formas primárias referidas apresentam-se combinadas das maneiras mais variadas. No mais das vezes, a forma autoritária alimenta os canais da comercialização. Assim, a produção agrícola baseada no trabalho servil foi por muito tempo a fonte de excedentes comercializados internacionalmente. Nem sempre é fácil saber onde termina uma forma e começa outra: é o caso, por exemplo, da renda de um agente que ocupa uma posição estratégica, ou está na vanguarda tecnológica. Como não reconhecer que uma empresa como a IBM está em condições de administrar certos preços e por esse meio captar um excedente que não é exatamente de origem mercantil? Como separar o critério mercantil do autoritário no caso da exploração monopolista de um serviço público? Que dizer do especulador que, mediante a manipulação da informação, obtém um ganho de capital com a valorização de ativos?

Se é verdade que as duas formas primárias de apropriação do excedente coexistiram por toda parte, foi a predominância de uma ou de outra que definiu o perfil das estruturas sociais. Historicamente, à forma mercantil coube sempre um papel complementar, sendo a forma autoritária o fator principal na configuração das estruturas sociais.

Contudo, não é difícil perceber que a via de apropriação autoritária esgota rapidamente as suas possibilidades: o aumento da carga fiscal tem limites, a renda do monopolista restringe o mercado etc. Ao contrário, a via mercantil, pelo fato de que promove a especialização e a divisão do trabalho, põe em marcha um processo de geração de novos recursos. Em síntese: a via mercantil gera ela mesma recursos que alimentam o excedente, ao passo que a via autoritária reduz-se a transferir recursos.

O intercâmbio não se funda apenas na especialização: requer a estocagem de produtos, o transporte destes a distâncias maiores ou menores, meios de proteção etc. Toda uma infraestrutura de meios de transporte, de armazenagem e de segurança está por trás das operações de comércio. Tal infraestrutura e os bens cuja utilização é transferida no tempo, em função das exigências do comércio, constituem uma imobilização do excedente. Esse excedente utilizado como meio para extrair outro excedente, seja como instrumento do intercâmbio, seja como vetor das técnicas de produção, denomina-se bens de capital.

A revolução burguesa não é outra coisa senão a ascensão da classe mercantil europeia a posições de força que lhe permitirão desmantelar o sistema tradicional de apropriação autoritária do excedente, ou pelo menos colocá-lo em posição de dependência.

Tanto nas atividades manufatureiras quanto nas agrícolas viria a predominar o regime salarial. A terra e o trabalho humano são por essa forma transfigurados em "instrumentos de produção", correspondendo-lhes um valor de troca que os coloca no mesmo plano que os bens finais que eram tradicionalmente objeto de intercâmbio. A atividade mercantil, antes limitada à circulação dos bens, tende a verticalizar-se, abarcando a totalidade do processo produtivo. A atividade produtiva deixa de ser um conjunto de relações estáveis entre pessoas — no âmbito de uma corporação de ofício ou de uma propriedade senhorial — para transformar-se numa "combinação de fatores" em grande parte intercambiáveis e sujeitos a cotações de mercado. Porque tudo é objeto de intercâmbio, a apropriação mercantil do excedente generaliza-se, o que permitirá considerar um número crescente de atividades humanas como sendo de natureza econômica.

À apropriação autoritária do excedente correspondia uma organização social hierárquica, de reduzida mobilidade, na qual cada ator desempenhava um papel que estava programado quando ele se incorporava à sociedade. Nesse quadro, a técnica se integrava na herança cultural, que era transmitida de geração a geração no âmbito de atividades que prolongavam a vida familiar. Nesse contexto, dificilmente penetra a ideia de produtividade, quando não seja em função do impacto de fatores exógenos, como as condições meteorológicas, as guerras etc.

A atividade mercantil baseia-se no cálculo: preços de compra e venda, custo de transporte, do armazenamento etc., sendo tudo isso referido a um denominador comum, bem de aceitação geral, que é a moeda. A ideia de produtividade não passa da expressão desse cálculo. Ora, se a produtividade pode ser aumentada, mediante engenho e arte, é que a atividade mercantil produz riqueza. Nas sociedades em que a atividade produtiva está regida por critérios mercantis, o nível de emprego da população já não é assegurado pela organização social, como ocorria na época em que se herdava o ofício ou o direito de acesso à terra arável. A segurança individual somente poderá ser recuperada mediante um grande esforço de organização das massas trabalhadoras e do acesso destas às estruturas de poder que tutelam o sistema econômico.

A evolução da sociedade capitalista compreende, portanto, duas fases perfeitamente definidas. A primeira está assinalada pela desarticulação das formas de dominação social apoiadas na apropriação autoritária do excedente e de ascensão da classe mercantil à posição hegemônica. A segunda é definida pela emergência da organização das massas assalariadas como elemento de crescente importância nas estruturas de poder.

O SISTEMA CENTRO-PERIFERIA

A consolidação, na segunda metade do século XVIII, de um primeiro núcleo industrial, germe de um sistema econômico que alcançaria dimensões planetárias, é um episódio da história social europeia. Pouca dúvida pode haver de que o controle do sistema de produção pela burguesia tendeu a acelerar a acumulação canalizada para as forças produtivas. Mas as circunstâncias que abriram caminho a esse controle e concentraram geograficamente os seus efeitos são fatos que podemos compreender, mas não explicar de forma analítica. Concomitantemente com a consolidação manifesta-se a força gravitacional desse núcleo, cujos efeitos se farão sentir em áreas de importância crescente. De fato, a força expansiva do primeiro núcleo industrial foi considerável; ela é o ponto de partida de um conjunto de processos que tenderão a unificar a civilização material em todo o mundo. Tudo se passou como se o espaço em torno do núcleo industrial tendesse a se modificar por indução externa ou de forma reativa. Essas modificações, entretanto, estiveram longe de ser uniformes. Cabe, em realidade, distinguir três processos de transformação social causados pela força expansionista do primeiro núcleo industrial

1. Ampliação e complexificação do núcleo inicial
As atividades artesanais e o sistema feudal de controle social tenderam a desmantelar-se num raio de ação crescente em torno do referido núcleo. É nas Ilhas Britânicas que esse processo apresenta a maior vivacidade, estimulado pela precoce penetração do modo capitalista de produção na agricultura. Mas o mesmo fenômeno se manifesta na Europa ocidental, em particular na Bélgica, nos Países Baixos e no norte da França. As transformações econômicas e sociais são seguidas de realizações no plano político no sentido de recortar o território em mercados protegidos, reivindicando as burguesias regionais o direito de acesso exclusivo aos mercados nacionais respectivos. Cada nação procurará dotar-se de um Estado soberano, que assumirá responsabilidades crescentes como instrumento regulador dos subsistemas econômicos nacionais. A vaga de nacionalismo, que caracteriza a Europa no século XIX, liga-se à ascensão das burguesias no controle das atividades produtivas e ao esforço de divisão dos mercados entre grupos hegemônicos. No plano político observa-se a construção dos sistemas nacionais de poder, que tutelam e delimitam no espaço os subsistemas econômicos, estimulando as economias de complementaridade e externas. A concorrência entre esses subsistemas nacionais aumentaria consideravelmente a capacidade expansiva do centro em direção a outras áreas, produzindo a vaga imperialista que caracterizou a segunda metade do século XIX e conduziu aos dois conflitos mundiais da primeira metade do século XX.

2. *Ocupação dos territórios de clima temperado, de baixa densidade demográfica*
A deslocação de dezenas de milhões de europeus para territórios de clima temperado na América do Norte, na Oceania e na África do Sul constitui a segunda forma de expansão do núcleo industrial inicial. Tratou-se, neste caso, de ampliar a base de recursos naturais. Essa adição de recursos permitiu que se prosseguisse a expansão das atividades agrícolas com rendimentos constantes ou mesmo crescentes. Assim, a extraordinária expansão da indústria têxtil inglesa não teria sido possível sem os baixos custos da produção de algodão nos Estados Unidos. A história do capitalismo industrial está marcada por essa formidável expansão geográfica ocorrida em sua fase inicial no próprio centro. A ela se deve que precocemente a mão de obra tenha se tornado escassa, que cedo os salários reais hajam crescido e os mercados, consideravelmente ampliado. Foi nesses novos territórios que se produziram as condições de mobilidade social mais propícias ao estímulo da iniciativa individual e à inovação institucional. Em síntese, se o capitalismo conduziu a sociedades crescentemente homogêneas, não obstante a rigidez hierárquica de suas estruturas econômicas, deve-se certamente a essa ampliação da base geográfica do seu centro.

3. *Ampliação dos circuitos comerciais conduzindo à formação de um sistema de divisão internacional do trabalho*
Esse terceiro eixo de expansão do núcleo industrial limitou-se às atividades comerciais. Povos com sistemas econômicos mais diversos serão induzidos, de uma ou outra forma, a especializar-se como meio de ter acesso aos mercados do centro. Numa fase inicial, em relação às atividades produtivas continuava a prevalecer a forma autoritária de apropriação do excedente. Por toda essa periferia, o desmantelamento das formas tradicionais de

dominação social se fará de forma parcial, em função de como será apropriado e utilizado o novo excedente surgido da inserção no sistema de divisão internacional do trabalho. A essa diferença na evolução das estruturas sociais deve-se a heterogeneidade que marcará definitivamente o sistema capitalista e a situação de dependência em que permanecerão amplas áreas.

Que o sistema capitalista se haja estruturado nas polaridades centro-periferia, desenvolvimento-subdesenvolvimento, dominação-dependência é essencialmente um fato histórico, que a ninguém ocorreria considerar como uma "necessidade", consequência inelutável da expansão do modo capitalista de produção. Mas esse fato histórico iria condicionar a evolução subsequente das estruturas do sistema. Graças a ele a acumulação no centro seria ainda mais rápida, aprofundando-se o hiato que o distancia da periferia. Daí que as estruturas sociais hajam sido cada vez mais diversas. Dada a forma histórica que assumiu a expansão do capitalismo industrial, já não seria possível defini-lo com base exclusivamente na ideia de generalização da forma mercantil de apropriação do excedente. Também é inerente à sua morfologia atual um sistema de divisão internacional do trabalho que reflete e reforça relações de dominação-dependência.

Pouca dúvida pode haver de que o sistema de divisão internacional do trabalho — a especialização geográfica erigida em princípio básico ordenador das atividades econômicas — é fruto da iniciativa do núcleo industrial em seu empenho de ampliar os circuitos comerciais existentes ou de criar novos. A iniciativa esteve com a economia que se industrializava e gerava o progresso técnico; a acumulação rápida que nela tinha lugar constituía o motor das transformações que iam se produzindo por toda parte. As regiões que nesse quadro de transformações tiveram estruturas econômicas e sociais moldadas no exterior, mediante a especialização do sistema produtivo e a introdução de novos padrões de consumo, viriam a constituir a periferia do sistema.

À medida que permitia anular certos obstáculos ao processo de acumulação no centro, o sistema de divisão internacional do trabalho dava origem a um excedente. Em outras palavras: ao estender sua área de influência e incorporar indiretamente recursos naturais e de mão de obra ao próprio sistema produtivo, o centro estava obtendo ganhos de produtividade. Não deixa de ser significativo que a primeira teoria consistente da moderna ciência econômica — a teoria dos preços comparativos, concebida por Ricardo nos albores do século XIX — haja surgido para explicar esse aumento de produtividade.

Mas, se a ninguém era dado duvidar da existência de um excedente criado pela divisão internacional do trabalho, estava longe de ser evidente a forma como ele era apropriado. A parte que reverteria a este ou àquele país variava em função de circunstâncias. Na realidade, o que se passou a chamar política comercial era um esforço para aumentar em benefício próprio essa parte: quando existiu a dominação colonial, a apropriação do excedente pelos interesses da metrópole pôde aproximar-se de 100%, o que torna transparente a importância do elemento político no problema. Contudo, mesmo no quadro do sistema colonial, havia limites à apropriação externa do excedente, pois a eficiência do sistema produtivo frequentemente dependia da retenção local de parte dele. Surgiam assim novos vínculos com a economia dominante. Com efeito, o excedente retido na periferia desempenhará papel fundamental no processo de aculturação desta, como vetor dos valores culturais do núcleo industrial em expansão.

Quatro situações perfeitamente caracterizadas podem ser identificadas:

1. Apropriação do excedente exclusivamente em benefício do centro

A reinjeção total ou parcial desse excedente na área em que ele se origina ou alhures decorre de decisões tomadas em função dos interesses da economia metropolitana. A esse caso extremo corresponde o máximo de imobilismo social. Se se manifesta pressão interna no sentido de elevação dos salários e/ou dos impostos, a criação de novos empregos poderá ser reduzida a zero ou será criado um fluxo imigratório de mão de obra proveniente de regiões com salários ainda mais baixos. Esse caso extremo somente se produziu quando o setor produtivo gerador do excedente estava sob estrito controle externo e a atividade política local era eliminada ou controlada do exterior.

II. Apropriação de uma parte do excedente por um segmento da classe dominante local

É o caso dos proprietários de terras, ali onde as exportações são de produtos agrícolas, mas também de outros grupos que participam das atividades geradoras do novo excedente ou ligadas ao uso local desse excedente. O que caracteriza este caso é que os beneficiários locais do excedente operam dentro de um espaço residual. A iniciativa se mantém com os interesses externos, cuja atuação ganha flexibilidade e eficácia à medida que se apoia em agentes locais. Esse tipo de burguesia surgida da inserção no sistema de divisão internacional do trabalho tende a identificar-se cultural e ideologicamente com o centro, operando a parte do excedente que lhe corresponde como instrumento dessa aculturação. Nessas circunstâncias, o processo de modernização — sofisticação mimética dos padrões de consumo sem avanço concomitante das forças produtivas — alcança a máxima intensidade.

III. Apropriação de parte do excedente por grupos locais que o utilizam para ampliar a própria esfera de ação

A atuação dessa burguesia pode desdobrar-se em várias direções: destruição de atividades artesanais preexistentes, deslocação de formas tradicionais de dominação social fundadas no controle da terra, e mesmo disputa do espaço ocupado pelos interesses estrangeiros nos setores de exportação, importação e financeiro. Tal atuação, mesmo que circunscrita por fatores externos de grande peso, reproduz tardiamente a ascensão da burguesia europeia. A diferença maior está em que a luta pelo poder desses grupos periféricos não tem no plano social as mesmas consequências. Com efeito, as burguesias que lutam pelo controle do sistema de dominação social na periferia não se transformam em instrumento de reconstrução das estruturas sociais, à diferença do que se produziu nas regiões europeias em que teve lugar a revolução burguesa. Explica-se, assim, que as maiores diferenças entre o centro e a periferia tendam a ser de natureza social.

IV. Apropriação de parte do excedente pelo Estado

Essa situação apresentou-se por toda parte em graus diversos, em função das forças sociais que dominam o Estado e do papel que cabe a este no desenvolvimento das atividades requeridas pela internacionalização da economia. Ali onde as atividades exportadoras se baseiam na exploração de recursos não renováveis surgem condições particulares favoráveis para que o excedente retido localmente se concentre e seja apropriado por intermédio do Estado, o qual, como estrutura burocrática, tende a desempenhar papel de crescente importância na evolução social.

A história da periferia apresenta toda uma gama de combinações das quatro formas típicas de apropriação do excedente que vimos de referir. A primeira forma (I) conhecerá uma complexa evolução, pois se o estatuto colonial é rejeitado por toda parte, novas formas de controle das atividades produtivas por interesses estrangeiros em aliança com grupos locais tenderão a impor-se. A perpetuação das formas tradicionais de dominação social, que se observa em grande parte na periferia, encontra aí uma de suas causas básicas. A última forma (IV) adquirirá importância crescente, vindo o Estado a desempenhar em todo o mundo periférico funções de grande peso. Contudo, foram as formas (II) e (III) que marcaram a fundo a história da periferia. A forma (II) porque subordinou todo o processo de acumulação, e em particular o desenvolvimento das forças produtivas, à modernização. A forma (III) porque abriu o caminho para a tomada de consciência da situação de dependência criada historicamente pelo sistema de divisão internacional do trabalho. Graças a este último processo, a forma (IV) conhecerá ela mesma uma evolução significativa.

Durante o período de inserção no sistema de divisão internacional do trabalho, vale dizer, na fase formativa deste, o impulso primário dinamizador das economias da periferia não tinha origem no desenvolvimento de suas forças produtivas. Esse impulso nascia da força gravitacional exercida pelo centro, graças à qual ocorria a realocação de recursos, a ativação no uso destes, a modernização. Tudo se passava como se a expansão do núcleo industrial provocasse modificações na conformação estrutural de certas regiões que com ele iam entrando em contato. A rigor, eram os investimentos no centro (e os avanços técnicos a estes incorporados) que dinamizavam o conjunto do sistema em formação. Os efeitos desses investimentos eram percebidos na periferia sob a forma de uma demanda em expansão, a qual podia ser satisfeita mediante simples ativação no uso dos recursos disponíveis. As transformações que estavam ocorrendo no centro e na periferia eram de natureza diversa. No primeiro caso, as elevações de produtividade assentavam no desenvolvimento das forças produtivas, portanto no avanço da técnica. No segundo, os aumentos de produtividade eram um reflexo da especialização no quadro de um mercado mais amplo.

Nas economias do centro, as transformações ocorrem simultaneamente nas estruturas econômicas e na organização social: a pressão social faz com que a remuneração do trabalho acompanhe a elevação da produtividade física desse trabalho, na medida em que este se traduz em aumento de renda real média da coletividade. O aumento da remuneração do trabalho modifica o perfil da demanda — e, por esse meio, a alocação dos recursos produtivos — e condiciona a destinação do excedente — e, por essa forma, a orientação do progresso técnico.

Na economia periférica as modificações do sistema produtivo são induzidas do exterior. Pelo fato mesmo de que essas modificações se limitam — na fase formativa — a uma reordenação no uso de recursos já disponíveis, seu impacto na estrutura social é reduzido ou nulo. A verdadeira transformação situa-se no plano da formação do excedente, cujo modo de apropriação define o perfil da demanda interna. Ora, a resposta às modificações que ocorrem nesta é mediatizada pelas importações. Não foram poucos os casos em que a expansão do excedente foi acompanhada de simplificação do sistema produtivo — liquidação de atividades produtivas ligadas ao mercado interno em benefício de uma monoexportação — ao mesmo tempo que a demanda interna, alimentada pelas importações, se diversificava consideravelmente.

Em síntese, o que caracterizou a formação da periferia foi a dinamização da demanda — modernização — em condições de um relativo imobilismo social causado pelo lento desenvolvimento das forças produtivas. O que veio a chamar-se subdesenvolvimento não é outra coisa senão a manifestação dessa disparidade entre o dinamismo da demanda e o atraso na acumulação produtiva. Este último tem origem na forma de inserção na divisão internacional do trabalho, e aquele, na penetração dos padrões de consumo do centro.

FRUSTRAÇÕES DE UM REFORMISTA

As inferências no plano da política econômica de minhas reflexões dos anos 1950 sobre o subdesenvolvimento apontavam em três direções:

- abandono do critério de vantagem comparativa estática como fundamento da inserção na divisão internacional do trabalho;
- introdução do planejamento como instrumento ordenador da ação do Estado, cujas funções no campo econômico tenderiam a crescer à medida que se ampliasse o esforço para superar o subdesenvolvimento;
- fortalecimento das instituições da sociedade civil (principalmente dos sindicatos de trabalhadores rurais e urbanos), de cuja ação se poderia esperar a renovação das bases sociais de sustentação do Estado e a contestação dos padrões prevalecentes de distribuição de renda.

O primeiro ponto fundava-se na crítica do sistema tradicional de divisão internacional do trabalho e das políticas de *laissez-faire* que asseguravam sua perpetuação. Esse ponto de vista foi amplamente adotado na América Latina, não tanto por convicção doutrinária mas em razão dos efeitos nas estruturas produtivas da prolongada depressão dos anos 1930 e da economia de guerra. Com efeito, quando se ensaiou a volta ao liberalismo cambial no imediato pós-guerra, o reajustamento requerido impunha o abandono de boa parte das atividades industriais que haviam surgido à sombra da proteção criada pela própria desorganização do comércio internacional no período anterior. Mas se era necessário sair da armadilha das vantagens comparativas estáticas, não o era menos encontrar uma nova forma de inserção no comércio internacional, que estimulasse o avanço tecnológico. Isso teria exigido uma ação do Estado na linha adotada pelo Japão com a criação do Miti [Ministério de Comércio Internacional e Indústria], linha subsequentemente seguida por alguns países do Sudeste asiático. Trata-se, na realidade, de criar deliberadamente vantagens comparativas em setores favorecidos por uma demanda externa elástica.[11]

A causa das dificuldades subsequentes não esteve propriamente no protecionismo, o qual sempre seria necessário numa primeira fase da industrialização, e sim na falta de uma política ativa de exportações, o que requeria o abandono da atitude passiva nesse setor, característica das economias primário-exportadoras. Foi preciso que adviesse a crise do petróleo para que o Brasil adotasse, na metade dos anos 1970, uma política industrial orientada para a criação de vantagens comparativas dinâmicas, cujos efeitos positivos estão minorando o impacto da crise de endividamento externo.

O segundo ponto referido relacionava-se com a necessidade de introduzir alguma forma de planejamento no amplo esforço requerido para sair do subdesenvolvimento. Posto que nos havíamos dado conta de que este é uma conformação estrutural adversa, dentro da qual o crescimento econômico apresenta elevado custo social, impunham-se reformas visando romper todas as formas de rigidez estrutural que bloqueiam o acesso a um autêntico desenvolvimento. Esse trabalho de reconstrução de estruturas requer uma ação orientadora que somente pode vir do Estado. A complexidade da tarefa que lhe cabe realizar exige uma visão global, sincrônica e diacrônica, que só se obtém com o planejamento.[12]

11 Esse ponto foi elaborado em Celso Furtado, *Um projeto para o Brasil*. Rio de Janeiro: Saga, 1968, pp. 66-70.

12 Esse ponto foi apresentado em inúmeros trabalhos, desde "Introdução à Técnica de Programação", até o Plano Trienal de Desenvolvimento, que elaborei em 1962 como ministro do Planejamento do governo brasileiro. Neste plano estão esboçadas em apêndice as principais reformas estruturais requeridas para obter um autêntico desenvolvimento no Brasil. [Cf. *O*

A industrialização deveria contribuir para diversificar as exportações e ao mesmo tempo operar como alavanca da expansão do mercado interno. Era condição necessária para haver homogeneização social que a industrialização criasse empregos novos, assegurasse uma crescente oferta interna de bens-salário a preços relativos declinantes e abrisse novas avenidas à exportação. Um país de baixo nível de renda e grande população, como é o Brasil, não pode dotar-se de um sistema industrial internacionalmente competitivo em todos os setores. Tampouco pode privar-se de ter um sistema industrial relativamente integrado. Portanto, a inserção internacional tem que ser seletiva, o que requer planejamento.

Em síntese, o trabalho de reconstrução estrutural requerido para superar o subdesenvolvimento baseia-se numa racionalidade mais abrangente do que a dos mercados, e a ela só se tem acesso pelo planejamento. Dentro do quadro estrutural criado pela economia primário-exportadora, o crescimento econômico tende a reproduzir agravadas as desigualdades sociais características do subdesenvolvimento. Não se trata de ampliar o papel empresarial do Estado, o que veio a ser feito no Brasil por outras razões, entre estas a falta de planejamento. Trata-se de prevenir as resistências estruturais à homogeneização social, de orientar o esforço de acumulação prioritariamente para a satisfação das necessidades básicas da população.

No que respeita a este segundo ponto, a experiência brasileira foi decepcionante. Na segunda metade dos anos 1950 adotou-se um planejamento setorial que permitiu concentrar investimentos em atividades básicas e criaram-se instituições destinadas a canalizar a poupança para esses setores. Mas daí não se partiu para uma

---

Plano Trienal e o Ministério do Planejamento. Rio de Janeiro: Centro Celso Furtado/Contraponto, n. 4, 2011. (Coleção Arquivos Celso Furtado.)]

forma mais abrangente e coerente de planejamento, se bem que a ação empresarial do Estado continuasse a se expandir. Na ausência de planejamento, as empresas do Estado assumiram autonomia crescente, o que se traduziu em tendência ao sobreinvestimento ali onde os preços são administrados e a demanda é inelástica.

O terceiro ponto refere-se ao papel das instituições da sociedade civil no processo de desenvolvimento, concebido este como elevação do nível de vida material com homogeneização social e ampliação do horizonte de aspirações dos membros da coletividade. Foram as revoluções liberais da Inglaterra e da França que deram origem ao padrão de organização política progressivamente pluralista, base do modelo de desenvolvimento que veio a prevalecer no mundo ocidental industrializado. Ora, a revolução liberal é fenômeno dos séculos XVII e XVIII. Aquelas tentadas no século XIX frustraram-se. Foi necessário encontrar um substitutivo para as reformas institucionais obtidas mediante consenso das próprias classes dirigentes e orientadas para a ampliação das bases sociais de sustentação do Estado. Esse caminho indireto foi percorrido com percalços por países como a Alemanha, a Itália e a Espanha, e somente na segunda metade do século atual produziu os resultados almejados.

Ora, as distorções estruturais do subdesenvolvimento tornam mais difícil o acesso ao padrão de organização social específico das sociedades desenvolvidas. Nessas circunstâncias, é natural que o problema de controle do Estado adquira importância decisiva. De um lado, apresenta-se o risco de *populismo*, manipulação de forças sociais por indivíduos que empolgam o poder e buscam legitimidade na satisfação de reivindicações populares imediatistas, com reflexos negativos no processo acumulativo. De outro, apresenta-se a ameaça do autoritarismo apoiado nas classes privilegiadas, simples reflexo defensivo ou projeto modernizador. Em um e outro casos, frustram-se as aspirações de fortalecimento das instituições da sociedade civil, cuja maior passividade permite aos dirigentes margem maior de arbítrio. Foi nesse contexto que surgiu no Brasil a fantasia da "potência emergente" e que floresceu a paranoia dos chamados "projetos faraônicos". Por essa forma, a intensificação do crescimento econômico agravou os aspectos antissociais do subdesenvolvimento.

Refletindo sobre essa problemática nos começos dos anos 1960,[13] fui levado a afirmar que era condição essencial para o desenvolvimento do Brasil a preservação de uma sociedade aberta propícia à ampliação das bases de sustentação do Estado. Eu dizia então que a sociedade brasileira era aberta em seu segmento urbano e fechada no rural, o que configurava um quadro instável. Tanto podiam predominar, na confrontação em curso, as forças conducentes a uma abertura mais ampla como aquelas que atuavam em sentido inverso. A história fez que prevalecesse a segunda hipótese, interrompendo-se a evolução política por dois decênios, o que conduziu a um considerável acúmulo de problemas no plano social.

Há exemplos, na história de outros povos, de avanços rápidos no plano político depois do despertar de uma longa noite de imobilismo, como se a sociedade fosse dotada de um inconsciente, onde laboram forças criativas que ampliam o horizonte de possibilidades futuras. Em todo caso, a rica fermentação de ideias e iniciativas políticas que se observa no Brasil neste fim de 1984 parece traduzir uma ânsia de recuperação do tempo perdido. Mas não posso deixar de reconhecer que foi com respeito a este terceiro ponto que mais se distanciou a realidade daquilo que minha reflexão indicava como desejável para o futuro de meu país.

13 Celso Furtado, *A pré-revolução brasileira*. Rio de Janeiro: Fundo de Cultura, 1961. Ver, neste livro, pp. 386-404.

A Comissão Econômica para a América Latina*

UMA CONQUISTA LATINO-AMERICANA

O debate no Conselho Econômico e Social das Nações Unidas, em 1946, visando à aplicação do art. 68 da Carta — o qual atribuía a esse órgão a faculdade de estabelecer comissões regionais — causou sério descontentamento entre os delegados latino-americanos. O Conselho limitara sua consideração ao problema da "reconstrução econômica das regiões devastadas" e recomendara a criação de uma comissão econômica para a Europa e outra para a Ásia e Extremo-Oriente, as quais começaram a funcionar em março de 1947.

Os latino-americanos, que então constituíam um bloco de vinte, entre os 51 membros das Nações Unidas, empenharam-se em ampliar o conceito de "reconstrução", fazendo ver que sua região fora profundamente afetada pela Segunda Guerra Mundial. Com efeito, os preços dos produtos básicos que exportava haviam sido congelados aos baixos níveis em que se encontravam em consequência da depressão mundial dos anos 1930, e as reservas que havia acumulado com seus saldos de exportação dos anos da guerra acabavam de ser depreciadas pelo congelamento, pela desvalorização da libra esterlina e pela brusca elevação de preços que se seguira à liberação destes nos Estados Unidos. Em consequência, os investimentos na

* Preparado em 1988 a pedido da Universidade das Nações Unidas.

América Latina haviam se defasado consideravelmente. Ademais, era de esperar uma forte elevação dos preços internacionais dos equipamentos, em razão do esforço de reconstrução na Europa, o que não deixaria de dificultar a recuperação latino-americana.

Visando ganhar tempo, o Conselho Econômico e Social constituiu um comitê ad hoc para aprofundar o estudo do caso latino-americano. O relatório desse comitê reconhecia, o que não podia deixar de fazer por ser evidente, que a região sofrera, ainda que indiretamente, grandes perdas por causa da guerra, e que agora enfrentava consideráveis dificuldades em razão das consequências da guerra na economia mundial.

A oposição à criação da nova comissão era de dois tipos. Os países da Commonwealth e da Europa temiam pelo desvio das atenções do problema de solução urgente da "reconstrução". Esse temor tinha fundamento, pois logo se comprovaria que os instrumentos criados pelo sistema das Nações Unidas (Fundo Monetário Internacional e Banco Internacional de Reconstrução e Desenvolvimento) eram amplamente insuficientes para enfrentar esse problema, o qual exigiu a audácia de um Plano Marshall para ser adequadamente abordado. O segundo tipo de oposição vinha dos Estados Unidos, que se esforçavam por preservar a América Latina como área de influência própria no quadro da Organização dos Estados Americanos (OEA). A criação de uma comissão das Nações Unidas, dedicada exclusivamente ao estudo dos problemas da região, duplicaria o Conselho Econômico e Social da OEA, afirmavam, sendo na melhor das hipóteses um desperdício de recursos escassos. A oposição aberta do governo dos Estados Unidos contribuiu para unir as fileiras dos latino-americanos, que viam na nova comissão a possibilidade de ganhar espaço de manobra em uma ordem internacional que se reestruturava.

A posição norte-americana era difícil de ser sustentada numa instância decisória voltada para o multilateralismo e onde eram abertamente combatidas as formas tradicionais de dominação internacional. Ainda assim, a saída encontrada comportou mais um compromisso: a Comissão Econômica para a América Latina (Cepal) era criada por um período de prova de três anos. A sede do secretariado foi fixada em Santiago do Chile, o que lhe imprimiu, desde o primeiro momento, um caráter latino-americano, em contraste com a OEA, sediada em Washington.

A "VULNERABILIDADE" EXTERNA

As economias latino-americanas haviam crescido, na fase final do século XIX e nos três primeiros decênios do século XX, apoiando-se na exportação de produtos primários, cuja demanda refletia o dinamismo econômico dos países que, nessa época, se industrializavam. Como a demanda dos produtos primários no mercado internacional era extremamente sensível ao ciclo dos negócios nos países que a geravam, as economias latino-americanas se caracterizavam por grande instabilidade: nas fases de baixa do valor das exportações (provocada pela redução da demanda externa e pela degradação dos termos do intercâmbio), as reservas de câmbio se esgotavam com rapidez, as moedas se depreciavam, as receitas fiscais declinavam, contraindo-se a demanda agregada mais fortemente do que as próprias exportações. Mas em fases de expansão cíclica, as tendências se invertiam, o que conduzia a pressões inflacionárias, com repercussão na balança de pagamentos.

Essa "vulnerabilidade" externa assumiu dimensões catastróficas depois do crash de 1929 e a profunda depressão que o seguiu. Quase todos os governos foram forçados a suspender o serviço da dívida externa, e muitos introduziram mecanismos de controle de câmbio, passando a racionar as importações com vistas a defender o nível de emprego e a assegurar o mínimo de gastos públicos e de investimentos. Nessa época, amadureceu a consciência de que para reduzir a instabilidade, criada pela "vulnerabilidade" externa, era indispensável promover a diversificação das estruturas produtivas, vale dizer, buscar o caminho da industrialização.

A ativação dos investimentos na indústria se iniciou espontaneamente, pois havia uma demanda contida pelo colapso das importações, e a desvalorização da moeda operava como barreira protecionista. Mas também foi o fruto de ação deliberada do Estado. Assim, o governo do Chile criou a Corporación de Fomento de la Producción, e o do México, a Nacional Financiera, bancos especializados em preparar e em implementar, em cooperação com grupos privados, projetos industriais. No Brasil, o Estado promoveu a instalação de um moderno complexo siderúrgico, e na Argentina foi seguida uma política de estrito controle de câmbio que conduziu à transferência de recursos do setor agrícola para o industrial. Esse processo de industrialização ganhou profundidade no período da guerra, quando se fez ainda mais necessário "substituir importações". Mas em razão das dificuldades para importar equipamento, havia consciência de que as novas indústrias poderiam desaparecer uma vez normalizadas as correntes do comércio internacional.

O grupo de técnicos que veio a constituir o secretariado da Cepal, cujos trabalhos tiveram início nos primeiros dias de 1949, teve que se definir em face da realidade então prevalecente: defender uma industrialização surgida em condições anormais, por muitos considerada "artificial", de "altos custos", ou preconizar a volta metódica ao quadro das vantagens comparativas em que se havia fundado o desenvolvimento antes do crash de 1929.

A ninguém escapava que a industrialização era uma via de acesso ao desenvolvimento que exigia maior esforço de capitalização do que as formas tradicionais do crescimento, baseadas na inserção nos mercados internacionais mediante a utilização de recursos subutilizados do setor primário. E o maior problema com que se defrontavam os países latino-americanos era a escassez de capitais.

Mas fora a industrialização naquela conjuntura histórica uma simples opção ou um imperativo? Se os "altos custos" e a "não competitividade" da indústria latino-americana decorriam das circunstâncias em que se deu sua implantação, o problema estaria em modernizar essa indústria, e não em abandoná-la.

Os críticos da industrialização latino-americana eram, em boa parte, pessoas preocupadas com a perda de mercado para os exportadores tradicionais que desta resultaria. O primeiro Estudo Econômico da América Latina, referente ao estado da economia regional em 1948, procurou combater essa tese, fundando-se na monografia *Industrialization and Foreign Trade,* preparada pelo secretariado da antiga Sociedade das Nações, e publicada em 1945. Com base em dados empíricos, demonstrava-se nesse trabalho que a industrialização das economias exportadoras de produtos primários vinha sendo um fator de estímulo das importações de manufaturas por parte desses países, sendo notório o caso do Canadá. A razão estava em que a industrialização, ao elevar o poder de compra da população, faz crescer mais que proporcionalmente a demanda de artigos manufaturados, e, ademais, a diversifica, o que impulsiona as importações desses produtos.

O "MANIFESTO" DA CEPAL

Esse primeiro ensaio de tímida defesa de industrialização latino-americana foi amplamente superado pelas ideias contidas no estudo "O desenvolvimento da América Latina e seus principais problemas", preparado por Raúl Prebisch, na qualidade de consultor da Cepal, e igualmente apresentado na Conferência de Havana (segundo período de sessões), que ocorreu em maio de 1949.[1]

Prebisch havia observado, da posição privilegiada que ocupara na direção do Banco Central da Argentina, que o comportamento cíclico da economia capitalista era distinto se observado nos países exportadores de produtos industriais (aos quais ele chamava de cêntricos) e nos exportadores de produtos primários (periféricos). Essa visão de conjunto do sistema capitalista constituiu passo fundamental para os subsequentes avanços na compreensão do fenômeno do subdesenvolvimento, que passou a ser visto como uma conformação estrutural e não como "fase" ou "etapa" do desenvolvimento. Os desequilíbrios da economia internacional nos anos 1930 e 1940 (à parte os distúrbios causados pela guerra) não se explicavam, pensava Prebisch, sem ter em conta a ascensão dos Estados Unidos à posição de principal economia cêntrica e o seu comportamento depois da crise de 1929, "fechando-se" ainda mais. Se o coeficiente de importação dos Estados Unidos não houvesse declinado de 5% para 3% do produto nacional desse país, nesses dois decênios, não estaríamos enfrentando uma tão aguda escassez de dólares.

O texto de Prebisch, que passou a ser conhecido como o "Manifesto" da Cepal, fora escrito em linguagem incisiva, e mesmo em tom de denúncia. Começava afirmando que "a realidade estava destruindo, na América Latina, aquele velho sistema de divisão internacional de trabalho [...] que prevalecera doutrinariamente até há bem pouco tempo". Nessa ordem, "não cabia a industrialização dos países novos". E enfatizava: "uma das falhas mais sérias

1 "El desarrollo de America Latina y sus principales problemas", Cepal, 1949. Trabalho redigido por Raúl Prebisch na qualidade de consultor da Cepal. Versão inglesa publicada no *Economic Bulletin for Latin America*, Cepal, mar. 1961.

de que padece a teoria econômica geral, contemplada da periferia, é seu falso sentido de universalidade".

Esse texto, a rigor, não contemplava uma crítica da teoria clássica (ou neoclássica) do comércio internacional, sendo em realidade uma denúncia do sistema de divisão internacional do trabalho prevalecente, o qual vinha provocando, no longo prazo, concentração da renda em benefício dos centros exportadores de produtos manufaturados. A tese da degradação dos termos de intercâmbio dos países exportadores de produtos primários, adotada por Prebisch, tinha como fundamento o estudo sobre a matéria, preparado em 1948 por Hans Singer para o Departamento Econômico e Social das Nações Unidas.

Prebisch procurou explicar o comportamento dos termos do intercâmbio, comprovado por Singer, situando-o no ciclo da economia capitalista: na fase de expansão, os salários monetários sobem, nos países cêntricos, mais do que a produtividade — processo não totalmente reversível na fase de baixa do ciclo, em razão da resistência que oferecem as organizações operárias. Inexistindo tal resistência na periferia, o comportamento cíclico engendrava transferência de renda em seu desfavor. Subsequentemente, Prebisch refinou este ponto de sua análise, dando ênfase às diferenças nas elasticidades-renda das demandas de produtos primários e manufaturados e ao peso crescente da oferta de substitutivos sintéticos às matérias-primas naturais.

A DIFUSÃO DO PROGRESSO TÉCNICO E A INDUSTRIALIZAÇÃO PERIFÉRICA

As ideias inseridas no "Manifesto" de 1949 foram ampliadas e desenvolvidas em estudos subsequentes, redigidos por Prebisch e pelo grupo de economistas que cedo se constituiu em torno dele.

O Estudo Econômico da América Latina, de 1949, apresentado na Conferência de Montevidéu, realizada em maio de 1950, incluiu uma primeira parte, constituída de cinco capítulos, sob o título significativo de "Desequilíbrios e Disparidades: interpretação do processo de desenvolvimento econômico".[2] Nesse texto, a economia internacional não é vista como sistema que apenas se reproduz, e sim em permanente expansão sob o impulso da propagação do progresso técnico.

A propagação do progresso técnico dos países originários ao resto do mundo, afirma-se aí, tem sido relativamente lenta e irregular. O desenvolvimento das economias exportadoras de produtos primários apoiou-se na absorção de tecnologia importada, ainda que em escala limitada. Nos últimos dois decênios (anos 1930 e 1940), esse processo de difusão internacional se debilitara, o que suscitara reação nas economias periféricas em busca de outras vias de acesso ao progresso técnico. A industrialização latino-americana devia ser vista como um aspecto dessa "nova fase do processo de propagação universal da técnica", e mais ainda: a propagação do progresso técnico provoca modificações estruturais, com redução do emprego das atividades primárias.

Se a demanda externa de produtos primários não cresce, ou o faz lentamente, a única forma de absorver a mão de obra redundante é empregá-la nas atividades industriais e correlatas. Caso tais atividades apresentem baixa produtividade pelos padrões internacionais, caberá protegê-las ou subsidiá-las, se o que se tem em vista é maximizar emprego e renda no país.

Ao elevar-se no país a renda primário-exportadora, diz-se no estudo que estamos citando, diversifica-se a

2 *Economic Survey of Latin America*, 1949; Cepal, 1950. Os primeiros cinco capítulos foram redigidos por Raúl Prebisch em sua totalidade.

demanda de bens de consumo, crescendo mais que proporcionalmente a procura de bens manufaturados, o que acarreta aumento da propensão a importar. Se o contexto internacional é desfavorável ao aumento das exportações, será de esperar que se manifestem pressões na balança de pagamentos, conduzindo à inflação ou ao endividamento externo. Em síntese: a industrialização latino-americana, longe de ser uma "anomalia", era a saída encontrada na prática para minimizar os efeitos da depressão vinda do exterior e mesmo para lograr absorver o crescimento natural da população ou a mão de obra liberada pela penetração da técnica moderna nas atividades primárias.

Nesse segundo Estudo da economia latino-americana, referente ao ano de 1949, foram incluídas monografias nacionais sobre a Argentina, o Brasil, o México e o Chile, bem como certo número de agregados que, pela primeira vez, permitiam que se tivesse uma visão de conjunto da economia regional e de seu comportamento no decorrer do quarto de século precedente. Esse Estudo incluiu uma série de inovações metodológicas que permitiram superar as dificuldades criadas pela insuficiência da informação estatística. Trabalhava-se com o conceito de "disponibilidade de bens", dada a impossibilidade de medir a produção de serviços e a inexistência de estimativas do produto global a custo de fatores; por outro lado, calculava-se o valor dos investimentos com base nas importações de equipamento e na produção local de metais ferrosos e de cimento.

Esses e outros indicadores aproximativos permitiram visualizar o comportamento das principais economias nacionais da região no período da depressão dos anos 1930 e puseram em evidência o impacto negativo da degradação, a longo prazo, dos termos do intercâmbio. Fazendo incidir esta última variável sobre o *quantum* das exportações, construiu-se o conceito de capacidade para importar, de inegável valor explicativo do comportamento das economias primário-exportadoras. As mudanças estruturais que deixavam ver esses indicadores aproximativos confirmavam a tese formulada por Prebisch de que o esforço de industrialização passara a ser o principal fator de dinamização das economias latino-americanas.

EM BUSCA DE UMA POLÍTICA DE DESENVOLVIMENTO

O terceiro trabalho de alcance teórico foi apresentado na conferência que se realizou na Cidade do México em maio de 1951 e recebeu o título significativo de Problemas Teóricos e Práticos do Crescimento Econômico.[3] Trata-se de um esforço de síntese de ideias que vinham sendo discutidas nos dois anos precedentes, delas derivando-se recomendações explícitas de política econômica. O ponto de partida era o mesmo: vivemos um processo secular de propagação de progresso técnico de exigências incontornáveis. Em uma primeira fase, esse processo havia se limitado a vincular os segmentos periféricos às economias cêntricas, fase que teria de exaurir-se pelo simples fato de que o intercâmbio internacional de produtos primários por manufaturados tem limites ditados pelo próprio avanço da técnica. Por um lado, a quantidade de matérias-primas requeridas para produzir uma unidade de produto final tende a declinar; por outro, a demanda de alimentos (mais ainda a de matérias-primas agrícolas que compõem os alimentos) declina em termos relativos à medida que se eleva o nível de vida das populações.

Em síntese: se a elasticidade-renda da procura de produtos primários é baixa, a de produtos manufaturados é alta, o que significa que os países periféricos (importadores de produtos manufaturados) somam as duas des-

3 "Theoretical and Practical Problems of Economic Growth", Cepal, 1951, E/CN.12/221.

vantagens. A isso o estudo de 1949 chama de "disparidade dinâmica da demanda entre centro e periferia".

A correção do desequilíbrio apontado não se daria espontaneamente, a menos que o país periférico aceitasse submeter-se a períodos intermitentes de recessão. Não se podia escapar à evidência de que a composição das importações deveria sofrer modificações adrede programadas, se se pretendia evitar desequilíbrios internos e externos. O desenvolvimento, por conseguinte, requeria uma política preventiva desses desequilíbrios, ou seja, uma política que promovesse as modificações referidas na composição das importações.

Esse era o fundamento da tese da substituição de importações como base da industrialização periférica. A substituição de importações, em realidade, não foi descoberta nessa época, pois vinha sendo praticada sob a pressão da insuficiência persistente da capacidade para importar. Nova era a explicação de que a substituição espontânea envolvia elevado custo social, pois era fruto de desequilíbrios. Cabia, portanto, programá-la, ou seja, buscar a linha de um desenvolvimento equilibrado. Tampouco se podia desconhecer que a disponibilidade de fatores nos países periféricos não correspondia à tecnologia disponível, toda ela oriunda de países em que a dotação de capital por pessoa empregada era substancialmente mais elevada. "O escasso capital disponível — dizia-se — deveria ser empregado de forma a conseguir o aumento máximo de produção, economizando-se mão de obra somente à medida que o capital disponível permita absorvê-la noutras atividades." Daí a necessidade de "adaptar a técnica moderna a esses países, evitando limitar-se a transferi-la". Emergia, assim, o conceito de "produtividade social", o qual apontava na direção de políticas globais, vale dizer, de programas de desenvolvimento.

A doutrina que prevalecia na época, insistentemente defendida pelos delegados do governo dos Estados Unidos nas conferências da Cepal, estatuía que o papel do Estado deveria limitar-se a criar um "clima favorável" aos investimentos nacionais e estrangeiros, admitindo implicitamente a espontaneidade do desenvolvimento e negando especificidades às economias periféricas. Na Conferência de Montevidéu, em 1950, tornaram-se explícitas as diferenças de opinião, insistindo os delegados latino-americanos em uma resolução de dez itens que foi chamada de Decálogo do Desenvolvimento econômico, na qual se recomendava aos governos da região que "determinassem as metas específicas do desenvolvimento econômico e estabelecessem uma ordem de prioridade para sua realização".

Essa resolução foi aprovada graças ao apoio decisivo do chefe da delegação francesa, Pierre Mendès-France (nessa época um ilustre desconhecido), não obstante a forte resistência da delegação dos Estados Unidos. Esse choque doutrinário foi se agravando, na medida em que se explicitavam as teses fundamentais elaboradas pelo secretariado da Cepal, o qual, a partir de 1950, estava sob o comando direto de Raúl Prebisch.

O mandato provisório da Comissão se esgotava em 1951, e sua renovação dependia de nova resolução do Conselho Econômico e Social. Em razão disso, as posições assumidas pelos governos na Conferência do México, em maio de 1951, seriam decisivas. Graças às posições firmes dos governos do Brasil e do Chile prevaleceu a tese de continuidade dos trabalhos da Cepal.[4] Essa vitória certamente não teria sido possível sem a aceitação entusiasta das teses cepalinas em círculos influentes de muitos países da região. A delegação norte-americana insistiu mais uma vez

4 Ver Celso Furtado, *A fantasia organizada*. Rio de Janeiro: Paz e Terra, 1985. Nessa obra estão reunidas informações sobre as conferências decisivas da Cepal em 1950 (Montevidéu), em 1951 (Cidade do México) e em 1953 (Quitandinha, em Petrópolis).

na ideia de fusão do secretariado da Cepal com o da OEA, proposta que foi definitivamente rechaçada.

Consolidada a Comissão, o trabalho de seu secretariado orientou-se, nos anos subsequentes, no sentido de traduzir em instrumentos de política o corpo essencial da doutrina elaborada na fase inicial.

O trabalho apresentado à Conferência do México incluía recomendações sobre a "necessidade de programas de desenvolvimento" que deveriam "abarcar todas as inversões públicas e avaliar as necessidades de inversão da atividade econômica privada". O conteúdo de um tal programa era vasto, e seus contornos, incertos. Havia que preocupar-se com os "obstáculos fundamentais" em setores básicos, principalmente energia e transporte, com a insuficiência da capacidade para importar, com a vulnerabilidade às flutuações e contingências externas, com os problemas do setor agrícola, com as necessidades insatisfeitas de obras públicas, de educação, com a localização da atividade industrial, com a produtividade, com a inflação. Por onde começar, como compatibilizar tanta coisa, como atuar de forma eficaz sobre um sistema tão complexo?

A literatura disponível sobre a matéria era quase nula. Tratava-se de inventar técnicas que permitissem colocar diante da sociedade o horizonte de opções permitido pela estrutura existente e pelo esforço de mudança consentido. Por esse caminho, o sistema de decisões adquiriria grande transparência e permitiria alcançar maior grau de racionalidade e de responsabilidade na política.

O estudo sobre Técnica de Programação, apresentado à conferência que teve lugar em Quitandinha (no Brasil), em 1953, admitia como evidente que em países com grande excedente estrutural de mão de obra não tinha sentido postular como objetivo da política econômica o pleno emprego da força de trabalho. O que importava, acima de tudo, era obter progressivo aumento da produtividade média do trabalho. O objetivo central teria de ser otimizar a utilização do capital, a partir dos constrangimentos criados pelo comércio exterior, pela taxa de poupança interna, pela entrada líquida de capitais e pelas preferências da coletividade com respeito à composição da oferta de bens de consumo. O estudo sobre técnicas de programação inseriu-se numa série de publicações dedicadas à projeção das tendências então prevalecentes nas economias latino-americanas, o que permitia mostrar, com dados concretos, o horizonte de possibilidades que se abria a cada uma delas e as dificuldades com que se deveriam confrontar em suas políticas de desenvolvimento.

FORMAÇÃO DE PESSOAL DE DIREÇÃO

Concomitantemente com a elaboração dessas projeções, foi criado o Programa de Treinamento em Problemas do Desenvolvimento Econômico (1952), sob a direção do economista chileno Jorge Ahumada, com o objetivo de formar especialistas em política de desenvolvimento para os governos latino-americanos. De início, tratou-se de um pequeno grupo de altos funcionários que passavam oito meses em Santiago, estagiando na Cepal e recebendo treinamento especializado na técnica de projeções e na elaboração de planos globais e setoriais. Mas o interesse foi tão grande que se fez necessário organizar cursos similares nos próprios países de forma intensiva, deslocando-se o corpo de professores por tempo limitado e fazendo-se apelo a especialistas locais. A esses cursos, pelos quais passaram muitas centenas de funcionários dos governos latino-americanos, deve-se em grande parte a efetiva difusão das ideias e das técnicas desenvolvidas pela Cepal. Foram numerosos os formuladores de políticas econômicas, na América Latina, inclusive membros de governos que passaram pelos cursos organizados pela Cepal.

INTEGRAÇÃO REGIONAL

No debate sobre industrialização, a ninguém escapava o problema colocado pela estreiteza dos mercados nacionais da região. Superada a fase de instalação de indústrias leves de bens não duráveis, com respeito às quais a proximidade do mercado é importante, e a questão de economias de escala quase não se coloca, surgia o problema de saber em que países era ou não possível conciliar as dimensões prospectivas do mercado com as exigências da tecnologia moderna.

Esse problema foi discutido já em 1951, na conferência do México, com respeito aos países do istmo centro-americano (Guatemala, El Salvador, Honduras, Nicarágua e Costa Rica). Teve início, nesse momento, no âmbito da Cepal, o primeiro projeto de integração econômica regional. Os cinco países referidos assinaram um acordo expressando o seu "interesse em desenvolver a produção agrícola e industrial e os sistemas de transporte de seus respectivos países, em forma que promova a integração de suas economias e a formação de mercados mais amplos, mediante o intercâmbio de seus produtos, a coordenação de seus planos de fomento e a criação de empresas em que todos ou alguns de tais países tenham interesse".[5]

Ao projeto de integração centro-americana, cuja execução teve início em 1951, seguiu-se a criação da Associação Latino-Americana de Livre-Comércio (Alalc), em 1960, constituída pela Argentina, Brasil, Chile, México, Paraguai, Peru e Uruguai, aderindo em seguida Colômbia, Equador, Bolívia e Venezuela. Em 1969, surgiria o Grupo Andino, constituído por Bolívia, Chile, Colômbia, Equador e Peru, ao qual, em 1973, se adicionou a Venezuela.

5 "Estado actual del programma de integración y reciprocidad económica en Centroamerica", Cepal, 1952; "Hacia la integración acelerada de America Latina", Cepal, 1967.

O movimento integracionista regional, ainda que surgido no âmbito da Cepal, transcendeu amplamente essa instituição, dando origem a seus próprios quadros institucionais.

UMA ESCOLA DE PENSAMENTO

O pensamento da Cepal de tal forma se difundiu e penetrou na América Latina, tanto na academia como nos círculos decisórios, que já não seria possível, a partir da segunda metade dos anos 1950, estabelecer seus limites. Aqueles que não o seguiam o combatiam e, dessa forma, o diálogo em torno de suas teses fundamentais envolveu todos. Cabe falar de uma escola de pensamento, quiçá a única que haja surgido na América Latina, a qual comporta vertentes diversas, nem sempre conciliáveis em todos os seus aspectos.[6] Casos houve em que um núcleo de ideias se desprendeu do tronco principal, dando lugar a um movimento autônomo, como foi o caso, nos anos 1960, da escola da "dependência", que se irradiou por todo o mundo, envolvendo sociólogos e cientistas políticos, além dos economistas. O mesmo se pode dizer do "estruturalismo" cepalino, enfoque metodológico que serviu de embasamento para reformas sociais e políticas econômicas de enorme alcance.

Aqueles que buscavam uma visão global do desenvolvimento do capitalismo — sistema em expansão em escala planetária — encontravam afinidades com o pensamento cepalino; o mesmo ocorrendo com aqueles que davam ênfase ao papel das instituições na configuração do processo de desenvolvimento e, sobretudo, com aque-

6 Para uma visão de conjunto da bibliografia da Cepal e sobre suas teses, ver Octavio Rodríguez, "Sobre la concepción del sistema centro-periferia", *Revista de la Cepal*, 1º sem. 1977.

les que viam no enfoque funcionalista do pensamento neoclássico uma mistura de panglossismo e de veneno destinado a imobilizar todo espírito de revolta contra as malformações das estruturas sociais no mundo subdesenvolvido. Não que as políticas econômicas da América Latina hajam seguido ao pé da letra os ensinamentos da Cepal, mas não há dúvida de que foram influenciadas por eles até quando seguiram orientação distinta. Nem sempre se realizaram "reformas estruturais", mas por toda parte o debate político girou em torno desse tema. O mesmo se pode dizer com respeito à "programação do desenvolvimento", ao "processo de integração regional", e a outras teses avançadas pela Cepal desde o início dos anos 1950. Seria, portanto, impraticável estabelecer uma linha demarcatória em torno da influência do pensamento oriundo da Cepal. Mas é possível distinguir alguns temas que persistiram no debate cepalino, pontos nodais em torno dos quais sempre se encontraram aqueles que bebiam nessa fonte.

O primeiro desses pontos refere-se à visão do sistema capitalista com uma conformação estrutural que engendra assimetrias nas relações entre seus componentes, que são as economias nacionais. É o sistema centro-periferia, cuja gênese é de natureza histórica (a Revolução Industrial e sua propagação), mas que possui invariâncias estruturais perceptíveis no sistema de divisão internacional do trabalho. O que irradia do centro para a periferia são novos produtos engendrados pela indústria, portanto novos padrões de consumo. Configura-se, assim, desde o início, um quadro de dominação cultural e, com esta, a constituição de elites que assimilam novos sistemas de valores. É o "efeito de demonstração", em escala internacional, que conformará a composição das importações nos países periféricos. A penetração de novas técnicas nos processos produtivos far-se-á mais lentamente. A industrialização tardia assume a forma de reprodução local daquilo que antes se importava, engendrando a dependência tecnológica: os equipamentos serão importados ou produzidos com tecnologia importada. Para atender as exigências da demanda, afeita aos produtos importados, as indústrias locais deverão adotar tecnologias sofisticadas que são capital-intensivo, que por seu lado reduz a criação de emprego. Se se opta por uma política visando maximizar a produtividade social (portanto, pela criação de emprego), as novas indústrias serão pouco competitivas no plano internacional, permanecendo as exportações circunscritas aos produtos primários. A industrialização da periferia coloca, assim, problemas complexos cuja solução não advirá do simples jogo das forças do mercado.

O segundo ponto que sempre esteve no centro do pensamento da Cepal é o da tendência estrutural ao desequilíbrio externo das economias periféricas. O ponto de partida dessa tese são as assimetrias das elasticidades-renda a que nos referimos, o que inclui a tendência à degradação dos termos de intercâmbio das economias primário-exportadoras. O processo de modernização dos padrões de consumo apoiado na concentração da renda tende a elevar a propensão a importar. Igual tendência se manifesta e intensificam-se os investimentos pelo simples fato de que o conteúdo de importações destes é bem superior à média dos gastos da coletividade. Por último, cabe ter em conta o custo em divisas dos capitais privados estrangeiros. À medida que estes participam da industrialização orientada para o mercado interno, criam pressões adicionais sobre a balança de pagamentos. Essa problemática foi exaustivamente debatida pela Cepal desde o início de seus trabalhos. Em uma monografia de ampla repercussão, preparada para a reunião de ministros da Fazenda e da Economia da OEA, a qual teve lugar em Quitandinha em novembro de 1954, a Cepal defendeu a tese de que a região necessitava de substancial contribuição de capital público externo para superar os obstáculos que se opunham ao seu desenvolvimento. Propunha-se a criação de um Fundo Interamericano de Desenvolvimento, capacitado a transferir para a região recursos oficiais no montante de 1 bilhão de dólares anuais. Os aportes de capitais privados eram insuficientes, dizia-se, e por serem onerosos levariam, a longo prazo, a um catastrófico endividamento externo. Essas ideias foram acerbamente criticadas pela delegação do governo dos Estados Unidos na conferência de Quitandinha.[7]

Outro ponto que despertou progressiva atenção da Cepal foi o das estruturas agrárias prevalecentes na região, vistas como um obstáculo ao desenvolvimento.[8] O processo de industrialização e a urbanização em geral requerem crescentes excedentes agrícolas. Ora, o setor rural era aquele em que mais lentamente penetravam as técnicas modernas. A rigidez da oferta de produtos agrícolas se traduzia em alta dos preços dos alimentos e em pressão para importá-los. A análise dessa questão pôs em evidência que se tratava de um problema de inadequação de estruturas, não bastando elevar os preços dos produtos agrícolas para obter uma resposta positiva da oferta dos mesmos. Uma perversa combinação de latifúndios,

7 "La cooperación internacional en la política de desarrollo latinoamericana", Cepal, 1954, E/CN.12/359. Veja sobre o assunto David E. Pollock, "La actitud de los Estados Unidos hacia la America Latina", *Revista de la Cepal*, 2º sem. 1978.

8 Os estudos em profundidade sobre as estruturas agrárias foram realizados nos anos 1960, e se beneficiaram da cooperação da OEA, do Banco Interamericano de Desenvolvimento (BID), da FAO e do Interamerican Institute for Agricultural Sciences. Com a Cepal, essas instituições criaram o Comité Interamericano de Desarrollo Agrícola (Cida), que produziu monografias sobre a problemática agrária dos países da região.

que subutilizam as terras, com minifúndios, que subutilizam a mão de obra e degradam o seu preço de oferta, engendra extrema rigidez da oferta agrícola, desestimula os investimentos no setor e impede que a elevação dos preços relativos se traduza por melhora na condição de vida do trabalhador rural. Por outro lado, o estatuto social privilegiado da classe de grandes proprietários rurais traduz-se, no plano político, em um freio a toda iniciativa reformista. Assim, a modernização da estrutura agrária impõe-se como requisito prévio ao êxito de toda política de desenvolvimento, do ponto de vista econômico e, mais ainda, do social. Não se trata simplesmente de dividir terras, e sim de criar uma estrutura produtiva que incentive ao trabalho, estimule os investimentos e a absorção de novas técnicas, e contribua para reter no campo a mão de obra que não encontraria emprego deslocando-se para as cidades. Havia que evitar reformas agrárias traumáticas, que produzem redução dos excedentes agrícolas. Somente uma programação econômica de conjunto, capaz de assegurar recursos de crédito e de estabilizar os preços agrícolas a níveis remuneradores conduziria a bom termo uma reforma agrária.

A natureza estrutural das inflações latino-americanas é outro tema recorrente nos estudos da Cepal.[9] A ninguém escapa que a rigidez estrutural da oferta de alimentos e a impossibilidade de compensá-la com importações provoca concentração de renda por via inflacionária. Não menos evidente para os observadores mais atentos é o fato de que a "insuficiência estrutural" da capacidade para importar traz no seu bojo uma inflação reprimida

9 Para uma bibliografia relativa à teoria estruturalista da inflação, nascida na Cepal, ver Celso Furtado, *Economic Development of Latin America*, p. 124. [Edição brasileira: *A economia latino-americana*. São Paulo: Companhia das Letras, 2007. Primeira edição: São Paulo: Cia. Editora Nacional, 1976.]

que, não sendo tratada com medidas recessivas, teria de manifestar-se em elevação do nível de preços, a começar pela desvalorização cambial. Dessa forma, o problema da inflação veio a ser encarado de ângulo bem distinto da posição adotada pelo Fundo Monetário Internacional, conhecida como monetarismo. Toda inflação tende a manifestar-se em fenômenos monetários, mas suas causas últimas podem estar em tensões estruturais difíceis de ser identificadas. Mas se não logramos descobri-las e submetê-las a tratamento específico, seremos conduzidos a adotar uma terapêutica anti-inflacionária de elevado custo social com efeitos negativos na taxa de crescimento a médio e longo prazos. A heterogeneidade das estruturas econômicas e sociais da América Latina (latifundismo, imperfeição dos mercados, corporativismo etc.) faz da inflação um ingrediente do próprio processo de crescimento. É fácil perceber que, em certa conjuntura, a inflação operou no Brasil como instrumento de defesa dos termos do intercâmbio externo do café, e noutros, como vetor de transferência de recursos em favor dos investimentos industriais. O direito à política de desenvolvimento assumiu a forma, na América Latina, de luta contra as doutrinas monetaristas, luta que foi conduzida sob a bandeira da Cepal, que produziu e aperfeiçoou o enfoque estruturalista da problemática inflacionária.

Também merece referência um tema que, de uma ou outra forma, permeou o discurso cepalino: a tendência estrutural à concentração da renda; traço comum às economias periféricas. Como tela de fundo, está a estrutura agrária com a polaridade minifúndio-latifúndio, a que fizemos referência, mas outros fatores operam igualmente no mesmo sentido de provocar a concentração, em benefício de minorias, dos frutos do desenvolvimento. Assim, o efeito de demonstração no plano internacional faz com que as elites dos países periféricos exacerbem sua propensão a consumir, reduzindo o potencial de investimento e de criação de emprego. A tecnologia *labor saving*, que tende a prevalecer na industrialização substitutiva de importações, opera igualmente no sentido de gerar excedentes de forças de trabalho, os quais dão excessiva elasticidade à oferta de mão de obra não qualificada em um contexto social caracterizado pela escassez de profissionais de níveis médio e superior. Em consequência, a abertura do leque de salários alcança grandes dimensões, sendo o grau de concentração da renda, no mundo dos assalariados, tão alto como no conjunto dos titulares de pagamentos a fatores. Esse quadro é reforçado pelas pressões inflacionárias porquanto são os agentes de mais baixa remuneração os menos aptos a defender da erosão inflacionária o valor real de seus rendimentos. A concentração da renda na América Latina tem significado, essencialmente, concentração da renda disponível para consumo, em razão da forte propensão a consumir, média e marginal, dos grupos de altas rendas. Repetidos estudos demonstraram que o crescimento mais que proporcional da renda dos grupos privilegiados em nada contribuiu para elevar a taxa de poupança privada.[10] A melhora da taxa de investimento somente ocorreu quando se intensificou a entrada de recursos externo e/ou quando cresceu a poupança pública, ainda que financiada com recursos inflacionários.

As tendências estruturais ao desequilíbrio externo, a insuficiência de poupança privada, as irresistíveis pressões no sentido de concentrar a renda criam um quadro em que o desenvolvimento, concebido como melhora das condições de vida do conjunto da população, requer uma ação diretora e coordenadora que somente pode ser exercida

10 Cf. "The Economic Development of Latin America in the Post-War Period", Cepal, 1964; e "Estudio sobre la Distribución del Ingreso en America Latina", Cepal, 1967.

pelo Estado.[11] Ainda que não haja sido objeto de elaboração explícita pela Cepal, este ponto permeou o conjunto da formulação doutrinária que nela se originou. A partir do momento em que se introduziu o conceito de produtividade social, a ser maximizada, com a qual deveriam compatibilizar-se as decisões dos agentes microeconômicos, até o momento em que se explicitou o fato de que a forte propensão para consumir dos grupos de altas rendas constrangia a formação de poupança, passando pela identificação das rigidezes estruturais a serem removidas, ficou fora de dúvida que o desenvolvimento periférico seria orientado pelo Estado ou se frustraria. As forças do mercado deixadas a elas mesmas conduziriam a formas várias de desperdício de recursos e à acumulação de atraso no plano social, ou levariam a um endividamento externo desordenado e comprometedor da autonomia de decisão. Contudo, o problema da base social desse Estado, que deveria assumir funções tão complexas e de tão grande alcance, não chegou a ser aprofundado nem pela Cepal nem pelos seus seguidores de diferentes orientações. O desenvolvimento deve ser um projeto da sociedade antes de sê-lo do Estado. Se é indubitável que a sociedade terá de dotar-se de um Estado capaz de assumir a difícil tarefa de monitorar o desenvolvimento, não o é menos que ela deverá guardar para si mesma a função de definir os fins deste desenvolvimento e de circunscrever a área em que atua o Estado. A Cepal captou a complexidade desse problema no contexto histórico regional, e as aberturas de horizonte que realizou continuam a inspirar o pensamento latino-americano.

11 A relevância do papel do Estado no desenvolvimento periférico é simples corolário da primazia dada pela Cepal ao planejamento baseado no conceito de produtividade social. A questão da inelasticidade do setor fiscal foi abordada em "America Latina y la Estrategia Internacional de Desarrollo: Primera Evaluación Regional", Cepal, 1973, parte I.

O verdadeiro desenvolvimento*

Nos meses em que se ultimavam os preparativos para a criação de uma nova agência das Nações Unidas voltada para o desenvolvimento do Terceiro Mundo, e que viria a ser a Unctad, realizou-se em Mar del Plata a conferência da Cepal em que Raúl Prebisch, após catorze anos à frente dessa instituição, se despediria para pouco depois assumir o mandato de primeiro dirigente da nova organização, cargo que vem sendo exercido com raro brilhantismo pelo embaixador Rubens Ricupero.

Como ministro do Planejamento e chefe da delegação brasileira, tive a satisfação de pronunciar o discurso de encerramento da conferência, que era também um *farewell* a Raúl Prebisch. Lembrei que a Cepal diagnosticara a profunda crise da América Latina no imediato pós-guerra, e que esse diagnóstico possibilitara destruir dogmas enraizados na região, como a ilusão do desenvolvimento espontâneo e a mística da estabilidade. Descortinou-se uma nova visão do desenvolvimento, como fruto da vontade política, e percebeu-se que a industrialização latino-americana tropeçava na estreiteza dos mercados nacionais. Daí a convicção de Prebisch de que a frente de luta devia ser ampliada,

* Texto apresentado na XI reunião da Unctad, realizada em São Paulo em junho de 2004, em que Celso Furtado foi homenageado pelo secretário-geral da ONU, Kofi Annan.

o que o levou a lançar a ideia de uma nova organização — mais exatamente, uma conferência permanente sobre comércio e desenvolvimento — orientada para a reestruturação da ordem econômica mundial.

Passaram-se quarenta anos. Certos problemas foram resolvidos, outros surgiram e continuam pendentes de soluções. Hoje estou convencido de que os recursos científicos de que dispomos são insuficientes para captar os problemas de nossa civilização material, a começar pelo mais urgente: a superação do subdesenvolvimento, que preocupa a todos nós. Pode-se partir de uma visão microeconômica ou macroeconômica. Mas qualquer que seja o exercício analítico, parece-me cada vez mais patente que a dimensão política do processo de desenvolvimento é incontornável. A história nos demonstra que o avanço social dos países que lideram esse processo não foi fruto de uma evolução automática e inercial, mas de pressões políticas da população. São estas que definem o perfil de uma sociedade, e não o valor mercantil da soma de bens e serviços por ela consumidos ou acumulados. Em outras palavras, só haverá verdadeiro desenvolvimento — que não se deve confundir com "crescimento econômico", no mais das vezes resultado de mera modernização das elites — ali onde existir um projeto social subjacente. É só quando prevalecem as forças que lutam pela efetiva melhoria das condições de vida da população que o crescimento se transforma em desenvolvimento.

PENSAMENTO ECONÔMICO

Teoria

Elementos de uma teoria do subdesenvolvimento*

O MODELO CLÁSSICO DO DESENVOLVIMENTO INDUSTRIAL

A teoria do desenvolvimento, na forma como é concebida nos grandes centros universitários do mundo ocidental, tem o propósito limitado de "mostrar a natureza das variáveis não econômicas que determinam, em última instância, a taxa de crescimento da produção de uma economia".[1] Dada uma estrutura econômica, caberia reconstituir os seus processos fundamentais, de maneira que fosse possível identificar aquelas variáveis exógenas que respondem pelas variações no ritmo do crescimento e pela intensidade deste. Dentro dessa linha de pensamento têm sido construídos os múltiplos modelos de desenvolvimento que figuram na bibliografia corrente. Esse ponto de vista, entretanto, apre-

* Capítulo 4 de *Desenvolvimento e subdesenvolvimento*. Rio de Janeiro: Fundo de Cultura, 1961.

1 Nicholas Kaldor, "A Model of Economic Growth", *The Economic Journal*, dez. 1957. Formulações idênticas da teoria do crescimento econômico encontram-se em Harrod, "An Essay in Dynamic Theory", *Economic Journal*, mar. 1939; e *Towards a Dynamic Economics*. Londres: Macmillan, 1949. E também em Domar, "Capital Expansion, Rate of Growth and Employment", *Econometrica,* abr. 1946; e "Expansion and Employment", *American Economic Review*, mar. 1947. Grande parte da extensa literatura sobre a teoria do crescimento econômico, publicada nos últimos dez anos, constitui simples refinamento do modelo básico estruturado por Harrod e Domar.

senta a falha fundamental de ignorar que o desenvolvimento econômico possui uma nítida dimensão histórica. A teoria do desenvolvimento que se limite a reconstituir, em um modelo abstrato — derivado de uma experiência histórica limitada —, as articulações de determinada estrutura não pode pretender elevado grau de generalidade. Demais, o problema não se cinge ao nível relativo de desenvolvimento alcançado pelos distintos sistemas econômicos que coexistem em dado momento histórico. É necessário ter em conta que o desenvolvimento econômico dos últimos dois séculos, a Revolução Industrial — como correntemente lhe chamamos —, constitui per se um fenômeno histórico autônomo. Com efeito: o advento de uma economia industrial na Europa, nos últimos decênios do século XVIII, ao provocar uma ruptura na economia mundial da época, representou uma mudança de natureza qualitativa, ao mesmo título da descoberta do fogo, da roda ou a do método experimental.

No mundo anterior à Revolução Industrial, o desenvolvimento econômico era, basicamente, um processo de aglutinação de pequenas unidades econômicas e de divisão geográfica do trabalho. Na classe comercial estava o agente dinâmico do desenvolvimento. Promovendo a aglutinação de unidades econômicas em mercados mais amplos, ela criava formas mais complexas de divisão do trabalho e possibilitava a especialização geográfica. Os frutos do aumento resultante de produtividade eram absorvidos em grande parte pelos grupos dirigentes das comunidades promotoras do comércio, o que tornava possíveis importantes concentrações de capital financeiro. Contudo, como a articulação entre os grupos dirigentes da fase comercial e os grupos sociais responsáveis pelas fases produtivas era reduzida ou nula, a acumulação dos lucros nas mãos dos comerciantes pouco ou nenhum efeito tinha sobre as técnicas de produção. Do ponto de vista do comerciante dessa época a inversão mais lucrativa consistia em abrir novas frentes de trabalho, ou financiar a destruição de concorrentes. Os métodos de produção só em casos muito especiais chegavam a preocupá-lo.

Vimos, em capítulos anteriores, as causas que levaram ao advento, na Europa do século XVIII, de uma economia de tipo industrial. Uma vez configurado esse primeiro núcleo industrial, os fatores que condicionavam o comportamento da economia mundial sofreram rápida e radical transformação. Em sua essência, essas transformações se concentram em dois pontos. O primeiro diz respeito aos fatores causais-genéticos do crescimento, os quais passam a ser endógenos ao sistema econômico. O segundo é um aspecto particular do primeiro e se refere ao imperativo do avanço tecnológico, que se traduziu em íntima articulação do processo de formação de capital com o avanço da ciência experimental.

Nas economias pré-industriais, o lucro — quando resultante de operações efetuadas dentro do próprio sistema econômico e não do intercâmbio externo — consistia, em grande parte, numa apropriação direta de bens e serviços à disposição da coletividade. Assim, o lucro do proprietário agrícola era aquela parcela do produto da terra que permanecia em suas mãos para sustentar a família e outros dependentes; o do comerciante provinha dos bens e serviços consumidos diretamente, assim como do ouro que ele conseguia amoedar e que lhe permitiria aumentar o giro do negócio. Se os estoques no fim do ano estavam em nível mais alto que o desejado, planejava-se uma redução nas compras e tudo voltava à normalidade. Esse tipo fácil de ajustamento não poderia, entretanto, ocorrer em uma economia industrial. O lucro industrial, sendo pagamento a um fator de produção (a atividade do organizador ou empresário), incorpora-se, necessariamente, ao preço de venda do artigo, no momento em que este passa das mãos do produtor às do comerciante. Em conjunto com outros pagamentos a fatores, constitui a contrapartida financeira de uma operação de produção. Destarte, só chega a ter existência real quando o bem produzido é vendido ao consumidor final. Até esse momento, qualquer pagamento a fatores de produção constitui simples operação de crédito. Para que a totalidade da produção encontre comprador, é necessário, pois, que a soma global dos pagamentos aos fatores realizados durante a produção seja despendida. Caso o produtor não encontre comprador e os estoques, em mãos do produtor, tendam a aumentar, o empresário industrial não se encontrará — ao contrário do que ocorria com o comerciante — em condições de poder transferir a pressão para um sem-número de artesãos ou produtores domésticos. Se quiser liquidar os estoques acumulados involuntariamente e permanecer no mercado, terá de oferecer a mercadoria por mais baixo preço. Eis por que os custos de produção passam a ocupar o centro de suas preocupações.

Do ponto de vista do empresário industrial que participa de um mercado de concorrência, a elasticidade-preço da procura da mercadoria que ele oferece é infinita. Sua principal arma de ataque, na luta para expandir o campo de ação, consiste em oferecer a mercadoria por um preço inferior ao que prevalece no mercado, em dado momento. Esse princípio era particularmente verdadeiro nas primeiras etapas do desenvolvimento industrial, visto que os produtores detinham então, em suas mãos, a liderança. Ao iniciar-se a mecanização da indústria têxtil, na Inglaterra, a oferta dos tecidos de lã, em primeiro lugar, e, depois, a dos tecidos de algodão, tomou extraordinário impulso, sem que a procura global crescesse na forma requerida para absorver todo o incremento da produção. Teve início, então, um prolongado período de baixa nos preços dos tecidos, baixa essa muito acentuada, que permitiu desorganizar toda a produção artesanal dentro da própria Inglaterra, em suas colônias e, mais lentamente, em um grande número de outros países.[2] Dessa forma, o dinamismo da Revolução Industrial, em sua primeira etapa, atuava pelo lado da oferta, concentrando-se a atenção do empresário na grande tarefa de, por todos os meios, reduzir os custos. Daí resulta que as técnicas de produção passam a constituir o ponto crucial de todo o sistema econômico. Entre os processos econômicos e a ciência experimental surge uma articulação íntima que constituirá a característica mais fundamental da civilização contemporânea.

Viveu-se a primeira etapa do desenvolvimento industrial, basicamente, nessa revolução operada na oferta, que se traduz numa firme baixa dos preços de certo número de mercadorias de consumo geral. Foi através do efeito-preço que atuaram os mecanismos tendentes a destruir um número cada vez maior de segmentos da velha estrutura econômica de base artesanal. O crescimento da renda monetária era, necessariamente, menor que o do produto real,[3] mas graças ao forte aumento da produtividade, no setor mecanizado — reflexo das economias internas criadas por aumentos na escala de produção e por inovações tecnológicas — a taxa de lucratividade mantinha-se em nível atrativo. Por outro lado, como não havia pressão dos assalariados, em razão da crescente oferta de mão de obra provocada pela própria desorganização do artesanato, os frutos dos aumentos de produtividade não transferidos à população consumidora

2 Para os dados relativos à produção e aos preços dos tecidos de algodão na Inglaterra, desde o começo da Revolução Industrial, ver W. W. Rostow, *The Process of Economic Growth*. Londres: Oxford University Press, 1953.

3 Entenda-se: o do produto real no setor monetário. Mas como a destruição do artesanato significava também a substituição de atividades de subsistência por atividades integradas no mercado, a renda monetária crescia, por isso mesmo, mais que o produto real.

podiam ser retidos, em sua totalidade, pelo empresário. Superada a primeira etapa do desenvolvimento, durante a qual foram erodidas as velhas estruturas econômicas, os fatores dinâmicos da economia industrial começaram a operar, simultaneamente, do lado da oferta e do da procura. Com efeito, ao elevar-se a produtividade física nas indústrias de bens de consumo, os empresários desse setor se viam beneficiados por maiores lucros que se traduziam em aumento de procura no setor dos bens de capital.[4] Enquanto não aumentava a produtividade física neste último setor, sua rentabilidade se mantinha mais alta que no conjunto da economia, estimulando um aumento relativo dos investimentos nele. Esse aumento relativo da procura de bens de capital acarretava aceleração do crescimento. Enquanto não surgisse um aumento equivalente da produtividade, no setor de bens de capital, a expansão do conjunto de empresas que o compunham processava-se através de absorção de mão de obra, diante da qual não se levantavam entraves, pois o aumento prévio de produtividade física no setor de bens de consumo provocava uma liberação de força de trabalho. Ora, uma expansão da mão de obra empregada na indústria de bens de capital significa, necessariamente, acréscimo da procura de bens de consumo. Essa nova modificação no volume e na estrutura da procura vinha afetar, mais uma vez, a orientação das inversões, em benefício, agora, das indústrias de bens de consumo. O que interessa reter, de tudo isso, é que a ação dinâmica tanto opera do lado da oferta como do da procura dos bens finais de consumo.

4 Em outras palavras: toda vez que ocorre uma redução de custos nas indústrias de bens de consumo e, consequentemente, um aumento de lucratividade nesse setor, a procura de equipamentos, para expansão de capacidade produtiva que se origina nesse setor, determina um aumento da pressão da procura no setor de bens de capital.

As observações anteriores referem-se ao modelo típico do desenvolvimento econômico na fase da Revolução Industrial, cuja expressão mais pura está configurada na experiência inglesa. Após um longo período de desenvolvimento comercial intenso que engendrou uma grande expansão colonialista, ao mesmo tempo que intensa belicosidade (ao alcançarem as linhas de comércio uma quase saturação), o problema dos custos de produção foi se aprofundando no campo econômico como um elemento de crescente importância. Já na primeira metade do século XVIII, os procedimentos técnicos mais adiantados eram disputados e por toda parte objeto de espionagem.[5] Procurava-se atrair pessoas, de qualquer modo, que possuíssem experiência técnica superior. Assim, a forma extensiva de crescimento da era mercantilística — que visava à abertura de novas frentes de comércio, nem que fosse pela violência — foi dando lugar a um novo estilo de crescimento em profundidade, cuja força dinâmica resultava das próprias transformações internas do sistema econômico. Essas transformações não se processavam, entretanto, de forma errática. O avanço da ciência recebeu enorme impulso, em todas as frentes, assim como a aplicação dos princípios científicos às técnicas de produção. Criou-se, em consequência, um acervo de inovações técnicas em permanente aumento, sendo que a viabilidade econômica dessas novas formas de produção ficava na dependência do juízo dos homens de empresa. À medida que as condições o justificavam, as novas técnicas iam sendo incorporadas aos processos produtivos. Mas, embora o avanço da ciência e da técnica adquiris-

5 Sobre as missões de espionagem enviadas pelos ingleses ao continente, particularmente à Itália, para copiar os equipamentos têxteis mais avançados, ver Paul Mantoux, *The Industrial Revolution in the Eighteenth Century*. Londres: Jonathan Cape, 1928.

se autonomia crescente — ampliando-se o espectro de possibilidades tecnológicas potenciais —, as condições econômicas é que determinavam, em cada caso e fase, o tipo de tecnologia a ser utilizado.

Na primeira fase do desenvolvimento, caracterizado pela absorção do sistema pré-capitalista, o salário do operário não especializado era, basicamente, um salário de sobrevivência. Com a desarticulação do artesanato e o aumento consequente da oferta de mão de obra nas zonas urbanas, a tendência favoreceu mais a baixa que a alta dos salários.[6] Pode-se admitir, portanto, de maneira geral, que o desenvolvimento se processava em condições de oferta de mão de obra totalmente elástica, em um nível de salário real constante, em termos de alimentos. Como os preços dos produtos manufaturados, medidos exatamente em termos de alimentos, estavam em declínio[7] — se não houvesse essa baixa de preços não seria possível eliminar, pela concorrência, a produção artesanal — depreende-se que o salário, medido em termos de produtos manufaturados, deveria acusar certa tendência a subir, o que evidentemente contribuía para expandir a procura de manufaturas nas zonas urbanas. Em tais condições, não há como negar que as inovações tecnológicas se afigurariam tanto mais econômicas quanto maior fosse a redução do custo unitário que elas permitissem, mediante o aumento da produção por unidade de capital aplicado no processo produtivo. Nessa fase a indústria de bens de capital — excluídos os materiais de construção — constituía um setor de importân-

6 Para uma reconsideração recente desse problema ver E. J. Hobsbawm, "The British Standard of Living 1790-1850", *The Economic History*, ago. 1957.

7 Os preços médios dos tecidos de algodão produzidos na Inglaterra baixaram quatro quintos entre 1790-1800 e 1840-50. Ver W. W. Rostow, op. cit., apêndice II.

cia relativamente pequena. O volume das inversões no setor industrial estava muito mais limitado pela oferta real de equipamentos que por outros fatores de natureza estritamente econômica. A produção de equipamentos efetuava-se em base semiartesanal, permanecendo em segundo plano a preocupação de reduzir-lhe os custos. Seria primeiramente necessário que a indústria de equipamentos alcançasse certa maturidade e a oferta se tornasse relativamente elástica, neste setor, para que o problema da escolha da técnica começasse a formular-se em termos rigorosamente econômicos.

Com uma oferta elástica de mão de obra, o principal fator determinante do ritmo do crescimento econômico é a capacidade produtiva da indústria de bens de capital (ignorado o intercâmbio externo, para simplicidade de exposição). Por outro lado, a participação da indústria de bens de capital, na produção global, reflete a forma de distribuição da renda: sendo maior essa participação, maior terá que ser, também, a participação dos lucros, em particular dos lucros industriais, na renda total.[8] Com efeito: se se admite que o consumo das classes de altas rendas é regulado por fatores institucionais e pouco afetado por modificações de curto prazo, no nível da renda global, e que o consumo dos assalariados é determinado pelo nível de sua renda corrente, apresentando-se praticamente nula sua capacidade de poupança, cabe concluir que o máximo consumo real da classe assalariada tem a determiná-lo, por um lado, a oferta total de bens e serviços de consumo e, por outro lado, o nível do consumo das classes não assalariadas. Ora, a oferta total de bens e serviços de consumo é determinada pelo seu próprio nível de produção se, para simplificar, raciocinamos em termos de uma economia fechada. Como a produção de bens de consu-

8 Para uma análise deste ponto ver N. Kaldor, "Alternative Theories of Distribution", *Review of Economic Studies*, mar. 1956.

mo e a de bens de capital são complementares, torna-se óbvio que o aumento relativo de uma implica a redução relativa da outra. Ao transferirem-se trabalhadores do setor de bens de consumo para o de bens de capital, a oferta de bens de consumo reduz-se, ao passo que o nível de sua procura se mantém inalterado — supondo que seja possível tal transferência sem aumento do salário médio. Se este aumenta, para induzir os operários a trocarem de setor, haverá expansão da procura de bens de consumo, ao mesmo tempo que se reduz a sua oferta no mercado. Na prática, semelhante situação acarretaria elevação do nível de preços dos bens de consumo, redução no salário real médio e, consequentemente, um aumento da participação dos lucros no produto. Com efeito: se levamos em conta que a produção de bens de capital tem que ser comprada pelos empresários, com parte de seus lucros, e que o consumo da classe não assalariada é estável a curto prazo, cabe concluir que uma redução da produção de bens de consumo fará o salário médio real reduzir-se também; e que um aumento da produção de bens de capital resultará num aumento dos lucros. Qualquer desses fenômenos acarreta modificações na distribuição da renda, provocando reações dos grupos sociais interessados. A atitude destes é que, em última instância, determinará a forma de distribuição da renda e a estrutura da produção.

A primeira fase do desenvolvimento industrial se caracterizou por um aumento substancial da participação da indústria de bens de capital — sobretudo da indústria de equipamentos — no total da produção industrial. Essa modificação na estrutura do aparelho produtivo foi muito provavelmente acompanhada de alterações na distribuição da renda, crescendo a massa total dos lucros com mais intensidade que a folha de salários. Não será fácil precisar quando se concluiu essa primeira etapa do desenvolvimento industrial, mas tudo indica que a total absorção da economia pré-capitalista e a consequente absorção do excedente estrutural de mão de obra devem ter coincidido com o encerramento dessa fase. A partir de então, a oferta de mão de obra tornou-se pouco elástica, melhorando a posição de barganha da classe trabalhadora, o que criou sérias dificuldades à absorção da grande massa de bens de capital em permanente produção. Foi uma situação que se configurou com absoluta clareza, na Inglaterra, já no começo do último quartel do século XIX: para absorver o grande e crescente volume de bens de capital era necessário transferir mão de obra desse setor para o de bens de consumo, o que teria ocasionado uma redução relativa da produção de bens de capital, com redistribuição da renda a favor dos grupos assalariados. Tal tendência levaria a uma redução no ritmo de crescimento e a uma baixa da taxa de lucros. A economia inglesa logrou evitar a eutanásia precoce lançando-se numa grande ofensiva internacional. Foi quanto bastou para que tivesse início a fase de total liberalização do comércio inglês, das maciças exportações de capital, que mantinham a indústria de equipamentos funcionando a plena capacidade, e da ofensiva comercial sob a forma do audacioso imperialismo vitoriano.

A segunda fase do desenvolvimento das economias industriais — quando a oferta de mão de obra se torna pouco elástica — está assinalada por um desequilíbrio fundamental entre a capacidade de produção de bens de capital e a possibilidade de absorção dos mesmos. Visto de outro lado, este fenômeno apresenta-se da forma seguinte: a oferta de poupança tende a crescer mais rapidamente que a do fator trabalho, o que cria forte pressão no sentido da redistribuição da renda a favor dos trabalhadores. A redistribuição acarretaria, entretanto, uma baixa na taxa de lucros, desencadeando por seu lado uma série de reações, tendentes a reduzir o volume de inversões, a criar desemprego temporário, a reduzir o ritmo do crescimento econômico etc. O ponto crucial do problema estava, portanto, na relativa inelasticidade da oferta de mão de obra. Ou se aumentava a elasticidade da oferta de trabalho ou haveria que reduzir a importância relativa da produção de bens de capital e permitir que, nessa conformidade, a renda se redistribuísse a favor dos grupos assalariados. Ao fato de terem as economias capitalistas logrado solucionar esse problema, ao mesmo tempo que mantinham o nível de participação dos lucros no produto, deve-se a manutenção da elevada taxa de crescimento que também caracterizou a segunda etapa do desenvolvimento industrial moderno. A fase de grandes exportações de bens de capital, em fins do século passado e começos do atual, constitui um simples período de transição — assumindo grandes proporções apenas no caso do primeiro país a industrializar-se, a Inglaterra — que teve a virtude de permitir o refinamento de soluções mais definitivas. Encontraram-nas na própria tecnologia, progressivamente orientada no sentido de corrigir o desequilíbrio fundamental, que se formara na etapa anterior.

Um excesso estrutural da oferta, no setor de bens de capital, tende a refletir-se em redução dos custos da inversão, no setor de bens de consumo, em que são utilizados em sua grande maioria os equipamentos. Na medida em que os equipamentos mais baratos vão penetrando nas indústrias de bens de consumo — seja para reposição, seja para ampliação — a rentabilidade desse setor tende a aumentar, com respeito ao conjunto da economia. Ora, a maior rentabilidade no setor de bens de consumo significa, em última instância, que uma fração maior dos bens de consumo produzidos não é consumida pelos operários dessa mesma indústria, e, portanto, fica livre para ser consumida no setor de bens de capital. Como esse setor não está em crescimento, manifesta-se uma pressão no sentido da baixa dos preços dos bens de consumo, que, em última instância, significa uma elevação do salário real, em termos de mercadorias produzidas pelo setor manufatureiro. A tendência à elevação do salário real incidirá mais fortemente sobre as indústrias de bens de capital que já estejam operando com baixa rentabilidade. Dessa situação decorre que as técnicas mais avançadas — que implicam maior densidade de capital por pessoa ocupada — encontram condições econômicas relativamente mais favoráveis nas indústrias produtoras de bens de capital. E o avanço mais rápido da tecnologia nas indústrias produtoras de bens de capital tem consequências fundamentais para todo desenvolvimento da economia. Crescendo a sua produtividade física mais intensamente que nas indústrias de bens de consumo, os preços dos equipamentos tendem a declinar em termos de produtos manufaturados de consumo, o que induz a substituir, nas indústrias de bens de consumo, mão de obra por equipamentos. Daí resulta uma tendência a aumentar o grau de mecanização, em todo o sistema, isto é, a aumentar a densidade de capital fixo por pessoa ocupada. Como o preço dos equipamentos, em termos de manufaturas de consumo (e, portanto, em termos de salários reais), vem diminuindo, a maior mecanização não implica, necessariamente, redução da taxa de rentabilidade dos novos capitais invertidos.[9]

O forte avanço relativo da tecnologia nas indústrias de bens de capital permitiu conciliar a forma de distribuição da renda, que cristalizara no período de absorção da economia pré-capitalista, e uma forte participação das indústrias de bens de capital no produto total, com uma oferta de mão de obra relativamente pouco elástica.

Equipamentos que provocavam substanciais aumentos da produtividade física nas indústrias de bens de consumo (como os teares automáticos) eram obtidos da indústria de bens de capital, praticamente sem aumento de preços

9 Para uma análise aguda das inter-relações entre o grau de mecanização e a escolha de tecnologia, ver Joan Robinson, *The Accumulation of Capital*. Londres: Macmillan, 1956.

(em termos de bens de consumo). A resultante elevação dos salários reais criaria boas condições de rentabilidade para processos tecnologicamente ainda mais avançados. Observado o mesmo fenômeno de outro ponto de vista, pode-se dizer que a tecnologia foi orientada no sentido de permitir combinações de fatores em que entravam quantidades crescentes de capital (definido no sentido convencional) por homem ocupado. Aquelas invenções que possibilitavam economia do fator mão de obra (dado um nível de produção já alcançado) tinham preferências às que permitiam aumento da produtividade física do trabalho, mas não permitiam reduzir a procura do fator mão de obra. Em particular no setor agrícola — grande viveiro de mão de obra — realizou-se esforço substancial para reduzir a procura do fator trabalho. A mecanização agrícola, iniciada em fins do século XIX, trouxe enorme desafogo ao mercado de trabalho, contribuindo substancialmente para que se mantivesse elevado o nível das inversões nas economias de mais adiantado grau de mecanização.

As observações anteriores evidenciam, com clareza, a íntima interdependência existente entre a evolução da tecnologia nos países industrializados e as condições históricas do seu desenvolvimento econômico. Essa tecnologia, na forma em que se apresenta hoje, incorporada aos equipamentos industriais, resulta, portanto, de um lento processo de decantação. Nesse processo influíram, de maneira fundamental, condições específicas de algumas nações, sobretudo da Inglaterra e dos Estados Unidos, países que, de vários pontos de vista, constituíram um só sistema econômico, durante a primeira metade do século XIX.[10] Derivar um modelo abstrato do mecanismo des-

10 Para uma análise da interdependência do desenvolvimento econômico da Inglaterra e dos Estados Unidos, no século XIX, ver, do autor, *Formação econômica do Brasil*. Rio de Janeiro: Fundo de Cultura, 1959, em particular o capítulo XVIII.

sas economias, em seu estágio atual, e atribuir-lhe validez universal valeria por uma reencarnação do *homo oeconomicus*, em cuja psicologia rudimentar os clássicos pretenderam assentar as leis econômicas fundamentais. A dualidade óbvia que existe e se agrava, cada dia mais, entre as economias desenvolvidas e as subdesenvolvidas, exige uma formulação desse problema em termos distintos.

AS ESTRUTURAS SUBDESENVOLVIDAS

O advento de um núcleo industrial, na Europa do século XVIII, provocou uma ruptura na economia mundial da época e passou a condicionar o desenvolvimento econômico subsequente em quase todas as regiões da terra. A ação desse poderoso núcleo dinâmico passou a exercer-se em três direções distintas. A primeira marca a linha de desenvolvimento, dentro da própria Europa ocidental, no quadro das divisões políticas que haviam se cristalizado na etapa mercantilista anterior. Esse desenvolvimento, conforme vimos, caracterizou-se pela desorganização da economia artesanal pré-capitalista e pela progressiva absorção dos fatores liberados, a um nível mais alto de produtividade. Identificam-se duas fases nesse processo; na primeira, a liberação de mão de obra era mais rápida que a absorção, o que tornava a oferta desse fator totalmente elástica; na segunda, a oferta da mão de obra, resultante da desarticulação da economia pré-capitalista, tende a esgotar-se, o que exige uma reorientação da tecnologia. Cabe a esta manter a flexibilidade do sistema, para que os fatores se combinem, em proporções compatíveis com a sua oferta. Desta forma, o desenvolvimento da tecnologia — isto é, as transformações das indústrias de bens de capital — passa a ser cada vez mais condicionado pela disponibilidade relativa de fatores nos centros industriais.

A segunda linha de desenvolvimento da economia industrial europeia consistiu num deslocamento para além de suas fronteiras, onde quer que houvesse terras ainda desocupadas e de características similares às da própria Europa. Fatores vários respondem por essa expansão. No caso da Austrália e do Oeste norte-americano, o ouro desempenhou um papel básico. A revolução dos transportes marítimos, permitindo trazer cereais de grandes distâncias, para competir no mercado europeu, foi decisiva em outros casos. Mas importa ter em conta, entretanto, que esse deslocamento de fronteira não se diferenciava basicamente do processo de desenvolvimento da própria Europa do qual fazia parte, por assim dizer: as economias australiana, canadense ou estadunidense nessa fase eram simples prolongamentos da economia industrial europeia. As populações que emigravam para esses novos territórios levavam as técnicas e os hábitos de consumo da Europa e, ao encontrarem maior abundância de recursos naturais, alcançavam, rapidamente, níveis de produtividade e renda bastante altos. Se considerarmos que essas "colônias" só se estabeleciam onde prevaleciam condições econômicas excepcionalmente favoráveis, explica-se que suas populações hajam alcançado, desde o início, elevados níveis de vida, comparativamente aos dos países europeus.

A terceira linha de expansão da economia industrial europeia foi em direção às regiões já ocupadas, algumas delas densamente povoadas, com seus sistemas econômicos seculares, de variados tipos, mas todos de natureza pré-capitalista. O contato das vigorosas economias capitalistas com essas regiões de antiga colonização não se fez de maneira uniforme. Em alguns casos, o interesse limitou-se à abertura de linhas de comércio. Em outros houve, desde o início, o desejo de fomentar a produção de matérias-primas, cuja procura crescia nos centros industriais. O efeito do impacto da expansão capitalista sobre as estruturas arcaicas variou de região para região, ao sabor de circunstâncias locais, do tipo de penetração capitalista e da intensidade desta. Contudo, a resultante foi quase sempre a criação de estruturas híbridas, uma parte das quais tendia a comportar-se como um sistema capitalista, a outra, a manter-se dentro da estrutura preexistente. Esse tipo de economia dualista constitui, especificamente, o fenômeno do subdesenvolvimento contemporâneo.

O subdesenvolvimento é, portanto, um processo histórico autônomo, e não uma etapa pela qual tenham, necessariamente, passado as economias que já alcançaram grau superior de desenvolvimento. Para captar a essência do problema das atuais economias subdesenvolvidas necessário se torna levar em conta essa peculiaridade. Consideremos o caso típico de uma economia que recebe uma cunha capitalista, na forma de atividades produtivas destinadas à exportação. Seja o caso de uma exploração mineira, sob controle de empresa capitalista que organize não somente a produção, mas, também, a comercialização do produto. A intensidade do impacto desse núcleo na velha estrutura dependerá, fundamentalmente, da importância relativa da renda a que ele dê origem e que fique à disposição dentro da coletividade. Depende, portanto, do volume de mão de obra que absorva, do nível do salário real médio e da totalidade de impostos que pague. Este último item teve reduzida importância nas etapas iniciais de expansão capitalista, pois para atrair o capital forâneo criavam-se estímulos de todo tipo, inclusive o da total isenção de impostos. O nível do salário real era e é determinado pelas condições de vida prevalecentes na região onde se instalam as novas empresas, sem conexão precisa com a produtividade do trabalho na nova atividade econômica. Bastava que o salário na empresa capitalista fosse algo superior à média regional, para que se deparasse uma oferta de mão de obra totalmente elástica. Assim sendo, o fator decisivo era o volume de mão de obra absorvida pelo núcleo capitalista. Ora, a experiência demonstra que esse volume de mão de obra não atingia, via de regra, grandes proporções. No caso das economias especializadas na exploração de minérios dificilmente alcançava 5% da população em idade de trabalhar. Além do mais, as novas empresas entravam em contato com as autoridades locais e tratavam de habilitá-las à execução de medidas de profilaxia e outras, cujo resultado se fazia sentir numa redução da taxa de mortalidade, com correspondente aumento da taxa de incremento vegetativo da população. Ao cabo de algum tempo, o número de habitantes havia aumentado o suficiente para restabelecer a relação entre população e recursos, que prevalecia na etapa anterior à penetração da empresa capitalista.

A estrutura econômica da região onde penetrou a empresa capitalista — no exemplo do parágrafo anterior — não se modifica, necessariamente, como consequência dessa penetração. Apenas uma reduzida fração da mão de obra disponível é absorvida pela empresa forânea; os salários pagos a essa mão de obra não são determinados pelo nível de produtividade da empresa, e sim pelas condições de vida prevalecentes na região. Salientamos, também, que era de esperar que a população aumentasse sua taxa de crescimento. Como a empresa capitalista está ligada à região onde se localizou quase que exclusivamente como um agente criador de massa de salários, seria necessário que o montante dos pagamentos ao fator trabalho alcançasse grande importância relativa para provocar modificações na estrutura econômica. O fenômeno é, até certo ponto, idêntico ao observado na primeira fase do desenvolvimento da economia capitalista, quando o sistema artesanal preexistente ia sendo destruído e absorvido. Fase anterior ao momento em que o setor capitalista, em expansão, absorveria a totalidade ou quase totalidade dos recursos de mão de obra, permitindo que os salários reais, antes determinados em função das condições preexistentes de vida, passem a ser condicionados pelo nível de produtividade. Ainda assim a similitude é aparente, pois a empresa capitalista que penetra em uma região de velha colonização e estrutura econômica arcaica não se vincula, dinamicamente, a esta última, pelo simples fato de que a massa de lucros por ela gerados não se integra na economia local.

O dinamismo da economia capitalista resulta, em última instância, do papel que nela desempenha a classe empresarial à qual cabe utilizar de forma reprodutiva uma parte substancial da renda em permanente processo de formação. Já nos referimos ao fato de que o consumo da classe capitalista é determinado por fatores institucionais e, praticamente, independe de flutuações, a curto prazo, no nível da renda global. É este, por certo, o elemento mais estável no dispêndio da coletividade. Por outro lado, o consumo dos assalariados tem a determiná-lo o nível global de emprego, cabendo-lhe um papel ancilar no processo de desenvolvimento. Assim sendo, o que garante o dinamismo à economia capitalista é a forma como se utiliza a massa de renda que reverte aos empresários e que estes poupam. Ora, trata-se de uma parcela que não se vincula à região onde está localizada a empresa: sua utilização depende, quase exclusivamente, das condições prevalecentes na economia a que pertence o capital. Considere-se o caso dos capitais ingleses invertidos em empresas produtoras de chá, borracha ou metais, no Sudeste da Ásia. A renda gerada por essas empresas integra-se em parte na economia local, em parte na economia inglesa. É provável que a parcela correspondente à economia local seja maior que a outra. Mas, é a cota-parte que permanece ligada à economia inglesa que detém as características dinâmicas do sistema capitalista. Com efeito: numa substancial proporção a massa de poupança, que todos os anos a economia inglesa necessita transformar em capacidade produtiva, deriva de rendas provenientes de empresas localizadas em todas as partes do mundo.

As observações do parágrafo anterior explicam por que a expansão do comércio internacional no século XIX — expansão decorrente do desenvolvimento industrial da Europa — não determinou uma propagação, na mesma escala, do sistema capitalista de produção. O deslocamento da fronteira econômica europeia traduziu-se, quase sempre, na formação de economias híbridas em que um núcleo capitalista passava a coexistir, pacificamente, com uma estrutura arcaica. Na verdade, era raro vermos o chamado núcleo capitalista modificar as condições estruturais preexistentes, pois estava ligado à economia local apenas como elemento formador de uma massa de salários. Somente quando o tipo de empresa requeria a absorção de grande número de assalariados — como foi o caso das plantações de chá, no Ceilão, e de borracha, na Birmânia — é que o efeito da organização capitalista sobre a economia local assumia maior importância. Se a oferta de mão de obra local era relativamente escassa, como ocorreu nesses dois países, apresentava-se, desde cedo, a possibilidade de elevação do salário real, ainda que tal tendência pudesse ser parcialmente anulada — e assim ocorreu nos dois casos citados — mediante a importação de mão de obra proveniente de países de baixo nível de vida. Contudo, apesar dessa melhora de condições de vida, não se registrava uma modificação estrutural no sistema econômico, isto é, não se dava o passo fundamental exigido para criação de uma economia tipicamente capitalista. E desde o momento em que as condições externas deixaram de permitir que continuasse a expandir-se, naqueles países, a produção de chá ou borracha, criou-se uma situação de equilíbrio em um nível permanente de subemprego de fatores, que seria inconcebível numa economia tipicamente capitalista. Como os salários estão determinados pelas condições de subsistência — e, portanto, é alta a margem de lucro — a empresa fica em condições de absorver fortes quedas de preços, razão pela qual o nível de emprego pouco flutua. As quedas de preços, ao afetarem, de preferência, a margem de lucro, concentram seus efeitos na própria renda inglesa, na qual estão integrados os lucros da empresa. Mutatis mutandis, a recuperação dos preços e a etapa de bonança passam quase despercebidas no país onde se localiza a empresa, a menos que fatores de outra ordem aconselhem a utilizar os maiores lucros para expandir o negócio na própria região onde são auferidos. A decisão relativa a uma possível ampliação dos negócios é tomada de Londres, em função dos interesses da economia inglesa, no seu conjunto. Eis por que, não obstante os chamados núcleos capitalistas serem relativamente fortes, em economias como a do Ceilão ou das repúblicas centro-americanas, estas continuam a comportar-se como estruturas pré-capitalistas.

Não seria justo, entretanto, supor que as economias híbridas, a que vimos fazendo referência, se comportem em todas as circunstâncias como estruturas pré-capitalistas. Em muitos casos — e o Brasil é um bom exemplo — a massa de salários no setor ligado ao mercado internacional foi suficiente para dar caráter monetário a uma importante faixa do sistema econômico. O crescimento dessa faixa monetária implicou importantes modificações nos hábitos de consumo, com a penetração de inúmeros artigos manufaturados de procedência estrangeira. A diversificação nos hábitos de consumo teve importantes consequências para o desenvolvimento posterior da economia. Já vimos que o nível de emprego, numa economia desse tipo, tende a ser relativamente estável, embora o valor das exportações flutue ao sabor das oscilações nos preços internacionais das matérias-primas. A estabilidade da renda monetária interna, em confronto com a instabilidade da capacidade para importar, cria fortes pressões sobre o balanço de pagamentos, nas fases de baixa dos preços internacionais, e dificulta a adoção das regras do padrão-ouro. Na medida em que foi crescendo a importância relativa da renda monetária, dentro da economia brasileira — como resultado da expansão do setor ligado ao mercado internacional —, tendeu a aumentar a pressão sobre o balanço de pagamentos, nas fases de baixa dos preços internacionais. Surgiram, assim, condições favoráveis à criação de atividades ligadas ao próprio mercado interno. Nas fases de forte declínio dos preços de exportação, a rentabilidade dos negócios ligados ao mercado interno tende a crescer, em termos relativos, pois aumentam os preços das mercadorias importadas ao mesmo tempo que se mantém o nível da renda monetária.

Quando a atividade exportadora era controlada, sobretudo por capitais nacionais — como foi o caso, no Brasil, durante a expansão cafeeira — o problema apresentava outros aspectos de importância. A simples existência de vultosa massa de lucros formados na atividade ligada ao mercado externo abria novas possibilidades ou criava novos problemas. É necessário ter em conta que esses lucros não desempenhavam, na economia cafeeira, o mesmo papel que cabia aos lucros de uma economia industrial. O elemento dinâmico da economia cafeeira era a procura externa, e não o volume das inversões nela realizadas. Se essas inversões se revelassem excessivas, o efeito último podia ser uma perda de renda real, através da baixa de preços. Nas repúblicas centro-americanas pôde-se observar, lado a lado, os dois fenômenos: o do efeito da incrustação de empresas estrangeiras — no caso das plantações de banana — e o do efeito de uma expansão controlada por capitais nacionais — no caso das plantações de café. O resultado não foi muito distinto, se bem que o café deu origem a um fluxo de lucros, além do de salários. Lucros que foram invertidos na própria atividade cafeicultora, na medida em que a disponibilidade de terras e mão de obra o permitiu. Mas, uma vez esgotadas as possibilidades de expansão do setor cafeeiro, a experiência demonstrou que os novos capitais nele formados tendiam antes a expatriar-se que a buscar outros campos de aplicação dentro do sistema.

A experiência brasileira surge como um caso especial, o que se deve à sua própria magnitude. De fato: dada a grande abundância de terras aptas para plantar café e a elasticidade da oferta de mão de obra,[11] as inversões na cafeicultura não encontraram limitação pelo lado da oferta de fatores. Explica-se, assim, que se haja formado, desde fins do século XIX, uma situação crônica de excesso de oferta e ao mesmo tempo que fosse possível controlar, por meios artificiais, essa oferta. Os lucros do setor cafeicultor, nas fases de prosperidade, tendiam a concentrar-se nesse mesmo setor, sem desempenhar qualquer papel fundamental, no sentido da modificação da estrutura do sistema. A única diferença, com respeito à experiência centro-americana, estava em que, havendo oferta elástica de fatores, os lucros eram invertidos na própria base que os gerava. E essas volumosas inversões efetuadas no setor cafeicultor — mesmo quando a sua rentabilidade real era relativamente baixa — provocavam a absorção da economia de subsistência preexistente e financiavam a imigração europeia, promovendo, assim, a expansão do setor monetário dentro da economia. Como as necessidades de manufaturas desse setor eram bastante elevadas, surgiu um mercado de produtos manufaturados, que justificaria, mais tarde, a criação de

11 A primeira fase de grande expansão cafeeira no Brasil — terceiro quartel do século passado — teve como base a mão de obra que havia permanecido semiutilizada, na região mineira, desde que entrara em decadência a economia do ouro; na segunda etapa de expansão — último quartel do século passado — o problema da mão de obra foi resolvido mediante a imigração europeia; a expansão dos anos 1920, 1940 e 1950 fez-se com base na absorção de excedente de mão de obra, proveniente de Minas Gerais e dos estados do Nordeste.

um núcleo industrial, tornando possível, com o tempo, a transformação estrutural da economia.

O elemento dinâmico, na primeira etapa do desenvolvimento industrial europeu, atuou, conforme vimos, pelo lado da oferta. A ação empresarial — através da introdução de novas combinações de fatores — criou sua própria procura, na medida em que conseguiu oferecer um produto mais barato e mais abundante. No caso do desenvolvimento induzido de fora para dentro — como foi o brasileiro — formou-se, primeiramente, a procura de manufaturas, satisfeita com importações. O fator dinâmico atuaria do lado da procura a partir do momento em que esta não pudesse ser satisfeita pela oferta externa. Por um lado, a estabilidade do nível da renda monetária, por outro, a instabilidade da capacidade para importar, agiram, cumulativamente, no sentido de garantir atrativo às inversões ligadas ao mercado interno. A hábil política de controle artificial da oferta de café, iniciada no primeiro decênio do século XX, deu maior estabilidade à capacidade para importar e, muito provavelmente, afetou de forma negativa o desenvolvimento do núcleo industrial em formação. Mas note-se que essa política tornou mais profunda e de efeitos mais duradouros a crise cafeeira, iniciada em 1929, precipitando, assim, as transformações estruturais que vinham se anunciando.

O núcleo industrial, criado com base na procura preexistente de manufaturas — antes atendida com importações — iniciou-se a partir de indústrias ligeiras, produtoras de artigos de consumo geral, como tecidos e alimentos elaborados. Passam a coexistir, então, três setores, dentro da economia: no primeiro, predominam as atividades de subsistência e é reduzido o fluxo monetário; no segundo estão as atividades diretamente ligadas ao comércio exterior; no terceiro, finalmente, as que se prendem ao mercado interno de produtos manufaturados de consumo geral. Depara-se-nos, portanto, um tipo de estrutura econômica subdesenvolvida bem mais complexo que o da simples coexistência de empresas estrangeiras com remanescentes de um sistema pré-capitalista. Nas estruturas subdesenvolvidas de grau inferior, a massa de salários gerada no setor exportador constitui o único elemento dinâmico. A expansão do setor exportador engendra um fluxo maior de renda monetária, que torna possível a absorção de fatores antes ocupados no setor de subsistência. Se se mantém estacionário o setor exportador, o crescimento da população forçará à redução do salário real médio e ao declínio da renda por habitante.

Nas estruturas subdesenvolvidas mais complexas — onde já existe um núcleo industrial ligado ao mercado interno — podem surgir reações cumulativas, tendentes a provocar transformações estruturais no sistema. O fator dinâmico básico continua a ser a procura externa; a diferença está em que a ação desta é multiplicada internamente. Ao crescer a renda monetária, por indução externa, crescem, também, os lucros do núcleo industrial ligado ao mercado interno e aumentam as inversões nesse núcleo, o que também afeta, favoravelmente, o nível da renda monetária — com consequente redução da importância relativa da faixa de subsistência. Contudo, como a expansão do setor externo é acompanhada de melhora na capacidade de importação, o poder competitivo das importações aumenta nessas fases, via de regra reduzindo-se a magnitude real do multiplicador interno da renda. A diferença maior ocorre, entretanto, na etapa seguinte de contração da capacidade de importação, ao declinarem os preços dos produtos exportados. Como a renda monetária se mantém em nível relativamente alto, o declínio da capacidade de importação acarreta forte desvalorização cambial. O núcleo entra, assim, em etapa de bonança, exatamente na fase de declínio da rentabilidade no setor exportador. Embora decline o nível da renda monetária, aumenta a procura de manufaturas de produção interna, devido à desvalorização cambial, melhorando a rentabilidade no setor ligado ao mercado interno. Contudo, as possibilidades efetivas de crescimento são frustradas pela redução da capacidade de importação. A alta rentabilidade das indústrias ligadas ao mercado interno é, em parte, aparente, pois os preços de reposição dos equipamentos importados crescem com a desvalorização cambial. A existência de uma importante massa de lucros, provenientes de atividades ligadas ao mercado interno, numa etapa de aumento relativo dos preços de equipamentos industriais, faz surgir uma tendência a inverter capitais nas atividades menos dependentes das importações, tais como as construções residenciais. Como essas inversões não provocam modificações permanentes na estrutura de emprego da coletividade, o seu aumento relativo tende, em última instância, a frear o próprio processo de crescimento.

A etapa superior do subdesenvolvimento é alcançada quando se diversifica o núcleo industrial e este fica capacitado a produzir parte dos equipamentos requeridos pela expansão de sua capacidade produtiva. O fato de se alcançar essa etapa não implica que o elemento dinâmico principal passe, automaticamente, a ser o núcleo industrial ligado ao mercado interno. O processo normal de desenvolvimento do núcleo industrial é ainda o da substituição de importações; destarte, o elemento dinâmico reside ainda na procura preexistente — formada, principalmente, por indução externa — e não nas inovações introduzidas nos processos produtivos, como ocorre nas economias industriais totalmente desenvolvidas. No entanto, como o sistema é capaz de produzir parte dos bens de capital de que necessita para expandir sua capacidade produtiva, o processo de crescimento pode continuar por muito mais tempo, mesmo que haja estancamento da capacidade de importação. O desenvolvimento se opera, em tais condições, entretanto, com forte pressão inflacionária, por uma série de razões que observaremos, mais detidamente, em capítulos seguintes.

Sintetizando a análise anterior: o subdesenvolvimento não constitui uma etapa necessária do processo de formação das economias capitalistas modernas. É, em si, um processo particular, resultante da penetração de empresas capitalistas modernas em estruturas arcaicas. O fenômeno do subdesenvolvimento apresenta-se sob formas várias e em diferentes estádios. O caso mais simples é o da coexistência de empresas estrangeiras, produtoras de uma mercadoria de exportação, com uma larga faixa de economia de subsistência, coexistência esta que pode perdurar, em equilíbrio estático, por longos períodos. O caso mais complexo — exemplo do qual nos oferece o estádio atual da economia brasileira — é aquele em que a economia apresenta três setores: um, principalmente de subsistência; outro, voltado sobretudo para a exportação; e o terceiro, como um núcleo industrial ligado ao mercado interno, suficientemente diversificado para produzir parte dos bens de capital de que necessita para seu próprio crescimento. O núcleo industrial ligado ao mercado interno se desenvolve através de um processo de substituição de manufaturas antes importadas, vale dizer em condições de permanente concorrência com produtores forâneos. Daí resulta que a maior preocupação do industrial local é a de apresentar um artigo similar ao importado e adotar métodos de produção que o habilitem a competir com o exportador estrangeiro. Por outras palavras, a estrutura de preços, no setor industrial ligado ao mercado interno, tende a assemelhar-se à que prevalece nos países de elevado grau de industrialização, exportadores de manufaturas. Assim sendo, as inovações tecnológicas que se afiguram mais vantajosas são aquelas que permitem aproximar-se da estrutura de custos e preços dos países exportadores de manufaturas, e não as que permitam uma transformação mais rápida da estrutura econômica, pela absorção do setor de subsistência. O resultado prático disso — mesmo que cresça o setor industrial ligado ao mercado interno e aumente sua participação no produto, mesmo que cresça, também, a renda per capita do conjunto da população — é que a estrutura ocupacional do país se modifica com lentidão. O contingente da população afetada pelo desenvolvimento mantém-se reduzido, declinando muito devagar a importância relativa do setor cuja principal atividade é a produção para subsistência. Explica-se, deste modo, que uma economia em que a produção industrial já alcançou elevado grau de diversificação, e tem uma participação no produto que pouco se distingue da observada em países desenvolvidos, apresente uma estrutura ocupacional tipicamente pré-capitalista e que grande parte de sua população esteja alheia aos benefícios do desenvolvimento.

Como fenômeno específico que é, o subdesenvolvimento requer um esforço de teorização autônomo. A falta desse esforço tem levado muitos economistas a explicar, por analogia com a experiência das economias desenvolvidas, problemas que só podem ser bem equacionados a partir de uma adequada compreensão do fenômeno do subdesenvolvimento. A tendência ao desequilíbrio no balanço de pagamentos é daquelas que, à falta de um marco teórico adequado, mais têm sido incorretamente formuladas e mal interpretadas nos países de economia subdesenvolvida, como no caso do Brasil.

Interação entre decisões e estruturas*

TIPOLOGIA DAS DECISÕES MOTORAS

A análise das estruturas que esboçamos anteriormente preocupa-se, essencialmente, com os mecanismos de propagação de certas decisões econômicas às quais se atribui um determinado grau de autonomia. Esse tipo de análise tende a apresentar os processos econômicos como decorrentes de decisões totalmente autônomas e de decisões totalmente induzidas, o que, é evidente, constitui uma primeira aproximação da realidade. Podemos distinguir pelo menos três grupos de decisões econômicas, suscetíveis de manifestar certo grau de autonomia e, portanto, de assumir um papel motor no processo de desenvolvimento. São elas as decisões:

a) relacionadas com o plano de utilização da renda destinada ao consumo imediato e que pode ser parcialmente poupada — essas decisões constituem a substância da teoria do comportamento do consumidor;

b) relacionadas com a transformação de um conjunto de recursos econômicos em outro conjunto de recursos considerado mais raro — com elas se preocupa a teoria da produção; e

c) relacionadas com a alocação, em função de um horizonte temporal, do produto não destinado ao consumo

* Capítulo 8 de *Teoria e política do desenvolvimento econômico*. São Paulo: Paz e Terra, 2000. (Primeira edição: 1967.)

imediato e que deve ser utilizado para expandir a capacidade produtiva — estas decisões, estudadas em relação com as anteriores, constituem a matéria da teoria do desenvolvimento.

A classificação das decisões apoia-se, naturalmente, em uma tipologia dos agentes econômicos que tende a ser estabelecida de acordo com as conveniências da análise. Ao teorizar com base em um tipo único de consumidor e em uma firma-padrão, como o fazem os neoclássicos, estabelece-se a mais elementar das tipologias possíveis de agentes econômicos. Na análise dos problemas do desenvolvimento torna-se muitas vezes indispensável introduzir diferença entre consumidores de distintos níveis de renda, entre empresários industriais e agrícolas, entre proprietários de bens naturais necessários à produção e de capital financeiro, entre o organizador da transformação econômica e o inovador de formas de transformação etc.

Para tomar uma decisão qualquer, um agente econômico necessita de certa quantidade de informações, cuja importância varia de acordo com o alcance da decisão. Por outro lado, toda decisão é, ela mesma, fonte de certo número de informações. Dessa forma, pode-se conceber a decisão, seja como elemento de uma cadeia, seja como centro de irradiação capaz de influenciar o comportamento de outros agentes. Na primeira hipótese, dá-se ênfase ao fato de que a decisão constitui, até certo ponto, resposta a uma situação social dada; na segunda hipótese, põe-se o acento no fato de que uma decisão é capaz de modificar certa situação social.

Grande parte das decisões econômicas são simplesmente respostas a situações dadas. Como é o mercado que define essas situações, diz-se que tais decisões são provocadas pelo mecanismo dos preços. Entretanto, as decisões de maior importância, do ponto de vista da teoria do desenvolvimento, conforme já vimos, são tomadas por agentes que supõem dispor de mais informações do que as produzidas pelos mercados e se creem em condições de poder modificar o curso dos acontecimentos prefigurados por esses mercados.

A diversidade dos agentes econômicos, seja que os consideremos do ponto de vista de suas funções, ou de suas dimensões, é um reflexo do grau alcançado pela divisão do trabalho social. Mas pelo fato mesmo de ser uma criação da divisão do trabalho num todo social, o agente econômico não pode ser considerado isoladamente. Para defini-lo é necessário observá-lo como parte de um todo, com respeito a este ou às suas partes. O que se entende por "todo" depende, evidentemente, dos objetivos da análise. A economia mundial é um todo, e neste caso os agentes são nações ou grandes unidades organizadas em escala internacional. Com base no critério geográfico será possível descer até o nível de uma pequena cidade. Muitas outras famílias de conjuntos econômicos podem ser definidas, partindo de outros tantos critérios. Entretanto, tendo em conta que o objetivo final das decisões econômicas é a satisfação das necessidades de uma coletividade, o conjunto mais significativo para a análise do comportamento dos agentes econômicos é aquele que compreenda o maior número de agentes responsáveis pela satisfação das necessidades de uma coletividade. Esse conjunto é, também, aquele cuja estrutura reflete o processo de divisão social do trabalho de forma mais completa. Como nas sociedades modernas o Estado-nação é a forma de organização sociopolítica mais importante, são as economias nacionais que servem de base ao estudo do desenvolvimento econômico.

O MERCADO E A TEORIA DA INFORMAÇÃO

Mercado é um conceito amplo que abarca distintos mecanismos destinados a recolher, elaborar e transmitir informações a serem utilizadas pelos agentes econômicos.

Essas informações são diversas ou apresentadas de forma distinta conforme o agente seja um consumidor, um empresário, um comprador de títulos etc. Mas a eficácia da decisão dependerá sempre da qualidade e da oportunidade das informações a que tem acesso o agente. Os mercados produzem um fluxo permanente de informações, na forma de indicadores que são uma tradução sintética de milhares de dados. A linguagem simbólica representada por esses indicadores não apenas sintetiza grandes quantidades de dados, mas, principalmente, dá um sentido preciso a esses dados, transformando-os em informações.

A teoria das informações, em que se apoia o estudo dos mercados, parte de uma ideia simples: todo elemento informativo deve ser *codificado,* traduzido em *mensagem* e a transmissão desses elementos se realiza por intermédio de *canais* cuja capacidade é o elemento essencial do sistema de informações. A codificação deverá permitir a quantificação das informações, e a unidade nesse sistema de medida é a quantidade de informações que nos permite escolher entre duas opções perfeitamente caracterizadas, reconhecendo a verdadeira. Os mercados elaboram e transmitem grandes quantidades de informações. Assim, uma bolsa de mercadorias está preparada para recolher, no mínimo de tempo, dados em grandes quantidades, originários das mais diversas fontes, que são elaborados para codificação e tradução em mensagens precisas.

A análise econômica neoclássica não se limita a ver nos mercados mecanismos de compilação, elaboração e transmissão de informações. Pretende identificar neles autênticos centros produtores de decisões. Já observamos que um grande número de decisões econômicas podem ser interpretadas como simples reações de agentes econômicos a situações que se configuram nas informações produzidas pelo mercado. Partindo dessa constatação, a análise neoclássica tendeu a transformar o agente econômico em um dispositivo de resposta automática, integrando-o no mecanismo do mercado, que passa a ser o centro produtor de decisões. Dessa forma, o agente econômico desaparece como entidade autônoma, ou melhor, sua autonomia apenas se manifesta quando ele atua de forma "irracional", não cumprindo exatamente o seu papel como peça de um mecanismo. Assim compreendidos, os mercados passam a ser apresentados como mecanismos cibernéticos, isto é, com capacidade não somente de recolher, elaborar e transmitir informações, mas também aptos a reagir em face de uma situação dada — produzida pelas mesmas informações —, levando à realização de um determinado programa. Nessa concepção, os agentes individuais não têm qualquer possibilidade de modificar nem a curva da procura nem a da oferta, o que permite definir uma posição de equilíbrio geral em que todas as decisões são produzidas automaticamente. O sistema econômico seria, assim, um imenso mecanismo cibernético, enquadrado num meio natural inerte, que a partir de dados técnicos e psicológicos (as preferências dos consumidores), produz informações para si mesmo, toma decisões com base nessas informações e alimenta um fluxo contínuo de informações com dados derivados daquelas decisões.

A CRÍTICA DE MYRDAL AO CONCEITO DE EQUILÍBRIO

A tendência da análise neoclássica a ver no sistema econômico um conjunto de automatismos articulados é uma decorrência da posição dominante que nessa análise é desempenhado pelo conceito de equilíbrio.

É natural, portanto, que se tenha posto em dúvida a própria validade desse conceito como categoria do pensamento econômico. A ideia de equilíbrio, tão enraizada no pensamento econômico, não se funda na observação da realidade social. Foi, na verdade, tomada de empréstimo à mecânica racional, na qual a toda ação corresponde uma reação igual em sentido contrário. Adotado esse enfoque, somos levados a descobrir, em toda iniciativa, forças responsáveis pela ruptura de uma situação de equilíbrio e pelo impulsionamento de outras forças tendentes a restabelecer um novo equilíbrio.

Entretanto, se partirmos da observação direta da realidade econômica, dificilmente poderemos reduzi-la a modelos em que a cada ação corresponde uma reação tendente a anulá-la. O fenômeno econômico tem como base uma decisão ou um conjunto de decisões de agentes com uma função social específica. Não seria fácil explicar a procura como uma reação à oferta, nem vice-versa. Com efeito, oferta e procura são dois fenômenos autônomos, derivados da divisão social do trabalho, o que não impede que se influenciem mutuamente. A oferta é a expressão da vontade de certos agentes econômicos que pretendem participar de forma privilegiada na repartição do produto social. Uma modificação autônoma do comportamento dos agentes responsáveis pela procura não provoca necessariamente *reação* da oferta para restabelecer o equilíbrio. Diversas reações podem ter lugar. É perfeitamente possível que certos agentes procurem tirar proveito da situação, modificando a distribuição da renda em benefício próprio ou mesmo forçando uma alteração permanente na forma do mercado.

Gunnar Myrdal nos lembra que "na suposição de equilíbrio estável aplicada à realidade social, o que está errado é a ideia mesma de que o processo social se realiza na direção de um equilíbrio".[1] Com efeito, a realidade parece mostrar-nos o contrário dessa tendência ao equi-

1 Gunnar Myrdal, *Economic Theory and Under-Developed Regions*. Londres: Methuen, 1964, pp. 12 ss. (Primeira edição: 1957.) [Edição brasileira: *Teoria econômica e regiões subdesenvolvidas*. Trad. de Ewaldo Corrêa Lima. Rio de Janeiro: Saga, 1960.]

líbrio: toda variável exógena provoca uma cadeia de reações cujo sentido, de maneira geral, se confunde com o da variável mesma. Se o sentido do primeiro vetor vem a ser modificado, muito provavelmente houve interferência de outra decisão autônoma. Uma modificação numa variável, diz-nos Myrdal, "leva outras variáveis a se transformarem de tal maneira, que as modificações secundárias reforçam a modificação primária, com efeitos terciários análogos sobre a variável primária, e assim por diante". Assim, os processos sociais tendem a apresentar-se sob a forma de reações causais em cadeia, ou seja, cumulativamente. Daí a tendência à concentração que se observa em todos os processos econômicos. Henri Fayol, pioneiro da teoria da organização da atividade econômica, já nos chamara a atenção para o fato de que "a tendência à concentração é um fenômeno de ordem natural".*

A importância do enfoque de Myrdal deriva de que nos permite tratar uma decisão econômica como o ponto de partida de uma ação, cujo resultado final pode ser uma modificação de tipo estrutural. Em vez de dar ênfase ao aspecto *resposta* da decisão — o que implica imutabilidade da matriz estrutural — considera-se em primeiro plano sua força motora, ou capacidade de propagação. Do ponto de vista do estudo do desenvolvimento, essa mudança de enfoque tem grande alcance, pois as decisões passam a ser consideradas como ponto de partida de um processo irreversível, cujo estudo comparativo permitirá classificar as mesmas decisões. Analisando as cadeias de reações provocadas por decisões autônomas, será possível identificar fatores que aumentam ou reduzem sua capacidade de irradiação. Myrdal distinguiu os efeitos de propagação e os de retrocesso.

* Henri Fayol, *Administration industrielle et générale*. Paris: Dunot, 1947. (Primeira edição: 1916.)

OS EFEITOS DE ARRASTO E DE PROPULSÃO E AS MACRODECISÕES

O estudo das decisões, do ângulo das reações em cadeia por elas provocadas, foi retomado por Albert Hirschman[2] de forma mais sistemática. Preocupou-se ele com as estratégias adotadas pelos agentes cujas decisões são responsáveis pela formação de capital. Essas estratégias não seriam independentes do grau de desenvolvimento alcançado por um sistema econômico. Com efeito, conforme vimos ao estudar os quadros de insumo-produto, a cadeia de reações provocada por uma decisão no setor da procura final depende, essencialmente, da complexidade alcançada pela estrutura econômica. Hirschman distingue dois tipos de cadeia de reações provocadas por uma decisão de inversão: o efeito de arrasto (*backward linkage*) e o efeito de propulsão (*forward linkage*). O primeiro efeito funda-se em que toda atividade produtiva cria certa procura de insumos (mão de obra, matérias-primas, equipamentos, serviços de várias ordens etc.), e o segundo reflete o fato de que a nova produção (inclusive subprodutos e as economias externas criadas) pode representar insumos potenciais para outras atividades. Uma atividade econômica que se limita a extrair um bem natural praticamente não tem efeito de arrasto e aquela que produz algo diretamente para o consumidor final tem o mínimo de efeito propulsor. Adicionando os dois efeitos em cada caso concreto, torna-se possível classificar as decisões de inversão em função de sua capacidade para provocar modificações estruturais favoráveis ao desenvolvimento.[3]

2 Albert O. Hirschman, *The Strategy of Economic Development*. New Haven: Yale University Press, 1964. (Primeira edição: 1958.)

3 As decisões econômicas podem igualmente ser classificadas

O problema da eficácia das decisões econômicas foi também considerado, de um ponto de vista original, por François Perroux,[4] que pôs em evidência o fato de que as variáveis macroeconômicas carecem de originalidade fora de sua expressão ex post. São elas o resultado da compatibilização, por diversos meios, de decisões tomadas por uma multiplicidade de agentes econômicos. Analisando a importância relativa de diferentes tipos de agentes, Perroux põe em evidência o fato de que as decisões não existem isoladamente, e sim são parte integrante de planos que ligam o presente ao passado e ao futuro. Tais planos, elaborados com base em um conhecimento limitado do comportamento de outros agentes, resultam ser total ou parcialmente incompatíveis uns com os outros, quando entram em fase de efetivação. Em face dessa situação, cada agente procurará mobilizar os meios ao seu alcance para atingir seus próprios obje-

---

em função de levarem ou não em consideração elementos aleatórios. Assim, as decisões de um empresário que estabelece seu plano de produção no curto prazo provocam uma série de outras decisões que são simples decorrências das anteriores, em função de certos parâmetros conhecidos. A previsão de todas essas decisões, nas quais não interferem elementos aleatórios, constitui um *programa*. Por outro lado, as decisões do empresário com respeito a seu plano de expansão a longo prazo têm implícitas múltiplas opções que se efetivarão em função de circunstâncias que somente se definirão no futuro. O conjunto dessas decisões condicionais constitui uma *estratégia*. A programação e a definição de estratégia são técnicas constantemente utilizadas pelos agentes que tomam decisões econômicas. Cf. Pierre Massé, *Le Plan ou l'antihasard*. Paris: Gallimard, 1955. Ver também Howard Raiffa, *Decision Analysis: Introductory Lectures on Choices under Uncertainty*. Reading: Addison-Wesley, 1968.

4 François Perroux: na obra citada, ver o capítulo "Les Macro-décisions". [*L'Économie du XXè siècle*. 2. ed. Paris: Presses Universitaires de France, 1964.]

tivos, pondo assim em marcha fatores que condicionam o comportamento dos demais. De antemão, dificilmente um agente poderá saber até que ponto seu plano é incompatível com outros. Somente o desenrolar dos acontecimentos porá em evidência, ex post, a medida dessa incompatibilidade. Tampouco tem o agente consciência plena do fato de que, forçando a efetivação de seu plano, ele está limitando as possibilidades de efetivação de outros planos. Quando um agente — interessado ou não em certo plano — está capacitado para prever e identificar ex ante as incompatibilidades entre planos concorrentes, e emprega formas de coação, pública ou privada, para tornar compatíveis ou concordantes os referidos planos, configura-se o caso de uma macrodecisão.

As macrodecisões, segundo Perroux, são fatores decisivos na estruturação das atividades econômicas. "O funcionamento de uma economia não se processa pela adaptação das microdecisões aos preços. Nem mesmo pelo simples conflito de microplanos incompatíveis. Contém ele a antecipação global de uma unidade complexa que, em face de outras unidades, atua como se sua decisão fosse preferível às lutas entre todas." A macrodecisão é tomada seja pelo Estado, seja por outra unidade dominante, e se funda em uma previsão global, isto é, numa avaliação antecipada do resultado final da cadeia de reações. Ela só é possível porque certos agentes estão em condições de exercer um *efeito de dominação* sobre os demais.[5]

5 Outro enfoque desse problema é proporcionado pela teoria dos conflitos, a qual define para cada agente um *espaço de comportamento*. O conflito é considerado como uma situação de comportamento na qual os partidos (unidades de comportamento) têm consciência da incompatibilidade de suas posições futuras potenciais. Cf. Kenneth E. Boulding, *Conflict and Defense: A General Theory*. Nova York: Harper & Brothers, 1962.

À medida que avançamos na elaboração de uma teoria das decisões econômicas, afastamo-nos do enfoque neoclássico, inclusive dos elementos deste que se transferiram para a análise keynesiana. Keynes abandonou o dispositivo do equilíbrio geral como ponto de partida da análise, a fim de formular uma teoria da determinação do nível de emprego da capacidade produtiva. Trata-se de um esforço de generalização teórica, que permitiu introduzir o conceito de equilíbrio de subemprego, mas que, no essencial, permanece dentro do quadro da análise tradicional que se concentra na identificação dos valores de equilíbrio das variáveis de um sistema. A atual teoria do *crescimento,* tanto na formulação keynesiana como na neoclássica, constitui igualmente um desdobramento desse tipo de análise: seu objetivo é estabelecer as condições de um *equilíbrio dinâmico*,[6] ou seja, identificar os valores que tomam as variáveis, considerado seu comportamento no tempo, a partir de dados estruturais aos quais se atribui certa estabilidade. Foi o estudo do desenvolvimento que permitiu desviar

6 Em análise econômica *estática* o valor que toma uma variável qualquer em qualquer momento é determinado exclusivamente pelas coexistências, isto é, pelos valores tomados por outras variáveis do sistema nesse momento. Em análise *dinâmica*, o valor de uma variável em um momento dado depende do valor tomado por essa e outras variáveis do sistema em um ou vários momentos do passado. Cf. Jan Tinbergen, *Econometrics*. Londres: George Allen & Unwin, 1950. Essa diferença nos métodos de análise está na linha do enfoque clássico de Ferdinand de Saussurre, que distingue: a) o eixo das *simultaneidades*, concernente a relações entre coisas coexistentes e que exclui toda intervenção do tempo, e b) o eixo das *sucessividades*, com respeito ao qual não se considera mais que uma coisa de cada vez, mas no qual estão situadas todas as coisas da primeira ordem com suas mudanças. Daí a diferença entre análise sincrônica e análise diacrônica. Cf. Ferdinand de Saussurre, *Cours de linguistique générale*. 5. ed. Paris: Payot, 1960. (Primeira edição: 1913.)

a atenção dos valores de equilíbrio das variáveis para a identificação dos elementos estruturais que condicionam o comportamento dos agentes responsáveis pelas decisões estratégicas. A importância do trabalho de Myrdal está em que ele levou a uma revisão das próprias categorias analíticas. As decisões econômicas mais significativas, longe de provocar reações tendentes a anular o impulso inicial, põem em marcha processos cumulativos no sentido desse impulso; sendo assim, os supostos valores de equilíbrio das variáveis são uma abstração sem correspondência na realidade, que tendem a ocultar os aspectos mais significativos do comportamento dos agentes econômicos. Hirschman prosseguiu na mesma direção ao analisar o processo de irradiação das decisões econômicas estratégicas e ao pôr em evidência a correlação que existe entre a eficácia dessas decisões e o grau de diversificação já alcançado pela estrutura econômica. Perroux, por sua vez, assinalou a importância de certos agentes na ordenação das atividades econômicas e na transformação das estruturas, pondo em evidência o fenômeno de *poder* que é subjacente às relações econômicas. Dessa forma, à diferença do enfoque tradicional, que se preocupa essencialmente em descobrir *automatismos*, o estudo do desenvolvimento tende a concentrar-se na caracterização das estruturas, na identificação dos agentes significativos e nas interações entre determinadas categorias de decisões e as estruturas. Estas condicionam o processo de irradiação e a eficácia das decisões no espaço e no tempo, como vimos ao analisar os efeitos de arrasto e propulsão, mas ao mesmo tempo são por elas modificadas.

Alienação do poder econômico*

A questão dos capitais estrangeiros, examinada no contexto da organização geral do sistema econômico, apresenta dois aspectos que merecem particular atenção: o de sua inserção na estrutura de poder que prevalece ou tende a prevalecer na sociedade, e o de sua participação na apropriação dos aumentos de produtividade. Tradicionalmente, capital estrangeiro significava a propriedade estrangeira de ativos existentes no país, em grande parte títulos de renda fixa. Hoje em dia, capital estrangeiro significa principalmente o controle por grupos estrangeiros de parte do sistema de decisões que comanda a atividade econômica. É a partir desse segundo enfoque que examinaremos o problema.

Para todos nós, formados na tradição que estabelece uma nítida diferença entre o direito público e o privado, a natureza mesma do sistema de poder que prevalece hoje nos países industrializados é algo difícil de definir. Vemos, de um lado, um conjunto de instituições que

* Capítulo v.7 de *Raízes do subdesenvolvimento*. Rio de Janeiro: Civilização Brasileira, 2003. Edição revista de "O poder econômico e seu exercício por empresas controladas do estrangeiro", capítulo do livro *A hegemonia dos Estados Unidos e o subdesenvolvimento da América Latina*. Rio de Janeiro: Civilização Brasileira, 1973.

constituem o poder público, e, de outro, a massa de pessoas jurídicas de direito privado, entre as quais estão as empresas responsáveis pela organização das atividades econômicas. O empresário, de acordo com a doutrina econômica tradicional, é um agente que toma decisões a partir de dados proporcionados pelo mercado, portanto independentes de sua vontade. Visando otimizar a remuneração de certa quantidade de capital, ele participa do processo de transformação que constitui a atividade econômica, com "antecipações", ou seja, formulando hipóteses sobre o comportamento futuro de determinadas variáveis econômicas. Na função de antecipador, que implica necessariamente assumir risco, está o fundamento de legitimidade da apropriação que o empresário faz de parte do incremento da renda.

A teoria considera à parte a situação do monopolista, cujo exemplo extremo é o prestador de um serviço público. Como este, respeitando certa margem, pode estabelecer o nível da própria renda, e em detrimento do interesse público, sua fonte da legitimidade do poder não pode vir senão do Estado. Não é nosso propósito discutir o regime de concessão de serviços de utilidade pública, e sim recordar que a concepção privatista da empresa é inseparável da ideia de economia de mercado. Essa concepção nos diz que o empresário é um agente organizador da atividade produtiva, que atua nos limites rigorosamente estabelecidos pelos mercados nos quais ele se abastece de fatores ou coloca os seus produtos. Terá mais ou menos êxito à medida que for mais ou menos eficaz na transformação dos recursos postos à sua disposição, e à medida que for mais ou menos perspicaz na previsão do comportamento futuro dos mercados onde atua.

A empresa do tipo referido continua a prevalecer em importantes faixas da atividade econômica, mas ocupa posição declinante no setor industrial, particularmente nas atividades em que o progresso tecnológico foi mais intenso. A grande empresa industrial, pelas razões que já expusemos, tende a exercer forte influência nos mercados em que atua. Já assinalamos que a maioria dos setores significativos da atividade industrial, nos Estados Unidos, estão controlados por um pequeno grupo de empresas, o que é decorrência natural da evolução tecnológica. A grande empresa siderúrgica, que depende do fornecimento de minério de ferro, procurará naturalmente controlar a produção de algumas fontes dessa matéria-prima ou firmar contratos que garantam o abastecimento a longo prazo. Ademais, procurará entender-se com os grandes consumidores de produtos siderúrgicos para assegurar-se uma clientela, ou procurará criar condições que lhe permitam *liderar* o mercado. Em síntese: essa grande empresa é um centro controlador de certo número de "mercados", ou seja, é um centro de planejamento com ascendência sobre certas faixas da atividade econômica e pouca semelhança tem com a imagem tradicional do empresário capitalista que arrisca seu capital em condições de incerteza duplamente aleatórias: insegurança dos mercados e da conjuntura geral.

Se as grandes empresas lideram os mercados e planejam a médio e longo prazos importantes setores da atividade econômica, é evidente que os lucros que obtêm são, grosso modo, determinados por elas mesmas, o que obedece a certas regras, tidos em conta a pressão salarial, a política fiscal e os planos de expansão da empresa em questão. É esta uma afirmação de caráter geral e rigorosamente certa apenas para um número limitado de empresas. Aquelas que definem o seu comportamento em articulação com outras enfrentarão limitações adicionais. Estudos empíricos têm demonstrado que a grande massa das empresas médias e pequenas fixam os seus preços (e, portanto, os lucros) em função do que estabelecem as empresas que lideram os mercados. Em grande número de casos, as empresas trabalham para outras, quase sempre maiores, sendo os preços fixados pelo comprador em função de custos de produção estimados e mais uma margem de lucro arbitrada. Em síntese: à medida que a economia capitalista foi superando as recessões periódicas, e o progresso tecnológico favoreceu as economias de escala de produção, a atividade industrial passou a ser controlada por grandes empresas, isto é, por organizações que planejam suas atividades a prazo longo e que tendem a condicionar o comportamento das demais.

A evolução que vimos de descrever transformou a grande empresa em importante centro de decisões, cujo comportamento interessa setores significativos, ou mesmo o conjunto, da coletividade A velha questão da interferência de pessoas físicas e jurídicas de direito privado nos centros tradicionais do poder público passou para segundo plano, sem contudo perder seu significado. O centro das atenções voltou-se para as novas formas que o sistema de poder assume, cuja estrutura foi integrando múltiplas instituições que continuam a ser catalogadas como de direito privado. Referindo-se aos Estados Unidos, onde esse problema se apresenta com toda nitidez, John Galbraith nos lembra que as decisões tomadas por empresas como a General Motors, a General Electric e várias outras têm muito mais influência sobre a população de seu país do que as decisões tomadas pela maioria dos centros que formam a estrutura tradicional do poder público.[1] Essa constatação tem levado muitos autores americanos a indagar sobre a fonte de legitimidade desse poder que vem sendo exercido pelas grandes empresas, conforme já assinalamos.

Para completar o quadro que vimos de esboçar, convém lembrar que na grande empresa moderna existe uma nítida separação entre a propriedade do capital e o con-

1 Cf. J. K. Galbraith, *The New Industrial State*. Londres: H. Hamilton, 1967.

trole da administração. Só excepcionalmente um grupo de acionistas se apresenta bastante articulado para exercer controle efetivo sobre a direção da empresa. É ponto pacífico da jurisprudência americana que a assembleia de acionistas e a direção da empresa são duas entidades independentes, que a direção não é agente dos acionistas e não está obrigada a seguir suas instruções. A assembleia de acionistas pode substituir a diretoria, mas, uma vez instalada, esta passa a ser autônoma. Como, na prática, os acionistas em sua maioria passam procuração à diretoria para que tome as decisões que julgue conveniente, a direção das grandes empresas se apresenta, para usar as palavras do professor Berle, como uma oligarquia que se autoperpetua automaticamente. O grupo dirigente, em geral, não controla senão uma ínfima parte do capital das grandes empresas. Nos Estados Unidos, no que se refere às sociedades anônimas industriais, essa parte não é muito superior a 2%. Entretanto, seria ingênuo imaginar que essa oligarquia está constituída por pessoas sem riqueza pessoal. Tendo em conta que as diretorias das grandes empresas se autoatribuem salários e gratificações extremamente elevados, é natural que esses executivos estejam em condições de acumular um patrimônio pessoal, que via de regra é investido em múltiplas empresas, não necessariamente do mesmo grupo.

Também seria ingênuo imaginar que o poder na grande empresa moderna é monopolizado pelos elementos que se situam mais alto na hierarquia do sistema de decisões. O caráter cada vez mais especializado e o peso crescente, no quadro da grande empresa, da inovação tecnológica, das análises prospectivas, das relações com o poder público, da ação visando condicionar o comportamento dos clientes, das relações de pessoal e, principalmente, a diversidade funcional e geográfica da frente de ação, requerem uma descentralização de decisões e provocam um grau de difusão do poder na própria empresa. Em outras palavras, o sistema de direção das empresas está estruturado. É evidente que a direção da General Motors do Brasil, ou do México, não se limita a traduzir em planos operacionais o que decide a cabeça da organização; ela toma iniciativas e, dentro de certos limites, pode condicionar decisões de mais alto nível. Entretanto, também é evidente que, acima de tudo, se preserva a unidade de propósitos, e que, como estrutura de poder, a General Motors é uma empresa americana com atuação em uma área multinacional.

O poder que a grande empresa exerce é mais comumente observado do ângulo de sua capacidade para condicionar o comportamento dos consumidores. Trata-se, nesse caso, de uma consequência natural da posição que ocupam as grandes empresas como centros criadores ou aproveitadores das inovações tecnológicas. Em uma economia em expansão, os padrões de consumo tendem a modificar-se permanentemente e uma característica da sociedade industrial moderna é que ela não se preparou para orientar esse processo de transformação dos hábitos de consumo. Tradicionalmente, cabia às chamadas elites exemplares dar essa orientação, se bem que em condições de mudança social muito mais lenta. Nas condições atuais de rápida transformação dos padrões de consumo em uma ampla frente da sociedade, as chamadas elites, o *demi-monde*, os parvenus, os *snobs* perderam a sua função de correias de transmissão dos padrões de comportamento. Em nenhuma parte o poder público tomou plena consciência dessa situação de carência — em nenhuma parte se chegou a criar um Ministério da Beleza, por exemplo. Coube às empresas preencher, bem ou mal, essa lacuna. Que o fizeram de forma muito imperfeita, está aí a civilização do consumo para demonstrá-lo. Não seria descabido afirmar que existe uma correlação positiva entre o nível de consumo das massas modernas e a pobreza imaginativa com que os homens utilizam os frutos de seu trabalho.

Contudo, a face mais importante do poder que exercem as grandes empresas é a que diz respeito à apropriação dos frutos dos aumentos de produtividade. Na medida em que uma grande empresa está em condições de controlar determinado setor da atividade econômica, mesmo que o faça articulada com outras, também está em condições de interferir no processo de distribuição da renda social. Isto é particularmente verdade quando há rápido progresso tecnológico, pelo simples fato de que a empresa é o instrumento pelo qual as inovações tecnológicas se inserem no sistema econômico. Tem-se argumentado que as empresas não poderiam alcançar os padrões superiores de planejamento que apresentam se tivessem de se submeter aos acasos dos mercados de capitais. A verdade é que a legislação fiscal por toda parte favoreceu essa transferência do processo de captação da poupança das instituições financeiras para as empresas responsáveis diretas pelos investimentos. A grande empresa moderna, ao planejar as suas atividades a médio e longo prazos, incorpora aos preços que pretende impor a margem normal de dividendos a distribuir e a outra margem de lucros a reter. Os lucros retidos e os fundos de depreciação devem assegurar a cobertura financeira básica dos planos de expansão.

Já antes da Segunda Guerra Mundial, as empresas americanas financiavam mais de metade de sua expansão com lucros retidos, e hoje o fazem quase a 100%. Os fundos de amortização desempenham nesse processo um papel igualmente importante. Em condições de rápido progresso técnico, uma empresa que se limita a repor seu equipamento já está em condições de aumentar sua produtividade. Como a durabilidade econômica de um equipamento é incerta, a anuidade de amortização tem apenas um significado fiscal, assumindo a forma de um acordo entre a administração arrecadadora e a empresa, mediante o qual se fixa a "vida teórica" do equipamento. Na maioria dos países, com vistas a acelerar o progresso tecnológico, esse acordo se faz em bases extremamente generosas para a empresa.

Quando se observa de perto o mecanismo de financiamento da expansão da empresa moderna — reinvestimento de fundos que ela mesma acumula depois de haver remunerado todos os fatores que utiliza —, depreende-se com nitidez o seu caráter de centro de poder. Com efeito, somente porque estamos presos a certos esquemas jurídicos vemos uma diferença essencial entre um imposto sobre a produção de automóveis e a fixação de uma margem de lucro adicional, feita pela empresa produtora, visando financiar o seu plano de expansão. Em síntese, a empresa moderna ocupa uma posição estratégica no sistema econômico, que lhe permite interferir na distribuição da renda. Via de regra esse poder é utilizado para induzir a coletividade a realizar uma poupança, da qual a empresa se apropria.

Numa economia desenvolvida, conforme já vimos, essa apropriação é compensada pela difusão dos frutos do progresso tecnológico no conjunto da coletividade. Nas economias subdesenvolvidas não se formam espontaneamente canais de difusão, o que responde pela concentração da renda.

As observações que vimos de fazer em torno do papel da grande empresa numa economia industrial nos ajudam a compreender o significado real dos investimentos estrangeiros existentes em um país como o Brasil. Não se pode reduzir esse problema à propriedade de ativos, pois a propriedade das ações de qualquer grande empresa estrangeira cabe a milhares de acionistas informados sobre a cotação de suas ações na bolsa, mas com pouca noção sobre onde estão localizadas as "suas" fábricas. O que realmente interessa é o comportamento dessas empresas como elementos de um sistema de poder, porquanto as filiais são controladas pela administração da matriz e não pelos acionistas. Acima de tudo, está a questão da captação da poupança. Em uma economia com as características da brasileira, em que as taxas de salários pouca relação têm com as elevações de produtividade, as empresas estão em situação privilegiada para reter em sua totalidade os benefícios do progresso tecnológico. Em outras palavras: nessa economia, o problema criado pela captação e apropriação de poupança coletiva pela empresa tem uma gravidade ainda maior, pois os setores em que é mais rápido o progresso tecnológico estão controlados por grandes empresas estrangeiras. Tidos em conta os dois fatores — retenção pela empresa dos frutos do progresso tecnológico e controle por grupos estrangeiros das empresas que operam nos setores de vanguarda tecnológica — impõe-se a conclusão de que tanto a industrialização como a assimilação do progresso tecnológico favorecem o controle do sistema econômico por grupos estrangeiros.

Ademais, existe a questão da autonomia e da coerência do sistema de decisões econômicas. Se umas poucas dezenas de grupos estrangeiros controlam, por suas filiais, grande parte do setor moderno da economia do país, que grau de autonomia corresponde aos centros nacionais de decisão? Não devemos esquecer que as filiais das empresas estrangeiras estão inseridas no sistema de poder vigente no país que as acolhe, ao mesmo tempo que são parte integrante de conjuntos cujos centros principais se situam em outro país. Esse caráter ambíguo da empresa estrangeira compromete necessariamente a eficácia dos centros nacionais de decisão. Não é esse um problema específico do Brasil. Mesmo no Canadá, cujo desenvolvimento é em grande parte obra de empresas estrangeiras, e onde sempre prevaleceu a doutrina mais liberal a esse respeito, se está tomando consciência da desarticulação que significa para um sistema econômico depender de decisões tomadas no estrangeiro em setores fundamentais.

Os problemas que vimos de referir são dos mais complexos entre os que cabe considerar em uma política de desenvolvimento nacional. A economia de qualquer país, mas particularmente a de um país subdesenvolvido, necessita assimilar o progresso tecnológico numa frente mais ampla possível. Ora, alienados pelas ilusões do *laissez-faire*, muitos desses países não se prepararam para enfrentar o problema. Conforme já observamos, o progresso tecnológico tem sido no Brasil uma *consequência* do desenvolvimento e não o seu motor, um subproduto de certos investimentos e não algo inerente ao processo de formação de capital. À falta de uma política de fomento e disciplina da assimilação do progresso tecnológico, chegou-se a uma situação em que empresas estrangeiras são as principais beneficiárias do avanço da técnica que se assimila. Trata-se de problema que requer uma abordagem global, no quadro de uma política visando fomentar a criação e a adaptação de novas técnicas, bem como sua assimilação.

Tanto a questão da apropriação da poupança coletiva, por meio dos fundos de amortização e dos chamados lucros retidos, como a do exercício de um poder de crescente ilegitimidade, somente poderão encontrar solução no quadro de uma transformação do estatuto da empresa em geral, levando em conta as características específicas da grande empresa e, mais ainda, da grande empresa estrangeira. Como conciliar a necessária autonomia das empresas e seu acesso a fontes seguras de financiamento com a difusão em benefício da coletividade dos frutos do progresso tecnológico? Como evitar que o poder que algumas delas exercem extrapole os limites definidos por órgãos mandatados para interpretar o interesse público? Ou ainda, como assegurar que empresas estrangeiras pautem o seu comportamento pelas diretrizes estabelecidas por órgãos orientadores da economia nacional?

Esse problema tem muitas faces, e está longe de nós a pretensão de abordá-las exaustiva e cabalmente. Antes de tudo, convém lembrar que a apropriação de poupança coletiva, realizada pela empresa no seu esforço de crescimento, favorece em última instância o acionista, elemento passivo no processo de desenvolvimento. A solução desse aspecto do problema terá de ser encontrada através de uma fórmula que permita à coletividade recuperar os frutos dessa poupança e participar dos benefícios do progresso técnico sem afetar o processo de crescimento da empresa. Em outras palavras, parte substancial do incremento do valor real dos ativos, decorrente do investimento dos fundos de depreciação, e outra não menos importante dos lucros retidos, deveriam ser transformadas em certificados de participação emitidos em favor de instituições ligadas à pesquisa básica e tecnológica, à formação de quadros médios e superiores, e ao investimento de infraestrutura. O argumento que surge de imediato é que tal política desencorajaria os investimentos estrangeiros no país.

Qual é a significação real desses investimentos? A média anual dos investimentos diretos líquidos norte-americanos no Brasil, no período de 1962 a 1965, não foi muito superior a 10 milhões de dólares, ao passo que os investimentos financiados com lucros retidos (não contadas as reservas de depreciação) se aproximaram de 90 milhões de dólares, anualmente. O grosso dos verdadeiros investimentos estrangeiros que se realizam em nosso país assume a forma de empréstimos a longo prazo ou de financiamentos a médio prazo de equipamentos adquiridos no estrangeiro. Não devemos esquecer que a assimilação da tecnologia moderna pode igualmente ser feita, na maioria dos casos, mediante o licenciamento de patentes e contratos de assistência técnica. Em realidade, tem sido essa a forma principal de propagação da técnica nos países de industrialização mais rápida. O Japão tem se apoiado essencialmente no licenciamento de patentes, conservando em mãos de grupos nacionais o poder efetivo de decisão. Nesse país, onde a assimilação da tecnologia se fez com uma rapidez sem paralelo, o sistema nacional de decisões preservou o máximo de autonomia.

A busca de uma legitimidade para o poder que exercem as grandes empresas tende a ocupar posição central nas reflexões dos reformadores sociais desta geração. A ortodoxia marxista, que pretendia solucionar o problema por um controle central das decisões, foi contestada pela própria experiência daqueles que a aplicaram. Os custos sociais de uma rígida planificação centralizada são hoje demasiadamente conhecidos. A experiência das próprias empresas indica que certas decisões podem ser centralizadas com vantagem, enquanto outras, apenas a custos crescentes. Não é distinto o problema que se coloca quanto ao conjunto de um sistema econômico. As decisões que visam modificar a estrutura do sistema — por exemplo, aumentar a importância relativa das indústrias de bens de capital, ampliar o horizonte espacial — requerem um elevado grau de centralização. Como essas decisões condicionam parcialmente todas as demais, pode-se dizer que o planejamento, realizado por órgãos que interpretem legitimamente o interesse público, constitui uma das formas de dar legitimidade às decisões tomadas pelas empresas. Em outras palavras: à medida que as empresas atuam conforme as diretrizes de um plano governamental, se assemelham a agentes do governo. Esse vínculo se manifesta com nitidez no caso do empreiteiro que contrata a execução de uma obra pública ou no de uma empresa que explora como concessionária um serviço público. É muito menos nítido no caso de uma empresa que, seguindo indicações do planejamento geral, programa os seus investimentos. Não resta dúvida, entretanto, de que o planejamento, ao condicionar o poder de decisão das empresas a objetivos de interesse público, estabelece uma base para legitimar o poder que elas exercem.

Uma segunda face desse mesmo problema é o poder que têm as empresas para condicionar o comportamento das massas consumidoras. Como as grandes empresas baseiam sua concorrência essencialmente na inovação dos produtos, a massa consumidora tende a ser saturada de propaganda e os seus hábitos de consumo moldados por departamentos de promoção de vendas ocasionalmente distantes dos hábitos locais. Talvez seja este o aspecto mais predatório do exercício do poder pelas grandes empresas.

A terceira face do problema é o sistema de gestão das empresas. Preservar sua autonomia não significa preservar a situação de privilégio desfrutada pela oligarquia que se autoperpetua na empresa. Esta, concebida como independente de seus acionistas, é um ente coletivo que se define por uma unidade de propósito e por uma estruturação dos elementos que a compõem. Seu poder real, no que respeita ao quadro funcional, conforme já observamos, é em parte descentralizado. Contudo, a ascensão dentro da empresa se faz por cooptação em uma estrutura de poder tipicamente oligárquica. A solução terá de ser buscada em um sistema de cogestão, que permita a constituição de um conselho diretor com elementos indicados pela massa trabalhadora, pelos quadros técnico-administrativos e pelos elementos que controlam a empresa tradicionalmente. Estes últimos seriam, em certos casos, representantes diretos de um grupo de acionistas; em outros, representariam outra empresa ligada à anterior. O que importa é que o órgão que dirige a empresa não seja um grupo que se autoperpetue e que manipule uma massa de acionistas invisíveis. Teria ele de surgir do corpo social da empresa, que lhe acordaria um mandato. Não se trata de ter no conselho de direção um *representante* dos trabalhadores, isto é, alguém com acesso às informações que interessam aos trabalhadores e preocupado apenas com a *defesa* de seus interesses. Trata-se de participar da direção da empresa como um todo e interpretar os seus interesses como um todo. Imaginemos o caso de uma empresa com capital amplamente pulverizado, cuja estrutura limita o poder dos acionistas de se desfazer de suas ações em bolsa. Assim, não há nenhuma razão para que a direção da empresa não esteja plenamente integrada com o seu corpo social. A cogestão tende, nesse caso extremo, a assumir a forma de autogestão. No caso de filial estrangeira, evidentemente, esta última etapa não seria alcançada.

As observações que vimos de fazer tem o seu alcance limitado às grandes empresas. Mas não devemos esquecer que umas poucas centenas de empresas controlam de dois terços a três quartos do parque industrial de qualquer país razoavelmente industrializado. No caso das estrangeiras, essas observações se aplicam na sua plenitude e visam a dois objetivos gerais: a) a retenção no país e a transferência para a população dos frutos do progresso técnico assimilado pela empresa; b) a nacionalização da direção mediante a integração com o corpo social. Imaginemos, como hipótese de trabalho, que, uma vez pagos dividendos adequados ao capital investido pelos não residentes — supondo que todos os acionistas na fase inicial sejam estrangeiros —, 50% dos lucros retidos sejam transformados em títulos, correspondentes a ações preferenciais, sem direito a voto e não negociáveis em bolsa, emitidas em benefício exclusivo de um instituto nacional de desenvolvimento, e 50% na forma de ações ordinárias distribuídas ao pessoal e à diretoria, de acordo com critérios a ser definidos. Os diretores e quadros superiores estrangeiros que regressarem aos seus países venderiam em bolsa as ações que houvessem acumulado. O capital da empresa tenderia a nacionalizar-se, e os vínculos entre o corpo social e a direção a estreitar-se. Seria de esperar que as relações entre a empresa e sua antiga matriz evoluíssem, no sentido de fechar contratos para utilização de patentes e de assistência técnica em casos especiais. Tratando-se de uma empresa com real autonomia, esses contratos não seriam tão leoninos como muitas vezes são os atuais. O objetivo seria internalizar a empresa, que sempre será um centro de decisões e uma peça do sistema de poder.

O mito do desenvolvimento econômico*

Se deixamos de lado as conjecturas e nos limitamos a observar o quadro estrutural presente do sistema capitalista, vemos que o processo de acumulação tende a ampliar o fosso entre um centro em crescente homogeneização e uma constelação de economias periféricas, cujas disparidades continuam a acentuar-se. Com efeito, a crescente hegemonia das grandes empresas na orientação do processo de acumulação traduz-se, no centro, por uma tendência à homogeneização dos padrões de consumo e, nas economias periféricas, por um distanciamento das formas de vida de uma minoria privilegiada com respeito à massa da população. Essa orientação do processo de acumulação é, por si só, suficiente para que a pressão sobre os recursos não reprodutíveis seja substancialmente inferior à que está na base das projeções alarmistas a que fizemos antes referência.

Cabe distinguir dois tipos de pressão sobre os recursos. A primeira está ligada à ideia de freio malthusiano: refere-se à disponibilidade de terra arável a ser utilizada no contexto da agricultura de subsistência. Nos países em que o padrão de vida de uma grande parte da população se aproxima do nível de subsistência, a disponibili-

* Capítulo I-5 de *O mito do desenvolvimento econômico*. Rio de Janeiro: Paz e Terra, 1974.

dade de terras aráveis (ou a possibilidade de intensificar o seu cultivo mediante pequenos aumentos de custos de produção em termos de mão de obra não especializada) é fator decisivo na determinação da taxa de crescimento demográfico. Não há dúvida de que o acesso às terras pode ser dificultado por fatores institucionais e que a oferta local de alimentos pode ser reduzida pela ampliação de culturas de exportação. Nos dois casos, aumenta a pressão sobre os recursos, se existe uma densa população rural dependente da agricultura de subsistência. Os efeitos desse tipo de pressão sobre os recursos somente se propagam quando a população tem a possibilidade de emigrar: de maneira geral, eles se esgotam dentro das fronteiras de cada país. O que interessa assinalar é que esse tipo de pressão sobre os recursos pode provocar calamidades em áreas delimitadas, como atualmente ocorre no Sahel africano, mas em pouco afeta o funcionamento do conjunto do sistema.

O segundo tipo de pressão sobre os recursos é causado pelos efeitos diretos e indiretos da elevação do nível de consumo das populações, e está estreitamente ligado à orientação geral do processo de desenvolvimento. O fato de que a renda se mantenha consideravelmente concentrada nos países de mais alto nível de vida agrava a pressão sobre os recursos que gera, necessariamente, o processo de crescimento econômico. Também se pode afirmar que a crescente concentração da renda no centro do sistema, isto é, a ampliação do fosso que separa a periferia desse centro, constitui fator adicional do aumento da pressão sobre os recursos não reprodutíveis. Com efeito, se fosse mais bem distribuído no conjunto do sistema capitalista, o crescimento dependeria menos da introdução de novos produtos finais e mais da difusão do uso de produtos mais conhecidos, o que significaria um menor coeficiente de desperdício. A capitalização tende a ser tanto mais intensa quanto mais o crescimento esteja orientado para a introdução de novos produtos finais, vale dizer, para o encurtamento da vida útil de bens já incorporados ao patrimônio das pessoas e da coletividade. Dessa forma, a simples concentração geográfica da renda, em benefício dos países que gozam de mais alto nível de consumo, engendra maior pressão sobre os recursos não reprodutíveis. Se o primeiro tipo de pressão sobre os recursos é localizado e cria o seu próprio freio, o segundo é cumulativo e exerce pressão sobre o conjunto do sistema. As projeções alarmistas do estudo *The Limits to Growth*[*] se referem essencialmente a esse segundo tipo de pressão. As relações entre a acumulação de capital e a pressão sobre os recursos, que estão na base das projeções, se fundam em observações empíricas e podem ser aceitas como uma primeira aproximação válida. O que não se pode aceitar é a hipótese, também implícita nessas projeções, segundo a qual os atuais padrões de consumo dos países ricos tendem a generalizar-se em escala planetária. Esta hipótese está em contradição direta com a orientação geral do desenvolvimento que se realiza atualmente no conjunto do sistema, da qual resulta a exclusão das grandes massas que vivem nos países periféricos das benesses criadas por esse desenvolvimento. Ora, são exatamente esses excluídos que formam a massa demográfica em rápida expansão.

A população do mundo capitalista está formada nestes anos 1970 por aproximadamente 2,5 bilhões de indivíduos. Desse total, cerca de 800 milhões vivem no centro do sistema, e 1,7 bilhão em sua periferia. A tendência evolutiva desses dois conjuntos populacionais está definida em suas linhas fundamentais e não existe evidência de que venha a modificar-se no correr dos próximos decênios em consequência de um ou outro tipo de pressão

* D. H. Meadows et al., *The Limits to Growth*. Nova York: Universe Books, 1972. Relatório encomendado pelo Clube de Roma.

sobre os recursos, a que nos referimos. Sendo assim, e se se exclui a hipótese de um fluxo migratório substancial da periferia para o centro, é de admitir que a população do conjunto de países cêntricos alcance dentro de um século 1,2 bilhão de habitantes. A opinião de que essa massa demográfica tende a estabilizar-se nos próximos decênios é aceita pela maioria dos estudiosos da matéria. O quadro formado pelo segundo subconjunto demográfico é muito mais complexo em sua dinâmica. A pressão sobre os recursos de primeiro tipo desempenha, neste caso, papel fundamental. Contudo, se se tem em conta a estrutura de idade dessa população, da qual cerca de metade se encontra atualmente abaixo da idade de procriação, parece fora de dúvida que as taxas de natalidade se manterão elevadas por algumas gerações. É essa uma das consequências da orientação do desenvolvimento que, ao concentrar a renda em benefício dos países ricos e das minorias ricas dos países pobres, reduz o efeito da elevação do nível de renda na taxa de natalidade, com respeito ao conjunto do sistema. Pode-se admitir como provável que, no correr do próximo século, a população da periferia dobre a cada 33 anos, o que significa que ela passará de 1,7 bilhão para 13,6 bilhões. Sendo assim, a população dos países cêntricos se multiplicaria por 1,5, e a dos países periféricos por oito, do que resultaria que o conjunto da população passaria de 2,5 bilhões para 14,8 bilhões, ou seja, se multiplicaria por 5,9.

No que diz respeito à pressão sobre os recursos do segundo tipo, isto é, a pressão cumulativa capaz de gerar tensões no conjunto do sistema, interessa menos a divisão entre centro-periferia do que a divisão entre aqueles que se beneficiam do processo de acumulação de capital e aqueles cuja condição de vida somente é afetada por esse processo de forma marginal ou indireta. Ou seja, é mais importante o fosso que a atual orientação do desenvolvimento cria dentro dos países periféricos do que o outro fosso que existe entre estes e o centro do sistema. As informações relativas à distribuição da renda nos países periféricos põem em evidência que a parcela da população que reproduz as formas de consumo dos países cêntricos é reduzida. Ademais, essa parcela não parece elevar-se de forma significativa com a industrialização. O fundo do problema é simples: o nível de renda da população dos países cêntricos é, em média, cerca de dez vezes mais elevado do que o da população dos países periféricos. Portanto, a minoria que nestes países reproduz as formas de vida dos países cêntricos deve dispor de uma renda cerca de dez vezes maior do que a renda per capita do próprio país. Mais precisamente: a parcela máxima da população do país periférico em questão que pode ter acesso às formas de vida dos países cêntricos é de 10%. Nesta situação-limite, o resto da população, 90%, não poderia sobreviver, pois sua renda seria zero. No caso típico da presente situação na periferia, entre um terço e a metade da renda é apropriada pela maioria que reproduz os padrões de vida dos países cêntricos, e a outra parte (entre metade e dois terços) se divide de forma mais ou menos desigual com a massa da população; nesse caso, a minoria privilegiada não pode ir muito além de 5% da população do país. Os 5% de privilegiados da periferia correspondem, presentemente, a 85 milhões de pessoas; destarte, o conjunto da população que exerce efetiva pressão sobre os recursos alcança 885 milhões. No quadro das projeções que fizemos, esse subconjunto populacional alcançaria, dentro de um século, 1,88 bilhão. Desta forma, enquanto a população do mundo capitalista aumentaria 5,9 vezes, a do conjunto populacional que efetivamente exerce pressão sobre os recursos aumentaria 2,1 vezes. Se a população que exerce forte pressão sobre os recursos dobrar, e, ademais, se a renda média dessa população também dobrar antes que o ponto de relativa saturação na utilização dos recursos não renováveis for alcançado, temos que admitir que essa pressão muito provavelmente crescerá cerca de quatro vezes no correr do próximo século. Cabe acrescentar que essa pressão quatro vezes maior se realiza sobre uma base de recursos substancialmente menor. Contudo, seria irrealista imaginar que um ritmo de crescimento dessa ordem na pressão sobre os recursos constitui algo fora da capacidade de controle do homem, mesmo na hipótese de que a tecnologia continue a ser orientada em sua concepção e utilização por empresas privadas. Esta afirmação não implica desconhecer que é essa uma pressão considerável, cabendo assinalar que parte crescente dela se exercerá sobre os recursos atualmente localizados na periferia do sistema.

Outro dado importante a assinalar é o crescente peso da minoria privilegiada dos países periféricos no conjunto da população que desfruta de alto nível de vida no sistema capitalista. Sendo menos de 10% atualmente, a participação dessa minoria tenderia a superar um terço na projeção que fizemos. Ora, se se tem em conta que os Estados da periferia muito provavelmente estarão em condições de apropriar-se de uma parcela maior da renda do conjunto do sistema, mediante a valorização dos recursos não reprodutíveis e da mão de obra que exportam, a hipótese que formulamos de estabilização, em nível de 5%, do grupo privilegiado deve ser considerada como um mínimo. Se a melhora nos termos de intercâmbio permite que os 5% se elevem a 10%, a minoria privilegiada da periferia superaria em número a população do centro do sistema. Esta tendência também operaria para reduzir a pressão sobre os recursos, pois a ampliação do número dos que têm acesso aos altos níveis de consumo significa que o crescimento se está realizando no sentido de maior difusão dos padrões de consumo já conhecidos.

O aumento relativo do número de privilegiados dos países periféricos não impede, entretanto, que se mantenha e aprofunde o fosso que existe entre eles e a maioria da população de seus respectivos países. Com efeito, se observamos o sistema capitalista em seu conjunto, vemos que a tendência evolutiva predominante é no sentido de excluir nove pessoas em dez dos principais benefícios do desenvolvimento; e se observamos em particular o conjunto dos países periféricos, constatamos que aí a tendência é no sentido de excluir dezenove pessoas em vinte. Essa massa crescente de excluídos, em termos absolutos e relativos, que se concentra nos países periféricos, constitui por si mesma um fator de peso na evolução do sistema. Não se pode ignorar a possibilidade de que ocorram em determinados países, e mesmo de forma generalizada, mutações no sistema de poder político, sob a pressão dessas massas, com modificações de fundo na orientação geral do processo de desenvolvimento. Quaisquer que sejam as novas relações que se constituam entre os Estados dos países periféricos e as grandes empresas, a nova orientação do desenvolvimento teria que ser num sentido muito mais igualitário, favorecendo as formas coletivas de consumo e reduzindo o desperdício provocado pela extrema diversificação dos atuais padrões de consumo privado dos grupos privilegiados. Nesta hipótese, a pressão sobre os recursos muito provavelmente se reduziria.

O horizonte de possibilidades evolutivas que se abre aos países periféricos é, sem dúvida, amplo. Num extremo, perfila-se a hipótese de persistência das tendências que prevaleceram no último quarto de século à intensa concentração da renda em benefício de reduzida minoria. No centro, está o fortalecimento das burocracias que controlam os Estados na periferia — tendência que vem se manifestando no período recente —, e que leva a uma melhora persistente dos termos de intercâmbio e a uma ampliação da minoria privilegiada em detrimento do centro do sistema; no outro extremo, surge a possibilidade de modificações políticas de fundo, sob a pressão das crescentes massas excluídas dos frutos do desenvolvimento, o que tende a acarretar mudanças substantivas na orientação do processo de desenvolvimento. Esta terceira possibilidade, combinada com a melhora persistente dos termos de intercâmbio, corresponde ao mínimo de pressão sobre os recursos, assim como a persistência das tendências atuais à concentração da renda engendra o máximo de pressão.

A conclusão geral que surge é que a hipótese de extensão ao conjunto do sistema capitalista das formas de consumo que prevalecem atualmente nos países cêntricos não tem cabimento dentro das possibilidades evolutivas aparentes desse sistema. E é essa a razão pela qual uma ruptura cataclísmica, num horizonte previsível, carece de verossimilhança. O interesse principal do modelo que leva a essa previsão de ruptura cataclísmica está em que ele proporciona uma demonstração cabal de que o estilo de vida criado pelo capitalismo industrial sempre será o privilégio de uma minoria. O custo, em termos de depredação do mundo físico, desse estilo de vida é de tal forma elevado que toda tentativa de generalizá-lo levaria inexoravelmente ao colapso de toda uma civilização, pondo em risco a sobrevivência da espécie humana. Temos assim a prova cabal de que o desenvolvimento econômico — a ideia de que os povos pobres podem algum dia desfrutar das formas de vida dos atuais povos ricos — é simplesmente irrealizável. Sabemos agora de forma irrefutável que as economias da periferia nunca serão desenvolvidas no sentido de similares às economias que formam o atual centro do sistema capitalista. Mas como desconhecer que essa ideia tem sido de grande utilidade para mobilizar os povos da periferia e levá-los a aceitar enormes sacrifícios para legitimar a destruição de formas de culturas arcaicas, para explicar e fazer compreender a necessidade de destruir o meio físico, para justificar formas de dependência que reforçam o caráter predatório do sistema produtivo? Cabe, portanto, afirmar que a ideia de desenvolvimento econômico é um simples mito. Graças a ela, tem sido possível desviar as atenções da tarefa básica de identificação das necessidades fundamentais da coletividade e das possibilidades que abre ao homem o avanço da ciência, para concentrá-las em objetivos abstratos como são os investimentos, as exportações e o crescimento. A importância principal do modelo de *The Limits to Growth* é haver contribuído, ainda que não haja sido seu propósito, para destruir esse mito, seguramente um dos pilares da doutrina que serve de cobertura à dominação dos povos dos países periféricos.

Subdesenvolvimento e dependência: as conexões fundamentais*

Uma observação mesmo superficial da história moderna põe em evidência que formações sociais assinaladas por grande heterogeneidade tecnológica, marcadas desigualdades na produtividade do trabalho entre áreas rurais e urbanas, uma proporção relativamente estável da população vivendo no nível de subsistência, e crescente subemprego urbano, isto é, as chamadas economias subdesenvolvidas estão intimamente ligadas à forma como o capitalismo industrial cresceu e se difundiu desde seus começos. A Revolução Industrial — a aceleração no processo de acumulação de capital e o aumento na produtividade do trabalho ocorridos entre os anos 70 do século XVIII e os anos 70 do século XIX — teve lugar no seio de uma economia comercial em rápida expansão, na qual a atividade de mais alta rentabilidade muito provavelmente era o comércio exterior. O efeito combinado do incremento de produtividade nos transportes — redução dos fretes a longa distância — e da inserção no comércio de um fluxo de novos produtos originários da indústria deu origem a um complexo sistema de divisão internacional do traba-

* Apresentado no seminário do Queens' College, na Universidade de Cambridge, em 22 de novembro de 1973, e publicado em *O mito do desenvolvimento econômico*. São Paulo: Paz e Terra, 1974.

lho, o qual acarretaria importantes modificações na utilização dos recursos em escala mundial. Para compreender o que chamamos hoje em dia de subdesenvolvimento faz-se necessário identificar os tipos particulares de estruturas socioeconômicas surgidas naquelas áreas onde o novo sistema de divisão internacional do trabalho permitiu que crescesse o produto líquido mediante simples rearranjos no uso da força de trabalho disponível.

A nossa hipótese central é a seguinte: o ponto de origem do subdesenvolvimento são os aumentos de produtividade do trabalho engendrados pela simples realocação de recursos visando obter vantagens comparativas estáticas no comércio internacional. O progresso técnico — tanto sob a forma de adoção de métodos produtivos mais eficientes como sob a forma de introdução de novos produtos destinados ao consumo — e a correspondente aceleração no processo de acumulação (ocorridos principalmente na Inglaterra durante o século antes referido) permitiram que em outras áreas crescesse significativamente a produtividade do trabalho como fruto da especialização geográfica. Este último tipo de incremento de produtividade pode ter lugar sem modificações maiores nas técnicas de produção, como ocorreu nas regiões especializadas em agricultura tropical, ou mediante importantes avanços técnicos no quadro de "enclaves", como foi o caso daquelas regiões que se especializaram na exportação de matérias-primas minerais. A inserção de uma agricultura num sistema mais amplo de divisão social do trabalho, ou seja, a transformação de uma agricultura de subsistência em agricultura comercial, não significa necessariamente abandonar os métodos tradicionais de produção. Mas se essa transformação se faz através do comércio exterior, os incrementos de produtividade econômica podem ser consideráveis. Certo, o excedente adicional assim criado pode permanecer no exterior em sua quase totalidade, o que constituía a situação típica das economias coloniais. Nos casos em que esse excedente foi parcialmente apropriado do interior, seu principal destino consistiu em financiar uma rápida diversificação dos hábitos de consumo das classes dirigentes, mediante a importação de novos artigos. Este uso particular do excedente adicional deu origem às formações sociais atualmente identificadas como economias subdesenvolvidas.

Desta forma, o capitalismo industrial levou certos países (os que lideram o processo de industrialização) a especializar-se naquelas atividades em que métodos produtivos mais eficientes penetravam rapidamente, e levou outros a especializar-se em atividades em que essa forma de progresso técnico era insignificante, ou a buscar a via da alienação das reservas de recursos naturais não reprodutíveis. A "lei das vantagens comparativas", tão bem ilustrada por Ricardo com o caso do comércio anglo-lusitano, proporcionava uma justificação sólida da especialização internacional, mas deixava na sombra tanto a extrema disparidade na difusão do progresso nas técnicas de produção, como o fato de que o novo excedente criado na periferia não se conectava com o processo de formação de capital. Esse excedente era principalmente destinado a financiar a difusão, na periferia, dos novos padrões de consumo que estavam surgindo no centro do sistema econômico mundial em formação. Portanto, as relações entre países cêntricos e periféricos, no quadro do sistema global surgido da divisão internacional do trabalho, foram desde o começo bem mais complexas do que se depreende da análise econômica convencional.

Aspecto fundamental, que se pretendeu ignorar, é o fato de que os países periféricos foram rapidamente transformados em importadores de novos bens de consumo, fruto do processo de acumulação e do progresso técnico que tinha lugar no centro do sistema. A adoção de novos padrões de consumo seria extremamente irregular, dado que o excedente era apropriado por uma minoria restringida, cujo tamanho relativo dependia da estrutura agrária, da abundância relativa de terras e de mão de obra, da importância relativa de nacionais e estrangeiros no controle do comércio e das finanças, do grau de autonomia da burocracia estatal e de fatos similares. Em todo caso, os frutos dos aumentos de produtividade revertiam em benefício de uma pequena minoria, razão pela qual a renda disponível para consumo do grupo privilegiado cresceu de forma substancial. Convém acrescentar que tanto o processo de realocação de recursos produtivos como a formação de capital que a este se ligava (abertura de novas terras, construção de estradas secundárias, edificação rural etc.), eram pouco exigentes em insumos importados: o coeficiente de importações dos investimentos ligados às exportações em expansão era baixo. Exceção importante constituiu a construção da infraestrutura ferroviária, a qual foi financiada do exterior e assumiu parcialmente a forma de "enclave" produtor de excedente que não se integrava na economia local. De tudo isso resultou que a margem da capacidade para importar, disponível para cobrir compras de bens de consumo no exterior, foi considerável. As elites locais estiveram, assim, habilitadas para seguir de perto os padrões de consumo do centro, a ponto de perderem contato com as fontes culturais dos respectivos países.

A existência de uma classe dirigente com padrões de consumo similares aos de países onde o nível de acumulação de capital era muito mais alto e impregnada de uma cultura cujo elemento motor é o progresso técnico transformou-se, assim, em fator básico na evolução dos países periféricos.

O fato que vimos de referir — e não seria difícil comprová-lo com evidência histórica — põe a claro que, no estudo do subdesenvolvimento, não tem fundamento antepor a análise no nível da produção, deixando em segundo plano os problemas da circulação, conforme persistente tradição do pensamento marxista. Para captar a natureza do subdesenvolvimento a partir de suas origens históricas é indispensável focalizar simultaneamente o processo da produção (realocação de recursos dando origem a um excedente adicional e forma de apropriação desse excedente) e o processo da circulação (utilização do excedente ligada à adoção de novos padrões de consumo copiados de países em que o nível de acumulação é muito mais alto), os quais, conjuntamente, engendram a dependência cultural que está na base do processo de reprodução das estruturas sociais correspondentes. Certo, o conhecimento da matriz institucional que determina as relações internas de produção é a chave para compreender a forma de apropriação do excedente adicional gerado pelo comércio exterior; contudo, a forma de utilização desse excedente, a qual condiciona a reprodução da formação social, reflete em grande medida o processo de dominação cultural que se manifesta no nível das relações externas de circulação.

Chamaremos de *modernização* a esse processo de adoção de padrões de consumo sofisticados (privados e públicos) sem o correspondente processo de acumulação de capital e progresso nos métodos produtivos. Quanto mais amplo o campo do processo de modernização (e isso inclui não somente as formas de consumo civis, mas também as militares) mais intensa tende a ser a pressão no sentido de ampliar o excedente, o que pode ser alcançado mediante expansão das exportações, ou por meio de aumento da "taxa de exploração", vale dizer, da proporção do excedente no produto líquido. Visto o problema de outro ângulo: posto que a pressão para adotar novos padrões de consumo se mantém alta — ela está condicionada pelo avanço da técnica e da acumulação, e pela correspondente diversificação do consumo, que se estão operando nos países cêntricos —, as relações internas de produção tendem a assumir a forma que permite maximizar o excedente. Daí que apareçam crescentes pressões na balança de pagamentos quando o país atinge o ponto de rendimento decrescente na agricultura tradicional de exportação e/ou enfrenta deterioração nos termos do intercâmbio.

A importância do processo de modernização na modelação das economias subdesenvolvidas só vem à luz plenamente em fase mais avançada, quando os respectivos países embarcam no processo de industrialização; mais precisamente, quando se empenham em produzir para o mercado interno aquilo que vinham importando. As primeiras indústrias que se instalam nos países subdesenvolvidos concorrem com a produção artesanal e se destinam a produzir bens simples voltados para a massa da população. Essas indústrias quase não possuem vínculos entre elas mesmas, razão pela qual não chegam a construir o núcleo de um sistema industrial. É em fase mais avançada, quando se objetiva produzir uma constelação de bens consumidos pelos grupos sociais modernizados, que o problema se coloca. Com efeito: a tecnologia incorporada aos equipamentos importados não se relaciona com o nível de acumulação de capital alcançado pelo país e sim com o perfil da demanda (o grau de diversificação do consumo) do setor modernizado da sociedade. Dessa orientação do progresso técnico e da consequente falta de conexão entre este e o grau de acumulação previamente alcançado, resulta a especificidade do subdesenvolvimento na fase de plena industrialização. Ao impor a adoção de métodos produtivos com alta densidade de capital, a referida orientação cria as condições para que os salários reais se mantenham próximos do nível de subsistência, ou seja, para que a taxa de exploração aumente com a produtividade do trabalho.

O comportamento dos grupos que se apropriam do excedente, condicionado que é pela situação de dependência cultural em que se encontram, tende a agravar as desigualdades sociais, em função do avanço na acumulação. Assim, a reprodução das formas sociais, que identificamos com o subdesenvolvimento, está ligada a formas de comportamento condicionadas pela dependência. Abordemos o problema de outro ângulo: nas economias subdesenvolvidas, o fator básico que governa a distribuição da renda e, portanto, os preços relativos e a taxa de salário real no setor em que se realiza a acumulação e penetra a técnica moderna, parece ser a pressão gerada pelo processo de modernização, isto é, pelo esforço que realizam os grupos que se apropriam do excedente para reproduzir as formas de consumo, em permanente mutação, dos países cêntricos. Essa pressão dá origem à rápida diversificação do consumo e determina a orientação da tecnologia adotada. Ela, mais do que a existência de uma oferta elástica de mão de obra, determina o diferencial entre o salário industrial e o salário no setor de subsistência. Certo, o grau de organização dos distintos setores da classe trabalhadora constitui fator importante e responde pelas disparidades setoriais desse diferencial. Em síntese: dado o nível de organização dos distintos setores da classe trabalhadora, a dimensão relativa do excedente apropriado pelos grupos privilegiados reflete a pressão gerada pelo processo de modernização.

A industrialização de um país periférico tende a tomar a forma de manufatura local daqueles bens de consumo que eram previamente importados, como é bem sabido de todos os estudiosos do chamado processo de substituição de importações. Ora, a composição de uma cesta de bens de consumo determina, dentro de limites estreitos, os métodos produtivos a ser adotados, e, em última instância, a intensidade relativa do capital e do trabalho utilizados no sistema de produção. Assim, se é a produção de bens de uso popular que aumenta, recursos relativamente mais abundantes (terra, trabalho não especializado) tendem a ser mais utilizados e recursos relativamente escassos (trabalho especializado, divisas estrangeiras, capital) menos utilizados do que seria o caso se fosse a produção de bens altamente sofisticados, consumidos pelos grupos ricos, a que aumentasse. Expandir o consumo dos ricos — e isto também é verdade para os países cêntricos — de maneira geral significa introduzir novos produtos na cesta de bens de consumo, o que requer dedicar relativamente mais recursos a "pesquisa e desenvolvimento", ao passo que aumentar o consumo das massas significa difundir o uso de produtos já conhecidos, cuja produção muito provavelmente está na fase de rendimentos crescentes. Existe uma estreita correlação entre o grau de diversificação de uma cesta de bens de consumo, de um lado, e o nível da dotação de capital por pessoa empregada e a complexidade da tecnologia, de outro. Mais alto o nível da renda per capita de um país, mais diversificada a cesta de bens de consumo a que tem acesso o cidadão médio desse país, e mais elevada a quantidade de capital por trabalhador no mesmo. A hipótese implícita no que dissemos anteriormente significa que as mesmas correlações existem com respeito a setores de uma sociedade com diferentes níveis de renda.

O processo de transplantação de padrões de consumo, a que deu origem o sistema de divisão internacional do trabalho imposto pelos países que lideram a Revolução Industrial, modelou subsistemas econômicos em que o progresso técnico foi inicialmente assimilado ao nível da demanda de bens de consumo, isto é, mediante a absorção de um fluxo de novos produtos que eram importados antes de ser localmente produzidos. A dependência, que é a situação particular dos países cujos padrões de consumo foram modelados do exterior, pode existir mesmo na ausência de investimentos estrangeiros diretos. Com efeito: este último tipo de investimento foi raro ou inexistiu durante toda a primeira fase de expansão do sistema capitalista. O que importa não é o controle do sistema de produção local por grupos estrangeiros, e sim a utilização dada àquela parte do excedente que circula pelo comércio internacional. Na fase de industrialização, o controle da produção por firmas estrangeiras, conforme veremos, facilita e aprofunda a dependência, mas não constitui a causa determinante desta. A propriedade pública dos bens de produção tampouco seria suficiente para erradicar o fenômeno da dependência, se o país em questão se mantém em posição de satélite cultural dos países cêntricos do sistema capitalista, e se encontra numa fase de acumulação de capital muito inferior à alcançada por estes últimos.

Pode-se ir ainda mais longe e formular a hipótese de que um tipo semelhante de colonização cultural vem desempenhando importante papel na transformação da natureza das relações de classe nos países capitalistas cêntricos. A ideia, formulada por Marx, segundo a qual um processo crescentemente agudo de luta de classes, no quadro da economia capitalista, operaria como fator decisivo na criação de uma nova sociedade, para ser válida requer, como condição sine qua non, que as classes pertinentes estejam em condições de gerar visões independentes do mundo. Em outras palavras: a existência de uma ideologia dominante (que, segundo Marx, seria a ideologia da classe dominante em ascensão) não deveria significar a perda total de autonomia cultural pelas outras classes, ou seja, a colonização ideológica destas. Marx, no seu *O 18 Brumário*, quando atribui papel importante aos *paysans parcellaires* — nos quais se teria apoiado Luís Bonaparte —, afirma claramente que eles não haviam tomado consciência de si mesmos como classe; contudo, constituíam uma classe, no sentido de que podiam servir de fator decisivo nas lutas pelo poder, porque "opunham seu gênero de vida, seus interesses e sua cultura aos das outras classes sociais". Entre as condições objetivas para a existência de uma classe, portanto, estaria sua autonomia cultural. Ora, nos países capitalistas cêntricos, essa autonomia cultural, no que se refere à classe trabalhadora, foi consideravelmente erodida. O acesso da massa trabalhadora a formas de consumo antes privativas das classes que se apropriam do excedente criou para aquela um horizonte de expectativas que condicionaria o seu comportamento para ver, na confrontação de classes, mais do que um antagonismo irredutível, uma série de operações táticas em que os interesses comuns não devem ser perdidos de vista.

Nos países periféricos, o processo de colonização cultural radica originalmente na ação convergente das classes dirigentes locais, interessadas em manter uma elevada taxa de exploração, e dos grupos que, a partir do centro do sistema, controlam a economia internacional e cujo principal interesse é criar e ampliar mercados para o fluxo de novos produtos engendrados pela Revolução Industrial. Uma vez estabelecida esta conexão, estava aberto o caminho para a introdução de todas as formas de "intercâmbio desigual", que historicamente caracterizam as relações entre o centro e a periferia do sistema capitalista. Mas isolar essas formas de intercâmbio ou tratá-las como uma consequência do processo de acumulação, sem ter em conta a forma como o excedente é utilizado na periferia sob o impacto da colonização cultural, é deixar de lado aspectos essenciais do problema.

É interessante observar que o processo de colonização cultural teve lugar mesmo em regiões em que condições particulares permitiram que os salários locais subissem consideravelmente, ou se fixassem em níveis similares aos dos países cêntricos. Foi esta a situação dos grandes espaços vazios das zonas temperadas, que se povoaram principalmente com imigração de origem europeia em fins do século XIX. A produção agropecuária para a exportação desenvolveu-se, nessas regiões, em concorrência com produção similar de países cêntricos, então empenhados no processo de industrialização. A abundância e a qualidade dos recursos naturais permitiram que se criasse um substancial excedente por pessoa empregada, mesmo que a taxa de salário tivesse que ser suficientemente elevada para atrair imigrantes das regiões menos prósperas da Europa. A forma de apropriação interna desse excedente e o número relativo da minoria privilegiada variaram conforme as condições históricas prevalecentes em cada área. Contudo, na medida em que esse excedente foi utilizado para financiar a adoção de formas de consumo engendradas pela industrialização no exterior, ocorreu um processo de modernização similar ao que antes descrevemos. A situação de dependência existe, nestes casos, na ausência das formas sociais que estamos habituados a ligar ao subdesenvolvimento. Ela radica fundamentalmente na persistente disparidade entre o nível do consumo (inclusive, eventualmente, em parte do consumo da classe trabalhadora) e a acumulação de capital no aparelho produtivo, porquanto a elevação de produtividade, que dá origem ao excedente, resulta da utilização extensiva de recursos naturais no quadro de vantagens comparativas internacionais. A abundância de recursos minerais e de fontes de energia, entre outros fatores, permitiu que economias desse tipo tivessem uma precoce industrialização, ainda que essencialmente sob o controle de firmas estrangeiras. É este o caso do Canadá, cuja economia integra o centro do sistema capitalista, não obstante a extrema debilidade dos centros internos de decisão. Na Argentina, condições históricas distintas fizeram que o processo de industrialização se atrasasse e assumisse a forma de "substituição", isto é, de resposta à crise do setor exportador. Em razão do declínio da produtividade, causado pela crise do setor exportador, o esforço de capitalização requerido pela industrialização teve que ser considerável.

A experiência tem demonstrado que as economias que se encontram nessa situação tendem a alternar sérias crises de balança de pagamento com períodos de relativa estagnação. Como a pressão para acompanhar a renovação dos padrões de consumo no centro se mantém, surge uma tendência à concentração da renda com reflexos nas estruturas sociais, as quais tendem a assemelhar-se às dos países tipicamente subdesenvolvidos. Este ponto põe em evidência que o fenômeno que chamamos dependência é mais geral do que o subdesenvolvimento. Toda economia subdesenvolvida é necessariamente dependente, pois o subdesenvolvimento é uma criação da situação de dependência. Mas nem sempre a dependência criou as formações sociais sem as quais é difícil caracterizar um país como subdesenvolvido. Mais ainda: a transição do subdesenvolvimento para o desenvolvimento é dificilmente concebível no quadro da dependência. Mas o mesmo não se pode dizer do processo inverso, se a necessidade de acompanhar os padrões de consumo dos países cêntricos se alia a uma crescente alienação de parte do excedente em mãos de grupos externos controladores do aparelho produtivo.

O fenômeno da dependência se manifesta inicialmente na forma de imposição externa de padrões de consumo que somente podem ser mantidos mediante a geração de um excedente criado no comércio exterior. É a rápida diversificação desse setor do consumo que transforma a dependência em algo dificilmente reversível. Quando a industrialização pretende substituir esses bens importados, o aparelho produtivo tende a dividir-se em dois: um segmento ligado a atividades tradicionais, destinadas às exportações ou ao mercado interno (rural e urbano) e outro constituído por indústrias de elevada densidade de capital, produzindo para a minoria modernizada. Os economistas que observaram as economias subdesenvolvidas na forma de sistemas fechados viram nessa descontinuidade do aparelho produtivo a manifestação de um "desequilíbrio no nível dos fatores", provocado pela existência de coeficientes fixos nas funções de produção, ou seja, pelo fato de que a tecnologia que estava sendo absorvida era "inadequada". Pretende-se, assim, ignorar o fato de que os bens que estão sendo consumidos não podem ser produzidos senão com essa tecnologia, e que às classes dirigentes que assimilaram as formas de consumo dos países cêntricos não se apresenta o problema de optar entre essa constelação de bens e outra qualquer. Na medida em que os padrões de consumo das classes que se apropriam do excedente devam acompanhar a rápida evolução nas formas de vida, que está ocorrendo no centro do sistema, qualquer tentativa visando "adaptar" a tecnologia será de escassa significação.

Em síntese: miniaturizar, em um país periférico, o sistema industrial dos países cêntricos contemporâneos, onde a acumulação de capital alcançou níveis muito mais altos, significa introduzir no aparelho produtivo uma profunda descontinuidade causada pela coexistência de dois níveis tecnológicos. Este problema não estava presente na fase anterior à "substituição de importações", simplesmente porque a diversificação do consumo da minoria modernizada podia ser financiada com o excedente gerado pelas vantagens comparativas do comércio exterior. Na fase de industrialização substitutiva, a extrema disparidade entre os níveis (e o grau de diversificação) do consumo da minoria modernizada e da massa da população deverá incorporar-se à estrutura do aparelho produtivo. Desta forma, o chamado "desequilíbrio no nível dos fatores" deve ser considerado como inerente à economia subdesenvolvida que se industrializa. Ademais, se se tem em conta que a situação de dependência está sendo permanentemente reforçada, mediante a introdução de novos produtos (cuja produção requer o uso de técnicas cada vez mais sofisticadas e dotações crescentes de capital), torna-

-se evidente que o avanço do processo de industrialização depende de aumento da taxa de exploração, isto é, de uma crescente concentração da renda. Em tais condições, o crescimento econômico tende a depender mais e mais da habilidade das classes que se apropriam do excedente para forçar a maioria da população a aceitar crescentes desigualdades sociais.

A industrialização, nas condições de dependência, de uma economia periférica, requer intensa absorção de progresso técnico na forma de novos produtos e das técnicas requeridas para produzi-los. E na medida em que avança essa industrialização, o progresso técnico deixa de ser o problema de adquirir no estrangeiro este ou aquele equipamento e passa a ser uma questão de ter ou não acesso ao fluxo de inovação que está brotando nas economias do centro. Quanto mais se avança nesse processo, maiores são as facilidades que encontram as grandes empresas dos países cêntricos para substituir, na periferia, mediante a criação de subsidiárias, as empresas locais que hajam iniciado o processo de industrialização. Caberia mesmo indagar se a demanda altamente diversificada dos grupos modernizados seria jamais satisfeita, com produção local, caso o fluxo de inovações técnicas devesse ser pago a preços de mercado. Esse fluxo é criado ou controlado por empresas que consideram ser muito mais vantajoso expandir-se em escala internacional do que alienar esse extraordinário instrumento de poder. Tratar-se-ia não somente de entregar o controle das inovações de uso imediato, mas também de assegurar uma opção sobre as futuras. Ademais, o preço da tecnologia teria que ser elevado para a empresa local que se limitasse a adquiri-la no mercado, ao passo que para a grande empresa que a controla e vem utilizando no centro, essa tecnologia está praticamente amortizada. A este fato se deve que a grande empresa possa, mais facilmente, contornar os obstáculos de pequenez de mercado, de falta de economias externas e outros que caracterizam as economias periféricas. Assim, a cooperação das grandes empresas de atuação internacional passou a ser solicitada pelos países periféricos como a forma mais fácil de contornar os obstáculos que se apresentam a uma industrialização retardada que pretende colocar-se em nível técnico similar ao que prevalece atualmente nos países cêntricos.

O dito no parágrafo anterior evidencia que, à medida que avança o processo de industrialização na periferia, mais estreito tende a ser o controle do aparelho produtivo, aí localizado, por grupos estrangeiros. Em consequência, a dependência, antes imitação de padrões externos de consumo mediante a importação de bens, agora se enraíza no sistema produtivo e assume a forma de programação pelas subsidiárias das grandes empresas dos padrões de consumo a serem adotados. Contudo, esse controle direto, por grupos estrangeiros, do sistema produtivo dos países periféricos, não constitui um resultado necessário na evolução da dependência. É perfeitamente possível que uma burguesia local de relativa importância e/ou uma burocracia estatal forte participem do controle do aparelho produtivo e até mesmo mantenham uma posição dominante nesse controle. Em alguns casos essa predominância de grupos locais pode ser essencial a fim de assegurar o rígido controle social requerido para fazer face a tensões originadas pela crescente desigualdade social. Contudo, o controle local no nível da produção não significa necessariamente menos dependência, se o sistema pretende continuar a reproduzir os padrões de consumo que estão sendo permanentemente criados no centro. Ora, a experiência tem demonstrado que os grupos locais (privados ou públicos) que participam da apropriação do excedente, no quadro de dependência, dificilmente se afastam da visão do desenvolvimento como processo mimético de padrões culturais importados.

Os processos históricos são, evidentemente, muito mais complexos do que podem sugerir os esquemas teóricos. Sem lugar a dúvida, as primeiras indústrias a desenvolver-se nos países subdesenvolvidos foram as que produzem artigos de amplo consumo (alimentos, tecidos, confecções, objetos de couro), tanto em razão de sua relativa simplicidade técnica como pela preexistência de um mercado relativamente amplo abastecido parcialmente pelo artesanato. Ocorre, entretanto, que se a taxa de salário permanece próxima das condições de vida prevalecentes na agricultura de subsistência, a implantação desse tipo da indústria não chega a modificar de forma significativa a estrutura de uma economia subdesenvolvida. Porque competem com o artesanato e pagam salários não muito superiores à renda dos artesãos, essas indústrias pouco contribuem para ampliar o mercado interno; e porque têm poucos vínculos com outras atividades industriais, quase não criam economias externas. Essa situação particular se traduz na curva típica de crescimento desse tipo de indústria: rápido crescimento inicial e tendência ao nivelamento.

É durante a fase de "substituição de importações", a qual se liga às tensões da balança de pagamentos, que tem início a formação de um sistema industrial. Mas pelo fato de que o consumo da minoria modernizada é altamente diversificado, as indústrias que formam esse sistema tendem a enfrentar problemas de deseconomias de escala, que se no nível da empresa podem encontrar solução parcial na proteção e nos subsídios, no nível social se traduzem em elevados custos. Já fizemos referência ao fato de que essa situação favorece a penetração das grandes empresas com sede nos países cêntricos, o que, por seu lado, contribui para elevar os custos de operação do sistema industrial em termos de divisas estrangeiras. Esse quadro, que em alguns países latino-americanos se apresentou na forma de redução nas taxas de crescimento, de fortes crises de balança de pagamentos e/ou de rápido endividamento externo, tem sido descrito, particularmente em publicações das Nações Unidas, como o resultado da "exaustão" do processo de "substituição de importações". Mas por trás desses sintomas não é difícil perceber uma causa mais profunda: a incompatibilidade entre o projeto de desenvolvimento dos grupos dirigentes, visando reproduzir dinamicamente os padrões de consumo dos países cêntricos, e o grau de acumulação de capital alcançado pelo país. Contornar esse obstáculo tem sido a grande preocupação, no correr do último decênio, dos países subdesenvolvidos em mais avançado estágio de industrialização. Posto que a pequenez relativa dos mercados locais surgia como o fator negativo mais visível, conceberam-se esquemas de integração sub-regional na forma de zonas de livre-comércio, uniões aduaneiras etc. Tais esquemas permitiram, em alguns casos, dar maior alcance ao processo de "substituição de importações", mas em nada modificaram os dados fundamentais do problema, que têm as suas raízes na situação de dependência anteriormente descrita.[1]

1 O problema de como industrializar, beneficiando-se da técnica moderna, um país em que a acumulação de capital se encontra em nível relativamente baixo pode ter várias soluções, todas elas ligadas a um certo sistema de valores. Três soluções principais (puras) têm sido tentadas no correr dos últimos anos. A primeira consiste em aumentar a taxa de exploração (impedir que a massa salarial cresça paralelamente ao produto líquido) de forma conjugada com uma intensificação do consumo que se financia com parte do excedente; a possibilidade de maiores economias de escala, particularmente nas indústrias produtoras de bens duráveis de consumo, engendra uma maior taxa de lucro, o que por seu lado estimula a entrada de recursos externos. A segunda solução consiste em orientar o sistema industrial para os mercados externos, no quadro de novo sistema de divisão internacional do trabalho sob a égide

O crescente controle externo dos sistemas de produção dos países periféricos abre para estes últimos nova fase evolutiva. Assim, o aumento dos custos em divisas estrangeiras da produção ligada ao próprio mercado interno cria tensões adicionais nas balanças de pagamentos dos respectivos países, as quais levam, em alguns casos, ao bloqueio do processo de industrialização, ou criam condições que favorecem a busca de soluções alternativas através de "correções" compensatórias. À extraordinária flexibilidade das grandes empresas de atuação internacional deve-se que tais problemas venham encontrando solução com um mínimo de modificações nas estruturas sociais tradicionais. Com efeito: graças às transações internas que realizam as grandes empresas no plano internacional, os países periféricos vão se capacitando para pagar com mão de obra barata os seus crescentes custos de produção em moeda estrangeira. As novas formas de economia subdesenvolvida, que crescem à base de exportações de trabalho barato incorporado a produtos industriais manufaturados por empresas estrangeiras e destinados a mercados externos, apenas começam a definir o seu perfil. Mas, se se tem em conta que a proporção do excedente apropriado do exterior é considerável, nada indica que a taxa de exploração tenda a declinar. Em outras palavras: se as condições gerais ligadas à situação de dependência persistem, nada sugere que a industrialização orientada para o exterior contribua para reduzir a taxa de exploração, tanto mais que a própria razão de ser desse tipo de industrialização na periferia é a existência de trabalho barato.

---

das grandes empresas transnacionais. A terceira consiste em recondicionar progressivamente os padrões de consumo de forma a torná-los compatíveis com o esforço de acumulação desejado. A primeira fórmula corresponde ao chamado modelo brasileiro, a segunda ao chamado modelo Hong Kong e a terceira ao chamado modelo chinês.

Podemos agora tentar destacar o que dá permanência ao subdesenvolvimento, ou seja, como a estrutura que permite identificá-lo reproduziu-se no tempo. A divisão internacional do trabalho, imposta pelos países que lideraram a Revolução Industrial, deu origem a um excedente, o qual permitiu às classes dirigentes de outros países (periféricos ao sistema) — nos quais não havia industrialização — ter acesso a padrões diversificados de consumo engendrados pelo intenso progresso técnico e pela acumulação de capital concentrados no centro do sistema. Em consequência, os países periféricos puderam elevar a taxa de exploração sem que houvesse redução na taxa de salário real e independentemente da assimilação de novas técnicas produtivas. Desta forma, surgiu nos países periféricos um perfil de demanda caracterizado por marcada descontinuidade. A partir do momento em que o setor exportador entrou na fase de rendimentos decrescentes, a industrialização orientou-se para a "substituição de importação". Devendo miniaturizar sistemas industriais em um processo muito mais avançado de acumulação e devendo acompanhar a rápida diversificação da panóplia de bens de consumo dos países de mais alto nível de renda, os países periféricos foram levados a ter que aumentar a taxa de exploração, ou seja, a concentrar cada vez mais a renda. Por outro lado, o custo crescente da tecnologia, conjuntamente com a aceleração do progresso técnico, facilitou a penetração das grandes empresas de ação internacional, o que intensificou ainda mais a difusão dos novos padrões de consumo surgidos no centro do sistema e levou a maior estreitamento dos vínculos de dependência.

Os pontos essenciais do processo são os seguintes: a matriz institucional preexistente, orientada para a concentração da riqueza e da renda; as condições históricas ligadas à emergência do sistema de divisão internacional do trabalho, as quais estimularam o comércio em função dos interesses das economias que lideravam a Revolução

Industrial; o aumento da taxa de exploração nos países periféricos e o uso do excedente adicional pelos grupos dirigentes locais, do que resultou a ruptura cultural que se manifesta através do processo de modernização; a orientação do processo de industrialização em função dos interesses da minoria modernizada, que criou condições para que a taxa de salário real permanecesse presa ao nível de subsistência; o custo crescente da tecnologia requerida para acompanhar, mediante produção local, os padrões de consumo dos países cêntricos, o que por seu lado facilitou a penetração das grandes empresas de ação internacional; a necessidade de fazer face aos custos crescentes em moeda estrangeira da produção destinada ao mercado interno, abrindo caminho à exportação de mão de obra barata sob o disfarce de produtos manufaturados.

O subdesenvolvimento tem suas raízes numa conexão precisa, surgida em certas condições históricas, entre o processo interno de exploração e o processo externo de dependência. Quanto mais intenso o influxo de novos padrões de consumo, mais concentrada terá que ser a renda. Portanto, se aumenta a dependência externa, também terá que aumentar a taxa interna de exploração. Mais ainda: a elevação da taxa de crescimento tende a acarretar agravação tanto da dependência externa como da exploração interna. Assim, taxas mais altas de crescimento, longe de reduzir o subdesenvolvimento, tendem a agravá-lo, no sentido de que tendem a aumentar as desigualdades sociais.

Em conclusão: o subdesenvolvimento deve ser entendido como um processo, vale dizer, como um conjunto de forças em interação e capazes de reproduzir-se no tempo. Por seu intermédio, o capitalismo tem conseguido difundir-se em amplas áreas do mundo sem comprometer as estruturas sociais preexistentes nessas áreas. O seu papel na construção do presente sistema capitalista mundial tem sido fundamental e seu dinamismo continua considerável: novas formas de economias subdesenvolvidas plenamente industrializadas e/ou orientadas para a exportação de manufaturas estão apenas emergindo. É mesmo possível que ele seja inerente ao sistema capitalista; isto é, que não possa haver capitalismo sem as relações assimétricas entre subsistemas econômicos e as formas de exploração social que estão na base do subdesenvolvimento. Mas não temos a pretensão de poder demonstrar esta última hipótese.

O desenvolvimento do ponto de vista interdisciplinar*

A VISÃO OTIMISTA DA HISTÓRIA

A ideia de *desenvolvimento*, referida a um conjunto de processos sociais articulados ao qual se empresta um sentido positivo, contribuiu como nenhuma outra, no terceiro quartel do século XX, para reaproximar as distintas ciências sociais, compartimentadas por um século de influência positivista. À fecundidade dessa ideia certamente não é estranha sua óbvia ambiguidade. Nascida na economia, em que *desenvolvimento*, ao ser submetido ao teste da medição, transforma-se em *crescimento*, ela desborda necessariamente para o campo de outras ciências sociais na medida em que esse crescimento não pode ser concebido como um processo homotético, requerendo modificações "estruturais", do contrário não é compreensível independentemente de um sistema de valores que o economista não saberia integrar no quadro conceitual com que trabalha. Dessa ambiguidade brotou toda uma problemática, que levaria os próprios economistas a diferenciar *desenvolvimento* de *crescimento*, atribuindo ao primeiro desses conceitos, mesmo quando seguido do qualificativo *econômico*, uma amplitude que o transformava necessariamente em tema interdisciplinar.[1]

* Publicado em *Ensaios de Opinião*, Rio de Janeiro, v. 10, 1979.

1 Uma ampla bibliografia sobre as teorias do *crescimento econômico* pode ser encontrada em F. H. Hahn e C. O. Matthews,

As raízes da ideia de desenvolvimento podem ser detectadas em três correntes que brotam do pensamento europeu a partir do século XVIII. A primeira dessas correntes se filia ao Iluminismo, com a concepção da História como uma marcha *progressiva* para o racional. A segunda está ligada à ideia de *acumulação de riqueza*, na qual está implícita uma opção entre o presente e o futuro ligada a uma promessa de maior bem-estar. A terceira, enfim, vincula-se à ideia de que a expansão geográfica da civilização europeia significa para os demais povos da terra, que passam a ser considerados como "retardados" em graus diversos, o acesso a formas superiores de vida.

A emergência, no século XVIII, de uma filosofia da História — visão secularizada do devenir social — assume com o *Aufklärung* a forma da busca de um "sujeito" cuja essência se realiza mediante o próprio processo histórico. As *faculdades* atribuídas por Kant à consciência do sujeito transcendental constituem o ponto de partida da visão globalizante da História como transformação do caos em ordem racional. Com Hegel a humanidade assume o papel de sujeito, como entidade que se reproduz segundo uma lógica que aponta na direção do *progresso*. Essa visão otimista do processo histórico, que permite an-

---

"The Theory of Economic Growth: a Survey", texto incluído em *Surveys of Economic Theory*. Londres: MacMillan, 1965. Para uma bibliografia mais seletiva, ver a introdução de Amartya Sen em *Growth Economics*. Harmondsworth: Penguin, 1970. Sobre as teorias do *desenvolvimento econômico*, as bibliografias disponíveis são menos compreensivas. Ver a bibliografia selecionada apresentada por Benjamin Higgins em *Economic Development*. Londres: Constable, 1968, a apresentada por Charles K. Wilber em *The Political Economy of Development and Underdevelopment*. Nova York: Random House, 1973, e a sugerida por Henry Bernstein em *Underdevelopment and Development*. Harmondsworth: Penguin, 1973.

tever um "futuro possível" na forma de uma sociedade mais produtiva e menos alienante, na qual as antinomias do presente são superadas, induz à busca de um agente privilegiado — a classe operária, o empresário, a nação, o Estado —, "negatividade" capaz de aprofundar as contradições e precipitar o futuro, ou vetor do *progresso*.

Cinco anos antes da publicação da *Crítica da razão pura*, surgira a *Riqueza das nações*, no qual se pretende demonstrar que a busca do interesse individual é a mola propulsora do bem-estar coletivo. A harmonia que Kant pretende descobrir nas faculdades heterogêneas do espírito humano na forma de *senso comum*, em Adam Smith aparece na ordem social, como obra de uma *mão invisível*. Mas essa harmonia pressupõe, nos diz ele, certo quadro institucional. A riqueza de que se apropriava o barão feudal, nos lembra, era de escassa valia para a coletividade, porquanto dispendida com comensais ou esterilizada. É na sociedade em que os homens são livres para contratar e em que são mínimos os obstáculos à circulação e ao exercício da iniciativa individual, que emerge a referida harmonia. O progresso, portanto, não surge necessariamente da "lógica da História", mas está ao alcance dos homens, e o caminho para alcançá-lo já é conhecido. O essencial seria dotar-se de instituições que possibilitem ao indivíduo realizar plenamente suas potencialidades.

No quadro do mercantilismo e do Pacto Colonial, o comércio era considerado pelos europeus como ato de império, inseparável, portanto, do poder das nações que o praticavam. Essa doutrina seria demolida a partir de meados do século XVIII e progressivamente substituída pelas ideias liberais na primeira metade do século XIX. A especialização entre países permitiria levar ainda mais longe a divisão social do trabalho, cujos efeitos positivos sobre a produtividade são notórios dentro de todos os países. O intercâmbio internacional conduz, segundo a doutrina liberal, a uma melhor utilização dos recursos produtivos dentro de cada país, e põe em marcha um processo graças ao qual todos os países dele participantes têm acesso aos frutos dos aumentos de produtividade. Um dos corolários dessa doutrina era que as economias da Europa, ao forçarem outros povos a integrar-se em suas linhas de comércio, exerciam uma missão *civilizadora*, contribuindo para elevar o bem-estar de povos que se encontravam aguilhoados por tradições obscurantistas.

DIFUSÃO DA RACIONALIDADE INSTRUMENTAL

Se no correr da segunda metade do século XVIII o pensamento europeu encaminhou-se por distintas vias para uma visão otimista da História — visão que encontrava a sua síntese na ideia de *progresso* —, a realidade social da época estava longe de ser confortante, mesmo para o observador pouco perspicaz. A ascensão do capitalismo comercial no meio milênio anterior afetara relativamente pouco a organização social. Produtos originários da agricultura senhorial, de manufaturas corporativas e, ocasionalmente, de economias coloniais penetravam nos circuitos comerciais e reforçavam o poder financeiro de uma classe burguesa, cuja presença na esfera política ia se fazendo cada vez mais sensível. A apropriação do excedente social refletia, nesse caso, a relação de forças da classe burguesa, controladora dos canais comerciais, com os proprietários de terras e dirigentes das corporações de ofício ou subcontratistas da produção. Mudança fundamental ocorre quando as tradicionais estruturas de dominação, controladoras da produção, são desmanteladas (caso das corporações) ou levadas a assumir o papel de agentes passivos (caso dos senhores de terras transformados em rentistas).

Assim, as relações mercantis, antes situadas no nível do intercâmbio de produtos finais ou semifinais, verticalizam-se penetrando na estrutura da produção, vale dizer, transformando os elementos da produção em mercadorias. A terra e também a capacidade do homem para produzir trabalho passam a ser vistas, essencialmente, como objetos de transações mercantis. As consequências desse processo, que conduz do capitalismo comercial ao industrial, foram de duas ordens principais. Por um lado, abrem-se novas e consideráveis possibilidades à divisão social do trabalho, particularmente no setor manufatureiro. A especialização do produto ou de uma fase importante da produção — a pressão das corporações se exercia no sentido da integração vertical da produção — foi substituída pela divisão do trabalho em tarefas simples, o que ampliava a possibilidade do uso de instrumentos. Por outro lado, o interlocutor do capitalista deixa de ser um elemento da estrutura de dominação social, ou uma entidade com direitos inalienáveis, para ser um trabalhador isolado, facilmente substituível em razão da simplicidade da tarefa que realiza.

A penetração do capitalismo na organização da produção pode ser interpretada como uma ampliação da área social submetida a critérios de racionalidade instrumental. O capitalista, que antes tratava com senhores de terras, com corporações detentoras de privilégios, ou entidades similares, passa a lidar com "elementos da produção", que podem ser considerados abstratamente, comparados, reduzidos a um denominador comum, submetidos ao cálculo. A partir desse momento, a "esfera das atividades econômicas" pode ser concebida independentemente das demais atividades sociais. Essa concepção do econômico como uma esfera autônoma reflete a visão que tem o capitalista da realidade social, a qual, por seu lado, está marcada pela ascensão da posição que ele ocupa na estrutura de poder. Ora, esse avanço da "racionalidade" não é outra coisa senão a ampliação da área das relações sociais submetida aos critérios da organização mercantil. Independentemente de outras considerações que sobre este ponto se possam fazer, cabe assinalar que a crescente subordinação do processo social aos critérios da "racionalidade instrumental" teria que acarretar modificações de não pequena monta nas estruturas sociais. Na agricultura isso levaria ao despovoamento de zonas rurais e à deslocação de populações para as cidades ou para novas zonas de colonização, inclusive em outros continentes. A revolução dos preços provocada pela maior eficiência das manufaturas apressaria o desmoronamento das organizações artesanais em regiões em que inexistiam condições para criação de formas alternativas de emprego.

Desta forma, ao acelerar-se a acumulação com a extensão progressiva das relações mercantis à organização da produção, as estruturas sociais entram em fase de profunda transformação. Algumas das manifestações dessa transformação — urbanização caótica, desorganização da vida comunitária, desemprego em massa, transformação do homem, inclusive dos menores, em simples força de trabalho — causaram fundo mal-estar nos contemporâneos.[2] Explica-se, assim, a visão pessimista dos mais lúcidos economistas da primeira metade do século XIX com respeito ao devenir do capitalismo, que lhes parecia tender inexoravelmente para um "estado estacionário". No centro de suas preocupações está o processo de apropriação do produto social, ou seja, de repartição da renda. Em face do dinamismo demográfico que se seguiu à rápida urbanização, o "princípio de população" formulado por Malthus lhes parecia evidente: toda elevação do salário real seria anulada pelo crescimento demográfico que ela mesma engen-

2 Sismonde de Sismondi, que testemunhou a "racionalização" das atividades agrícolas tanto na Itália como na Inglaterra, deixou um precioso testemunho da impressão causada nos contemporâneos pela subordinação do processo social aos critérios econômicos. Ver a sua obra *Nouveaux Principes d'économie politique*. Paris: Delaunay, 1827, cuja primeira edição é de 1819.

drava.[3] Por outro lado, a lei dos rendimentos decrescentes, que prevalecia na agricultura, e a pressão para elevar a renda da terra, que acompanhava a expansão agrícola em solos de qualidade inferior, operavam convergentemente para reduzir o potencial de investimento, freando a capacidade do sistema para criar emprego. Essa ideia de uma tendência à estagnação a longo prazo, que se pretende descobrir na própria lógica da economia capitalista, será apresentada de diversas maneiras pelos economistas clássicos e desempenhará papel fundamental no pensamento marxista. Contudo, Marx, longe de inferir conclusões pessimistas dessa suposta tendência à perda de dinamismo do sistema capitalista, aí descobre uma clara indicação de que as "contradições internas" do sistema tendiam necessariamente a agravar-se. Na linha do pensamento hegeliano, essas contradições podiam ser apresentadas como sinais anunciadores de uma forma superior de sociedade, mais produtiva e menos alienante, em estado de gestação. Assim, os críticos do capitalismo contribuíram de forma direta para manter, na fase em que maior foi o custo social do processo de acumulação, a visão herdada do século anterior que permitia identificar nesse esforço de acumulação o caminho de acesso a um mundo melhor.

A TECNOLOGIA NO PROCESSO DE REPRODUÇÃO DA SOCIEDADE CAPITALISTA

Ao identificarem acumulação com um *fundo de salários*, ou seja, com um estoque de bens de consumo corrente (*corn*, na linguagem de Ricardo) e ao pretenderem medi-la em unidades homogêneas de *trabalho simples*, os eco-

3 Atribuía-se, assim, a uma lei biológica o que na realidade eram manifestações externas de transformações no sistema de dominação social.

nomistas clássicos criaram consideráveis obstáculos à compreensão do papel da evolução da técnica na sociedade capitalista. O progresso da técnica tendeu a ser considerado como um meio de poupar um *fator de produção* escasso (terra, trabalho ou capital), capaz de ser perfeitamente definido num quadro microeconômico. Essa visão da técnica pelo prisma de uma unidade produtiva concebida isoladamente está na origem das dificuldades com que se depararão os economistas para adotar um enfoque dinâmico dos processos econômicos que seja algo mais do que a comparação de situações estáticas. Muitas das manifestações mais significativas do que chamamos progresso técnico — economia no uso dos recursos não renováveis, efeitos de escala, economias externas, modificações na posição competitiva exterior, modificações no comportamento da demanda resultantes da introdução de novos produtos etc. — somente podem ser captadas em sua plenitude mediante uma visão global do sistema social e da natureza das relações deste com o meio físico que controla e com o exterior.

Progresso técnico constitui, em realidade, uma expressão vaga que, no seu uso corrente, cobre o conjunto das transformações sociais que tornam possível a persistência do processo de acumulação, por conseguinte a reprodução da sociedade capitalista. Acumular significa transferir para o futuro o uso final de recursos hoje disponíveis. Na sociedade capitalista o ato de acumular é remunerado, donde resulta que a reprodução das estruturas sociais requer que a acumulação engendre uma elevação da produtividade do sistema. Ora, na ausência de modificações na disponibilidade de recursos naturais, na tecnologia e na composição da demanda final, a acumulação tende necessariamente a um ponto de saturação. Modificações na distribuição da renda no sentido igualitário podem abrir novos canais à acumulação, mas não evitam que se tenda ao referido ponto de saturação.

O mesmo se pode dizer com respeito à descoberta de recursos naturais de melhor qualidade ou mais abundantes, e também dos efeitos positivos da abertura de novas linhas de comércio exterior. Nada disso modifica o quadro básico que é o da tendência aos rendimentos decrescentes, na medida em que a acumulação se faça redundante. O conjunto de fatores que modificam esse quadro básico é que chamamos de progresso técnico. Este manifesta-se essencialmente de duas formas:

a) maior eficácia dos processos produtivos, e

b) introdução de novos produtos finais.

O progresso técnico na forma de adoção de métodos produtivos mais eficazes — na ausência da introdução de novos produtos — tampouco é suficiente para que o processo acumulativo prossiga sem encontrar obstáculos maiores. A partir de certo ponto, a acumulação somente se manteria mediante a diminuição das desigualdades sociais ou a redução da utilização da força de trabalho. Por outro lado, a acumulação que se apoia na simples introdução de novos produtos, sem que se modifique a eficiência dos processos produtivos quando seja tecnicamente possível, requer crescentes desigualdades sociais. Em síntese, as complexas modificações sociais a que se refere o conceito de desenvolvimento articulam-se em torno de dois eixos: o aumento da eficiência dos processos produtivos e a crescente diversificação do produto final. Que forças impulsionam esses dois processos? Que relações fundamentais existem entre eles?

A sociedade capitalista, geradora do tipo de civilização material que hoje predomina em quase todo o planeta, ao reproduzir-se engendra um processo de acumulação que tende a ser mais rápido que o crescimento demográfico. Não é o caso de indagar neste momento as razões históricas que estão por trás desse tipo de dinamismo, bastando lembrar o que dissemos anteriormente sobre a desorganização social ocorrida no período em que teve lugar a aceleração da acumulação, e referir a posição de força das economias em industrialização na fase de implantação do sistema de divisão internacional do trabalho. Estabelecido certo padrão de apropriação do produto social, o comportamento das classes dominantes orientou-se no sentido de preservá-lo, o que por seu lado exigiu que fossem assegurados certos níveis mínimos de acumulação.

Essa inelutabilidade de uma intensa acumulação está na origem da instabilidade característica da sociedade capitalista. À falta de uma teoria da acumulação deve-se atribuir o fato de que a ciência econômica, longe de evoluir para uma explicação dos processos sociais globais, haja tendido a restringir o seu campo de observação, limitando-se a estudar a racionalidade de agentes típicos isolados. Os economistas neoclássicos viram na instabilidade da sociedade capitalista o reflexo de "ajustamentos", ou seja, de oscilações em torno de uma "posição de equilíbrio", a qual, entretanto, somente podia ser definida com rigor no pressuposto de ausência de acumulação. Com efeito: a percepção do fato econômico abstraído do contexto social global somente é possível em uma análise estritamente sincrônica, vale dizer, na hipótese de inexistência de acumulação. Keynes, para permanecer fiel à tradição de uma *economia pura*, adotou um enfoque estático que resultou ser apenas aparente. Seus discípulos logo perceberam que a congruência do papel paramétrico do estoque de capital com um fluxo de investimento líquido somente era obtida se se restringia a análise a considerações de situações de subemprego. No nível macroeconômico, investimento líquido significa necessariamente acumulação.

Os *modelos de crescimento* em que se traduziu grande parte do trabalho de construção teórica dos economistas nos últimos três decênios são um subproduto das tentativas de dinamização do modelo keynesiano. O essencial desse trabalho orientou-se em duas direções:

na de reencontro com a tradição clássica ligada a um esquema de distribuição da renda de raízes institucionais, e na de retomada da tradição neoclássica a partir do conceito de função de produção de coeficientes variáveis, relacionando a remuneração dos fatores com suas produtividades marginais respectivas. Esse esforço de teorização, em muitos aspectos considerável, resultou ser de escassa significação para o avanço das ideias sobre o desenvolvimento, tanto nos países de industrialização avançada como nos chamados subdesenvolvidos. Contudo, ele constitui o ponto de partida de importantes avanços na macroeconomia e permitiu fundar sobre bases mais sólidas a política econômica, particularmente no que respeita às decisões centralizadas. A incapacidade dos modelos de crescimento para captar as transformações estruturais — ou seja, a interação do "econômico" com o "não econômico" — e para registrar as complexas reações que ocorrem nas fronteiras do sistema econômico — relações com outros sistemas econômicos e com o ecossistema — deriva da própria concepção da ciência econômica em que eles se fundam. Quanto mais sofisticados tais modelos, mais afastados da multidimensionalidade da realidade social. A isso se deve que as importantes transformações causadas pela aceleração da acumulação no último quarto de século, e a emergência das estruturas transnacionais, de crescente importância na alocação de recursos, na criação de liquidez e na distribuição geográfica do produto, hajam ocorrido sem que os teóricos do crescimento captassem seus reflexos nas estruturas dos sistemas econômicos nacionais. A incapacidade que manifestam atualmente os governos das grandes nações capitalistas para conciliar seus respectivos objetivos de política econômica decorre em parte não insignificante da orientação assumida pela *teoria do crescimento* e de sua considerável influência na teoria da política econômica.

Se é verdade que a reprodução da sociedade capitalista engendra considerável potencial de acumulação, também o é que a acumulação requer para efetivar-se contínuas e complexas modificações das estruturas sociais. Cabe, portanto, indagar como historicamente a reprodução das estruturas de privilégios logrou conciliar-se com a necessidade de transformação. As classes dominantes, que controlam as posições estratégicas do sistema de decisões, orientam-se pelo propósito de conservar a posição privilegiada que ocupam na apropriação do produto social. Mas ao fazê-lo, põem em marcha um forte processo de acumulação, o qual origina uma demanda de mão de obra superior ao crescimento demográfico. Se na fase inicial — quando se desmantelaram as estruturas artesanais — o processo de acumulação realizou-se em condições de oferta elástica de mão de obra, com o tempo ele teria que enfrentar crescente rigidez dessa oferta, requerendo traslados de populações, mobilização do potencial de trabalho feminino etc. A reprodução da economia capitalista somente é concebível sem tensões sociais no quadro de um sistema estacionário, vale dizer, na hipótese de crescimento do produto similar ao da população, sendo a acumulação apenas suficiente para absorver o aumento vegetativo da força de trabalho. Mas tal situação somente poderia ser alcançada mediante prévia redução da participação dos lucros no produto, ou seja, com uma reversão do processo histórico do qual emergiu o capitalismo moderno.

A saída encontrada para a superação permanente das tensões sociais consistiu na orientação do progresso técnico no sentido de compensar a rigidez potencial da oferta de mão de obra. Aqueles que pretenderam descobrir na lógica do capitalismo uma tendência inexorável ao estado estacionário ou à agravação dos antagonismos sociais — portanto, uma tendência inerente a autodestruir-se — subestimaram as potencialidades da tecnologia como geradora de recursos de poder. Os agentes que dirigem ou controlam as atividades econômicas na sociedade capitalista raramente estão articulados em função de objetivos explicitamente preestabelecidos. Em realidade, eles disputam entre si um espaço, pondo assim em marcha um processo de acumulação que é o responsável, em última instância, pela pressão no sentido de aumento da participação do trabalho no produto social. Portanto, ao lutarem entre si, tais elementos desencadeiam forças que operam no sentido de reduzir o espaço que eles mesmos disputam. Essa situação favorece sobremodo os agentes que inovam para economizar mão de obra, cuja ação provoca a obsolescência de equipamentos em plena produção.

As antinomias referidas, e a permanente superação das tensões que delas resultam, engendram as transformações sociais que caracterizam a evolução do capitalismo. A forte acumulação, por um lado, e por outro a concentração industrial e financeira — causadas pela busca dos efeitos de escala e de conglomeração — operam para transformar o trabalhador individual em elemento de grupamentos sociais estruturados, dando origem a novas formas de poder, o que facilita a transferência para o plano político dos conflitos sociais. Desta forma, o particular dinamismo da sociedade capitalista tem sua causa primária no fato de que a reprodução da estrutura de privilégios que lhe é inerente apoia-se na inovação técnica. Em outras palavras: porque assegura a reprodução dos privilégios, o avanço da técnica encontra nessa sociedade todas as facilidades para efetivar-se. Contudo, a absorção de progresso técnico em uma sociedade competitiva implica forte acumulação e esta, per se, engendra pressões sociais no sentido de redução das desigualdades. Assim, a ação conjugada da inovação técnica e da acumulação conciliam a reprodução dos privilégios com a permanência das forças sociais que os contestam.

Sempre que a economia capitalista logre manter-se em expansão, as expectativas dos agentes com interesses antagônicos podem ser satisfeitas: os salários reais crescem e a participação no produto social dos capitalistas e outros grupos privilegiados tende a ser mantida. Ao observador que se detém na aparência, apresenta-se um quadro de conflitos de classes e de antagonismos entre elementos de uma mesma classe. Como a acumulação e a penetração do progresso técnico acarretam modificações incessantes nos preços relativos, precipitam a obsolescência de instalações, eliminam continuamente produtos dos mercados, alteram a distribuição da renda no espaço e no tempo, concentram o poder econômico etc., o quadro é de extraordinária mutabilidade, e visto de certo ângulo aparenta mesmo ser caótico. Mas, observado de uma perspectiva mais ampla, logo se constata que é graças a essa mutabilidade (Marx pretendeu descobrir aí uma *anarquia*) que a sociedade capitalista reproduz-se preservando o essencial de sua estrutura de classes.

PLURALIDADE DO CONCEITO DE CRESCIMENTO

O conceito de *desenvolvimento* tem sido utilizado, com referência à história contemporânea, em dois sentidos. O primeiro diz respeito à evolução de um sistema social de produção na medida em que este, mediante a acumulação e progresso das técnicas, torna-se mais eficaz, ou seja, eleva a produtividade do conjunto de sua força de trabalho. Conceitos tais que *eficácia* e *produtividade* são evidentemente ambíguos quando lidamos com sistemas produtivos complexos, cujos *inputs* e *outputs* são heterogêneos e variam com o tempo. Contudo, podemos admitir como evidente que a divisão social do trabalho acresce à eficiência deste, e que a acumulação não é apenas a transferência no tempo da utilização final de um recurso, mas o meio pelo qual a divisão do trabalho adquire uma dimensão diacrônica. A possibilidade de aprofundar a divisão do trabalho aumenta consideravelmente quando, às tarefas que se realizam simultaneamente, adicionam-se ou substituem-se outras que podem ser distribuídas num período de tempo mais ou menos longo. Aquele que utiliza um instrumento divide o trabalho com outros que no passado contribuíram direta ou indiretamente para produzir o referido instrumento.

O segundo sentido em que se faz referência ao conceito de desenvolvimento relaciona-se com o grau de satisfação das necessidades humanas. A ambiguidade neste caso ainda é maior. Existe um primeiro plano no qual se podem utilizar critérios objetivos: quando se trata de satisfazer necessidades humanas básicas tais como alimentação, vestimenta, habitação. A ampliação da expectativa de vida de uma população — tidas em conta certas distorções resultantes da estratificação social — constitui um indicador de melhora na satisfação das necessidades básicas. À medida que nos afastamos desse primeiro plano, mais urgente se faz a referência a um sistema de valores, pois a ideia mesma de *necessidade*, quando não se trata do essencial, perde nitidez fora de certo contexto cultural.

Portanto, o conceito de desenvolvimento pode ser abordado a partir de três critérios, que se relacionam de forma complexa: o do incremento da eficiência do sistema produtivo; o da satisfação das necessidades básicas da população; e o da consecução de objetivos que se propõem distintos grupos de uma sociedade e que competem na utilização de recursos escassos. O terceiro critério é certamente o mais difícil de precisar, pois o que é bem-estar para um grupo social pode parecer simples desperdício de recursos para outro. Esta a razão pela qual a *concepção de desenvolvimento* de uma sociedade não é independente de sua estrutura social, e tampouco a formulação de uma política de desenvolvimento é concebível sem a tutela de um sistema de poder.

O aumento da eficácia produtiva — comumente apresentado como indicador principal do desenvolvimento — não é condição suficiente para que sejam mais bem satisfeitas as necessidades básicas da população.[4] Não se exclui nem mesmo a hipótese de que a degradação das condições de vida da massa populacional seja causada pela introdução de técnicas mais "eficazes". Por outro lado, o aumento da disponibilidade de recursos e a elevação dos padrões de vida podem ocorrer na ausência de modificações nos processos produtivos, por exemplo, quando aumenta a pressão sobre as reservas de recursos não reprodutíveis. A visão corrente do desenvolvimento pretende ignorar que a criação de valor, no sistema capitalista, envolve um custo maior do que aquele que figura nas contabilidades privada e pública. Não é demais assinalar que a *ação produtiva* do homem tem cada vez mais como contrapartida processos naturais irreversíveis, tais como a degradação da energia, tendentes a aumentar a entropia do universo.[5] O estímulo às técnicas apoiadas na utilização crescente de energia, fruto da visão a curto prazo engendrada pela apropriação privada dos recursos não renováveis, agrava essa tendência, fazendo do processo econômico uma ação crescentemente predatória.

Defrontamo-nos, aqui, com outro aspecto do problema geral da orientação do progresso das técnicas a que fizemos referência anteriormente. No processo de reprodução da sociedade capitalista o avanço da técnica desempenha o duplo papel de reduzir a pressão no sentido da igualdade social e de manter a expansão do consumo

4 É somente com respeito à satisfação das necessidades básicas (que podem ser objetivamente definidas) que tem sentido falar em medir a eficácia do sistema produtivo de uma sociedade.

5 Ver a esse respeito o trabalho pioneiro de Nicholas Georgescu-Roegen, *The Entropy Law and the Economic Process*. Cambridge: Harvard University Press, 1971.

dos grupos de rendas altas e médias. Essa orientação da técnica condiciona a evolução do conjunto do sistema produtivo, cuja estrutura deve assegurar a difusão social dos produtos inicialmente reservados às minorias de altas rendas. Assim, se a orientação da técnica foi para mecanizar o transporte individual das minorias de altas rendas, a busca subsequente de economias de escala levaria a tirar proveito da elevação do salário real para difundir entre a massa da população os mesmos hábitos de transporte, ainda que isso implique custos sociais indiretos consideráveis e leve a uma degradação da qualidade da vida do conjunto da população.

A subordinação da inventividade técnica ao objetivo de reprodução de uma estrutura social fortemente inigualitária e de nível elevado de acumulação constitui a causa de alguns dos aspectos mais paradoxais da civilização contemporânea. Mesmo nos países em que mais avançou o processo de acumulação, parte da população (entre um quinto e um terço) não alcança o nível de renda real necessária para satisfazer o que consideramos necessidades básicas. Ocorre que a elevação do salário básico é parte de um processo que compreende o aumento do coeficiente de desperdício implícito no dispêndio dos grupos de rendas altas e a difusão entre os grupos de rendas médias de formas de consumo mais e mais sofisticadas. Assim, a eliminação da "pobreza no meio da riqueza" faz-se mais difícil com o avanço da acumulação. Ora, foi em função dos valores dessa civilização material que se formou a consciência das desigualdades internacionais de níveis de vida, do atraso acumulado, do *subdesenvolvimento*. E foi com referência à problemática das desigualdades internacionais que emergiu o desenvolvimento como tema central nas ciências sociais.

A concentração geográfica, em benefício de uns poucos países, das atividades econômicas, seria uma das consequências de mais profundo alcance da intensificação do processo acumulativo. Já Adam Smith havia observado que as possibilidades abertas à divisão social do trabalho são muito maiores na atividade manufatureira do que na agricultura.[6] A divisão em tarefas do labor manufatureiro abriria possibilidades inusitadas à acumulação e modificaria progressivamente a estrutura dessa atividade, na qual a separação entre processos tendeu a ocupar o papel que antes correspondia à distinção entre produtos. Assim, a interdependência entre atividades manufatureiras tendeu a crescer sincrônica e diacronicamente. A ideia de produtividade, que na agricultura e na atividade artesanal podia ser facilmente captada no plano microeconômico, com o avanço da industrialização tornou-se progressivamente inseparável do grau de desenvolvimento alcançado pelo conjunto das atividades industriais. Demais, como a inovação técnica — tanto nos processos produtivos como na composição da produção final — favorece na apropriação do produto aqueles que a lideram, compreende-se que exista uma tendência estrutural na economia capitalista para concentrar a renda em benefício das zonas urbanas (nas quais se aglomeram as atividades manufatureiras) e dos países que exportam os produtos que incorporam a técnica mais avançada.

A percepção dessa problemática se manifesta claramente no grande debate ocorrido em torno da opção livre-câmbio e protecionismo, na segunda metade do século XIX. A teoria dos custos comparativos, desenvolvida por Ricardo e completada por J. S. Mill, expunha de maneira irretorquível a vantagem de levar o mais longe possível a especialização no quadro da divisão internacional do trabalho. Pouca dúvida podia haver de que Portugal, ao exportar vinho, estava maximizando

6 Cf. *The Wealth of Nations*. Org. de Edwin Cannan. Londres: Methuen, tomo I, 1950, p. 7.

vantagens comparativas, pois assim utilizava mais eficazmente recursos que pouco ou nada lhe custavam. Mas dessa forma, também estava Portugal optando por um processo mais lento de acumulação, enveredando por um caminho em que eram bem menores as chances de inovação técnica. Bastaria ter em conta que Portugal estava pagando com um produto imutável (vinho) um fluxo de produtos em permanente renovação (as manufaturas inglesas), para perceber a assimetria que existia nas relações econômicas entre os dois países.

A reação contra a doutrina do livre-cambismo fundava-se na ideia de complementaridade entre atividades econômicas e levaria ao conceito de *sistema econômico nacional*. A industrialização, que na segunda metade do século XIX faz brotar toda uma constelação de centros econômicos autônomos, ocorre essencialmente no quadro do protecionismo nacional. A partir desse momento, a concepção de *desenvolvimento* refere-se explicitamente à ideia de *interesse nacional*. Os indicadores da atividade da indústria básica (produção de ferro, de aço, de ácido sulfúrico etc.), assim como os da exportação de manufaturas, seriam utilizados para medir o grau de desenvolvimento de um país. O enfoque globalizante dos processos econômicos, que corresponde à preeminência do Estado como agente propulsor e orientador das atividades econômicas e árbitro dos conflitos de classes na definição do *interesse nacional*, marcaria profundamente a visão subsequente do desenvolvimento. Tem aí sua origem o uso de conceitos tais como o de renda ou produto per capita, produtividade dos fatores da produção, e outros similares — sem qualquer referência à distribuição da renda, às antinomias sociais, ao perfil da acumulação e aos preços relativos — como indicadores universais do desenvolvimento.

UMA NOVA PROBLEMÁTICA

A reflexão sobre o *desenvolvimento* a partir do término da Segunda Guerra Mundial teve como ponto de partida a tomada de consciência do atraso econômico de certos países com respeito a outros, *atraso* esse aferido pelas diferenças nos níveis de consumo e particularmente nos graus de diversificação do consumo do conjunto de uma população. Outros indicadores de natureza social, tais como a mortalidade infantil, a incidência de enfermidades contagiosas, o grau de alfabetização etc., logo foram sendo adicionados, contribuindo para amalgamar as ideias de *desenvolvimento*, *progresso*, *bem-estar social*, *modernização*, enfim, acesso às formas de vida criadas pela civilização industrial.

Mais que como problema acadêmico, o desenvolvimento configurou-se inicialmente como preocupação política, fruto das grandes transformações acarretadas pela Segunda Guerra Mundial, como o desmantelamento das estruturas coloniais e a emergência de novas formas de hegemonia internacional, fundadas no controle da técnica e da informação e na manipulação ideológica. Importante trabalho de catalizador coube, nessa primeira fase, às novas instituições internacionais — as Nações Unidas, suas comissões regionais e agências especializadas — cujos secretariados técnicos realizaram os primeiros trabalhos empíricos destinados a precisar a nova problemática. A penetração no mundo acadêmico foi inicialmente lenta. No que respeita à ciência econômica, as dificuldades conceituais para abordar a nova temática não seriam das menores. Os primeiros enfoques acadêmicos procuraram assimilar os problemas do desenvolvimento a aspectos do mau funcionamento da economia internacional. A doutrina formulada nos acordos de Bretton Woods (1944) e na Carta da Havana (1948) constituía, no essencial, uma volta ao pensamento liberal e deu origem a uma superestrutura institucional (Fundo Monetário Internacional, Banco Mundial, Gatt) que, mediante uma tutela indireta, deveria assegurar que as políticas econômicas nacionais se subordinassem aos objetivos da estabilidade internacional. Os Estados Unidos pretendiam, assim, reviver o projeto de estruturação de um sistema econômico mundial a partir de um centro nacional dominante, que um século antes ensaiara a Inglaterra. Sendo o reflexo da tomada de consciência de nações dependentes, a reflexão sobre o desenvolvimento teria necessariamente que conflitar com a nova doutrina liberal liderada pelos Estados Unidos, o que explica que ela se haja orientado desde o início para a crítica da teoria do comércio internacional e para a denúncia do sistema de divisão internacional do trabalho que se pretendia perpetuar. A temática se ampliaria consideravelmente já a partir dos anos 1950. Mas em nenhum momento o enfoque deixou de ser multidimensional, insistindo a maioria dos autores na primazia dos aspectos políticos da problemática do desenvolvimento.

Com efeito, no correr dos últimos três decênios, a reflexão sobre o desenvolvimento manteve-se diretamente ligada a problemas cuja dimensão política era determinante: degradação dos termos do intercâmbio externo, inadequação do sistema de preços na orientação dos investimentos, insuficiência da acumulação em sociedades expostas ao *efeito de demonstração*, insuficiência das instituições tradicionais em face das novas funções do Estado, inadequação da tecnologia importada em face da oferta potencial de fatores e das dimensões do mercado interno, anacronismo das estruturas agrárias, tendência à concentração da renda, tensões estruturais refletindo-se em inflação crônica e em desequilíbrio persistentes de balança de pagamentos, e por aí adiante. A abordagem dessa temática complexa foi feita sem o benefício de um esforço de teorização prévio na escala necessária, quase sempre a partir de marcos conceituais de todo insuficientes. Contudo, a influência da obra de alguns autores é perfeitamente perceptível, tanto no esforço de crítica destinado a romper ataduras teóricas alienantes e a reconhecer a originalidade dos novos problemas, como no próprio esforço de reconstrução teórica que se ia iniciando. Referiremos em seguida alguns desses autores.

Ao colocar em primeiro plano uma visão global das decisões econômicas, cuja insuficiência de coordenação era responsável pelo desemprego, a obra de Keynes deu um grande impulso à teoria da política econômica.[7] O pensamento neoclássico, cada vez mais entrincheirado numa posição ideológica defensiva, tendera a restringir-se ao estudo das condições de equilíbrio dos mercados concebidos isoladamente e da interdependência geral desses mercados vista como um problema essencialmente de consistência lógica. Conceber a política econômica como um esforço de coordenação de decisões — modificação do comportamento dos consumidores mediante a política de salários, fiscal, de preços etc., das decisões dos investidores mediante a política de gastos públicos, de criação de liquidez etc. — constituía uma ruptura frontal com a visão otimista com respeito à eficácia dos mecanismos dos mercados a que levara o pensamento neoclássico. Com a análise keynesiana emergiu uma teoria da coordenação das decisões econômicas que valorizaria consideravelmente os centros de decisão em nível nacional. Ora, se a eliminação do desemprego requeria uma ação diretora do Estado sobre o conjunto do sistema econômico, que dizer das modificações estruturais requeridas para sair do subdesenvolvimento? Esse enfoque levou a dar ênfase aos

7 A primeira edição da obra de J. M. Keynes, *The General Theory of Employment, Interest and Money*, é de 1936. O primeiro esforço no sentido da dinamização do modelo de Keynes deve-se a R. F. Harrod em "An Essay in Dynamic Theory", *The Economic Journal*, The Royal Economic Society, mar. 1939.

aspectos políticos dos problemas econômicos e a conceber o desenvolvimento como o fruto de uma ação deliberada e não como sendo gerado espontaneamente.

A abordagem globalizante dos problemas econômicos levou os estudiosos do desenvolvimento a retomar contato com a tradição do pensamento historicista, que havia alimentado os críticos do liberalismo internacional de meados do século XIX. Entre os neoclássicos, a teoria da produção se limitava a um estudo abstrato da firma, de sua equação de custos, de sua racionalidade em face de um contexto neutro. Ora, as antinomias sociais inerentes ao capitalismo e que são inseparáveis de seu dinamismo não podem ser apreendidas mediante o estudo de agentes isolados. O primeiro passo para formular uma teoria da produção é dado quando se capta a interdependência das atividades produtivas, o que requer partir da ideia de *sistema*. A tradição historicista havia produzido com Friedrich List o conceito de *sistema de forças produtivas*, que Marx utilizaria amplamente.[8] Este conceito projeta luz sobre a complementaridade das atividades produtivas, que assim são vistas como um processo social e não como a adição de entidades discretas. As *economias externas*, de importância considerável no estudo do desenvolvimento, podiam assim ser incorporadas à teoria da produção. Evidenciava-se a insuficiência dos critérios da racionalidade microeconômica na definição de um padrão de produtividade social.

A influência que irradiou da obra de Schumpeter foi difusa, mas em muitos aspectos significativa.[9] Esse autor se situa em posição especial entre a tradição historicista

8 Cf. Friedrich List, *Das nationale System der politischen Oekonomie*, cuja primeira edição é de 1841.

9 A influência principal de Schumpeter exerceu-se a partir de sua obra *Business Cycles*, de 1939. Seu livro *The Theory of Economic Development*, cuja edição original alemã é de 1912, somente foi traduzido para o inglês em 1951.

e a neoclássica. Partindo da visão wickselliana da demanda de capital como fator de instabilidade, Schumpeter formulou sua teoria do empresário inovador, agente transformador do processo produtivo, de óbvias afinidades com a visão dialética da história que serviu de fundamento à sociologia econômica de Marx. Em uma época em que os economistas se satisfaziam com transformar os problemas econômicos em teoremas de geometria analítica, Schumpeter preocupou-se com as mudanças estruturais e os processos irreversíveis que fazem a diferença entre um modelo de mecânica e a história social. O que interessa na dinâmica da economia capitalista, nos diz, não são os automatismos dos mercados de concorrência pura e perfeita, nos quais nada ocorre, e sim as formas *imperfeitas* de mercado geradoras de renda de produtor, aceleradoras da acumulação, concentradoras do capital. Daí seu interesse em descobrir as forças que criam tensões e provocam modificações nos parâmetros das funções de produção. Em síntese, a influência do pensamento schumpeteriano decorre menos de sua teoria das inovações e de sua visão do desenvolvimento a partir da concepção do equilíbrio geral, e mais de sua insistência nas forças sociais que provocam tensões e engendram mutações estruturais e dão especificidade ao processo histórico do capitalismo. Esse enfoque, ao projetar luz sobre as vinculações do desenvolvimento com a história social europeia, conduzia naturalmente a certas questões: que significa para o resto do mundo o avanço no processo acumulativo ocorrido na Europa a partir de fins de século XVIII? Pode-se dizer dos atuais países de desenvolvimento retardado o que disse Marx da Alemanha do século XIX, *de te fabula narratur*, insinuando que sua história não seria mais que a repetição da história da economia que liderava o processo de acumulação, no caso a Inglaterra? Ou aí se oculta, como em toda teoria do desenvolvimento como sequência de fases, uma escatologia herdada do Iluminismo? Ainda assim, como ignorar a crescente interdependência dos distintos processos históricos contemporâneos? Essa interdependência constitui um estímulo ou um freio ao desenvolvimento dos países retardados? Se é do interesse dos países desenvolvidos perpetuar o atual sistema de divisão internacional do trabalho, como não compreender que o desenvolvimento dos países retardados requer um projeto político? O empresário schumpeteriano já não seria a emanação das tensões sociais próprias da economia de mercado, e sim o fruto de uma vontade política empenhada em vencer o subdesenvolvimento. Não teria sido esse o caminho adotado por países de desenvolvimento retardado como o Japão da Restauração Meiji e os países que adotariam a via da planificação centralizada?

A obra de François Perroux, se bem que ligada diretamente à de Schumpeter, teve significação autônoma na formação do pensamento vinculado à problemática do desenvolvimento.[10] Schumpeter dera ênfase considerável ao efeito dinâmico de *inovação*, mas o circunscreveu a um quadro de referência essencialmente econômico. Perroux focalizou o efeito mais complexo da *dominação*, que desborda necessariamente do econômico, e relacionou o social com o espaço físico. Observando as decisões de diferentes agentes sociais desse ângulo mais amplo, pôs ele em evidência o fenômeno das *macrodecisões*, às quais cabe papel decisivo na estruturação da realidade econômica. A macrodecisão se origina seja no Estado, seja em outra unidade dominante, e funda-se numa antecipação global, vale dizer, numa avalia-

10 Cf. François Perroux, "Théorie générale du progrès économique", em *Cahiers de l'Institut de Science Économique Appliquée*, 1956 e 1957. Para uma visão de conjunto da obra de Perroux, ver *L'Économie du XXè siècle*. 2. ed. Paris: Presses Universitaires de France, 1964. (Primeira edição: 1961.)

ção prévia das reações e no uso da coação para tornar compatíveis os comportamentos discordantes de diversos agentes. Se bem que a *démarche* central do pensamento de Perroux tenha caminhado para o conceito de "polo de crescimento" — o qual inclui três elementos essenciais: a indústria-chave, a organização imperfeita dos mercados e as economias externas espaciais —, ter relacionado intimamente desenvolvimento com a ideia de poder deu à sua obra um alcance considerável, que supera a influência de Schumpeter. Ela projeta luz sobre o fato de que as chamadas atividades empresariais são, no essencial, formas de dominação social, sendo a inovação técnica um dos focos geradores de poder de maior relevância na sociedade capitalista. O problema básico está, por conseguinte, em identificar a natureza do sistema de dominação: seu relacionamento com a estratificação social, seus mecanismos de legitimação, as formas de descentralização e delegação, seu grau de eficácia etc.

O trabalho de crítica das bases do pensamento econômico realizado por Gunnar Myrdal foi de considerável importância para o avanço das ideias sobre o desenvolvimento.[11] À semelhança de Schumpeter, ele partiu de Wicksell, portanto do papel "desequilibrador" do processo de acumulação. Mas enquanto Schumpeter pretendeu manter-se no quadro analítico fundado na ideia de *equilíbrio geral*, Myrdal cedo percebeu as implicações epistemológicas desse enfoque. A experiência que adquiriu na abordagem de problemas que requeriam um enfoque interdisciplinar — como o das relações de raças — levou-o a perceber as limitações que decorrem de uma rígida separação entre aspectos *estáticos* e *dinâmicos*

11 Cf. Gunnar Myrdal, *Economic Theory and Under-Developed Regions*. Londres: Methuen, 1957. Ver também *The Political Element in the Development of Economic Teory*. Londres: Routledge & Kegan Paul, 1953.

da realidade social. A ideia de que o processo social se realiza na direção de um equilíbrio é fundamentalmente equivocada, nos diz Myrdal. E prossegue assinalando que a interferência de todo fator novo num processo social tende a provocar uma cadeia de reações no sentido do impulso inicial. Uma modificação subsequente de sentido desse processo deve ser atribuída à ação de outro fator autônomo. As modificações secundárias ou terciárias tendem a reforçar o impulso inicial, razão pela qual a realidade social se apresenta na forma de processos causais em cadeia. Esse enfoque leva a perceber com clareza que as consequências de uma decisão econômica podem assumir a forma de modificações tanto nos valores das variáveis consideradas como nos parâmetros que definem a estrutura inicial do sistema. Partindo de um quadro conceitual *funcionalista*, Myrdal alcançava uma percepção da realidade social próxima da visão da história dos autores de formação dialética. Observar o desenvolvimento como um processo histórico é interessar-se pelas decisões cujos efeitos se manifestam no nível das chamadas estruturas, as quais escapam ao enfoque funcionalista. A eficácia da crítica de Myrdal deveu-se em boa parte ao fato de que ele a realizou *de dentro* da análise econômica, ao passo que os historicistas apresentavam uma alternativa a essa análise. Abandonar a ideia de estabilidade da matriz estrutural significa tão somente denunciar a forma arbitrária como o economista separa variáveis de parâmetros. Mas é graças a essa estabilidade que a análise corrente traça o perfil do comportamento dos agentes econômicos, cujas decisões são dadas como resposta a complexas situações que se apresentam “nos mercados”. Por esta forma faz-se um corte entre a decisão e suas consequências. O agente que exerce poder é assim visto como alguém que *reage* a uma situação: a uma modificação de preços, de taxa de juros, a uma oportunidade favorável de aumentar seus lucros etc.; as consequências dessas reações entram no amálgama de onde brotam as "situações de mercado". O novo enfoque levaria a uma teoria mais abrangente das decisões, que também passam a ser consideradas como fatores de estruturação da realidade econômica.

À medida que foram sendo percebidas com mais clareza as relações entre o subdesenvolvimento e as estruturas de dominação, cresceu o interesse dos teóricos do desenvolvimento pelos estudos de estratificação social. É nesse contexto que se deve buscar explicação para a retomada de interesse pela leitura de Marx, cuja obra sociológica seria de influência muito mais profunda do que a econômica, no correr do último quarto de século. Como avançar na compreensão das motivações dos agentes que exercem poder sem referi-los a sua inserção social e sem uma ideia clara do todo social? Como entender os fins da ação do Estado sem identificar suas bases de sustentação social? Os estudos dos sistemas de dominação e das relações de trabalho vieram pôr em evidência a grande complexidade das estruturas sociais rurais da maioria dos países de industrialização retardada. Não menos sugestivos foram os estudos das estruturas sociais urbanas, em que a legislação social contribui consideravelmente para a estratificação da massa assalariada: a concentração da renda entre assalariados reproduz ou agrava a concentração da riqueza vinda da economia senhorial. As ideias sobre *marginalidade* social surgiram como uma primeira interpretação dessas estruturas sociais aberrativas.[12] Em realidade, esses estudos vieram confirmar as hipóteses dos economistas sobre a especificidade das formações sociais ali onde a penetração do capitalismo coincidiu com a inserção no

12 Para uma bibliografia sobre o tema da *marginalidade*, ver Alain Touraine, *Les Sociétés dépendantes*. Paris: J. Duculot, 1976.

sistema de divisão internacional do trabalho como supridor de produtos primários.

A obra de Ragnar Nurkse teve influência como introdutora do conceito de *excedente estrutural de mão de obra.*[13] Desde começos dos anos 1950 esse autor expôs com nitidez o que viria a se chamar de "equilíbrio de subdesenvolvimento" ou "desequilíbrio no nível dos fatores". Na medida em que existe uma incompatibilidade entre a oferta potencial de fatores, a tecnologia incorporada nos equipamentos que se utilizam e a composição da demanda que se pretende satisfazer, não é possível generalizar o critério da maximização do lucro. Em razão disso, cria-se na economia uma heterogeneidade estrutural, que está na origem do *dualismo* que se manifesta de múltiplas formas nos países subdesenvolvidos. Esse enfoque permitiu a Nurkse formular o conceito de *excedente estrutural de mão de obra*, ou *desemprego disfarçado*, do qual se podia deduzir a existência de um potencial utilizável para acelerar a acumulação. Arthur Lewis desenvolveu ideias similares, na mesma época que Nurkse, utilizando para apresentá-las um aparelho analítico inspirado nos economistas clássicos.[14] O capitalismo, com seu critério central de maximização do lucro, ao penetrar com atraso numa sociedade não logra absorver senão uma parcela da força de trabalho, porquanto ele requer um grau de acumulação por pessoa empregada incompatível com o potencial de investimento. O limite ao emprego no setor capitalista é estabelecido pelo preço de oferta da mão de obra, o qual se situa um pouco acima do nível de vida da população do setor pré-capitalista. A produtividade do trabalho marginal no setor capitalista deve ser superior a esse "salário de subsistência", pois

13 Cf. Ragnar Nurkse, *Problems of Capital Formation in Underdeveloped Countries.* Oxford: Oxford University Press, 1953.
14 Cf. Arthur Lewis, *Economic Development with Unlimited Supply of Labour*, The Manchester School, maio 1954.

do contrário o capitalista não o empregaria. Mas como a produtividade média se situa acima da marginal, forma-se um excedente, motor de acumulação e vanguarda da expansão do núcleo capitalista. Desta forma, a mão de obra tende a transitar do setor pré-capitalista para o capitalista. Enquanto dura esse processo o setor capitalista opera em condições de *oferta ilimitada de mão de obra*.

O enfoque tipo Nurkse-Lewis tomou considerável voga com a doutrina do *dualismo social*, se bem que as duas construções teóricas respondessem a preocupações diversas. Essa doutrina foi inicialmente formulada por J. H. Boeke, que se referiu à coexistência de dois "sistemas sociais", ou melhor, à intrusão de um sistema social, apoiado em tecnologia mais avançada, em outro que por motivos diversos consegue sobreviver.[15] As reflexões de Boeke tinham como base a observação de regiões de culturas relativamente sofisticadas (tais as do Sudeste asiático) submetidas ao estatuto da dominação colonial. Ocorre, entretanto, que nas economias coloniais o excedente criado pela penetração do capitalismo (conforme o modelo de Lewis) é em grande parte apropriado do exterior, e somente será reinvertido localmente se isso corresponder aos interesses dos grupos dominantes. Em outras palavras: o processo de acumulação somente avança na medida em que suas consequências no plano social (pressão para elevação dos salários, por exemplo) não conflita com os interesses dos grupos dominadores externos. É pelo fato de que o essencial do excedente não se integra na economia local que os dois sistemas sociais podem coexistir, ou seja, que a sociedade *tradicional* sobrevive. O dualismo social é, portanto, a contrapartida do colonialismo, caso extremo de dominação externa, e não uma resultante necessária da penetração do capitalismo.

15 Cf. J. H. Boeke, *Economics and Economic Policy of Dual Societies*. Nova York: Institute of Pacific Relations, 1953.

Quiçá nenhuma ideia haja tido tanta significação para o avanço dos estudos relacionados com o desenvolvimento, como a de estrutura centro-periferia, formulada por Raúl Prebisch.[16] Se bem que a preocupação inicial desse autor haja sido a propagação internacional do ciclo de negócios — a diversidade de comportamento das economias exportadoras de produtos primários vis-à-vis das economias exportadoras de produtos industriais —, a ideia partia de uma visão global do sistema capitalista e abria caminho para a percepção da diversidade estrutural deste, cujo conhecimento é essencial para captar a especificidade do subdesenvolvimento. O aprofundamento dessa ideia pelo próprio Prebisch e pelo grupo de cientistas sociais reunidos na Cepal, e que se tornariam conhecidos como escola estruturalista latino-americana, deu origem à corrente de pensamento de influência mais permanente nos estudos do desenvolvimento.[17]

O ponto de partida de Prebisch foi a crítica do sistema de divisão internacional do trabalho e da teoria do comércio internacional fundada na ideia de vantagens comparativas, cuja validade permanecia indiscutida no mundo acadêmico. Segundo um dos corolários dessa teoria, o comércio internacional era não apenas um "motor do crescimento", porquanto permitia a todos

16 As ideias básicas de Raúl Prebisch foram apresentadas pela primeira vez em *El desarrollo económico de la América Latina y algunos de sus problemas*, Comissão Econômica das Nações Unidas para a América Latina (Cepal), Santiago do Chile, 1949.

17 Muitos dos aspectos do pensamento estruturalista latino-americano e a bibliografia básica podem ser encontrados em Celso Furtado, *Economic Development of Latin America*. 2. ed. Cambridge: Cambridge University Press, 1976. (Primeira edição inglesa: 1970.) [Edição brasileira: *A economia latino-americana*. São Paulo. Companhia das Letras, 2007.]

os países que dele participavam utilizar mais racionalmente os próprios recursos, mas também era um fator de redução das disparidades dos níveis de renda entre países, pois eliminava os efeitos negativos da estreiteza dos mercados internos. Ora, os dados empíricos sobre o comportamento a longo prazo dos preços nos mercados internacionais estavam longe de confirmar essas previsões. Se alguma evidência havia era em sentido inverso, isto é, no da concentração da renda gerada pelo intercâmbio internacional em benefício dos países de mais alto nível de renda. Prebisch deslocou o problema do nível abstrato dos teoremas de vantagens comparativas (exercícios de lógica em que as conclusões já estão implícitas nas premissas) para o das estruturas sociais dentro das quais se formam os custos e é apropriado o excedente. A rigidez à baixa dos custos nas economias industrializadas havia sido exposta por Keynes, que a atribuíra à solidez das organizações sindicais. Ora, a situação era diversa nos países exportadores de produtos primários, tema este que logo seria desenvolvido na teoria do excedente estrutural de mão de obra. Existe, portanto, no sistema capitalista uma tendência estrutural à concentração de renda em benefício dos países de organização social mais avançada. As disparidades no ritmo de acumulação, para o que contribuiu em não pouca medida o sistema de divisão internacional do trabalho, e suas repercussões nas estruturas sociais engendraram uma heterogeneidade estrutural no sistema capitalista que não pode ser ignorada no estudo das relações internacionais. Assim, o subdesenvolvimento passou a ser visto como uma conformação estrutural e não como uma fase evolutiva.

Outra ideia de considerável importância posta em primeiro plano pela escola latino-americana, desde começos dos anos 1950, é a dos efeitos perversos nos países de desenvolvimento retardado da orientação da tecnologia incorporada aos equipamentos que importam esses países.[18] Se se tem em conta que essa orientação tecnológica não é independente das relações sociais prevalecentes nos países de acumulação avançada, compreende-se facilmente porque ela provoca crescente concentração da renda nos países de acumulação atrasada e cria, frequentemente, incompatibilidade entre a maximização dos lucros da empresa privada e os objetivos sociais das políticas de desenvolvimento. Essa temática despertaria posteriormente um considerável interesse com o debate em torno da marginalidade urbana, da escolha de técnicas, das técnicas *labour intensive*, da dependência tecnológica etc. O trabalho dos estruturalistas latino-americanos evoluiu para uma abordagem interdisciplinar do subdesenvolvimento, considerado como correspondendo a um tipo de sociedade em cuja reprodução desempenham papel fundamental relações externas de dependência que se introjetam na estrutura social.[19]

VISÃO SINTÉTICA DO PROCESSO DESENVOLVIMENTO-SUBDESENVOLVIMENTO

O processo formativo de um sistema econômico mundial, cujo ponto de partida é a aceleração da acumulação que ocorre na Europa (mais precisamente, na Inglaterra), apre-

18 A primeira abordagem do problema das relações entre a tecnologia importada e o subdesenvolvimento encontra-se no estudo preparado pela equipe da Cepal em 1951: *Problemas teóricos y practicos del crecimiento económico*, Cepal, Santiago do Chile.

19 Para uma apresentação, do ângulo sociológico, das ideias sobre *dependência*, ver F. H. Cardoso, "Les États-Unis et la théorie de la dépendance", *Revue du Tiers Monde*, Paris, out./dez. 1976. Ver também Celso Furtado, *Théorie du dévelopment économique*. 2. ed. Paris: Presses Universitaires de France, 1976. (Primeira edição: 1970.)

senta desde o início duas faces distintas. A primeira se refere à transformação do modo de produção, ou seja, à destruição total ou parcial das formas familiares, artesanais, senhoriais e corporativas de organização da produção e à implantação progressiva de mercados de elementos da produção: de mão de obra e dos recursos naturais apropriados pelo homem. Essa transformação traduziu-se em mais amplas possibilidades de divisão do trabalho e avanço da técnica, o que explica a aceleração da acumulação.

A segunda face reflete a ativação das atividades comerciais, ou seja, da divisão do trabalho inter-regional. As regiões em que se originou a aceleração da acumulação tenderam a especializar-se nas atividades em que a revolução em curso no modo de produção abria maiores possibilidades ao avanço da técnica e se transformaram em focos geradores do progresso tecnológico. Contudo, a especialização geográfica também proporcionava aumentos de produtividade, vale dizer, permitia uma utilização mais eficaz dos recursos produtivos disponíveis. Nascendo do intercâmbio externo, estes últimos aumentos de produtividade serviam de vetor de transmissão das inovações na cultura material que refletiam a aceleração da acumulação. O *progresso* — assimilação das novas formas de vida que acompanhavam as inovações no nível da cultura material — apresentou-se por toda parte, ainda que em graus diversos. A *modernização* dos padrões de consumo — transformação imitativa de importantes segmentos da cultura material — pôde avançar consideravelmente sem interferência maior nas estruturas sociais, o que explica que em muitas partes do mundo a ativação do comércio exterior se haja realizado no quadro das formas preexistentes de organização da produção, inclusive no da escravidão.

A difusão do capitalismo foi muito mais rápida e ampla como processo de *modernização* do que como transformação do modo de produção e das estruturas sociais.[20] Desenvolvimento e subdesenvolvimento são, portanto, dois processos históricos que derivam do mesmo impulso inicial, ou seja, que têm suas raízes na aceleração da acumulação ocorrida na Europa do fim do século XVIII e começos do XIX. Para compreender as causas da persistência histórica do subdesenvolvimento faz-se necessário observá-lo como parte que é de um todo em movimento, vale dizer, como expressão da dinâmica do sistema econômico mundial engendrado pelo capitalismo industrial.

A industrialização dos países que se inseriram no processo de subdesenvolvimento faz-se em concorrência com as importações, e não com a atividade artesanal. Dessa forma, ela tende a subordinar-se à *modernização*, que a precede. Longe de ser um reflexo de nível de acumulação alcançado, a evolução do sistema produtivo é um simples processo adaptativo no qual o papel dominante cabe às forças externas e internas que definem o perfil da demanda. Esta a razão fundamental que explica que as estruturas sociais dos países de industrialização retardada sejam tão diversas das que surgiram ali onde a difusão do modo capitalista de produção fez-se como um processo autônomo.

A mecanização das infraestruturas e as transformações impostas à agricultura pelo esforço de exportação e também pela evolução da demanda interna, assim como o impacto da industrialização ali onde eram importantes as atividades artesanais, como o setor da alimentação, o têxtil, o da confecção etc., puseram em marcha um prolongado processo de destruição de formas tradicionais de

20 Sobre o tema geral da modernização, ainda que abordado de outros ângulos, ver Elisenstadt, *Modernization: Protest and Change*. Englewood Cliffs: Prentice-Hall, 1966; e Marion J. Levy Jr., *Modernization and the Structure of Society: A Setting of International Affairs*. Princeton: Princeton University Press, 1966.

emprego. A intensa e caótica urbanização, presente na totalidade dos países subdesenvolvidos, constitui apenas a manifestação mais visível desse complexo processo de desestruturação social. O conceito de *desemprego disfarçado*, introduzido pelos economistas em começo dos anos 1950, constituiu a primeira tomada de consciência desse problema, mas foram os estudos sobre *marginalidade urbana* realizados pelos sociólogos latino-americanos no decênio seguinte que permitiram captá-lo em sua complexidade e trazer à evidência a especificidade das estruturas sociais surgidas nos países de economia dependente.

As massas demográficas que a modificação das formas de produção priva de suas ocupações tradicionais tendem a instalar-se em sistemas subculturais urbanos que só esporadicamente se articulam com os mercados, mas exercem sobre estes uma forte influência potencial como reservatórios de mão de obra. Realizando em grande parte sua reprodução de forma autônoma, as populações *marginais* são a expressão de uma estratificação social que tem suas raízes na *modernização*. A *inadequação da tecnologia*, a que se referiam os economistas, de um ângulo de vista sociológico traduziu-se na polaridade *modernização-marginalização*. O esforço visando encontrar um campo teórico comum levou à teoria da dependência, que se funda numa visão global do capitalismo — sistema econômico em expansão e constelação de formações sociais — e pretende captar a heterogeneidade no tempo e no espaço do processo de acumulação e suas projeções na dinâmica dos segmentos periféricos.

Esses estudos, pondo em evidência as vinculações fundamentais entre as relações exteriores e as formas internas de dominação social nos países que se instalaram no subdesenvolvimento, projetariam luz sobre outros temas de não pequena significação, tais como o da natureza do Estado nesses países e o do papel das firmas transnacionais no controle de suas economias.

Ali onde a modernização apoiou-se na exploração de recursos não reprodutíveis (o caso dos países exportadores de petróleo, por ser extremo, presta-se mais facilmente à análise), o excedente retido no país de origem tendeu a ser captado por um sistema de poder local. Dessa forma, a vinculação externa passou a desempenhar um papel fundamental na evolução da estrutura de poder, conduzindo a uma centralização e a um fortalecimento da mesma. Esse processo de condensação do poder em instituições centralizadoras, coincidindo com a desestruturação social a que fizemos referência, empresta ao Estado características que apenas começam a ser percebidas em sua originalidade. Como o Estado é essencialmente um instrumento captador de excedente, a evolução das estruturas sociais tende a ser fortemente influenciada pela orientação dada por ele à utilização dos recursos que controla. Portanto, é nas relações com o exterior e no processo de acumulação que estão as bases do sistema de poder, cuja atuação interfere na reestruturação social que acompanha a penetração do capitalismo.

A situação dos países que se vinculam ao exterior mediante a exploração de recursos não renováveis, e em que o Estado é o instrumento privilegiado e quase exclusivo da acumulação controlada do interior, constitui evidentemente um caso limite. Contudo, nos demais países subdesenvolvidos a evolução política se vem fazendo na mesma direção, sendo geral o fortalecimento do aparelho estatal e a emergência de novas formas de organização social sob sua tutela. Os investimentos infraestruturais ou nas indústrias básicas dependem diretamente do poder público ou de garantias dadas por este a grupos estrangeiros. A poupança local, em grande parte compulsória, inexistiria sem uma ação deliberada do Estado, o qual assume crescentes responsabilidades no campo da produção mesmo que as empresas por ele criadas operem com ampla margem de autonomia. Em face dessa evolução, desaparece a possibilidade de aplicação dos critérios tradicionais para diferençar atividades públicas de privadas. Esta a razão pela qual o conceito weberiano de *burocracia*, referido a formas de poder que se apoiam tão somente na racionalidade instrumental, é de escassa valia para explicar as novas realidades do poder a que estamos nos referindo.

O estudo do desenvolvimento, ao conduzir a uma progressiva aproximação da teoria da acumulação com a teoria da estratificação social e com a teoria do poder, constituiu-se em ponto privilegiado de convergência das distintas ciências sociais. As primeiras ideias sobre *desenvolvimento econômico*, definido como um aumento do fluxo de bens e serviços mais rápido que a expansão demográfica, foram sendo progressivamente substituídas por outras referidas a um conjunto de transformações sociais que adquirem sentido a partir de um sistema de valores intuído ou explicitado. Medir um fluxo de bens e serviços é operação que somente adquire um sentido preciso quando tais bens e serviços estão ligados à satisfação de necessidades humanas objetivamente definidas, isto é, identificáveis independentemente das desigualdades sociais existentes, ou quando tais desigualdades sejam inexpressivas. Mas sempre existirá ambiguidade quando se pretender reduzir a um mesmo denominador os gastos dos distintos grupos de uma sociedade inigualitária, ou se pretender comparar aumentos ou diminuições das desigualdades. Quando o economista adiciona os gastos realizados pelos consumidores, está em busca de uma variável representativa da *demanda efetiva* de um sistema econômico, e não de um indicador do *bem-estar social*. O postulado de homogeneidade dos gastos de consumo é incompatível com a ideia de bem-estar social, que de uma ou outra forma está contida no conceito de *desenvolvimento*, sempre que se exclua a hipótese da sociedade perfeitamente igualitária. O debate em torno deste ponto de aparência técnica levaria a uma crítica dos tipos de sociedade que são postulados implicitamente nos projetos de desenvolvimento.

Que esse debate haja surgido inicialmente nos países subdesenvolvidos, compreende-se facilmente, pois em razão do atraso e da dependência de tais países o tipo de sociedade em questão *já existe*. Assim, a temática tradicional em torno dos "obstáculos ao desenvolvimento" tendeu a ser substituída por outra que alimenta o debate sobre os "limites ao crescimento", os "estilos de desenvolvimento", os "tipos de sociedade", a "ordem mundial". O aprofundamento da análise das relações internacionais de dominação-dependência e de sua introjeção nas estruturas sociais permitiu ver com maior clareza a natureza das forças que respondem pela tendência à permanente concentração da renda em benefício das economias dominantes e pela marginalização de frações crescentes de população dentro dos países de economia dependente. Por outro lado, a crítica da "lógica dos mercados" levou a uma clara percepção do impacto no ecossistema de um tipo de sociedade que impulsa à acumulação ao mesmo tempo que reproduz necessariamente as desigualdades.

Às bases interdisciplinares da teoria do desenvolvimento deve-se, certamente, a fecundidade da reflexão crítica que ela vem estimulando, da qual é de esperar que surjam novos caminhos para o trabalho de construção teórica nas ciências sociais. De todas as formas, os horizontes por ela abertos contribuíram maiormente para aprofundar a consciência crítica do homem contemporâneo.

A crise econômica contemporânea*

Repete-se com frequência em nossos dias que, mais do que uma crise econômica, vivemos uma crise da ciência econômica. Se não somos capazes de compreender o mundo em que estamos inseridos, como agir racionalmente sobre ele?

O esforço de várias gerações de economistas permitiu construir uma teoria das decisões fundada no pressuposto de que cada agente consumidor cinge o seu comportamento a normas que podem ser cabalmente explicadas. A partir de pressupostos fundados na evidência, seria possível construir um modelo axiomático do qual derivar uma teoria explicativa do comportamento do consumidor, ponto de partida da ordenação das atividades econômicas. Estaria assim aberta a via real de acesso a uma ciência econômica de sólidas fundações. Mas o comportamento social não se deixa traduzir facilmente em termos de preferências individuais, por mais que ampliemos e refinemos o quadro das hipóteses de base. Daí o deslocamento para o eixo político — polo oposto na visão dos processos econômicos — e a ênfase dada à ideia de sistema.

A realidade econômica seria, acima de tudo, a resultante da ordenação imposta por uma estrutura de poder

* Conferência proferida na outorga de título de doutor *honoris causa* da Universidade Técnica de Lisboa, em março de 1987.

ao comportamento dos agentes consumidores e produtores. Observar isoladamente esses agentes é reduzir problemas econômicos a questões de psicologia ou de organização. O estudo dos mercados pressupõe a identificação do sistema econômico no qual eles estão inseridos, e este não existe fora de um contexto político. O que mais importa, por conseguinte, é conhecer as formas como são reguladas as atividades econômicas que, inserindo-se em sistemas abertos, constituem uma realidade particularmente complexa.

A macroeconomia é um simples esforço de configuração dos conjuntos econômicos organizados politicamente. Ela trabalha com variáveis, simples agregados heterogêneos, que estão longe de poder ser definidas a partir de pressupostos axiomatizáveis. A isso se deve que por muito tempo se haja pretendido dissolver a macro na microeconomia, o que permitiria fundar em bases logicamente consistentes esse ramo da ciência econômica. Mas com esse reducionismo apenas se conseguiu restringir o alcance explicativo dos modelos macroeconômicos em troca de um falso rigor.

Se pretendemos calçar com fundamentos epistemológicos as variáveis macroeconômicas, devemos fazê-lo não a partir de hipóteses sobre a consistência lógica do comportamento de agentes isolados, mas do próprio acontecer social. A ideia freudiana de que a civilização é uma dupla limitação no âmbito da ação e da consciência nos proporciona uma abordagem para este problema. O comportamento social traduz, por um lado, a busca da convivência, sem a qual não seria possível o desenvolvimento do homem. Por outro, ele enfeixa os condicionantes impostos ao indivíduo, tanto no plano cognitivo como no da ação, pelas estruturas de poder. A legitimação para esse comportamento pode ser encontrada no que Habermas chamou de razão comunicativa ou intersubjetiva.

Em realidade, existe sempre um elemento de consenso no comportamento social, sem o que toda a ordem política seria demasiado frágil. Se pretendemos, por exemplo, definir a variável consumo social (macroeconômica) a partir das preferências dos consumidores, somos obrigados a somar elementos totalmente heterogêneos. Mas se a definimos com base no grau de consenso que existe em torno das regras de apropriação dos bens e serviços disponíveis para consumo, poderemos fazê-lo com relativo rigor. A inflação outra coisa não é senão a explicitação de um limitado grau de aceitação dessas regras. As variáveis macroeconômicas são, por conseguinte, expressão do equilíbrio existente entre as forças sociais que disputam a apropriação da renda, ou, visto de outro ângulo, a conformação imposta a essas forças pelo sistema de dominação social.

Portanto, um sistema econômico não é uma simples constelação de mercados cuja lógica possa ser explicada com base na teoria do comportamento de agentes individuais. Ele pressupõe a existência de um quadro institucional e um poder regulador capaz de arbitrar os conflitos que se manifestam a todo o momento em torno da apropriação e da alocação de recursos escassos. Foi a institucionalização desse poder regulador que permitiu ampliar o espaço de diálogo entre agentes representativos de forças sociais crescentemente organizadas, o que conduziu à formação de uma ampla área de consenso e, a fortiori, a uma maior eficácia na utilização dos recursos.

Quando observamos as economias em sua primeira fase de industrialização, faz-se evidente a tendência à concentração da renda. Estando o poder em mãos da classe de proprietários de terra e de bens de produção, ao abrir-se o processo de elevação de produtividade, era de esperar que o incremento do produto fosse apropriado pelos que monopolizavam o poder. As crises de subconsumo, ou a incapacidade para realizar o excedente, logo se manifestaram, dando lugar a grande desperdício de recursos. A Inglaterra encontrou uma saída para esse estrangulamento na exportação de capitais, o que lhe permitiu financiar sua impetuosa expansão imperialista da era vitoriana. Mas esse modelo de desenvolvimento tendeu a ser substituído por outro, fundado na ampliação do mercado interno, ou seja, na realização interna do excedente, graças a um forte crescimento do consumo causado pela maior propensão a consumir dos assalariados, cuja participação na renda social estava aumentando.

Foi este o curso que prevaleceu na evolução do capitalismo moderno, o que se deve ao desenvolvimento social, ou seja, à ampliação da área de diálogo e consenso, e não prioritariamente ao avanço da tecnologia ou ao desenvolvimento das forças produtivas. Houvesse prevalecido a tendência inicial, e a configuração da economia mundial seria bem diversa da atual, pois a penetração da técnica moderna nas áreas periféricas teria sido mais rápida e a distribuição da renda nas áreas centrais mais desigual. Também é provável que o avanço nas técnicas de regulação macroeconômica houvesse sido mais lento.

Pode-se, portanto, argumentar que a evolução do capitalismo industrial no sentido da sofisticação dos meios de regulação — graças à qual foi possível obter uma mais eficaz utilização dos recursos escassos e crescente homogeneização dos padrões de consumo — teve como contrapartida uma mais lenta difusão extramuros do progresso técnico. A realização interna do excedente exigiu a criação de sistemas crescentemente autorreguláveis. Somente assim as pressões sociais não chegariam a comprometer as estruturas de dominação, cuja transformação era lenta. Por outro lado, esse modelo de desenvolvimento contribuiu para aprofundar o fosso entre economias desenvolvidas e subdesenvolvidas.

Ora, esses mecanismos de regulação hoje se encontram seriamente comprometidos, em razão da nova conformação que vêm assumindo as economias capitalistas.

A ninguém escapa que as deslocações causadas pela Segunda Guerra Mundial provocaram considerável concentração do poder político, passando os Estados Unidos a exercer função tutelar no vasto mundo das nações capitalistas. Emergiu uma confrontação política bilateral em escala planetária, ao mesmo tempo que o financiamento da invenção tecnológica, transformada em ponta de lança nessa confrontação, era em grande parte assumido por esse poder político. O alcance dessas mudanças fundamentais no plano da ordenação e regulação das atividades econômicas ainda não foi captado em sua plenitude.

Basta considerar que as instituições reguladoras das relações internacionais concebidas no imediato pós-guerra — o Fundo Monetário Internacional e o Banco Internacional de Reconstrução e Desenvolvimento — fundavam-se no princípio da eficácia da regulação interna, portanto pressupunham a existência de economias nacionais perfeitamente delimitadas. A regulação interna de cada sistema nacional deveria sobrepor-se às relações externas, cujos desequilíbrios, considerados de natureza conjuntural, seriam corrigidos mediante intervenção de órgãos multilaterais. Um pouco de cooperação internacional seria suficiente para evitar os desarranjos que haviam caracterizado o mundo do imediato pré-guerra. O importante era que as economias nacionais resistissem às pressões recessivas externas com medidas expansionistas internas, do contrário as forças recessivas tenderiam a prevalecer.

Ora, o que se observou no pós-guerra foi a crescente integração dos sistemas produtivos nacionais e, em seguida, dos sistemas financeiros e monetários. A progressiva *abertura* para o exterior das economias nacionais — o coeficiente de comércio exterior dos países capitalistas industrializados dobrou ou triplicou — trouxe consigo transformações qualitativas no comércio internacional e no papel por este desempenhado na dinâmica das economias nacionais.

O intercâmbio tradicional de manufaturas por produtos primários, ou provenientes de climas diversos, vinha sendo erodido pelo progresso técnico com seu fluxo crescente de produtos sintéticos e uma rápida penetração nas atividades agrícolas. A nova vaga de comércio internacional assumiria a forma de intercâmbio de manufaturas por manufaturas, apoiando-se em economias de escala de produção e na diversificação da oferta ali onde era mais rápido o avanço da tecnologia do produto. Esse tipo de intercâmbio facilitou a difusão das inovações técnicas, pois os novos produtos podiam ser introduzidos simultaneamente em um grande número de mercados nacionais. Dessa forma, o avanço da tecnologia passou a ser um instrumento privilegiado de penetração no exterior, ao mesmo tempo que o comércio internacional ocupava o primeiro plano como fator de dinamização das economias nacionais.

Para ir mais a fundo nesse problema é necessário ter em conta a situação privilegiada em que se encontraram os Estados Unidos no imediato pós-guerra, situação que lhes permitiu criar facilidades de financiamento para as economias de mercado devastadas pela guerra, assim como estimular o desmantelamento das velhas estruturas coloniais. Tudo foi feito para rebaixar as barreiras tarifárias e facilitar a implantação das firmas norte-americanas no exterior.

O rápido avanço das técnicas de informação e telecomunicação deu às empresas maior abrangência espacial, aumentando sua margem de manobra em face das pressões sindicais em seus países de origem. Esse seria o ponto de partida de profundas transformações estruturais da economia dos Estados Unidos, cuja capacidade de autorregulação foi seriamente comprometida.

A abertura para o exterior assumiu nos Estados Unidos, de preferência, a forma de transnacionalização das empresas, passando as transações entre matrizes e respectivas subsidiárias localizadas no exterior a responder por parcela crescente das relações econômicas externas desse país. Como as subsidiárias, via de regra, utilizam tecnologia já amortizada e reproduzem, no todo ou em parte, a gama de produtos da matriz, seus custos de produção são mais baixos, o que explica a formação de um fluxo crescente de exportações em direção do mercado norte-americano, no âmbito das próprias empresas.

Em sua forma tradicional, as exportações de capital tendiam a fortalecer a balança de pagamentos do país exportador, pois geravam influxos de juros e dividendos. É sabido que no final dos anos 1920 mais de uma terça parte das importações inglesas eram pagas com rendimentos financeiros obtidos no exterior. Ora, a transnacionalização de um sistema produtivo de elevados custos de mão de obra, como é o norte-americano, conduziria necessariamente a resultado inverso. Os lucros obtidos no exterior tenderam a ser aí reinvestidos, em razão das mais altas taxas de retorno. A redução consequente da taxa de investimento interno repercutiu negativamente na absorção de novas técnicas, em detrimento da competitividade das indústrias dos Estados Unidos, tanto no exterior como em seu próprio mercado. A conjunção desses fatores está na origem das mudanças estruturais que engendraram um considerável déficit na conta-corrente da balança de pagamento de uma economia que até recentemente havia sido grande exportadora de capitais.

As projeções dessas mudanças estruturais no plano financeiro foram de considerável alcance. Como as firmas norte-americanas continuavam investindo no exterior e ainda buscavam recursos no mercado financeiro de seu próprio país, onde por muito tempo as taxas de juros permaneceram relativamente baixas, ao modificar-se a posição da balança de pagamentos foi necessário conciliar situações antinômicas. Os Estados Unidos se tornavam importadores de capital, sendo ao mesmo tempo exportadores. Essa situação paradoxal foi resolvida na prática retendo no exterior parte dos dólares gerados pelas exportações das subsidiárias em direção do mercado dos Estados Unidos. Esses dólares iam alimentar as reservas dos bancos centrais ou permaneciam circulando nas praças internacionais, constituindo o ponto de partida da formação do mercado dos eurodólares em início da década de 1960.

Por trás do aparente paradoxo a que nos referimos, o que em realidade estava ocorrendo era a transnacionalização dos grandes bancos norte-americanos. Ao organizarem suas atividades num espaço plurinacional — o que lhes permitia combinar fatores localizados em vários países —, os conglomerados industriais procuravam escapar do controle das autoridades monetárias norte-americanas, transferindo para praças de conveniência (offshore) recursos financeiros. A gestão dessa massa de liquidez internacional, que escapa a toda forma de controle de autoridades monetárias, resultou ser um negócio de alta lucratividade, incitando os bancos a instalar agências no exterior.

Nesse mundo de bancos privados transnacionalizados, as transferências de capital entre países escapam a todo o controle. Dispor de liquidez internacional constitui considerável fonte de poder, pois a simples transferência desses recursos entre agências de um mesmo banco, localizadas em países distintos, pode ameaçar a estabilidade de determinada moeda. Demais, os bancos transnacionalizados, ao se financiarem mutuamente, capacitam-se para criar nova liquidez. Dessa forma, emergiu um novo sistema de decisões no plano internacional que tem como contrapartida menor liberdade de ação dos governos nacionais.

A partir do momento em que as subsidiárias de uma empresa localizadas no exterior têm acesso ao mercado financeiro internacional, reduz-se a possibilidade de submeter a matriz a uma política de crédito de âmbito nacional, ou seja, fundada em equilíbrios macroeconômicos internos. Com efeito, sempre que lhe convenha, a empresa matriz pode obter recursos financeiros de suas filiais.

Uma observação atenta do ocorrido nos últimos decênios produz ampla evidência de que as transformações estruturais trazidas à economia dos Estados Unidos pela transnacionalização de grande número de suas empresas estão a exigir nova conceituação da economia desse país, que já não pode ser concebida como simples sistema econômico nacional. Seus problemas de regulação terão, portanto, de ser de outra ordem.

Em face dos constrangimentos criados pelo processo de transnacionalização, as autoridades norte-americanas são forçadas a escolher entre uma política de taxas de juros altas — o que significa agravar o desemprego — e uma acumulação indefinida de saldos em dólares no exterior, o que ameaça a estabilidade do sistema financeiro internacional. A política tradicional de baixas taxas de juros, instrumento privilegiado para a ativação da economia desse país, foi inviabilizada pelo processo de transnacionalização, porquanto acelera a saída de capitais, agravando a posição da balança de pagamentos. Por outro lado, a política de desvalorização do dólar, destinada a intensificar as exportações, facilita a penetração de firmas estrangeiras, criando outra fonte de pressão sobre a balança de pagamentos. Com efeito, as firmas estrangeiras que investem nos Estados Unidos orientam-se, de preferência, para o mercado interno desse país. Impõe-se, portanto, a conclusão de que novas formas de regulação terão de ser inventadas, o que requer mecanismos de cooperação internacional distintos dos atuais.

Em realidade, essas transformações estão exigindo uma revisão dos conceitos com que abordamos a problemática das relações econômicas e financeiras internacionais. Os esquemas tradicionais de intercâmbio entre sistemas nacionais com capacidade de autorregulação estão sendo substituídos por múltiplas outras formas de relacionamento que emergem no âmbito das empresas. Mas, se é evidente a redução da capacidade de autorregulação dos sistemas nacionais, estamos longe de poder falar de sistema econômico global, mesmo no que se refere ao mundo capitalista. A ninguém escapa que novas estruturas estão em processo avançado de formação, mas não seria fácil prefigurar o seu formato. Já existem empresas organizadas em escala planetária, sem que se possa afirmar que elas constituem elementos de um sistema econômico emergente da mesma abrangência. O que não existe são instituições atuando no plano internacional com uma percepção clara das transformações em curso.

Alcançamos, assim, o ponto nodal de nossa argumentação. Um sistema econômico é essencialmente um conjunto de dispositivos de regulação voltados para o aumento da eficácia no uso de recursos escassos. Ele pressupõe a existência de uma ordem política, ou seja, uma estrutura de poder fundada na coação e/ou no consentimento. No presente, a ordem internacional expressa relações, consentidas ou impostas, entre poderes nacionais, e somente tem sentido falar de racionalidade econômica se nos referimos a um determinado sistema econômico nacional. A suposta racionalidade, mais abrangente, que emerge no quadro de uma empresa transnacionalizada, não somente é de natureza estritamente instrumental, como também ignora custos de várias ordens internalizados pelos sistemas nacionais em que ela se insere. Em realidade, a empresa transnacional não passa de um corte horizontal nas estruturas nacionais de poder, cuja capacidade de autorregulação é, em consequência, reduzida. Sua única legitimidade se funda no fato de que os serviços que ela presta aumentam a eficiência dos sistemas nacionais em que opera.

Vamos admitir que esse aumento de eficiência seja real, vale dizer, resista a um cálculo de custos que tenha em conta as partidas contabilizadas ou não. Caberia então indagar: até que ponto pode um sistema econômico nacional beneficiar-se da transnacionalização de segmentos de sua economia, sem perder a capacidade de autorregulação? Olhando o problema de outro ângulo: até que ponto a necessidade de preservar a autorregulação impede determinada economia nacional de ter acesso à tecnologia em poder das empresas transnacionalizadas? Não se trata apenas, se bem que isto seja importante, de economias de escala de produção; trata-se, igualmente, de reconhecer que parte importante da tecnologia moderna está sob o controle dessas empresas.

O problema da autorregulação é particularmente relevante nos países chamados em vias de desenvolvimento, uma vez que neles os custos não contabilizados das decisões empresariais são em geral elevados. Mais heterogênea a estrutura social, maior o excedente estrutural de mão de obra, mais acentuadas tendem a ser as discrepâncias entre critérios micro e macroeconômicos de produtividade. E essas discrepâncias, originárias dos próprios mercados, somente podem ser minoradas, ou corrigidas em seus efeitos antissociais, pela ação reguladora do sistema político.

Na medida em que a propagação da técnica moderna busca o caminho da transnacionalização, maiores são as dificuldades que se apresentam aos países em desenvolvimento para conciliar o acesso a essa técnica com a autonomia de decisão de que necessitam no enfrentamento dos graves problemas sociais que os afligem. Muitos desses problemas surgem do próprio desenvolvimento tardio, que combina um consumismo exacerbado com uma insuficiência estrutural de criação de emprego.

Mas não se trata apenas dos países em vias de desenvolvimento. A questão de fundo tem alcance bem mais geral, pois se refere às consequências da transnacionalização, tanto na difusão da tecnologia como na alocação de capitais. A construção da Comunidade Econômica

Europeia (CEE) constitui, sem dúvida, uma tentativa de resposta a esse duplo desafio. As economias nacionais da Europa Ocidental tornaram-se altamente dependentes do comércio exterior para crescer, sendo que grande parte deste comércio é interno à região. A integração regional, ao internalizar grande parte do comércio externo, privilegiou as empresas da região e limitou o impacto da transnacionalização. Mas isto somente foi possível porque a CEE é o embrião de um sistema político, portanto de um governo, se bem que sua área de ação ainda seja limitada. As decisões que dela emanam são de direito interno em cada país membro, e não de direito internacional. É nesse quadro que se está formando um verdadeiro sistema econômico, cuja complexidade, derivada das discrepâncias sub-regionais, a ninguém escapa.

A capacidade autorreguladora do sistema econômico multinacional que é a CEE ainda é pequena, porquanto os circuitos monetários e financeiros não foram adequadamente integrados, mas, mesmo assim, já restringiu sensivelmente a autonomia de decisão dos centros nacionais. A essa transição se deve que a Europa Ocidental enfrente dificuldades particularmente grandes em face da crise econômica atual: o governo comunitário ainda não está suficientemente estruturado e os governos nacionais perderam muita de sua autonomia para agir. Mas não pode haver dúvida de que a construção da CEE constitui a resposta historicamente mais significativa aos grandes desafios lançados no pós-guerra pela evolução da economia internacional.

As tensões que nesta se manifestam e que são responsáveis pelas recessões intermitentes iniciadas na metade dos anos 1970 têm sua origem nas mudanças estruturais que conduziram à perda de poder regulador em níveis nacional e internacional. O ponto de partida, muito possivelmente, se situou na mudança política que, ao colocar os Estados Unidos em posição privilegiada, facilitou às suas empresas organizarem-se em escala planetária. Não menos importante, contudo, foi a emergência do processo de transnacionalização, o qual abriu espaço às empresas para abrigar-se das pressões sociais e dos constrangimentos do poder estatal em seus países de origem. O processo de transnacionalização teve particularmente êxito nos campos da tecnologia e dos recursos financeiros. Com efeito, são as empresas que produzem ou controlam conhecimentos e aquelas que manipulam os meios monetários e financeiros as que mais facilmente abrem e consolidam os espaços transnacionais. O poder dessas empresas busca legitimar-se pela qualidade de serviços que prestam, mas as normas que asseguram sua expansão são parte de uma ordem internacional tutelada pelos Estados Unidos.

O primeiro foco de tensão a identificar está nas deslocações causadas à própria economia norte-americana, cuja capacidade de autorregulação foi drasticamente reduzida pelas facilidades de que se beneficia graças à posição internacional privilegiada que ocupa. Existe, portanto, um problema básico de clarificação das relações externas da economia norte-americana, a começar pelo plano monetário.

O segundo foco provém da perda de eficácia das agências internacionais criadas para corrigir desequilíbrios nas relações entre sistemas econômicos nacionais. Ao reduzir-se o poder de autorregulação destes últimos, os desequilíbrios se ampliaram desmedidamente, retirando toda a significação aos meios de intervenção das referidas agências. Cabe, por conseguinte, redefinir o papel dessas agências, tendo em conta as transformações estruturais advindas da transnacionalização.

Se admitimos que o funcionamento regular de todo o sistema econômico pressupõe a existência de um sistema político, devemos reconhecer que somente sairemos dos impasses atuais se caminharmos para a construção de novos sistemas políticos, de maior abrangência, e/ou se restituirmos aos antigos sistemas políticos nacionais a eficácia que perderam. O fundo do problema está em que, dadas as diferenças de níveis de desenvolvimento das economias contemporâneas, os caminhos a trilhar não são necessariamente os mesmos, ainda que os objetivos estratégicos sejam similares. Uma ordem internacional voltada para a difusão do progresso técnico sob o controle das grandes empresas transnacionalizadas pode assegurar a expansão do comércio internacional e, por esse meio, o dinamismo das economias industrializadas. Mas tal ordem, ao reduzir a autonomia de decisão dos países de desenvolvimento retardado, poderá agudizar nestes as tensões sociais e a instabilidade política.

O objetivo comum é, certamente, reforçar a esfera política, ou seja, aumentar o poder regulador das atividades econômicas, única forma de colocá-las ao serviço da satisfação das necessidades sociais legitimamente reconhecidas. A eficácia na utilização dos recursos e o crescimento econômico não são mais do que meios para alcançar essa meta. Da mesma forma, a integração econômica e a construção de sistemas políticos mais abrangentes visam ao mesmo objetivo de assegurar estabilidade e crescimento em um mundo em que a tecnologia e o capital são crescentemente controlados por organizações privadas transnacionais.

Na situação presente, tanto podemos caminhar para a frente pela rota da integração multinacional como pelo caminho, aparentemente inverso, do fortalecimento do poder de decisão e autorregulação nacional. Novas formas de organização política — a exemplo desse governo multissoberano, que é a CEE — terão de ser inventadas para conciliar a aspiração à preservação da identidade cultural com as exigências da tecnologia moderna e a emergência do poder transnacional.

Novas formas de cooperação internacional, que permitem estabelecer efetiva regulação em um mundo crescentemente interdependente, somente serão alcançadas com base em novas formas de poder político capazes de aglutinar os Estados nacionais de pequenas e médias dimensões. Mas o avanço por esse caminho não deve privar de capacidade autorreguladora os países em que o prioritário é a modernização estrutural interna.

Vivemos uma época em que se superpõem dois tempos históricos. Em um se procura recuperar o atraso na construção do sistema político que deve regular atividades econômicas que já se estruturam em escala planetária; em outro se busca eliminar formas anacrônicas de organização social que condenam milhões de criaturas humanas a condições abjetas de vida. Falhar em uma ou outra dessas duas tarefas é condenar a humanidade a continuar trilhando a via da instabilidade e da incerteza.

O subdesenvolvimento revisitado*

O PERFIL CLÁSSICO DO DESENVOLVIMENTO

Já lá se vão quarenta anos desde que Prebisch nos ensinou a observar o capitalismo como um processo de difusão do progresso técnico, difusão irregular, comandada pelos interesses das economias criadoras de novas técnicas.[1] Quem diz progresso técnico diz aumento de produtividade, portanto condições propícias à concentração dinâmica da renda e impulso à acumulação, vetor da difusão de novas técnicas. Esse processo, conhecido como desenvolvimento econômico, foi descrito em modelos mentais singelos pelos economistas clássicos, tudo lhes parecendo um incremento do "excedente social", processo que mais cedo ou mais tarde encontraria os seus limites. Partiam eles da evidência de que os salários

* Aula magna proferida no Instituto de Economia da Unicamp em 21 de agosto de 1990, quando foi conferido a Celso Furtado o título de doutor *honoris causa* da Universidade Estadual de Campinas. Publicada na revista *Economia e Sociedade*, n. 1, ago. 1992; e, posteriormente, sob o título "A armadilha histórica do subdesenvolvimento", em seu livro *Brasil, a construção interrompida*. São Paulo: Paz e Terra, 1992.

1 Ver em particular "Crecimiento, desequilíbrio y disparidades: interpretación del proceso de desarrollo económico", *Estudio Económico de América Latina 1949*, E/CN.12/164/rev. 1, II, jan. 1951.

eram estáveis, dada a abundância de mão de obra em atividades de baixo nível de produtividade, e da convicção de que, ao contrário do que acontecia com os senhores de terras, os empresários industriais eram virtuosos, empenhados em canalizar para a acumulação a quase totalidade do fruto dos incrementos de produtividade. Havia concentração de renda mas, em compensação, intensificava-se a acumulação, que se traduzia em absorção da mão de obra pelas atividades beneficiárias dos aumentos de produtividade. Para os primeiros clássicos, isso não impedia que se formasse um desequilíbrio entre oferta e demanda. Daí insistirem em que o crescimento não podia ser senão temporário. A verdade, entretanto, era que grande parte dos bens produzidos pelo setor mais avançado tecnologicamente destinava-se ao consumo — competia com a produção artesanal preexistente. Portanto, o sistema era potencialmente apto a absorver elevações dos salários reais. Por um ou outro caminho, parte dos assalariados viria a ter acesso em grau maior ou menor aos benefícios proporcionados pela maior produtividade. Que parte era essa, com que rapidez crescia, são questões que se colocam. Para respondê-las, era necessário descer ao estudo de situações concretas, pois o desenvolvimento não se dava fora da história.

É fácil compreender que uma forte expansão externa — caso da Inglaterra na sua fase de imperialismo vitoriano — canalizaria parte do incremento do produto social para investimento no exterior, substituindo a elevação dos salários na criação da demanda. Excluída a hipótese de exportação de capitais, a taxa de poupança é governada pela aptidão para promover novos investimentos. Essa aptidão pode crescer se a economia absorve recursos primários — mão de obra sob a forma de imigrantes e novas terras sob a forma de deslocamento da fronteira —, como ocorreu exemplarmente nos Estados Unidos no curso do século XIX. Ademais, vultosos gastos militares e dispêndios públicos de prestígio, sempre que adequadamente respaldados por um esforço fiscal, também podem substituir-se aos investimentos na geração de demanda. Mas nada disso impediu que a acumulação no setor reprodutivo crescesse no longo prazo mais intensamente do que a oferta de mão de obra. Daí que se haja manifestado pressão cada vez mais eficaz dos assalariados para aumentar sua participação no incremento do produto, ponto de partida da homogeneização social que marcará as economias capitalistas desenvolvidas. O conceito de homogeneização social não se refere à uniformização dos padrões de vida e sim a que os membros de uma sociedade satisfazem de forma apropriada as necessidades de alimentação, vestuário, moradia, acesso à educação e ao lazer e a um mínimo de bens culturais.

É certo que a orientação do progresso tecnológico dirigida para economizar mão de obra tem anulado parcialmente a pressão dos assalariados. Também tem contribuído para anular essa pressão a transferência para os preços dos aumentos dos salários nominais, ou seja, o desencadeamento de impulsos inflacionários. Ainda assim, a capacitação profissional da força de trabalho e o grau elevado de organização de amplos segmentos desta constituem uma barreira à baixa dos salários reais, nas fases de declínio da atividade econômica, mesmo ali onde se forma uma massa de desemprego crônico engendrada pelo avanço da tecnologia. Se as pressões inflacionárias se manifestam com frequência nas economias capitalistas industrializadas é que elas constituem o único meio efetivo de frear a tendência de base ao aumento da participação dos salários no produto social. Esse problema se agrava nas economias que lideram o desenvolvimento, as quais enfrentam custos marginais crescentes das inovações tecnológicas.

As teorias do desenvolvimento são esquemas explicativos dos processos sociais em que a assimilação de novas técnicas e o consequente aumento de produtividade conduzem à melhoria do bem-estar de uma população com crescente homogeneização social. Esta última não se deu, conforme vimos, desde o começo da industrialização capitalista. Mas, alcançado certo nível de acumulação, ela se fez inerente ao processo de desenvolvimento. Em certos países de industrialização tardia no século XIX, a fase inicial de forte acumulação e concentração da renda deu-se sob a tutela do Estado.[2] Mas isso não obstou que em fase subsequente se manifestasse a tendência à redução das desigualdades sociais.

A MODERNIZAÇÃO E O SUBDESENVOLVIMENTO

A teoria do subdesenvolvimento cuida do caso especial de situações em que aumentos de produtividade e assimilação de novas técnicas não conduzem à homogeneização social, ainda que causem a elevação do nível de vida médio da população. Essa teoria tem como ponto de partida a visão de Prebisch do capitalismo como um sistema que apresenta uma ruptura estrutural, sistema que ele chamou de centro-periferia. Prebisch atribuiu essa ruptura ao fato de que em certas áreas o progresso técnico penetrou lentamente, concentrando-se nas atividades que produziam matérias-primas destinadas à exportação. Ele não aprofundou o estudo dessa hipótese, mas as ideias que semeou orientaram a pesquisa na América Latina no curso de minha geração.

2 Sobre a industrialização tardia, a referência básica é A. Gerschenkron, *Economic Backwardness in Historical Perspective*, Cambridge: Belknap Press of Harvard University Press, 1966. Ver também B. Supple, "The State and Industrial Revolution 1700-1914", in *The Industrial Revolution*. Org. de Carlo M. Cipolla. Londres: Fontana Press, v. III, 1973. (Coleção The Fontana Economic History of Europe.)

O progresso técnico, cuja propagação conformou o sistema centro-periferia, manifesta-se na forma de processos produtivos mais eficazes e também do desenho de novos produtos que são a face exterior da civilização industrial. Assim, a propagação de novas técnicas, inerente à acumulação, é antes de tudo a difusão de uma civilização que instila nas populações padrões de comportamento em transformação permanente. Trata-se da difusão de valores que tendem a universalizar-se. Para ter acesso a bens em permanente renovação — a formas superiores de bem-estar social —, impõe-se galgar níveis mais altos de produtividade. Ora, se pensarmos em termos de uma economia isolada, esses níveis superiores não podem ser senão fruto da assimilação ou difusão de técnicas mais eficazes. Mas se considerarmos o caso de uma economia que se abre ao exterior, maior eficácia na produtividade também pode ser obtida pela alocação de recursos que redundarão em vantagens comparativas. Sem quaisquer progressos nas técnicas produtivas, ou mediante avanços apenas colaterais, como no caso dos meios de transporte, é possível promover o maior aproveitamento do potencial econômico pela via do comércio internacional. Passar da agricultura de subsistência para a comercial de exportação não obriga a modernização dessa agricultura. Do ponto de vista dos métodos produtivos, a agricultura de exportação pode ser do tipo tradicional, sua maior produtividade decorrendo simplesmente de acesso a outro mercado com base na especialização. O país que absorve os produtos primários lançados ao mercado internacional provavelmente irá pagá-los com manufaturados cuja produção se beneficia de economias de escala.

Dessa forma, a difusão de novas técnicas deu-se em certas áreas quase exclusivamente pela introdução de novos produtos via importação. Os processos produtivos permaneciam, no essencial, nos padrões tradicionais, havendo casos em que o regime de servidão ou escravidão era preservado. Isso não impedia que todo um novo estilo de vida começasse a ser introduzido na sociedade em benefício de segmentos da população, graças aos incrementos de produtividade criados pela realocação de recursos no quadro de vantagens comparativas externas. Em trabalhos dos começos dos anos 1970, chamamos de *modernização* a essa forma de assimilação do progresso técnico quase exclusivamente no plano do estilo de vida, com fraca contrapartida no que respeita à transformação do sistema de produção.[3]

Em pequenos países em que as vantagens comparativas se baseiam na exploração de recursos não renováveis — caso extremo são os emirados petroleiros —, pode ocorrer que a modernização conduza à homogeneização social mediante a ação redistributiva do Estado. São sociedades que vivem de renda auferida sobre um patrimônio que receberam como dádiva. Para atender às exigências dos custos crescentes das formas de vida que adotaram num processo rápido de aculturação, essas sociedades são levadas a depredar as suas reservas de bens não renováveis. São sociedades que não vivem do próprio trabalho, de hoje ou do passado. Nasceram sobre uma mina de ouro. Quanto mais alto o nível de vida das gerações presentes, maiores os problemas que deverão enfrentar as futuras quando começar a esgotar-se o tesouro que receberam.

O subdesenvolvimento é fruto de um desequilíbrio na assimilação das novas tecnologias produzidas pelo capitalismo industrial, o qual favorece as inovações que incidem diretamente sobre o estilo de vida. Essa proclividade à absorção de inovações nos padrões de consumo tem como contrapartida o atraso na absorção de técnicas produti-

3 Cf. "Subdesenvolvimento e dependência: as conexões fundamentais", in *O mito do desenvolvimento econômico*. Rio de Janeiro: Paz e Terra, 1974. Ver, nesta edição, pp. 176-96.

vas mais eficazes. É que os dois métodos de penetração de modernas técnicas se apoiam no mesmo vetor que é a acumulação. Nas economias desenvolvidas existe um paralelismo entre a acumulação nas forças produtivas e diretamente nos objetos de consumo. O crescimento de uma requer o avanço da outra. É a desarticulação entre esses dois processos que configura o subdesenvolvimento.

A industrialização tardia a que fizemos referência — caso clássico do Japão — teve como ponto de partida um esforço, concentrado no tempo, de acumulação e absorção de novas técnicas. Elevou-se a taxa de poupança ao mesmo tempo que emergia um setor produtor de bens de capital e/ou modernizava-se um importante segmento da indústria produtora de bens de consumo. Não existe nada especificamente próprio a esse tipo de industrialização, quando não sejam um mais amplo papel desempenhado pelo Estado e maior rapidez na reestruturação do sistema produtivo.

Nas economias que conheceram o processo que chamamos de *modernização*, inserindo-se no sistema de divisão internacional do trabalho como exportadoras de produtos primários, a industrialização se dá por caminhos distintos. Seu ponto de partida são atividades complementares das importações — acabamento, aviamento, armação de peças etc. —, cabendo-lhes abrir caminho competindo com artigos importados, acabados ou não. Toda vez que a capacidade para importar entra em crise, melhoram as condições para que as atividades "substitutivas" internas se ampliem. O espaço em que estas penetram é previamente delimitado pelas atividades importadoras. Por conseguinte, o progresso tecnológico dá-se inicialmente pela via da importação de bens de consumo, vale dizer, no quadro da *modernização*. Somente em fase posterior tais avanços chegam aos processos produtivos.

A substituição de importações se inicia pelas indústrias mais simples, pouco exigentes em tecnologia e de baixo coeficiente de capital. Mas, à medida que progride, faz-se mais exigente, requerendo maiores dotações de capital. Coloca-se então o problema de obter recursos externos e/ou de elevar a taxa de poupança. Sendo a atividade industrial, via de regra, mais capitalística do que a primário-exportadora de tipo tradicional, a "substituição" de bens importados por produção local requer maior esforço de acumulação do sistema produtivo, concorrendo com o processo de *modernização*. Essa pressão sobre a poupança, gerada pela disputa entre acumulação reprodutiva e modernização, está na origem de processos inflacionários crônicos e de tendência ao endividamento externo. Ademais, a atividade industrial é *labour saving* comparativamente à primário-exportadora, vale dizer, economiza mão de obra por unidade de produto final. Bens antes importados agora são obtidos mediante menor aplicação de mão de obra e maior de capital.

Não cabe especular se em determinada situação histórica havia alternativa para a "industrialização substitutiva". A ninguém escapa que, tratando-se de um país relativamente grande como o Brasil, imerso em crise prolongada de seu setor exportador e com uma sociedade previamente moldada pelo processo de *modernização*, a linha de maior facilidade estava na industrialização substitutiva. Outra saída teria exigido a ruptura com o processo de *modernização*, o que dificilmente se faria sem convulsão social. O que importa assinalar é que o estilo de crescimento estabelecido na fase anterior pela *modernização* impunha certo padrão de industrialização. Para escapar deste, seria necessário corrigir a distância entre a penetração da moderna tecnologia no estilo de vida e nos processos produtivos. Mais precisamente: congelar importantes segmentos da demanda de bens finais de consumo e intensificar consideravelmente a acumulação no sistema produtivo. Vale dizer, pôr em andamento um processo político que, pela magnitude dos interesses que contraria, somente se produz no quadro de uma convulsão social. Restava, como linha de facilidade, continuar apoiando-se na *modernização*, por conseguinte, reproduzindo o subdesenvolvimento.

Retomemos nosso exemplo anterior de um país que houvesse alcançado homogeneização social pelo caminho da *modernização*, graças a exportações de abundantes recursos não renováveis. Advindo uma crise prolongada de capacidade para importar, teria início nesse país um processo de industrialização substitutiva. Deixando de lado óbvias dificuldades criadas por deseconomias de escala, temos de reconhecer que se tornaria imperativo elevar a taxa de poupança, e o caminho mais fácil para isso é concentrar a renda. A taxa de investimento reprodutivo ficaria na dependência do grau de concentração de renda que fosse alcançado. A desarticulação social, ou seja, o subdesenvolvimento, antes encoberto, logo viria à tona.

Mas o caso de uma *modernização* beneficiadora do conjunto da população não passa de hipótese de escola. Na realidade dos fatos, o processo de *modernização* agravou a concentração de riqueza e renda já existente, acentuando-a na fase de industrialização substitutiva. Somente o segmento de população que controla o setor da produção afetado pelos aumentos de produtividade — aumentos permitidos pelas vantagens comparativas no comércio internacional e pela industrialização substitutiva — desfruta os benefícios da *modernização*. Excluída a intervenção do Estado, esse processo concentrador somente se interrompe quando escasseia a mão de obra e o quadro institucional permite que os trabalhadores se organizem para pressionar por melhores salários. Ora, condição necessária para que se produza a raridade de mão de obra é que o essencial dos aumentos de produtividade seja canalizado para a poupança e invertido em atividades criadoras de emprego. Conforme vimos, esse processo se frustra no quadro da *modernização*. A adoção de padrões de consumo imitados de sociedades de níveis de riqueza muito superior torna inevitável o dualismo social.

Dada a orientação tecnológica que necessariamente assume a industrialização substitutiva, mantém-se elástica a oferta de mão de obra. Certo: sendo os salários mais altos no setor industrial do que no conjunto da economia — o que se deve a uma maior produtividade e também à proteção tarifária de que se beneficiam as indústrias —, a taxa média de salário terá que elevar-se na medida em que cresça relativamente o emprego industrial. Mas a pressão dos custos de formas de consumo cada vez mais sofisticadas e as exigências de capital de uma tecnologia poupadora de mão de obra reforçam os fatores que operam para concentrar a renda. Daí que a industrialização nas condições de subdesenvolvimento, mesmo ali onde ela permitiu um forte e prolongado aumento de produtividade, nada ou quase nada haja contribuído para reduzir a heterogeneidade social.

TEORIA DO SUBDESENVOLVIMENTO

Esses dados de observação corrente põem em evidência que o crescimento da produtividade está longe de ser condição suficiente para que se produza o verdadeiro desenvolvimento, o qual conduz à homogeneização social. A velha hipótese de Simon Kuznets,[4] segundo a qual a concentração da renda foi uma fase necessária, mas temporária do processo de industrialização, hoje já não pode ser aceita. Essa visão otimista foi infirmada pela experiência da industrialização substitutiva, da qual se ocupa a teoria do subdesenvolvimento, contribuição relevante dos economistas latino-americanos.

4 Cf. Simon Kuznets, "Economic Growth and Income Inequality", *American Economic Review*, v. 45, n. 1, mar. 1955.

Hoje está em voga a tese segundo a qual o redirecionamento do processo de industrialização para privilegiar as exportações — como corretivo ou complemento da substituição de importações — permite franquear a barreira do subdesenvolvimento. Mas trata-se efetivamente de superar o subdesenvolvimento ou de apenas romper o bloqueio ao crescimento?

A experiência de muitos países que enveredaram para a autarquia demonstrou que não se alcança a eficiência na fase de maturidade industrial sem abrir o próprio mercado à concorrência externa. Independentemente das deseconomias de escala, a que somente escapam os mercados de grandes dimensões, coloca-se o problema da tendência à cartelização e consequente perda de dinamismo. Daí que todos os países, pequenos e grandes, procurem atualmente aumentar sua participação nos mercados internacionais de manufaturas, que vêm crescendo mais intensamente do que a produção mundial de bens manufaturados. Alguns países subdesenvolvidos vêm logrando importantes êxitos, pois sua participação nesses mercados tem crescido significativamente. Assim, o Brasil exporta atualmente parte substancial de sua produção manufatureira. A substituição de importações estabeleceu o formato inicial do processo de industrialização, traduzindo uma exigência histórica no momento em que o mercado interno já não pôde ser abastecido com produtos importados. Mas, a partir dos anos 1960 e particularmente dos 1970, a industrialização brasileira orientou-se pelo duplo propósito de construir o mercado interno e conquistar espaços no exterior. A produção de manufaturas para a exportação cresceu por dois decênios com intensidade bem maior do que a produção de manufaturas para o mercado interno.

Vamos admitir que daqui para o futuro o Brasil siga uma política deliberada de orientação dos investimentos industriais para aumentar sua participação no comércio internacional. É verdade que não seria fácil imaginar subsídios mais generosos do que os que atualmente se praticam, sendo mesmo difícil admitir que eles possam ser mantidos em sua integralidade, permanecendo o Brasil como membro do Acordo Geral de Comércio e Tarifas (Gatt). Ora, tal orientação beneficia necessariamente as indústrias de tecnologia mais avançada, portanto mais intensivas em capital, dado que as vantagens comparativas fundadas na mão de obra barata não dão acesso às correntes mais dinâmicas do comércio internacional. Por outro lado, como o Brasil deverá abrir o seu mercado às importações — do contrário, os produtos brasileiros encontrarão barreiras no exterior —, muitas das indústrias atualmente protegidas, e que são grandes absorvedoras de mão de obra, entrarão em declínio. Tanto a concentração de investimentos em setores de tecnologia de vanguarda para exportação, como o sucateamento de equipamentos obsoletos pelos padrões internacionais podem ser vistos como contribuições ao aumento da produtividade média do setor industrial e da economia como um todo. Nem por isso deixarão de ter reflexos fortemente negativos no nível de emprego. Portanto, também contribuirão para concentrar a renda, ou seja, para acentuar os traços estruturais da economia. Na melhor das hipóteses, retomamos o crescimento sem nos afastar do subdesenvolvimento.

Graças à teoria do subdesenvolvimento, sabemos que a inserção inicial no processo de difusão do progresso tecnológico pelo lado da demanda de bens finais de consumo conduz a uma conformação estrutural que bloqueia a passagem do crescimento ao desenvolvimento. A consistência lógica interna dessa teoria foi comprovada e sua validade explicativa, submetida a teste empírico, na medida em que isso é possível, por métodos econométricos.[5] Ali onde se

5 Uma apresentação da teoria do subdesenvolvimento com aplicação ao caso brasileiro encontra-se em Celso Furtado,

produz o bloqueio a que nos referimos, o aumento persistente da produtividade não conduz à redução da heterogeneidade social, ou pelo menos não o faz espontaneamente dentro dos mecanismos de mercado. Certo: não se trata de admitir que estamos em face de um determinismo histórico, conceito que em si mesmo contém uma antinomia. A própria experiência histórica apresenta desvios que, se não infirmam a regra, merecem atenção.

A rigor, o subdesenvolvimento é uma variante do desenvolvimento, melhor, é uma das formas que historicamente assumiu a difusão do progresso técnico. O fato de que as estruturas que o conformam se hajam reproduzido no correr de anos não nos autoriza a prever sua permanência futura. Mas podemos afirmar que a tendência dominante é no sentido dessa reprodução. Neste caso, a teoria explicativa capacita os agentes sociais pertinentes a escaparem do fatalismo da chamada necessidade histórica. De forma similar, a teoria dos ciclos permitiu que se elaborassem instrumentos hábeis para reduzir a instabilidade macroeconômica nos países capitalistas industrializados.

Análise do "modelo" brasileiro. Rio de Janeiro: Civilização Brasileira, 1972. Ver também, do mesmo autor, "Subdesenvolvimento e dependência: as conexões fundamentais", op. cit. Uma primeira formalização de um modelo de desenvolvimento conduzindo necessariamente à desigualdade social encontra-se em Lance Taylor e Edmar Bacha, "The Unequalizing Spiral: A First Growth Model of Belindia", *Quarterly Journal of Economics*, v. 90, n. 2, 1976. Um modelo formal de economia desarticulada (subdesenvolvida), seguido de teste empírico com dados referentes ao Brasil, encontra-se em Elisabeth Sadoulet, *Croissance inégalitaire dans une économie sous-développée*. Genebra: Droz, 1983.

A SUPERAÇÃO DO SUBDESENVOLVIMENTO

Em certas regiões do mundo onde prevalecia um baixo nível de produtividade, no quadro de uma revolução social procurou-se eliminar ou evitar as taras do subdesenvolvimento. A China constitui certamente o exemplo mais conspícuo. O processo de *modernização* aí foi evitado, ou extirpado onde já havia deitado raiz. Assegurada a homogeneidade social, a acumulação foi canalizada para o desenvolvimento das forças produtivas, dentro de um planejamento centralizado. Tal política, para ser eficaz, supõe o isolamento do país de influências externas.[6] Sua força e sua fraqueza decorrem de que ela opera com base em um sistema de decisões de extrema complexidade e rigidez. Em uma primeira fase, quando o objetivo essencial consistiu em introduzir modificações estruturais no sistema produtivo, os resultados alcançados foram altamente positivos. Tratava-se de instalar e operar projetos de grande visibilidade. À medida que essa etapa ia sendo superada, o problema mais importante passou a ser influenciar o comportamento de milhões de unidades produtivas, atingindo-as com informações pertinentes, e estimular dezenas de milhões de agentes disseminados em vastas áreas. Mas a necessidade de descentralizar logo se fez imperativa, advindo a reconstituição de um sistema de preços, o retorno a relações de mercado, enfim, a volta por meios oblíquos à concentração de renda. Para evitar o pleno retorno à heterogeneidade social foi necessário introduzir um estrito monitoramento da demanda final. Se efetivo, tal monitoramento tem um elevado preço em termos de

6 Quem primeiro chamou a atenção para o significado econômico da "cortina de ferro" foi Ragnar Nurkse, nas conferências que pronunciou no Rio de Janeiro em 1951 e que foram publicadas na *Revista Brasileira de Economia*, v. 5, n. 4, dez. 1951.

amortecimento dos incentivos que estimulam a atividade econômica. O mesmo se pode dizer com respeito ao isolamento externo. Quanto mais efetivo este, maior será o seu custo em desestímulo à eficácia econômica.

A experiência chinesa constitui caso à parte, pois não é difícil demonstrar que a China jamais reproduzirá os padrões de consumo das nações capitalistas industrializadas, qualquer que seja a política que adote. Tais padrões são demasiado custosos em termos de utilização de recursos não renováveis para serem universalizados à escala da população chinesa. Enquanto não se desenvolvem tecnologias muito menos criadoras de entropia, a China terá que optar entre homogeneidade social a modestos níveis de consumo e um acentuado dualismo social com maiores ou menores disparidades regionais e sociais. Essa constatação nos põe diante da evidência de que a civilização surgida da Revolução Industrial europeia conduz inevitavelmente a humanidade a uma dicotomia entre ricos e pobres, a qual se manifesta entre países e dentro de cada país de forma pouco ou muito acentuada. Segundo a lógica dessa civilização, somente uma parcela minoritária da humanidade pode alcançar a homogeneidade social no nível da abundância. A maioria dos povos terá que escolher entre a homogeneidade em níveis modestos de consumo e um dualismo social de grau maior ou menor. Isso não significa que a pobreza seja sempre do mesmo tipo. A experiência chinesa demonstrou que é possível satisfazer as necessidades básicas da população a partir de um nível de renda per capita comparativamente baixo. A miséria absoluta e a indigência não se apresentarão necessariamente nos países de mais baixos níveis de renda per capita, e sim naqueles em que forem mais acentuadas as disparidades sociais e regionais.

De não menor relevância foram as experiências de dois outros países de matriz cultural confuciana, à semelhança da China e do Japão: Coreia do Sul e Taiwan.

Ambos conheceram a ocupação do Japão imperial até a derrota deste na Segunda Guerra Mundial. Como as atividades econômicas mais rentáveis, particularmente as ligadas ao comércio exterior, estiveram sob o controle da potência ocupante, enquanto durou a ocupação o processo de *modernização* foi apenas epidérmico. Demais, os dois países tiveram de enfrentar na primeira fase de sua vida independente o formidável desafio que constituiu a vizinhança do modelo alternativo de desenvolvimento orientado para o social, implantado na Coreia do Norte e na China continental. Os notáveis êxitos logrados por estes dois últimos países no sentido da melhoria do bem-estar do conjunto da população e no lançamento das bases de uma estrutura econômica apta para o crescimento autossustentado, esses êxitos, repetimos, exerceram considerável influência nos dois vizinhos que lutavam para consolidar uma precária independência.

Assim, em uma primeira fase, tanto na Coreia do Sul como em Taiwan a preocupação com o social prevaleceu, procedendo-se a uma reforma agrária que possibilitou a plena utilização dos solos aráveis e da água de irrigação, fixação de parte da população no campo e uma distribuição o mais possível igualitária do produto da terra. Simultaneamente, procedeu-se a intenso investimento no fator humano. Logo foi alcançada a plenitude na escolarização e a total alfabetização da população adulta. O esforço se estendeu ao ensino médio e superior, prolongando-se em amplo programa de bolsas de estudo no exterior para formar pesquisadores. Um programa de crédito subsidiado, que na Coreia do Sul chegou a absorver 10% do produto interno bruto,[7] orientou

7 Cf. Colin I. Bradford Jr., "East Asian 'Models': Myths and Lessons", in *Development Strategies Reconsidered*. Org. de John P. Lewis e Valeriana Kallab. New Brunswick: Transaction Books, 1986.

os investimentos em função de objetivos estabelecidos pelo governo em planos quinquenais mais do que indicativos. Em Taiwan, onde o sistema bancário é de propriedade do Estado, um terço da formação de capital fixo tem origem nas empresas públicas. Referindo-se a este último país, informa um especialista: "Os incentivos fiscais foram altamente seletivos por produto, refletindo a clara estratégia setorial do governo visando mudar a estrutura da economia".[8] Assim, uma primeira fase orientada para a consecução da homogeneização social (reforma agrária e investimento educacional) foi sucedida por outra em que o governo orientou a formação de capital para estruturar o sistema produtivo de forma a obter incrementos de produtividade. Até 1960, a preocupação maior não foi com a acumulação, e sim com a homogeneização social. Na Coreia do Sul, nesse ano a taxa de investimento não passava de 10,9% do PIB. Dez anos depois, essa taxa havia alcançado 26,9%, e em 1980 atingia o nível excepcional de 30,6%. Em seguida, vem a fase do esforço para ganhar autonomia tecnológica, numa grande manobra estratégica objetivando mudar o padrão das vantagens comparativas para inserir-se nos setores mais dinâmicos do comércio internacional. O acesso à tecnologia moderna foi inicialmente obtido mediante contratos de cessão, via pagamento de royalties. O número desses contratos, que na primeira metade dos anos 1960 foi de 33, em 1970 atingia 84 e, em 1978, 296.[9] Três quintas partes dessa tecnologia foram cedidas por firmas do Japão, o que revela a estratégia desse país de facilitar o desenvolvimento de sua antiga "esfera de coprosperidade". A busca de autonomia tecnológica

8 Cf. Colin I. Bradford Jr., op. cit., p. 120.

9 Cf. Dilip Mukerjee, *Lessons from Korea's Industrial Experience*. Malásia: Institute of Strategic and Internacional Studies, 1986, p. 37.

pode ser aferida pelo aumento considerável nos investimentos em pesquisa e desenvolvimento, os quais na Coreia do Sul decuplicaram entre 1970 e 1980. No decênio dos 1980, a participação desses gastos no PIB passou de 0,91 para 2%, o mesmo nível do Japão. Esse esforço na área de pesquisa tecnológica permitiu um salto qualitativo na composição das exportações.

Porque alcançaram um grau elevado de homogeneidade social e fundam o próprio crescimento em relativa autonomia tecnológica, cabe reconhecer que a Coreia do Sul e Taiwan lograram superar a barreira do subdesenvolvimento, ainda que a renda per capita desses países seja menos de uma quinta parte da do Japão e não supere a de certos países latino-americanos. São países com fortíssima densidade demográfica — na Coreia do Sul se empilham mais de quatrocentas pessoas por quilômetro quadrado — e quase totalmente destituídos de fontes primárias de energia. Em razão dessas limitações, o desenvolvimento está na estrita dependência de abertura para o exterior e a conquista de novos espaços no mercado internacional exige uma combinação criteriosa de mão de obra qualificada com tecnologia de vanguarda.

As experiências referidas nos ensinam que a homogeneização social é condição necessária, mas não suficiente para superar o subdesenvolvimento. Segunda condição necessária é a criação de um sistema produtivo eficaz dotado de relativa autonomia tecnológica, o que requer: a) descentralização de decisões que somente os mercados asseguram; b) ação orientadora do Estado dentro de uma estratégia adrede concebida; e c) exposição à concorrência internacional. Também aprendemos que para vencer a barreira do subdesenvolvimento não se necessita alcançar os altos níveis de renda por pessoa dos atuais países desenvolvidos.

A TEORIA DA POBREZA

A corrente do pensamento econômico que domina os grandes centros acadêmicos ignora a especificidade do subdesenvolvimento, pretendendo englobar todas as situações históricas de aumento persistente de produtividade em um só modelo explicativo. É a obsessão do *monoeconomics* a que se referiu Hirschman,[10] o "falso universalismo" de que já falava Prebisch em 1949. Segundo essa doutrina, existe um só modelo de industrialização nas economias de mercado, o qual se desdobra em fases temporais. Mas a realidade é cabeçuda e nem sempre é possível escamoteá-la.

Os dados estatísticos não deixam dúvida de que a tendência à concentração da renda persiste em todas as fases da industrialização quando esta foi precedida por um período de crescimento apoiado na exportação de produtos primários, a qual engendra a *modernização*. E com frequência tal tendência se acentua quando o crescimento econômico se intensifica.[11] Não é de surpreender, portanto, que a especificidade do subdesenvolvimento se manifeste conceitualmente na "teoria da pobreza".[12] Essa teoria estatui que a massa de

10 Cf. Albert O. Hirschman, "The Rise and Decline of Development Economics", in *Essays in Trespassing: Economics to Politics and Beyond*. Cambridge: Cambridge University Press, 1981, p. 4.

11 As estatísticas oficiais indicam que o 1% mais rico da população do Brasil aumentou sua participação na renda nacional de 11,9%, em 1960, para 14,7% em 1970, e 16,9% em 1980; enquanto isso, os 50% mais pobres da população conheceram um declínio de 17,4% para 14,9% e 12,9% no correr desses dois decênios de rápida industrialização e elevada taxa de crescimento.

12 Ver Irma Adelman, "A Poverty-Focused Approach to Development Policy", in *Development Strategies Reconsidered*, op.

pobreza existente em determinada economia reflete a distribuição de ativos no momento em que tem início o processo de crescimento da produtividade e também a natureza das instituições que regulam a acumulação dos ativos. Simplificando: ali onde a propriedade da terra está concentrada e o crédito é monopolizado pelos proprietários, uma maioria de despossuídos não participará dos benefícios do crescimento, acarretando este concentração da renda. Se esses dados estruturais não se modificam, o aumento de produtividade engendrará necessariamente uma crescente dicotomia social. O único ativo de que dispõe a população pobre é sua força de trabalho, e, sendo esta um bem de oferta elástica, o seu preço será fixado no mercado em função de seu custo de reprodução, perpetuando-se a miséria.

Essas ideias foram desenvolvidas por economistas ligados ao Banco Mundial para ser utilizadas pelos técnicos dessa instituição que dão assistência aos governos de países subdesenvolvidos. Esses autores reconhecem que, para romper o círculo fechado da pobreza, faz-se necessária uma "estratégia" de desenvolvimento, vale dizer, uma ação deliberada do governo capaz de modificar a "distribuição primária da renda" — apropriação do produto antes dos impostos e transferências. A quantidade de ativos em mãos dos pobres pode ser aumentada mediante redistribuição do estoque existente (reforma agrária), ou mediante modificação do quadro institucional a fim de que o fluxo de novos ativos também beneficie os pobres (reforma do sistema de crédito, por exemplo). A segunda estratégia, preconizada por Hollis Chenery, evita um

---

cit.; e também Gary S. Fields, *Poverty, Inequality and Development*. Cambridge: Cambridge University Press, 1980. Dados sobre o Brasil encontram-se em "La pobreza en América Latina: dimensiones y políticas", *Estudos e Informes da Cepal*, Santiago do Chile, n. 54, 1985.

choque maior com interesses criados.[13] Irma Adelman recomenda a combinação das duas estratégias, mas adverte com pertinência que a reforma agrária deve ser feita antes da implantação da política visando incrementar a produtividade agrícola, e que substanciais investimentos em educação devem preceder a política de incentivo à industrialização.[14] É evidente que Adelman se inspirou nas experiências de Taiwan e Coreia do Sul, sem contudo dar a devida importância às condições históricas que conduziram esses dois países pelos caminhos que trilharam, em particular o grande desafio representado pela vizinhança de outro estilo de desenvolvimento privilegiando o social.

Ocorre que o problema verdadeiro não consiste em saber o que devia ter sido feito antes das transformações estruturais que conduziram ao processo de *modernização*, e sim em descobrir como sair da armadilha do subdesenvolvimento. Os aumentos de produtividade devidos à descoberta de vantagens comparativas na agricultura já se deram há muito tempo, e os seus frutos foram há muito absorvidos pela *modernização*. Por outro lado, o ingresso na industrialização também é coisa antiga e seu efeito indisfarçável foi aumentar o dualismo social.

A ninguém escapa que o considerável aumento de produtividade ocorrido no Brasil nos últimos quarenta anos operou consistentemente no sentido de concentrar os ativos em poucas mãos, enquanto grandes massas de população permaneciam destituídas do mínimo de equipamento pessoal com que se valorizar nos mercados. Como modificar o mecanismo que conduz a essa perversa distribuição de ativos, no nível das coisas e das

13 Cf. Hollis Chenery et al., *Redistribution with Growth*. Oxford: Oxford University Press, 1974.

14 Cf. Irma Adelman, op. cit., p. 57; e, da mesma autora, *Redistribution Before Growth: A Strategy for Developing Countries*. Haia: Martinus Nijhof, 1978.

habilitações pessoais, é a grande interrogação. Não cabe dúvida de que aí reside o fator decisivo na determinação da distribuição primária da renda. E das forças do mercado não se pode esperar senão que assegurem a reprodução dessa situação, e mesmo alimentem a tendência a sua agravação.

SUGESTÕES AOS NOVOS PESQUISADORES

Iniciei este ensaio com a preocupação de demonstrar que minha geração deu uma contribuição válida à identificação da problemática do subdesenvolvimento. Não posso terminá-lo sem expressar minha esperança de que a atual geração de economistas ilumine com ideias novas os difíceis caminhos na busca da superação do subdesenvolvimento.

O pouco que sabemos a esse respeito nos autoriza a assinalar algumas veredas no vasto sertão que ainda está por ser desbravado. Ei-las:

1. Em feliz incursão no âmago do problema, o economista hindu Amartya Sen demonstrou com clareza que o problema das fomes epidêmicas e da pobreza endêmica em amplas áreas do mundo atual não seria resolvido mediante o aumento da oferta de bens essenciais nos países concernidos. É o que ele chamou de *entitlement approach*, ou seja, o enfoque da habilitação.[15] Para participar da distribuição da renda social, é necessário estar

15 Ver Amartya Sen, *Poverty and Famines: An Essay on Entitlement and Deprivation*. Oxford: Clarendon Press, 1981; e também, do mesmo autor, *Hunger and Entitlement*. World Institute for Development Economic Research, Universidade das Nações Unidas, Helsinqui, 1987. Este instituto está realizando ampla pesquisa nessa matéria sob o título de "Fome e Pobreza: o bilhão mais pobre".

habilitado por títulos de propriedade e/ou pela inserção qualificada no sistema produtivo. O que está bloqueado em certas sociedades é o processo de habilitação. Isso é evidente com respeito a populações rurais sem acesso à terra para trabalhar ou devendo pagar rendas escorchantes para ter esse acesso. O mesmo se pode dizer das populações urbanas que não estão habilitadas para ter acesso à moradia. As instituições que permitem a concentração em poucas mãos da formidável valorização das terras urbanas respondem pela miserabilidade de grandes massas da população. A pobreza em massa, característica do subdesenvolvimento, tem com frequência origem numa situação de privação original do acesso à terra e à moradia. Essa situação estrutural não encontra solução através dos mecanismos dos mercados.

2. A penetração das técnicas modernas nos meios de produção não significou apenas aumento de produtividade, mas também foi causa de importantes modificações nas estruturas sociais, facilitando e mesmo exigindo a organização das massas trabalhadoras. Por essa forma, a capacitação política se difundiu no corpo social, abrindo caminho às formas pluralistas de organização do poder que estão na base dos regimes democráticos. Existe evidência estatística de que os regimes autoritários favorecem a concentração de renda.[16] O processo de *modernização*, ao retardar a penetração de novas técnicas nos meios de produção, também retardou a emergência de novas práticas de organização das massas trabalhadoras. Um dos traços característicos do subdesenvolvimento é a exclusão de importantes segmentos de população da atividade política, privados que estão de recursos de poder. Daí a proclividade ao autoritarismo. Essa situação somente se modifica com a emergência de formas alternati-

16 Atul Kohli, "Democracy and Development", in *Development Strategies Reconsidered*, op. cit.

vas de organização social capazes de ativar os segmentos de população politicamente inertes.[17]

3. Para o conjunto da população, o ativo de mais peso na distribuição da renda é aquele que está incorporado como capacitação no próprio fator humano. Com efeito, outra característica básica do subdesenvolvimento é a existência de um amplo segmento de população privada de qualquer habilitação profissional. Inclusive daquela habilitação sem a qual não se tem acesso a nenhuma outra, que é a alfabetização. Os mecanismos de mercado tendem a agravar essa situação, pois o acesso à habilitação é principalmente função do nível de renda do grupo social. Para franquear essa barreira, seria necessário que o país subdesenvolvido dedicasse ao aperfeiçoamento do fator humano parcela substancial de seu esforço de poupança, o que significa conviver com taxas de crescimento mais baixas e/ou lograr redução significativa do consumo dos grupos de altas rendas durante período de tempo a ser determinado.

4. Um dos paradoxos da economia subdesenvolvida está em que o seu sistema produtivo apresenta segmentos que operam com níveis tecnológicos diferentes, como se nela coexistissem épocas distintas. Os grupos sociais de alta renda requerem uma oferta baseada em tecnologia sofisticada, enquanto grandes massas de população lutam para ter acesso a bens considerados obsoletos e mesmo produzidos com tecnologia rudimentar. Por outro lado, para penetrar nos mercados internacionais o caminho mais eficaz consiste em utilizar um misto de tecnologias: tirar partido da abundância de certos fatores primários e, ao mesmo tempo, apoiar-se em tecnologias de vanguarda. Essa situação particular

17 Ver Albert Hirschman, *Getting Ahead Collectively: Grassroots Experiencies in Latin America*. Nova York: Pergamon Press, 1984. Ver também o número de *World Development*, v. 15, 1987, dedicado ao papel das organizações não governamentais.

requer certo grau de autonomia tecnológica, que não se obtém sem um esforço contínuo e crescente de aplicação de recursos na pesquisa científico-tecnológica, particularmente por parte das empresas.

5. Nas economias desenvolvidas, a função reguladora do Estado se esgota na consecução de equilíbrios macroeconômicos. Mudanças estruturais, sempre graduais, decorrem de alterações nas relações de forças entre segmentos da sociedade civil, originárias ou não de inovações tecnológicas, mas sempre com reflexos nas escalas de preferência manifestadas nos mercados. O esforço para superar o subdesenvolvimento constitui quadro distinto, dado que as importantes modificações estruturais requeridas não se fazem sem um projeto político esposado por amplos segmentos sociais. Sem um projeto fundado em percuciente conhecimento da realidade, os ensaios dessas transformações dificilmente atingirão a eficácia requerida. Sem o consenso de conspícuos segmentos da sociedade, o projeto bem elaborado não terá viabilidade. De um lado, estão a pesquisa e a criação intelectual, sem os quais não existirão os ingredientes que permitem construir o projeto; de outro, estão as iniciativas surgidas na sociedade civil, condensando os recursos de poder necessários, pois a luta contra o subdesenvolvimento não se faz sem contrariar interesses e ferir preconceitos ideológicos.

O subdesenvolvimento, como o deus Jano, tanto olha para a frente como para trás, não tem orientação definida. É um impasse histórico que espontaneamente não pode levar senão a alguma forma de catástrofe social. Somente um projeto político apoiado em conhecimento consistente da realidade social poderá romper a sua lógica perversa. Elaborar esse conhecimento é tarefa para a qual devem contribuir as universidades.

A superação do subdesenvolvimento*

Mais do que transformação, o desenvolvimento é invenção, pois comporta um elemento de intencionalidade. As condições requeridas para que esse elemento se manifeste com vigor, dão-se historicamente, ou seja, são irredutíveis a esquemas formalizáveis.

A invenção não se resume em resposta a um desafio: é, antes de tudo, a manifestação de uma possibilidade. Nisso ela se diferencia das mutações que estão na base da evolução natural. É porque dispõe de meios, que lhe abrem um horizonte de opções, que o homem inova. Essa margem de manobra tem seu fundamento na existência de um excedente de recursos criado pela divisão social do trabalho. Concebido dessa forma ampla, o conceito de excedente surge como a pedra angular do estudo do desenvolvimento.

A rigor, é quando a capacidade criativa do homem se volta para a descoberta dele mesmo, empenha-se em enriquecer o seu universo de valores, que se pode falar de desenvolvimento, pois este somente se efetiva quando a acumulação o conduz à criação de valores que se difundem em importantes segmentos da coletividade. Em síntese, a ciência do desenvolvimento preocupa-se com dois processos de criatividade. O primeiro diz respeito à técnica,

* Escrito em setembro de 1993, publicado em *Economia e Sociedade*, n. 3, dez. 1994.

ao empenho do homem de dotar-se de instrumentos, de aumentar sua capacidade de ação. O segundo refere-se à utilização última desses meios, aos valores que o homem adiciona ao seu patrimônio existencial.

Nada é mais característico da civilização industrial do que a canalização da capacidade inventiva para a criação tecnológica, ou seja, para abrir caminho ao processo de acumulação, o que explica sua formidável força expansiva. E também explica que, no estudo do desenvolvimento, o ponto focal haja sido a lógica da acumulação.

Foi como rejeição dessa visão simplificada da difusão da civilização industrial que se perfilou a teoria do subdesenvolvimento, cujo objetivo central de estudo são as malformações sociais engendradas nesse processo de difusão. A denúncia do falso neutralismo das técnicas permitiu que se restituísse visibilidade a essa dimensão oculta do desenvolvimento que é a criação de valores substantivos.

A formulação da teoria do subdesenvolvimento constitui, por si mesma, uma manifestação da tomada de consciência das limitações impostas ao mundo periférico pela divisão internacional do trabalho que se estabelece com a difusão da civilização industrial. O primeiro passo consistiu em perceber que os principais obstáculos à passagem da simples modernização ao desenvolvimento cimentavam-se na esfera social. O avanço na acumulação não produziu transformações nas estruturas sociais capazes de modificar significativamente a distribuição da renda e a destinação do excedente. A acumulação, que nas economias do centro havia conduzido à escassez de mão de obra e criado as condições para que se dessem a elevação dos salários reais e a homogeneização social, produzia na periferia efeitos inversos: engendrava o subemprego e reforçava as estruturas tradicionais de dominação ou as substituía por outras similares. Com efeito, a acumulação estava a serviço da mundialização dos mercados e acompanhava a difusão da civilização industrial.

A ideia de dependência tecnológica permitiu articular os distintos elementos que estão na base desse problema. O desenvolvimento tecnológico dependente não seria apenas a adoção de novas constelações de valores, pois impõe a introdução de padrões de consumo sob a forma de novos produtos finais que correspondem a um grau de acumulação e de sofisticação técnica que não existem na sociedade que se moderniza tardiamente.

Uma melhor compreensão dessa problemática permitiu que fossem formuladas algumas questões e abertas novas linhas de reflexão sobre o subdesenvolvimento. Que possibilidade existe de ter acesso à tecnologia da civilização industrial, escapando à logica do atual sistema de divisão internacional do trabalho? Ou melhor: até que ponto essa tecnologia pode ser posta a serviço da consecução de objetivos definidos autonomamente por uma sociedade de nível de acumulação relativamente baixo e que pretenda a homogeneização social? Seria a dependência tecnológica simples decorrência do processo de aculturação das elites dominantes nas economias periféricas? Até que ponto é possível absorver tecnologia moderna escapando ao processo de mundialização de valores imposto pela dinâmica dos mercados? Pode-se evitar que o sistema de incitações, requerido para alcançar os padrões de eficiência próprios da técnica moderna, engendre crescentes desigualdades sociais nos países de baixo nível de acumulação?

A reflexão suscitada por essa temática vem permitindo circunscrever melhor o campo do estudo do subdesenvolvimento. De um lado, apresentam-se as exigências de um processo de mundialização, imposto pela lógica dos mercados, que está na base da difusão da civilização industrial. De outro, configuram-se os requerimentos de uma tecnologia que é fruto da história das economias centrais e que continua a ser gerada em função dos problemas com que estas se confrontam. Por último, estão as especificidades das formas sociais mais aptas para operar essa tecnologia, ou seja, as formas de organização da produção e de incitação ao trabalho.

A superação do subdesenvolvimento implica a tentativa de encontrar resposta a essas múltiplas questões. O que se tem em vista é descobrir o caminho da criatividade no nível dos fins, lançando mão dos recursos da tecnologia moderna, na medida em que isso é compatível com a preservação da autonomia na definição desses fins. Em outras palavras: como efetivamente desenvolver-se a partir de um nível relativamente baixo de acumulação e tidas em conta as malformações sociais criadas pela divisão internacional do trabalho na fase atual de mundialização dos mercados? Como ter acesso à tecnologia moderna sem deslizar em formas de dependência que limitam a autonomia de decisão e frustram o objetivo de homogeneização social?

É possível resumir em três modelos as experiências mais significativas de superação do subdesenvolvimento:

1. Coletivização dos meios de produção

Esse primeiro projeto baseia-se no controle coletivo das atividades econômicas de maior peso, seja em nível das unidades produtivas (autogestão), seja em nível nacional (planificação centralizada), ou ainda na forma de combinação desses dois padrões de organização coletiva do sistema econômico.

O fundamento do projeto de coletivização é duplo. Por um lado, dá-se como evidente que as formas de organização social prevalecentes nos países periféricos conduzem à aculturação das minorias dominantes, integrando as estruturas de dominação interna e externa, e, consequentemente, excluindo as maiorias dos benefícios do esforço acumulativo. Daí que o crescimento econômico não conduza por si só ao desenvolvimento. Por outro lado, tem-se como certo que a lógica dos mercados não induz às transformações estruturais requeridas para vencer os fatores de inércia que se opõem ao desenvolvimento das forças produtivas em baixos níveis de acumulação. Em realidade, essa lógica propicia a especialização internacional com base nos critérios de vantagens comparativas estáticas. Ora, o excedente produzido por essa especialização e retido localmente estimula a modernização dependente, a qual passa a condicionar o subsequente processo de transformação das estruturas produtivas. A industrialização que emerge da especialização internacional dependente reforça as estruturas sociais preexistentes.

Se a coletivização se funda na autogestão, as pressões para elevar o consumo podem ser consideráveis, o que reduz a possibilidade de acumulação reprodutiva. Se o ponto de partida é a planificação centralizada, a emergência de um poder burocrático totalizante tende a conduzir a um afastamento crescente entre os centros de decisão e a massa da população, portanto, a novas estruturas de privilégios. Ademais, apresentam-se os problemas suscitados pela operação de um sistema econômico regido por decisões centralizadas. Teoricamente, é possível programar as atividades de um conjunto de unidades operativas discretas, articuladas em um só sistema. Mas a coletivização plena transforma essa possibilidade teórica em necessidade prática. As dificuldades que se apresentam para a execução do programa são tanto maiores quanto mais baixo é o nível de desenvolvimento das forças produtivas.

Em síntese, as experiências de coletivização dos meios de produção suscitaram três ordens de problemas:

a) o da organização social que responda pela definição de prioridades na alocação de recursos escassos;

b) o do sistema de incitações que concilie o melhor desempenho das atividades produtivas com a desejada distribuição da renda; e

c) o da inserção na economia internacional que assegure o acesso à tecnologia e aos recursos financeiros fora das relações de dependência.

2. *Prioridade à satisfação das necessidades básicas*
Outra forma de tentar a superação do subdesenvolvimento tem sido privilegiar a satisfação de um conjunto de necessidades que uma comunidade considera prioritárias, ainda que definidas com imprecisão. Parte-se da evidência de que a penetração tardia da civilização industrial conduz a formas de organização social que excluem dos benefícios da acumulação frações consideráveis da população, senão a ampla maioria desta.

A solução desse problema é de natureza política e exige que parte do excedente seja deliberadamente canalizada para modificar o perfil de distribuição da renda, de forma que o conjunto da população possa satisfazer suas necessidades básicas de alimentação, saúde, moradia, educação etc. Não é esse um problema exclusivo dos países de desenvolvimento retardado, mas é nestes que se apresenta com indisfarçável gravidade. Não há dúvida de que, se se destina uma parcela do incremento do produto de uma economia à eliminação daquilo que se convencionou chamar de pobreza absoluta, esta desaparecerá ao cabo de certo número de anos. Várias são as formas imagináveis para alcançar esse objetivo: desde reformas de estrutura, como a reorganização do setor agrário, visando à efetiva elevação do salário básico, até a introdução de medidas fiscais capazes de assegurar a redução dos gastos de consumo dos grupos de altas rendas, sem acarretar efeitos negativos no montante de sua poupança.

A dificuldade maior está em gerar uma vontade política capaz de pôr em marcha um tal projeto, pois existe uma correspondência entre a estrutura do sistema produtivo e o perfil de distribuição da renda. Modificar essa estrutura implica custo social que pode ser considerável, não somente em termos de obsolescência de equipamento, mas também de desemprego imediato. Trata-se, portanto, de operação mais complexa do que à primeira vista pode parecer.

Também no plano das relações externas apresentam-se problemas. As economias subdesenvolvidas que se industrializaram com a cooperação das empresas transnacionais utilizam técnicas, e mesmo equipamentos, que já foram amortizados nos países de origem dessas empresas. A reciclagem dos sistemas produtivos em função de padrões de consumo menos elitistas poder exigir novos investimentos, acarretando elevação de custos. Produz-se, desta forma, um efeito perverso: a tecnologia requerida para satisfazer as necessidades de uma população de baixo nível de renda pode ser mais cara, pois está substituindo outra que, se bem que mais sofisticada, tem custo de oportunidade zero para a empresa que a utiliza.

3. Ganho de autonomia externa

Uma terceira estratégia para superar o subdesenvolvimento consiste em assumir uma posição ofensiva nos mercados internacionais. Os investimentos são orientados de forma a favorecer setores com capacidade competitiva externa potencial e que tenham ao mesmo tempo um efeito indutor interno. Desse modo, operam como motor da formação do mercado interno. As exportações apoiam-se em economia de escala e/ou avanço tecnológico, e não em vantagens comparativas estáticas. O êxito desse modelo depende de que as atividades exportadoras se mantenham em posição de vanguarda, não tanto na tecnologia de processos, mas na de produtos. É a posição de vanguarda que dá flexibilidade e adaptabilidade à corrente de exportação. O controle por empresas transnacionais das atividades produtivas com potencial de exportação, ao limitar a capacidade de ação na esfera internacional, pode criar obstáculos a esse tipo de estratégia.

O traço principal desse modelo é o ganho de autonomia nas relações externas. Supera-se a situação de dependência e passividade, imposta pelo sistema clássico de divisão internacional do trabalho, para adotar uma postura ofensiva fundada no controle de certas técnicas de vanguarda e na iniciativa comercial. Esse modelo requer um planejamento seletivo rigoroso e o logro de uma elevada taxa de poupança. O problema que se coloca de imediato é o da identificação das bases sociais de uma estrutura de poder apta a levá-lo à prática. Não serão as elites tradicionais voltadas para a modernização dependente, e tampouco as maiorias preocupadas em ter acesso imediato a melhoras nas condições de vida. Compreende-se, portanto, que tal estratégia conduza com frequência a um fortalecimento das estruturas estatais de vocação autoritária.

As três estratégias referidas sintetizam as experiências vividas no último quarto de século pelos países de economia periférica que adotaram políticas voluntaristas de desenvolvimento. O ponto de partida foi sempre a crítica da forma como se vem difundindo a civilização industrial, das situações de dependência criadas pela divisão internacional do trabalho e das malformações sociais geradas na periferia pela lógica dos mercados. O objetivo tático tem sido ganhar autonomia na ordenação das atividades econômicas, visando à redução das desigualdades sociais que parece segregar necessariamente a civilização industrial em sua propagação periférica. O objetivo estratégico é assegurar um desenvolvimento que se traduza em enriquecimento da cultura em suas múltiplas dimensões e permita contribuir com criatividade própria para a civilização que se mundializa. No fundo está o desejo de preservar a própria identidade na aventura comum do processo civilizatório.

As experiências referidas deixam claro que, no mundo atual, certas condições devem ser cumpridas pelo país de economia periférica que pretenda superar o subdesenvolvimento. As de maior relevo são:

a) um grau de autonomia nas relações exteriores que limite o mais possível a drenagem para o exterior do excedente;

b) estruturas de poder que dificultem a absorção do excedente pelo simples processo de reprodução dos padrões de consumo dos países ricos e assegurem um nível relativamente alto de poupança, abrindo caminho para a homogeneização social;

c) certo grau de descentralização das estruturas econômicas requerido para a adoção de um sistema de incentivos capaz de assegurar o uso do potencial produtivo;

d) estruturas sociais que abram espaço à criatividade num amplo horizonte cultural e gerem forças preventivas e corretivas nos processos de excessiva concentração do poder.

O logro desses objetivos pressupõe, evidentemente, o exercício de uma forte vontade política apoiada em amplo consenso social.

História

Os mecanismos de defesa e a crise de 1929*

Ao deflagrar-se a crise mundial, a situação da economia cafeeira se apresentava como segue. A produção, que se encontrava em altos níveis, teria de seguir crescendo, pois os produtores haviam continuado a expandir as plantações até aquele momento. Com efeito, a produção máxima seria alcançada em 1933, ou seja, no ponto mais baixo da depressão, como reflexo das grandes plantações de 1927-8. Por outro lado, era totalmente impossível obter crédito no exterior para financiar a retenção de novos estoques, pois o mercado internacional de capitais se encontrava em profunda depressão, e o crédito do governo desaparecera com a evaporação das reservas. Os pontos básicos do problema que cabia equacionar eram os seguintes:

a) Que mais convinha: colher o café ou deixá-lo apodrecer nos arbustos, abandonando parte das plantações como uma fábrica cujas portas se fecham durante a crise?

b) Caso se decidisse colher o café, que destino deveria dar-se ao mesmo? Forçar o mercado mundial, retê-lo em estoques ou destruí-lo?

c) Caso se decidisse estocar ou destruir o produto, como financiar essa operação? Isto é, sobre quem recairia a carga, caso fosse colhido o café?

* Capítulo 31 de *Formação econômica do Brasil*. São Paulo: Companhia das Letras, 2007. (Primeira edição: 1959.)

A solução que à primeira vista pareceria mais racional consistia em abandonar os cafezais. Entretanto, o problema consistia menos em saber o que fazer com o café do que decidir quem pagaria pela perda. Colhido ou não o café, a perda existia. Abandonar os cafezais sem dar nenhuma indenização aos produtores significava fazer recair sobre estes a perda maior. Ora, conforme já vimos, a economia havia desenvolvido uma série de mecanismos pelos quais a classe dirigente cafeeira lograra transferir para o conjunto da coletividade o peso da carga nas quedas cíclicas anteriores. Seria de esperar, portanto, que se buscasse por esse lado a linha de menor resistência.

Vejamos em primeiro lugar como operou o mecanismo clássico de defesa através da taxa cambial. A grande acumulação de estoques de 1929, a rápida liquidação das reservas metálicas brasileiras e as precárias perspectivas de financiamento das grandes safras previstas para o futuro aceleraram a queda do preço internacional do café, iniciada conjuntamente com a de todos os produtos primários, em fins de 1929. Essa queda assumiu proporções catastróficas, pois, de setembro de 1929 a esse mesmo mês de 1931, a baixa foi de 22,5 centavos de dólar por libra para oito centavos. Dadas as características da procura do café, cujo consumo não baixa durante as depressões nos países de elevadas rendas, essa tremenda redução de preços teria sido inconcebível sem a situação especial que se havia criado do lado da oferta. Basta ter em conta que o preço médio pago pelo consumidor norte-americano, entre 1929 e 1931, baixou apenas de 47,9 centavos por libra para 32,8 centavos.[1] Acumularam-se, portanto, os efeitos de duas crises: uma do lado da procura e outra do lado da oferta. A situação favoreceu as organizações intermediárias no comércio

1 Ver *Capacidad de los Estados Unidos para absorber los productos latino-americanos*, Cepal, 1951.

do café, as quais, percebendo a debilidade da posição da oferta, puderam transferir para os produtores brasileiros grande parte de suas perdas causadas pela crise geral.

A baixa brusca do preço internacional do café e a falência do sistema de conversibilidade acarretaram a queda do valor externo da moeda. Essa queda trouxe, evidentemente, um grande alívio ao setor cafeeiro da economia. A baixa do preço internacional do café havia alcançado 60%. A alta da taxa cambial chegou a representar uma depreciação de 40%.[2] O grosso das perdas poderia, portanto, ser transferido para o conjunto da coletividade através da alta dos preços das importações. Restava considerar, entretanto, o outro lado do problema. Não obstante toda essa baixa de preços, o mercado internacional não podia absorver a totalidade da produção, pela razão muito simples já indicada de que a procura era pouco elástica em função dos preços. É verdade que, deixada de lado a preocupação de defender os preços, abria-se a possibilidade de forçar o mercado. E assim se fez, logrando um aumento do volume físico exportado, entre 1929 e 1937, de 25%. Mesmo assim, uma parte apreciável da produção ficava sem nenhuma possibilidade de colocar-se no mercado. Era evidente, portanto, que se requeriam medidas suplementares.

A depreciação da moeda, ao atenuar o impacto da baixa do preço internacional sobre o empresário brasileiro, induzia este a continuar colhendo o café e a manter a pressão sobre o mercado. Essa situação acarreta-

2 O valor médio da saca de café exportada declinou de 4,71 libras, em 1929, para 1,80 libra em 1932-4, ou seja, uma baixa de 62%. Em moeda nacional a queda foi de 192 mil-réis para 145 mil-réis, isto é, 25%. No triênio seguinte o preço em libras baixou para 1,29 e em mil-réis subiu para 159. Nesses cálculos continua-se a utilizar o valor-ouro da libra anterior à desvalorização desta.

va nova baixa de preços e nova depreciação da moeda, contribuindo para agravar a crise. Como a depreciação da moeda era menor que a baixa de preços, pois também estava influenciada por outros fatores, era claro que se chegaria a um ponto em que o prejuízo acarretado aos produtores de café seria suficientemente grande para que estes abandonassem as plantações. Somente então se restabeleceria o equilíbrio entre a oferta e a procura do produto. A análise desse processo de ajustamento põe em evidência que o mecanismo do câmbio não podia constituir um instrumento de defesa efetivo da economia cafeeira nas condições excepcionalmente graves criadas pela crise que estamos considerando.

Fazia-se indispensável evitar que os estoques invendáveis pressionassem sobre os mercados acarretando maiores baixas de preços. Era essa a única forma de evitar que o equilíbrio fosse obtido à custa do abandono puro e simples da colheita, isto é, com perdas concentradas no setor cafeeiro. Entretanto, como financiar a retenção de estoque? Teria de ser evidentemente com recursos obtidos dentro do próprio país, seja retendo uma parte do fruto da exportação do café, seja com pura e simples expansão de crédito. À medida que se utilizou a expansão de crédito, houve mais uma vez uma socialização dos prejuízos. Essa expansão de crédito, por seu lado, iria agravar o desequilíbrio externo, contribuindo para maior depreciação da moeda, o que beneficiava indiretamente o setor exportador.

Mas não bastava retirar do mercado parte da produção de café. Era perfeitamente óbvio que esse excedente da produção não tinha nenhuma possibilidade de ser vendido dentro de um prazo que se pudesse considerar como razoável. A produção prevista para os dez anos seguintes excedia, com sobras, a capacidade previsível de absorção dos mercados compradores. A destruição dos excedentes das colheitas se impunha, portanto, como uma consequência lógica da política de continuar colhendo mais café do que se podia vender. À primeira vista parece um absurdo colher o produto para destruí-lo. Contudo, situações como essa se repetem todos os dias na economia de mercados. Para induzirem o produtor a não colher, os preços teriam que baixar muito mais, particularmente se se tem em conta que os efeitos da baixa de preços eram parcialmente anulados pela depreciação da moeda. Ora, como o que se tinha em vista era evitar que continuasse a baixa de preços, compreende-se que se retirasse do mercado parte do café colhido para destruí-lo. Obtinha-se, dessa forma, o equilíbrio entre a oferta e a procura em nível mais elevado de preços.

Dependendo, assim, fundamentalmente da estrutura da oferta, o preço do café atravessou o decênio dos anos 1930 totalmente indiferente à recuperação que, a partir de 1934, se operava nos países industrializados. Após alcançar seu ponto mais baixo em 1933, a cotação internacional desse produto se mantém quase sem alteração até 1937, para em seguida cair ainda mais nos dois últimos anos do decênio. É muito significativa essa grande estabilidade do preço do café, assim deprimido, durante todo o decênio dos 1930. Como é sabido, a recuperação compreendida entre 1934 e 1935 trouxe consigo uma elevação geral dos preços dos produtos primários. O preço do açúcar, por exemplo, subiu 140%, entre 1933 e 1937; o do cobre elevou-se pouco mais de 100% no mesmo período. O preço do café, entretanto, em 1937 era igual ao de 1934 e inferior ao de 1932.

Essa observação põe em evidência o fato de que o preço do café é condicionado fundamentalmente pelos fatores que prevalecem do lado da oferta, sendo de importância secundária o que ocorre do lado da procura. Já vimos que a grande elevação da renda real per capita, ocorrida nos Estados Unidos nos anos 1920, deixou inalterável o consumo de café nesse país, não obstante os preços pagos pelo consumidor tenham se mantido estáveis. Durante os anos de depressão, os preços pagos pelo consumidor chegaram a baixar cerca de 40%, sem que o consumo apresentasse qualquer modificação significativa. Em 1933 esse consumo era exatamente igual ao de 1929. Seria possível argumentar que o efeito-preço teria anulado o efeito-renda, isto é, que a alta do consumo ocasionada pela baixa do preço foi anulada pela baixa desse consumo trazida pela contração da renda. Entretanto não parece ser essa a razão, pois no período seguinte, de elevação de renda (1934-7), os preços pagos pelo consumidor continuaram a baixar, tendo sido de 25,5 centavos por libra em 1937, contra 26,4 em 1933. Houve assim dois efeitos positivos no sentido do aumento do consumo: elevação da renda real per capita e baixa de preço. Contudo, o consumo se manteve praticamente inalterado, tendo sido de 13,1 libras per capita em 1937, contra 13,9 em 1931 e 12,5 em 1933.[3]

Consideremos mais detidamente as consequências da política de retenção e destruição de parte da produção cafeeira seguida, com o objetivo explícito de proteger o setor cafeicultor. Ao garantir preços mínimos de compra, remuneradores para a grande maioria dos produtores, estava-se na realidade mantendo o nível de emprego na economia exportadora e, indiretamente, nos setores produtores ligados ao mercado interno. Ao evitar-se uma contração de grandes proporções na renda monetária do

3 Ver *Capacidad de los Estados Unidos para absorber los productos latino-americanos*, op. cit. A procura de café, conforme a experiência dos anos 1950 veio indicar, apresenta certa elasticidade em função dos preços quando estes ultrapassam determinados níveis muito elevados. Com respeito ao mercado dos Estados Unidos, esse nível pode ser situado em torno de um dólar por libra, no varejo. Tida em conta a elevação dos preços, para os anos 1930 o referido nível não seria inferior a cinquenta centavos. Como os preços oscilavam em torno de 25 centavos, depreende-se que nenhum efeito podiam ter sobre a procura.

setor exportador, reduziam-se proporcionalmente os efeitos do multiplicador de desemprego sobre os demais setores da economia. Como a produção de café cresceu nos anos da depressão, tendo sido a colheita máxima de todos os tempos a de 1933, é evidente que a renda global dos produtores agrícolas se reduziu menos que os preços pagos a esses produtores.[4] Dessa forma, ao permitir que se colhessem quantidades crescentes de café, estava-se inconscientemente evitando que a renda monetária se contraísse na mesma proporção que o preço unitário que o agricultor recebia por seu produto. É fácil compreender que o abandono nas árvores de, digamos, um terço dessa produção, que foi o que aproximadamente se destruiu entre 1931 e 1939, teria significado enorme redução da renda do agricultor. Vejamos por meio de um exemplo numérico simples o mecanismo dessa contração da renda do setor exportador e sua influência no nível da renda global da coletividade. Suponhamos que o multiplicador[5] de desemprego do setor exportador

4 A produção exportável média, no quinquênio de 1925 a 29, foi de 21,3 milhões de sacas; de 1930 a 34 sobe a 22,7 milhões de sacas; e de 1935 a 39, a 22,8 milhões de sacas. No mesmo período, o valor em moeda nacional da exportação se reduz de 26,8 mil contos para 20,3 mil contos, alcançando no terceiro quinquênio 22,1 mil contos. Os dados relativos à produção exportável são do Instituto Brasileiro do Café, e os relativos às exportações, do Ministério da Fazenda, Serviço de Estatística Econômica e Financeira.

5 O multiplicador é o fator pelo qual teríamos de multiplicar o aumento ou diminuição das inversões (ou das exportações) para conhecer o efeito, sobre a renda territorial, dessa modificação no nível das inversões (ou exportações). No nosso caso, tratamos de medir o efeito, no período de um ano, de uma redução na renda gerada diretamente pelas exportações. Se a redução direta é dez, e a baixa total da renda, trinta, dizemos que o multiplicador é três.

seja três. Isso significa que uma redução de um na renda gerada pelas exportações determina uma redução global de três no conjunto da renda da coletividade. As causas que estão por detrás desse mecanismo multiplicador são mais ou menos óbvias e refletem a interdependência das distintas partes de uma economia. Ao receberem menos dinheiro por suas vendas ao exterior, os exportadores e produtores ligados à exportação reduzem suas compras. Os produtores internos afetados por essa redução também reduzem as suas, e assim por diante.

Admitamos que a renda territorial de um país de economia dependente seja gerada em dois setores: um, correspondente a 40%, totalmente autônomo do comércio exterior, seria o setor de subsistência; e o outro, formado diretamente pelas atividades de exportação e influenciado indiretamente por elas. Sendo três o multiplicador de desemprego, num momento dado, diremos que as atividades exportadoras geram indiretamente 20% da renda nacional e 40% indiretamente. Consideremos agora as distintas situações indicadas no quadro abaixo:

	SETOR EXPORTADOR	SETOR INFLUENCIADO PELO SETOR EXPORTADOR	SETOR AUTÔNOMO	RENDA TOTAL
(a)	20,0	40	40	100,0
(b)	10,0	20	40	70,0
(c)	12,0	24	40	76,0
(d)	7,5	15	40	62,5

Partindo da situação (*a*) consideramos distintas hipóteses de contração da renda do setor exportador e seus efeitos sobre a renda global da coletividade. No caso (*b*) admitimos que se mantém o nível de produção no setor exportador, isto é, que se evita o desemprego, enquanto os preços pagos ao produtor nesse setor são cortados pela metade. O efeito final sobre a renda é uma redução de 30%, sendo 10% efeito direto e 20% indireto da contração de preços no setor exportador. Na situação (*c*) contemplamos igualmente uma redução de 50% no preço, mas com um aumento concomitante de 20% da quantidade produzida, no setor de exportação. O efeito final é uma redução de 24% na renda global. O caso (*d*) é distinto dos anteriores: admitimos que para defender os preços tenha se permitido uma redução de 50% da quantidade produzida. Dada essa redução na produção, a queda de preços teria sido de apenas 25%. Não obstante isso, o efeito final seria uma contração de 37,5% da renda total, isto é, a maior de todas.

O caso (*c*) reflete aproximadamente a experiência brasileira dos anos da depressão, quando os preços pagos ao produtor de café foram reduzidos à metade, permitindo-se, entretanto, que crescesse a quantidade produzida. A redução da renda monetária, no Brasil, entre 1929 e o ponto mais baixo da crise, se situa entre 25% e 30%, sendo, portanto, relativamente pequena se se compara com a de outros países. Nos Estados Unidos, por exemplo, essa redução excedeu a 50%, não obstante os índices de preços por atacado desse país tenham sofrido quedas muito inferiores às do preço do café no comércio internacional. A diferença está em que nos Estados Unidos a baixa de preços acarretava enorme desemprego, ao contrário do que estava ocorrendo no Brasil, onde se mantinha o nível de emprego se bem que se tivesse de destruir o fruto da produção. O que importa ter em conta é que o valor do produto que se destruía era muito inferior ao montante da renda que se criava. Estávamos, em verdade, construindo as famosas pirâmides que anos depois preconizaria Keynes.

Dessa forma, a política de defesa do setor cafeeiro nos anos da grande depressão concretiza-se num verdadeiro programa de fomento da renda nacional. Praticou-se no Brasil, inconscientemente, uma política anticíclica de maior amplitude que a que se tenha sequer preconizado em qualquer dos países industrializados. Vejamos como se passou isso. Em 1929 as inversões líquidas, realizadas no conjunto da economia brasileira, se elevaram a aproximadamente 2,3 milhões de contos de réis, pelo valor aquisitivo da época. Com a crise essas inversões se contraíram bruscamente e já em 1931 estavam reduzidas a 300 mil contos, sempre em valores do ano corrente. Não obstante, nesse ano de 1931 se acumulam estoques de café no valor de 1 milhão de contos. Essa acumulação de estoques tem, do ponto de vista da formação da renda, um efeito idêntico ao das inversões líquidas. Portanto, a redução do montante das inversões líquidas não havia sido de 2,3 para 0,3 e sim para 1,3. Ora, esse 1,3 representava mais de 7% do produto líquido, o que significa uma alta taxa para um período de depressão.

Explica-se, assim, que já em 1933 tenha recomeçado a crescer a renda nacional no Brasil, quando nos Estados Unidos os primeiros sinais de recuperação só se manifestam em 1934. Na verdade, no Brasil, em nenhum ano da crise houve inversões líquidas negativas, fato que ocorreu nos Estados Unidos e como regra geral em todos os países. Já em 1933 as inversões líquidas brasileiras alcançavam 1 milhão de contos, às quais cabia adicionar 1,1 milhão de estoques de café acumulados. Estava-se, portanto, a 2,1 milhões, valor que se aproximava do montante das inversões líquidas de 1929. Ora, os 2,3 de 1929 representavam 9% do produto líquido desse ano, enquanto os 2,1 de 1933 constituíam 10% do produto líquido deste último ano. O impulso de que necessitava a economia para crescer já havia sido recuperado.

É, portanto, perfeitamente claro que a recuperação da economia brasileira, que se manifesta a partir de 1933, não se deve a nenhum fator externo, e sim à política de fomento seguida inconscientemente no país e que era um subproduto da defesa dos interesses cafeeiros. Consideremos o problema sob outro aspecto. A acumulação de estoques de café realizada antes da crise tinha a sua contrapartida em débito contraído no exterior. Não existia, portanto, nenhuma inversão líquida, pois o que se invertia dentro do país, acumulando estoque, se desinvertia no exterior contraindo dívidas. Tudo ocorria como se o café acumulado tivesse sido comprado por firmas estrangeiras que, no seu próprio interesse, postergavam o transporte da mercadoria para fora do país. A acumulação de café financiada do exterior se assemelha, portanto, a uma exportação.

O mesmo não ocorria à acumulação de estoques financiada de dentro do país, se a base desse financiamento era uma expansão de crédito. A compra do café para acumular representava uma criação de renda que se adicionava à renda criada pelos gastos dos consumidores e dos inversionistas. Ao injetar-se na economia, em 1931, 1 bilhão de cruzeiros para aquisição de café e sua destruição, estava-se criando um poder de compra que em parte iria contrabalançar a redução dos gastos dos inversionistas, gastos estes que haviam sido reduzidos em 2 bilhões de cruzeiros. Dessa forma, evitava-se uma queda mais profunda da procura naqueles setores que dependiam indiretamente da renda criada pelas exportações.

A diferença real entre a inversão líquida e a acumulação de estoques invendáveis de café residia em que aquela criava capacidade produtiva e a segunda, não. Entretanto, esse aspecto do problema tem importância secundária em épocas de depressão, as quais se caracterizam pela subocupação da capacidade produtiva já existente. É por essa razão que nessas etapas é muito mais importante criar procura efetiva, a fim de induzir a utilização da capacidade produtiva ociosa, do que aumentar essa capacidade produtiva.

A estrutura agrária no subdesenvolvimento brasileiro*

A estrutura agrária brasileira apresenta uma série de características cuja compreensão requer uma análise do processo histórico de sua formação. A abundância de terras, o clima tropical ou subtropical e a quase inexistência de mão de obra local na fase inicial de ocupação, fizeram que a grande unidade de exploração se impusesse como forma predominante e quase exclusiva de organização. A exportação sendo a *raison d'être* da ocupação territorial, a forma de organização mais *econômica* no setor de exportação tenderia sempre a predominar. Em outras palavras: os interesses da "grande lavoura", ou seja, da classe de grandes proprietários, constituiriam nas fases subsequentes o eixo em torno do qual giraria todo o sistema de decisões concernentes à ocupação de novas terras e à criação de emprego para uma população crescente. A abundância de terras, que continua a existir, e o controle do acesso às terras de mais fácil exploração permitiram ao sistema atravessar a crise da abolição do trabalho servil preservando intacta a sua estrutura. Na fase recente de expansão demográfica, a opção que se apresenta à população rural é de deslocar-se para a fronteira agrícola sem qualquer possibilidade de fixação. A prática da agri-

* Capítulo II de *Análise do "modelo" brasileiro*. Rio de Janeiro: Paz e Terra, 1972.

cultura itinerante (*shifting cultivation*) dentro de grandes propriedades imobiliza quantidades consideráveis de terras e perpetua técnicas agrícolas rudimentares, ademais de implicar crescente destruição de recursos naturais. Contudo, essa forma de exploração continua a ser a mais *econômica*, dentro da atual estrutura agrária. Explica-se, portanto, que os autores que evitam colocar o problema estrutural cheguem à conclusão de que a atual economia agrícola brasileira é perfeitamente funcional, mesmo reconhecendo que essa agricultura, ao desenvolver-se, tenda a aumentar a "exploração" da mão de obra que utiliza. Cabe reconhecer que uma sutil combinação de fatores institucionais e ecológicos torna difícil perceber o fundo do problema, em particular se nos limitamos aos recursos da análise econômica convencional. Uma série de estudos recentes vem, contudo, permitindo iluminar novos aspectos do problema, certamente um dos mais complexos de toda a temática do subdesenvolvimento brasileiro.[1]

1 Entre os estudos que abriram novas perspectivas à análise da agricultura brasileira, cabe destacar inicialmente os dois ensaios de Caio Prado Júnior publicados nos números de março/abril de 1960 e setembro/outubro de 1962 da *Revista Brasiliense*, "Contribuição para a análise da questão agrária no Brasil". As teses desenvolvidas nesses ensaios foram retomadas pelo autor em seu livro *A Revolução Brasileira*. São Paulo: Brasiliense, 1966. Também do número de março/abril de 1960 da *Revista Brasiliense* é o trabalho de Moacyr Paixão, "As formas sociais da utilização da terra e os setores agrícolas predominantes". Igualmente importante foi o livro de Manuel Correia de Andrade, *A Terra e o homem do Nordeste*. São Paulo: Brasiliense, 1963. A base de informação empírica foi consideravelmente ampliada com a publicação do trabalho do Comitê Interamericano de Desenvolvimento Agrícola (Cida), *Posse e uso da terra e desenvolvimento socioeconômico do setor agrícola — Brasil*. Washington, 1966; e do estudo de William H. Nicholls e Ruy Miller Paiva, *Ninety-Nine Fazen-*

A HERANÇA HISTÓRICA

Nunca se insistirá suficientemente sobre o fato de que a implantação portuguesa na América teve como base a empresa agrícola-comercial.[2] O Brasil é o único país das Américas criado, desde o início, pelo capitalismo comercial sob a forma de empresa agrícola. Não se trata, como na América hispânica, de *conquista*. Pouco havia a conquistar ou a pilhar. Foi a pilhagem que permitiu, na América hispânica, a aventureiros praticamente sem posses acumular riquezas e transformar-se em poderosos senhores.[3] Tampouco houve, como nas Antilhas francesas e inglesas, a prevalência dos objetivos políticos, que justificaram os subsídios estatais aceleradores da formação de colônias de povoamento que, nessa região, precederam de cerca de meio século a penetração do açúcar.[4] Na Nova Inglaterra o perfil é igualmen-

---

das: The Structure and Productivity of Brasilian Agriculture, 1963. Vanderbilt University, 1966. O material de base utilizado neste último trabalho já veio a público sob a forma de cinco monografias relativas às regiões de Caxias, no Maranhão, do Cariri, no Ceará, do Agreste, em Pernambuco, do Triângulo Mineiro e do Norte do Paraná. Os dois últimos autores citados publicaram uma série de estudos interpretativos do papel da agricultura no desenvolvimento brasileiro recente, alguns dos quais serão referidos subsequentemente. Entre os estudos interpretativos mais recentes cabe referir os dois trabalhos de Antônio Barros de Castro, inseridos em seu livro *Sete ensaios sobre a economia brasileira* (Rio de Janeiro: Forense, v. 1, 1969).

2 Cf. Celso Furtado, *Formação econômica do Brasil*. Rio de Janeiro: Fundo de Cultura, 1959. Capítulo 1: "Da expansão comercial à empresa agrícola".

3 Cf. Celso Furtado, *Formação econômica da América Latina*. Rio de Janeiro: Lia, 1969. Capítulo 2: "Bases econômicas e sociais da ocupação territorial".

4 Preocupações de ordem política também estiveram na base

te diverso: trata-se de comunidades que nascem *introvertidas* e que logo desenvolverão interesses que não deixarão de conflitar com os da Metrópole. Temos, assim, de um lado, a América hispânica, que nasce de atos de "conquista", o que permite uma acumulação inicial com base na exploração de populações preexistentes. De outro lado, temos as Américas portuguesa e anglo-saxônica que são, no essencial, criações da expansão comercial europeia. Neste caso, a acumulação inicial se fez, em parte não desprezível, mediante a pilhagem da África, pois a mão de obra no Brasil e no Sul dos futuros Estados Unidos foi inicialmente formada por escravos de origem africana. Mas enquanto no Brasil a empresa agrícola escravista é a célula matriz do tecido das instituições nacionais, nos Estados Unidos prevalecerão as instituições das colônias de povoamento da Nova Inglaterra, onde, ao lado de uma agricultura de pequena e média explorações, surgiu uma burguesia mercantil de considerável autonomia.

A importância da empresa agromercantil, no Brasil, está em que ela marcará decisivamente a estrutura da economia e da sociedade que se formarão no país. Esta formação, é bem verdade, esteve longe de constituir um processo linear, pois irradiou de dois polos relativamente autônomos: a empresa agromercantil do século XVI e a empresa mineira do século XVIII. Esta, entretanto, fez-se em grande parte a partir de recursos acumulados pela primeira, da qual recebeu o instituto da escravidão. A economia mineira, surgindo como um parêntese num mundo essencialmente agrário, acelerou o processo de acumulação e de povoamento, sem modificar de forma

---

da precoce fixação dos portugueses na América. Cf. Celso Furtado, *Formação econômica do Brasil*, op. cit., p. 8. O reduzido potencial demográfico de Portugal fechava a porta, entretanto, a uma autêntica política de *povoamento*.

perceptível o quadro institucional básico.[5] A esses dois polos primários, que são as matrizes da economia brasileira, cabe acrescentar dois outros campos de atividade, que operam como mecanismos multiplicadores. Trata-se da caça ao indígena e da pecuária. A caça ao indígena, para utilizá-lo como mão de obra escrava ou semiescrava, constitui o capítulo americano da obra de pilhagem que realizaram os portugueses para fundar o seu império colonial do Atlântico Sul. Essa pilhagem, cabe sublinhar, realizou-se essencialmente na África, de onde foram extraídos milhões de escravos, e nas Índias Orientais, onde o rendoso comércio das especiarias era imposto a tiros de canhão. A mão de obra indígena ocupou o primeiro plano na fase de instalação do europeu nas novas terras e de exploração florestal. Mas, seja que os aborígenes hajam refluído para o interior, seja que hajam sido simplesmente dizimados pelos rigores do trabalho imposto,[6] a verdade é que a empresa agrícola necessitou para consolidar-se da mão de obra escrava africana. A caça ao indígena continuou como atividade principal do pequeno núcleo português que se havia instalado na atual região de São Paulo, cuja importância, mais que diretamente econômica, veio a ser de exploração e conhecimento do território que sob sua tutela conserva-

5 As principais consequências do advento do polo mineiro foram: *a*) aceleração do povoamento do país, com aumento relativo da população de origem europeia; *b*) aceleração da urbanização, com crescimento relativo da economia monetária ligada ao mercado interno; e *c*) articulação das regiões pecuárias do Nordeste e do sul com a área central, em razão do grande mercado de animais de carga criado pela mineração. Cf. Celso Furtado, *Formação econômica do Brasil*, op. cit., terceira parte.

6 Sobre a destruição da população aborígene na região da Bahia, ver Capistrano de Abreu, *Capítulos de História Colonial*. 5. ed. Brasília: Editora Universitária de Brasília, 1963, p. 79.

riam os portugueses. Desse trabalho explanatório surgiu a descoberta, no final do segundo século da presença portuguesa na América, do ouro abundante acumulado em leitos de rios distantes do litoral.

A pecuária surge fundamentalmente para satisfazer a demanda de carne e de animais de tração e carga criada tanto pela empresa agromercantil quanto pela exploração mineira. Essa demanda era considerável, pois as bestas de tração e transporte constituíam uma fonte de energia muito mais barata que o homem escravo, devendo substituí-lo sempre que possível. Mais barata e mais eficaz, pois o uso de animais permitia reduzir consideravelmente o tempo requerido para transportar lenha para os engenhos e carga para os portos. Dada a abundância de terras, a pecuária apoiava-se num mecanismo de acumulação natural, graças ao qual se intensificou o processo de ocupação e povoamento do território.

Ademais, a pecuária desempenhou certo papel de estabilizador das atividades econômicas em seu conjunto. Nas fases de depressão da atividade econômica principal, a pecuária podia absorver a mão de obra livre e a capacidade empresarial sobrantes. Ao contrário do que aconteceu em outras regiões, onde uma depressão pronunciada da atividade agrícola exportadora principal se traduzia em emigração da população europeia, no Brasil açucareiro o *hinterland* pecuário se apresentava como uma fronteira móvel a conquistar. A abertura de fazendas de gado constitui, assim, de alguma forma, um processo de "colonização de povoamento". Como a abertura de uma fazenda não exigia mais que algumas cabeças de gado, pode-se dizer que a acumulação inicial se realizava praticamente no local. Na região de mineração, o declínio da atividade principal deu lugar não somente ao deslocamento de população para as frentes pecuárias,[7]

7 A atividade pecuária, sendo parcialmente de subsistência

mas também à formação de uma agricultura principalmente de subsistência, a qual procurava localizar-se nas proximidades dos caminhos de tropas que se comunicavam com os principais centros urbanos.

A economia principalmente de subsistência, no Brasil, assume assim duas formas: o domínio pecuário que se vê privado de mercados e tende a fechar-se sobre si mesmo, e o pequeno produtor agrícola ou sitiante que ocupa terras que ainda não foram alcançadas pela empresa agromercantil. Essas atividades, se bem que secundárias do ponto de vista econômico, tiveram marcada significação na formação da sociedade brasileira. O grande domínio pecuário que reduz seus contatos com o exterior, limitando-os muitas vezes à venda de couros e à compra de umas poucas coisas essenciais, tende a diversificar-se internamente, incorporando lavouras de subsistência e atividades artesanais. Esse tipo de formação social, em que as atividades comerciais se reduzem a um mínimo, contrasta com a empresa agrícola agromercantil de que se originou. Esse contraste, entretanto, é mais aparente que real, porquanto numa e noutra se manifesta o mesmo perfil de estratificação social e extrema concentração da riqueza, da renda e do poder. Assim, se nas zonas pecuárias o estilo de vida do trabalhador ou "morador" se assemelha ao das economias de subsistência,[8] não se

---

e parcialmente mercantil, podia continuar crescendo sem que suas vendas para o mercado aumentassem, e mesmo em fase de declínio destas.

8 "A produção puramente de subsistência se caracteriza pela ausência total de comercialização e monetização". Cf. Clifton R. Wharton Jr., "Subsistence Agriculture: Concepts and Scopes", in *Subsistence Agriculture and Economic Development*, estudos apresentados no seminário sobre Economia de Subsistência e Camponesa, realizado em Honolulu, em fevereiro de 1965 (Chicago, 1969).

pode dizer o mesmo da forma de viver do proprietário das terras, o qual se apropria da reduzida renda monetizada e mantém-se em contato com o exterior. Do ponto de vista da classe dirigente, o grande domínio do *hinterland* pecuário continua a ser uma atividade mercantil, ainda que empobrecida pelo declínio dos mercados que absorviam sua produção comercial. Toda vez que se reavivarem esses mercados, o coeficiente de comercialização e monetização das atividades do *hinterland* pecuário se elevará.

Dificilmente se pode exagerar a importância, na formação da sociedade brasileira, da monopolização das terras pela pequena minoria responsável pela instalação da empresa agromercantil, que assegurou a ocupação do território. Convém assinalar que, nas condições que prevaleciam no início da ocupação, a terra era bem de ínfimo valor. A instalação da empresa agromercantil dependia principalmente de capacidade financeira. Explica-se, assim, que as primeiras concessões de terras hajam sido feitas a homens que dispunham de recursos para empreender a instalação de tais empresas. Dessa forma, a classe dirigente é, desde o início, formada por homens economicamente poderosos. Não se tratava de pequenos plantadores de fumo ou anil, como nas Antilhas, e sim de homens que imobilizavam quantias consideráveis em instalações importadas e em escravos não menos custosos. Contudo, é no controle da propriedade da terra que essa classe dirigente encontrará o instrumento poderoso que lhe permitirá conservar o monopólio do poder. Os homens livres que chegaram ao país como artesãos, soldados ou simples aventureiros foram de uma ou outra forma transformados em dependentes da classe de grandes proprietários. Assim, na região do açúcar, ocorreu que homens livres se dedicassem a atividades agrícolas, produzindo excedentes para a população dos engenhos. Entretanto, de uma maneira geral esses homens não alcançavam a propriedade efetiva da terra, pois esta já havia sido concedida a membros da classe dirigente, os quais tinham sempre em vista utilizá-la na "grande lavoura" de exportação ou na pecuária. O pequeno plantador tende assim a transformar-se em "morador", cabendo-lhe abrir as terras, cultivá-las para uso pessoal, deixando em seguida a *palha* para o gado do proprietário.[9] Da mesma forma, os sitiantes, que se estabeleceram no Vale do Paraíba, foram levados de roldão pela empresa agromercantil escravista quando esta se lançou à implantação de cafezais nessa região.[10] Esses sitiantes virão a ser empreiteiros de *derrubadas* para a empresa agromercantil, ou se transformarão em *agregados* desta para tarefas auxiliares. Dessa forma, o controle da propriedade da terra por uma minoria impediu que frutificasse todo ensaio de atividade agrícola independente da empresa agromercantil. Visto o problema de outro ângulo, esta conseguiu reduzir a população não escrava a um potencial de mão de obra à sua disposição.

Em geral, se vê na monopolização de terras um processo pelo qual uma minoria consegue submeter a seus interesses comunidades camponesas, seja extraindo destas um excedente, seja proletarizando-as para uso fora da agricultura. No Brasil, a comunidade camponesa não chegou propriamente a formar-se, ou, quando se formou, pouca influência teve no processo de acumulação. É esse um dado da maior significação, pois praticamente por toda parte as sociedades mais complexas se formaram a partir de comunidades rurais, que

9 Cf. Celso Furtado, *Dialética do desenvolvimento*. Rio de Janeiro: Fundo de Cultura, 1966, pp. 155 ss.

10 Para uma descrição da forma de vida desses sitiantes, antes da penetração do café no Vale do Paraíba, ver Maria Sylvia de Carvalho Franco, *Homens livres na ordem escravocrata*. São Paulo: IEB-USP, 1969.

preexistem à penetração e generalização do trabalho assalariado.[11] Consideremos o caso clássico do regime senhorial europeu, em que a terra era trabalhada em lotes individuais pelos membros de uma comunidade, os quais tinham acesso coletivamente a terras de pastagem. Aqui as servidões se combinavam com *direitos*, pois o camponês não podia ser privado de acesso à terra individual ou coletiva e a renda que pagava tampouco podia ser elevada arbitrariamente. A rigidez desse sistema dificultava a penetração do progresso técnico e a luta para rompê-lo constitui uma das primeiras grandes batalhas da revolução burguesa europeia.[12] Consideremos agora o caso totalmente distinto de uma comunidade da África tropical que pratica a agricultura itinerante em região de terras abundantes. A terra é cultivada individual ou coletivamente, mas sempre sob a forma de uma atividade comunitária. Não obstante as múltiplas diferenças, a transformação se fará, tanto no caso europeu como no africano, mediante a integração da comunidade em um circuito mercantil. Essa integração exigirá, quase sempre, profundas transformações na organização do trabalho. E os principais instrumentos utilizados para provocar essa transformação foram a arrecadação de impostos e a monopolização das terras pela minoria dominante. Assim, na África, o colonizador europeu, cobrando impostos por habitação ou

11 Ver, sobre este ponto, o importante trabalho de N. Georgescu-Roegen, "The Institutional Aspects of Peasant Communities: An Analytical View", in *Subsistence Agriculture and Economic Development*, op. cit.

12 Uma apresentação sintética desse processo na Inglaterra encontra-se em Robert Birrel, "Obstacles to Development in Peasant Societies: An Analysis of India, England and Japan", *Peasants in the Modern World*. New Mexico: University of New Mexico Press, 1969.

por cabeça de chefe de família, obrigou a população a trabalhar para o mercado ou a alugar-se como mão de obra.[13] Na Inglaterra, as leis de *enclosures*, ao privar a população de acesso a grande parte das terras, tiveram consequências similares. O resultado era sempre o mesmo: a comunidade agrícola era obrigada a trabalhar mais intensamente, produzindo um excedente a ser utilizado para financiar outras atividades, e uma parte da população rural tendia a proletarizar-se, permanecendo disponível para essas outras atividades. Na África essas outras atividades eram muitas vezes *plantações* agrícolas altamente especializadas, destinadas a produzir para a exportação. Ao lado dessas plantações, entretanto, continuavam a existir as comunidades agrícolas, com graus distintos de integração nos mercados.

No caso brasileiro, a monopolização das terras foi essencialmente utilizada para impedir a constituição de comunidades agrícolas e, muito excepcionalmente, para desorganizá-las onde começavam a formar-se. Conforme já observamos, a empresa agromercantil antecede a toda outra forma de atividade econômica no país: instala-se praticamente no vazio, trazendo a sua mão de obra e, ocasionalmente, completando-a com os remanescentes da população indígena recolhidos aqui e acolá, algumas vezes em terras muito distantes. Na região do café ela avança com seus escravos, como os antigos exércitos, expulsando os sitiantes posseiros, cuja vida comunitária apenas começava a constituir-se.[14]

13 Uma apresentação excepcionalmente bem documentada e lúcida do processo na África negra encontra-se em G. Arrighi, "Labour Supplies in Historical Perspective: A Study of the Proletarianization of the African Peasantry in Rhodesia", *The Journal of Development Studies*, abr. 1970.

14 É verdade que a expulsão desses sitiantes nem sempre foi totalmente pacífica. Se bem estivessem incapacitados para "resistir

Deve-se ter em conta que o tipo de agricultura itinerante praticado pelos pequenos cultivadores dificultava a transformação da posse em propriedade da terra e obstaculizava a formação de uma vida comunitária, em razão de sua dispersão em extensa área. Os pequenos plantadores, que não desejassem transformar-se em dependentes da empresa agromercantil, eram forçados a deslocar-se para terras mais distantes, sem interesse comercial imediato. Essas terras seriam muito provavelmente alcançadas algum tempo depois pela frente em avanço dos cafezais. O que não estava ao alcance do pequeno plantador era concorrer com a empresa agromercantil na "grande lavoura", isto é, na produção destinada à exportação. Essa quase impossibilidade do pequeno produtor de concorrer tinha várias causas. Em primeiro lugar estava a dificuldade de acesso às melhores terras, sempre controladas pelos grandes proprietários. Em segundo lugar, apresentava-se o problema da comercialização do produto, que exigia capacidade financeira. Por último, estava o fato de que aquele que trabalhava diretamente a terra entrava em concorrência com a mão de obra escrava. Mesmo em fase subsequente, quando se extingue a escravidão, a possibilidade de sobrevivência da pequena exploração resultou ser precária. Assim, nas colônias cafeeiras do Espírito Santo, em que as terras foram doadas pelo governo a famílias quase sempre de origem alemã, a evolução se fez no sentido do controle das comunidades pelos comerciantes, os quais terminaram por acaparar-se uma boa parte das terras. A persistência, neste caso, de organizações comunitárias relativamente autônomas não se explicaria sem ter em conta as diferenças de cultura,

---

ao mecanismo jurídico da apropriação da terra pelo mais forte", algumas vezes os sitiantes esboçaram resistência. Cf. Viotti da Costa, *Da senzala à colônia*. São Paulo: Difel, 1960, p. 29.

inclusive religião, que isolam os seus membros do resto da população.[15]

No caso das regiões em que predominou a pecuária, o controle da propriedade da terra pela classe senhorial quase sempre precede a ocupação dessas terras. Os pequenos agricultores que aí penetram e praticam a agricultura itinerante desempenham a função de abrir os campos ou *derrubar* a mata para transformá-los em pasto. As complicadas relações de trabalho que se observam em certas regiões, particularmente do Nordeste e de Minas, resultam quase sempre da penetração de uma agricultura comercial, mas que permanece itinerante, em fazendas inicialmente organizadas à base de pecuária. A atividade de subsistência evolui parcialmente para uma agricultura comercial, em regime de parceria, coexistindo com prestação de serviços pessoais, trabalho assalariado etc. Neste caso, os agrupamentos humanos dentro das grandes propriedades permanecem na total dependência dos senhores da terra, criando-se, por caminho diverso, um fenômeno similar às *comunidades* cativas de alguns países andinos.[16] No caso brasileiro, a propriedade da terra foi utilizada para formar e moldar um certo tipo de comunidade, que já nasce tutelada e a serviço dos objetivos da empresa agromercantil.

A formação dessas comunidades tuteladas preparou a empresa agromercantil para prescindir da escravidão. Com efeito, esta instituição não era parte essencial da referida empresa. Ela fez-se indispensável para transplan-

15 Sobre a evolução das colônias cafeeiras do Espírito Santo, ver Jean Roche, "Qualques Aspects de la colonisation allemande en Espírito Santo", *Caravelle*, 1965.

16 As *comunidades cativas* bolivianas eram aquelas que estavam submetidas à tutela de uma fazenda, devendo fornecer a esta mão de obra gratuita. Cf. Celso Furtado, *Formação econômica da América Latina*, op. cit., p. 319.

tar, a baixo preço, populações da África para a América. A partir de meados do século XIX, quando em razão da revolução dos transportes as condições dos mercados externos se tornam mais favoráveis, a preservação da escravidão refletia muito mais o temor de perder a mão de obra, que se imaginava tenderia a dispersar-se em comunidades de subsistência, a exemplo dos quilombos, do que propriamente uma incompatibilidade com o regime salarial. A verdade é que a extinção da escravidão não afetou de forma significativa a empresa agromercantil: a massa escrava transformou-se em comunidades tuteladas, com acesso à terra para produção de autoconsumo e moradia, o que reduzia substancialmente a possibilidade de acumulação individual e limitava a mobilidade.

Nas regiões meridionais do país, a partir dos anos 1830, o governo central empreendeu um plano de povoamento com imigrantes europeus. As famílias, geralmente de origem alemã ou italiana, recebiam na primeira fase 75 hectares, reduzindo-se as doações em fase subsequente a 25 hectares, organizados em linhas. Esses "colonos" tenderam a assemelhar-se aos sitiantes de outras regiões do país, praticando agricultura itinerante principalmente para subsistência. O crescimento demográfico acarretou a redução do tamanho médio dos lotes, o que, na ausência de melhora nas técnicas agrícolas, traduziu-se em empobrecimento dos solos. Parte do crescimento demográfico, contudo, foi absorvido pela criação de novas zonas de "colônias".

FATORES INSTITUCIONAIS E ECOLÓGICOS NA FORMAÇÃO DAS ESTRUTURAS

O quadro que vimos de esboçar põe em evidência a complexidade do mundo rural brasileiro. Contudo, parece fora de dúvida que o traço marcante desse quadro é a empresa agromercantil, que domina o processo de ocupação do território e de formação da sociedade rural brasileira. Coube-lhe dar valor econômico ao silvícola capturado, importar a massa de trabalhadores africanos escravizados, criar emprego, direta ou indiretamente, para a mão de obra livre que chega ao país. É ainda ela que financia a pecuária nos seus inícios, e que permite a expansão desta assegurando-lhe mercados.[17]

A empresa agromercantil surge apoiada no trabalho escravo e durante três séculos e meio permanecerá ligada a essa instituição. Assim, ao lado dela, a escravidão se configura como segundo traço marcante no processo de formação da economia rural brasileira. Mesmo que não deva ser considerada como inerente ao tipo de empresa agrícola que se forma no país, pois esta sobreviverá sem grandes transformações à abolição do trabalho escravo, a escravidão marcará profundamente a organização da economia rural. A tese de que a criação de uma economia agrícola de exportação numa região tropical teria sido inviável, nos séculos XVI e XVII, sem a escravidão, não tem maiores fundamentos. Duas outras formas de organização agrícola foram praticadas com êxito, no século XVII, em regiões tropicais e subtropicais das Américas: a exploração familiar e a exploração média e grande

17 A essa empresa corresponde evidentemente uma classe social perfeitamente diferenciada. Nas palavras de Caio Prado Júnior: "A grande exploração, com sua produção comercial, representa o empreendimento agromercantil de uma classe socialmente bem diferenciada e caracterizada no conjunto da população rural: os grandes proprietários e fazendeiros, que aliás não se enquadram e integram propriamente naquela população, a não ser pelo fato de seu negócio ter por objeto a produção agrária, e de eles disporem para isso, como classe, da maior e melhor parcela da propriedade fundiária". In "Contribuição para a análise da questão agrária no Brasil", *Revista Brasiliense*, op. cit.

com base na servidão temporária, de origem europeia. Esta última era uma forma pela qual um trabalhador livre financiava sua instalação a médio prazo como pequeno proprietário: os gastos de viagem e de instalação, inclusive acesso à propriedade da terra, eram pagos por uma empresa agromercantil que se fazia ressarcir mediante quatro ou cinco anos de trabalho a salário reduzido. É evidente que a semisservidão temporária somente podia ser praticada quando o regime de exploração familiar era economicamente viável, pois era a posse futura da terra que atraía os que se submetiam a esse regime. Ora, essa viabilidade não existia quando penetrava no setor a grande exploração à base de trabalho escravo.

O exemplo das Antilhas tanto francesa como inglesa é a esse respeito ilustrativo: a exploração agrícola de tipo familiar instalou-se e floresceu enquanto na região não penetrou o açúcar. Não que a cultura da cana-de-açúcar se diferenciasse de outras culturas tropicais, envolvendo economias de escala. Tão somente porque o açúcar *já* era produzido nessa época à base de trabalho escravo. A produção de açúcar, como atividade industrial, escapava ao alcance do pequeno e médio agricultor. Entretanto, no que concerne à atividade agrícola propriamente dita, a pequena plantação localizada nas proximidades da usina seria viável economicamente. Se é verdade que o industrial dispunha de uma posição forte para influenciar o preço da cana, não se deve esquecer que o pequeno produtor podia defender-se passando para outras culturas e reduzindo a oferta. O quadro se modificava fundamentalmente quando a grande empresa introduzia o trabalho escravo, com o qual não podia competir o pequeno produtor. Se a mão de obra escrava tivesse sido interditada nas Antilhas, essas ilhas não teriam se transformado em grandes produtoras de açúcar, pois não teriam condições de competir nos mercados internacionais com o açúcar produzido no Brasil à base de trabalho escravo. Transformar-se em produtor de açúcar, principal produto agrícola do comércio internacional da época, significava necessariamente adotar o trabalho escravo, com as consequências sociais que isso implicava. Ademais, a alta rentabilidade da produção de açúcar à base de mão de obra escrava aumentou o valor das terras, que nas Antilhas eram escassas, tornando antieconômicas outras culturas. Os pequenos produtores venderam suas terras e emigraram em grande escala.[18]

Se a França e a Inglaterra dispunham, no século XVII, de excedentes de mão de obra para povoar as Antilhas, o mesmo não se pode dizer com respeito a Portugal, particularmente se se tem em conta que a economia açucareira brasileira foi criada um século antes da experiência de povoamento das Antilhas. Desta forma, a mobilização de mão de obra fora de Portugal apresentava-se como condição necessária à exploração agrícola no Brasil. Que essa mobilização de mão de obra haja assumido a forma de pilhagem da África Ocidental para escravização de sua população constitui de alguma maneira uma simples circunstância histórica, a qual, entretanto, marcará de forma definitiva a organização da economia e da sociedade brasileiras. Foi graças à escravidão que a empresa agromercantil pôde dominar tão completamente a vida rural brasileira, imprimindo-lhe o perfil de autoritarismo que a caracteriza até o presente.

A essa dominação se deve atribuir o fato de que o Brasil, país por excelência de abundância de terras, se haja caracterizado por tão difícil acesso à propriedade da terra, a qual permaneceu sempre em mãos de uma pequena minoria. Aqueles que desbravam as terras dificilmente alcançam a propriedade destas, pois quase sempre essa propriedade já terá sido adjudicada (de forma real ou fictícia) com ante-

18 Uma descrição em detalhe desse processo encontra-se em Celso Furtado, *Formação econômica do Brasil*, op. cit., capítulo 6: "Consequências da penetração do açúcar nas Antilhas".

cipação a alguém com acesso aos centros de decisão. Esse controle do acesso à propriedade da terra constitui, em seguida à escravidão, o fator mais importante na estruturação da economia agrícola brasileira. Coube à escravidão o papel de matriz do processo, pois deu à grande empresa agromercantil os meios de frustrar qualquer outra forma de organização agrícola. Mas foi o monopólio da propriedade da terra que permitiu consolidar as posições ganhas com base na escravidão. Com efeito, a partir do momento em que a mão de obra escrava se torna escassa e a oferta de trabalho livre mais abundante, criam-se condições favoráveis ao desenvolvimento de pequenas e médias explorações agrícolas. A partir desse momento, o controle da propriedade da terra por uma minoria passa a ser o fator determinante da organização agrícola. Graças a ele o sistema tradicional fundado na empresa agromercantil mantém a sua posição dominante. Essa transição pode ser observada em detalhe na economia do café, que evoluiu do trabalho escravo para o sistema do colonato. Em nenhum momento surgiu como opção a exploração familiar, à semelhança da colonização antioquena na Colômbia.

Concentração da propriedade da terra em uma economia essencialmente agrícola (isto é: numa economia em que a principal fonte de emprego é a agricultura) significa necessariamente concentração da renda. Em outras palavras: se a propriedade está concentrada, a massa rural estará constituída basicamente de trabalhadores dependentes de emprego em terras das empresas agromercantis. Com efeito: se bem as terras sejam abundantes, a empresa agromercantil tem acesso prioritário a elas em função do interesse comercial das mesmas. As alternativas que se apresentam ao trabalhador livre são integrar-se numa empresa agromercantil sob uma das múltiplas formas de relação de trabalho — como morador, foreiro, rendeiro, arrendatário, trabalhador assalariado, colono etc. —, as quais refletem as metamorfoses da grande propriedade em seu esforço para preservar o monopólio da propriedade fundiária, ou abrir uma roça por conta própria em terras de pequeno valor comercial. Como o homem que pratica agricultura tropical em nível técnico rudimentar e baixa capitalização será necessariamente um agricultor itinerante, serão as precárias condições de vida do roceiro itinerante, em terras marginais, que determinarão o "preço de oferta" da mão de obra rural. É por esta razão que o latifundismo brasileiro tem sido qualificado em publicações de órgãos internacionais de sistema de poder.[19] Com efeito, ele constitui um meio de assegurar a uma minoria uma oferta elástica de mão de obra e de impor à população certo esquema de distribuição da renda.

Se se ignora que o latifundismo é primeiramente um fenômeno político, que permitiu preservar o quadro de privilégios surgidos com a escravidão, não será fácil explicar certos paradoxos da organização da agricultura brasileira. Assim, do ponto de vista da empresa agromercantil, a mão de obra é simultaneamente escassa e barata. Dada a abundância de terras sob controle da empresa, toda vez que surgem condições favoráveis do lado da demanda (interna ou externa), a oferta de mão de obra constitui o fator limitante do aumento da produção. Essa escassez relativa da mão de obra implica o uso extensivo da terra, o que, dadas as condições ecológicas, leva a perpetuar a prática da *shifting field cultivation*, ou seja, da agricultura itinerante.[20] Essa prática não somente exige que a

19 "O latifúndio é um sistema de poder. Um latifúndio é sempre uma empresa altamente autocrática, seja qual for o número de pessoas que nele trabalhe, quer o dono more nele, por perto ou muito longe." Cf. *Posse e uso da terra*, op. cit., p. 147.
20 Para uma apreciação crítica recente da técnica de agricultura itinerante ver W. W. Mc Pherson e B. F. Johnston, "Distinctive Features of Agricultural Development in the Tropics", *Agricultural Development and Economic Growth*. Direção

empresa tenha à sua disposição grandes quantidades de terra que subutiliza, mas também que a empresa busque assegurar-se posições em novas *frentes* agrícolas, pois a perda de fertilidade dos solos se manifesta tanto no caso das culturas temporárias como no das permanentes. Desta forma, a concentração fundiária, ao impor certa forma de distribuição da renda, ou seja, ao assegurar mão de obra barata à empresa agromercantil, induz esta ao uso extensivo das terras, perpetuando práticas agrícolas rudimentares, as quais constituem a forma mais econômica da empresa usar a mão de obra.[21]

Guardadas certas qualificações, estamos em face de uma agricultura *tradicional*, segundo a definição de Schultz: não obstante o seu quadro técnico seja basicamente estacionário, o agente responsável pela alocação de recursos, ou seja, a empresa agromercantil, é economicamente racional porquanto tende a minimizar os

---

de Herman M. Southworth e B. J. Johnston. Nova York: Cornell University Press, 1967.

21 No Brasil não existe *roça* sem *derrubada* e *queimada*; as terras assim tratadas são abandonadas depois de dois ou três anos de cultivo à formação de uma *capoeira*. Como a reconstituição da fertilidade natural dos solos (mediante a formação da capoeira) exige de cinco a dez vezes mais tempo que sua destruição pelos cultivos anuais, as fazendas somente destinam ao cultivo uma fração das terras de que dispõem. Mesmo as terras ricas de massapê, que podem dar trinta colheitas sucessivas de cana, são submetidas a regime de rodízio de terras, essa prática que já no século XVIII Arthur Young chamava de "opróbrio". No caso das culturas permanentes, como o café, ao cabo de quinze a vinte anos a primeira plantação é substituída por outra de baixo rendimento ou as terras são transformadas em pastos naturais. Para uma apresentação sintética das várias formas de *shifting cultivation* no Brasil, ver Jean Roche, "Le Rôle du brûlis dans l'agriculture brésilienne", *Revista Geographica*, n. 5.

seus custos.[22] Mais importante ainda: dada a abundância de terras de que dispõe a empresa, a existência de uma fronteira móvel e o crescimento da população trabalhadora rural, essa agricultura tradicional está quase sempre em condições de responder com prontidão ao aumento da demanda de produtos agrícolas criada no exterior ou nas zonas urbanas. A tal ponto que o Brasil tem sido apresentado como autêntico fenômeno: uma economia que se desenvolve com base em uma agricultura tradicional, ou seja, uma agricultura que praticamente não absorve progresso técnico. Schultz imagina que essa situação seria impraticável, pois o aumento rápido dos custos para a empresa impediria toda formação de capital. A realidade entretanto é outra, pois nenhuma indicação existe de baixa de rentabilidade das empresas. Os maiores custos invisíveis se traduzem principalmente na destruição do patrimônio de recursos naturais do país e no sacrifício das massas rurais, que continuam submetidas às mais duras formas de exploração.

22 Cf. Theodore W. Schultz, *Transforming Traditional Agriculture*. New Haven: Yale University Press, 1964. O conceito de agricultura tradicional que utilizamos refere-se ao aspecto geral da definição de Schultz: "supor-se-á que a única fonte adicional de renda gerada pela produção agrícola provém dos incrementos na quantidade de fatores tradicionais, exatamente da mesma classe que os usados durante muitos decênios" (p. 23). A afirmação de que "a agricultura tradicional será tratada como um tipo especial de equilíbrio econômico" (p. 29) constitui simples artifício para introduzir o aparelho de análise neoclássico que tanto seduz os economistas de Chicago. O fato de minimizar os custos não implica que a empresa agromercantil utilize plenamente sua capacidade de produção. Toda vez que se cria uma situação favorável do lado da demanda, a empresa pode transferir recursos de atividades de subsistência para a produção comercial, elevando a produtividade média dos fatores sem modificar as técnicas de produção.

A *escassez* de mão de obra existe apenas com respeito à grande abundância de terras e ao tipo de técnicas agrícolas que o sistema tende a perpetuar. Poder-se-ia imaginar que, sendo *escassa* a mão de obra, as empresas tenderiam a concorrer entre elas forçando os salários à alta. Com efeito, toda vez que surgiu um novo produto de exportação, com respeito ao qual as vantagens comparativas eram manifestas, os salários agrícolas puderam aumentar em certas áreas, para as quais se deslocava a mão de obra de outras regiões. Os investimentos em transportes, permitindo a utilização de novas terras de maior fertilidade, também criam diferenças de salários e acarretam o deslocamento de mão de obra. Como a população rural está em expansão e o crescimento mais rápido da produção agrícola se manifesta em regiões limitadas, o fenômeno da escassez é sempre local e temporário. Ademais, deve-se ter em conta que a agricultura itinerante é econômica porque exige pouco capital e utiliza extensivamente a terra, mas não se deve esquecer que a produtividade do trabalho, em razão das técnicas primitivas que utiliza, é relativamente baixa. Seria necessário que a escassez de mão de obra se generalizasse a todas as regiões rurais do país para que a concorrência das empresas agrícolas em certas áreas acarretasse uma efetiva alta de salários, a qual para consolidar-se requereria a elevação do nível técnico da agricultura.

Se se ignoram as consequências a longo prazo da destruição dos recursos naturais de um país, a *shifting cultivation* permite maximizar a produtividade da mão de obra, nas regiões tropicais, se a taxa de juros é alta e as terras são abundantes.[23] Quando as terras já não são tão

23 "As técnicas de produção de mudança de campo de cultura (*shifting field*) são as mais econômicas do ponto de vista da mão de obra [...]. Existem muitos exemplos da veracidade dessa afirmação. Com efeito: o agricultor de Cabrais, do norte do Togo,

abundantes, como ocorre em certas regiões do Brasil, o período de repouso tende a ser encurtado, com consequente aceleração da degradação dos solos, os quais são finalmente transformados em pastagens. Tudo se passa como se a coletividade estivesse vivendo à custa de um patrimônio não reprodutível, como ocorreu na Venezuela até fins dos anos 1950: toda atividade econômica que pudesse ser substituída por importações pagas com petróleo (riqueza não reprodutível) tendia a desaparecer. Assim, a agricultura, que continuava a empregar grande parte da população desse país, foi reduzida a menos de 7% do produto nacional. No Brasil, excetuadas certas situações definidas por fatores constringentes técnicos,[24] toda atividade agrícola que requer uma maior capitalização tende a ser antieconômica, porquanto incapaz de competir com a *shifting cultivation*, que é, de maneira crescente, uma agricultura predatória.

Crescer sem capitalizar-se, mediante a destruição de recursos não reprodutíveis, dificilmente poderia ser interpretado como uma forma de *desenvolvimento*. O aumento persistente de produtividade, que caracteriza o desenvolvimento, tem como fundamento principal a pe-

---

ao deslocar-se para o sul, para colonizar parte da 'faixa central' vazia, adota rapidamente os métodos de cultivo de mudança de campo, em vez de perpetuar no novo ambiente o sistema refinado de cultivo intensivo em campo permanente que, durante séculos, caracterizou sua terra natal densamente povoada." B. W. Hodder, *Economic Development in the Tropics*. Londres: Methuen, 1968, p. 100.

24 Na produção de certas mercadorias agrícolas — aves, ovos, legumes, verduras e frutas — o uso de técnicas modernas faz-se imperativo se se pretende satisfazer a demanda de grandes centros urbanos. Ver, sobre este ponto, Ruy Miller Paiva, "Bases de uma política para a melhoria técnica da agricultura brasileira", trabalho apresentado à v Reunião da Sociedade Brasileira de Economistas Rurais, fev. 1967.

netração e difusão do progresso técnico, o qual se apoia na acumulação de capital e na transformação qualitativa da mão de obra. Como regra geral, quanto mais alto o coeficiente de capital por pessoa empregada, mais intenso o fluxo de penetração do progresso técnico. A agricultura itinerante se constitui para a empresa, a curto prazo, uma forma econômica de usar um capital escasso ou caro, a médio e longo prazos envolve um alto custo social, porquanto, ao desencorajar a formação de capital na agricultura, fecha a porta à penetração do progresso técnico no setor da economia que responde pelas condições de vida da maior parte da população. Ademais, ao pagar salários de subsistência, esse tipo de agricultura impede o autoaperfeiçoamento do fator humano. Ora, este aperfeiçoamento constitui uma das formas mais importantes, na agricultura, de assimilação do progresso técnico.

O "MODELO" ARGENTINO-PAULISTA

A doutrina do desenvolvimento sem transformação da agricultura tem suas origens nas teses industrialistas formuladas nos primeiros estudos da Cepal. Em face do debilitamento da demanda externa, a retomada do desenvolvimento exigia a criação de uma demanda interna dinâmica, e esta só pode existir apoiando-se na industrialização. Como na fase de desenvolvimento *hacia afuera* a agricultura havia demonstrado uma grande capacidade de *resposta*, era de admitir que ocorresse o mesmo na fase de desenvolvimento *hacia adentro* baseada na substituição de importações. Essas teses se fundavam principalmente na observação das experiências da Argentina e do Brasil, países que haviam conhecido uma fase de expansão de exportações agrícolas que se prolongara por meio século. Parecia evidente que, existindo uma demanda dinâmica, a oferta agrícola se expandia sem que se manifestassem tensões estruturais. Com efeito, a extrema concentração da propriedade da terra não fora um obstáculo à estupenda expansão da produção agrícola na pampa úmida argentina e nas terras roxas de São Paulo.

Essa análise passava por alto o fato de que, existindo uma fronteira móvel e uma oferta elástica de mão de obra originária de fora da região, tratava-se menos de *desenvolvimento* que de ocupação econômica de um território. A rigor, o desenvolvimento devia ser observado nas atividades não agrícolas: no sistema de transportes e no setor urbano, que se diversificava elevando seu coeficiente de capitalização e seu nível técnico. Também se evitava fazer a seguinte pergunta: uma vez estabilizada a fronteira, continuaria a expandir-se a produção agrícola? Tal pergunta teria induzido a considerar a diferença entre *expansão* com base na incorporação de recursos preexistentes e *desenvolvimento* decorrente de modificações na qualidade dos recursos e na transformação dos processos produtivos.

As ilações derivadas do modelo "extrovertido" argentino-paulista foram substancialmente reforçadas pela análise que fizera Theodore W. Schultz em seu livro clássico *Agriculture in an Unstable Economy* (Nova York: McGraw-Hill, 1945), do papel de demanda gerada no setor não agrícola no desenvolvimento da agricultura dos Estados Unidos. Essa análise punha pela primeira vez em evidência, com base em dados quantitativos, que, dada a baixa elasticidade-renda da demanda de produtos agrícolas, a agricultura só pode expandir-se se o sistema econômico em que está inserida apresentar uma taxa de crescimento superior ao dela mesma. Esse trabalho de Schultz teve um impacto considerável no pensamento dos primeiros teóricos da Cepal, não sendo portanto de admirar que alguns dos trabalhos destes tenham sido interpretados como defendendo a tese de que basta que a agricultura responda à demanda de produtos agrícolas, criada pelo setor não agrícola, para cumprir o seu papel no processo de desenvolvimento. A preocupação principal tendeu a ser a identificação do grau de rigidez do setor agrícola, o qual seria responsável pela criação de pressões inflacionárias, pela elevação dos custos industriais, pelo crescimento mais que proporcional das importações de produtos agrícolas etc. Passou, assim, para segundo plano saber se a agricultura que *responde* a uma demanda dinâmica está realmente se desenvolvendo, isto é, se eleva o seu nível técnico, se permite a melhoria qualitativa do fator humano, se acarreta elevação do nível de vida da população rural.

A tese simplificada da Cepal vem sendo utilizada recentemente com crescente insistência no Brasil para "demonstrar" a funcionalidade da estrutura agrária do país. O setor agrícola teria desempenhado brilhantemente seu papel no processo de desenvolvimento, pois tudo indica que a oferta de alimentos cresceu suficientemente para satisfazer o aumento da demanda, o que se demonstra com dados macroeconômicos para o conjunto do país. (Passa-se por alto que a demanda de alimentos nas zonas rurais reflete a distribuição da renda agrícola, ou seja, a estrutura agrária, e que a demanda de alimentos nas zonas urbanas reflete os salários urbanos, os quais são condicionados pelas condições de vida da própria massa rural.) Também se pretende ignorar que o crescimento bem mais lento da oferta de proteínas de origem animal e o aumento dos preços relativos destas traduzem uma degradação da dieta popular. Estaria assim por terra a tese de que a atual estrutura agrária seria um obstáculo ao autêntico desenvolvimento do país. A tese da funcionalidade da atual estrutura agrária brasileira vai mais longe ainda: o caráter rudimentar das práticas agrícolas — a *shifting cultivation* é universalmente identificada como a mais rudimentar das formas de organização agrícola — não seria um real obstáculo à expansão da agricultura brasileira, portanto não constitui um empecilho ao *desenvolvimento* da economia nacional.[25] Impõe-se, portanto, uma conclusão melancólica: posto que a população rural continuará a aumentar, os salários agrícolas dificilmente abandonarão seus baixos níveis atuais. Sendo assim, enquanto a oferta de solos for abundante, isto é, enquanto a destruição da fertilidade dos solos de certas áreas puder ser compensada pela abertura de novas terras, continuará a prevalecer a agricultura itinerante, fechando-se a porta a uma ampla e efetiva penetração do progresso técnico na agricultura.

Tem-se finalmente argumentado que pouca relação existe entre o tamanho da exploração agrícola e a persistência da prática de agricultura itinerante. Assim, a exploração de tipo familiar da zona de colônias no sul do país não teria aberto o caminho à elevação do nível técnico da agricultura. Os colonos de origem europeia logo se adaptaram à prática da *derrubada* e do fogo, abandonando parte de suas propriedades à formação de capoeiras. Como a dimensão dessas propriedades não permite o abandono prolongado de parcelas, a fer-

25 O maior entusiasta da atual estrutura agrária brasileira é o professor William H. Nicholls, que, em artigo recente, depois de referir-se sardonicamente ao folclore que teria se criado no Brasil em torno do tema do *latifúndio parasita*, sentencia: "Hoje, se não nos últimos 25 ou cinquenta anos, não são primordialmente os defeitos e iniquidades da estrutura agrária, ou a falta de uma atividade diretiva e inovadora dos médios e grandes proprietários, que farão da agricultura o calcanhar de Aquiles do desenvolvimento econômico do Brasil. Se as coisas tomam um rumo infeliz, será antes porque o governo terá falhado em proporcionar à infraestrutura rural os serviços agrícolas públicos e os tipos apropriados de desenvolvimento industrial, que são razão necessária *e suficiente* para evitar que isso ocorra" (grifo do autor). "The Brazilian Food Supply: Problems and Prospects", *Economic Development and Cultural Change*, v. 19, n. 3, abr. 1971.

tilidade dos solos mais rapidamente se degradou, o que explica a pobreza relativa dessas regiões.[26] É este um argumento falacioso, pois não há dúvida de que, havendo disponibilidade de mão de obra barata, a empresa que pratica a *shifting cultivation* possui condições altamente favoráveis para concorrer nos mercados. A pequena propriedade ver-se-á em face dela em condições quase tão desfavoráveis quanto em face da grande plantação escravista. Se se tratasse de agricultura de exportação, a grande empresa e a exploração familiar não estariam necessariamente em concorrência, pois os preços se formam nos mercados internacionais. Neste caso, as duas formas de exploração agrícola podem coexistir, mesmo praticando técnicas agrícolas diversas. Tratando-se de produção para o mercado interno, o pequeno produtor estará em concorrência direta com a grande empresa.

AS OPÇÕES DO TRABALHADOR RURAL

O fundo do problema parece ser o seguinte: os salários rurais tendem a permanecer extremamente baixos, porquanto o homem do campo deve optar entre a roça individual em terras de inferior rendimento econômico e a tutela da empresa agromercantil. Essa mão de obra barata tende a perpetuar dentro da empresa as técnicas agrícolas rudimentares. Caberia, portanto, perguntar: se o acesso ao uso da terra fosse menos oneroso para a grande massa rural, o salário agrícola permaneceria tão baixo quanto é? Como elevar o preço de oferta da mão de obra agrícola sem simultaneamente onerar os custos do conjunto da

26 Uma boa exposição das técnicas agrícolas utilizadas nas regiões de colônias encontra-se em Jean Roche, "Les Systèmes agraires dans les colonies allemandes du sud du Brésil", *Études Rurales*, jul./set. 1963.

agricultura? Existe possibilidade de abordar esse problema mediante modificações na estrutura agrária?

Consideremos a situação de um minifundista que é proprietário de sua parcela de terra. Quase sempre a renda desse minifundista é tão baixa quanto os mais baixos salários agrícolas. Ocorre, entretanto, que o minifundista desperdiça parte importante de sua capacidade de trabalho (e da de sua família) em razão da exiguidade de sua parcela.[27] Ademais, o minifúndio dificilmente pode evoluir tecnicamente: a substituição da enxada, o uso de animais etc., exigem certa relação homem-terra que o minifúndio não alcança.[28] Admitamos que se aumente a disponibilidade de terras desse minifundista. Ele poderá alugar mão de obra e continuar a utilizar as técnicas que vinha praticando ou tentar aumentar a própria produtividade utilizando parte das novas terras para criar um animal. A segunda opção pode ser mais econômica para o

27 No trabalho citado do Cida, a definição de minifundista implica a incapacidade para utilizar plenamente a força de trabalho própria e da família, em razão da exiguidade da terra disponível.

28 Para uma exposição das condições estruturais requeridas para que as pequenas explorações agrícolas assimilem uma melhoria técnica, ver G. Clark e M. R. Haswell, *The Economics of Subsistence Agriculture*. Nova York: St. Martin's Press, 1964. Os autores afirmam, por exemplo: "Existe um equilíbrio econômico entre o arado puxado a bois e a enxada" (p. 55) e "O uso de animais de tração conduz a um *incremento considerável na produção se* [grifo do autor] se dispõe de terra suficiente [...]. Em muitas regiões não há terra suficiente para manter ocupadas todas as famílias cultivadoras se se utilizam bois de tração; neste caso produz-se o 'desemprego disfarçado' até que (e isto pode durar muito tempo) se introduzam novos tipos de cultivo baseados em utilização intensiva da mão de obra (seda, fumo, frutas etc.); ou até que surja maior demanda urbana de mão de obra" (p. 57). Ver também B. W. Hodder, op. cit., p. 117.

pequeno proprietário porque ela lhe permite utilizar mais intensamente a capacidade de trabalho próprio e da família, que estavam sendo subutilizadas. É sabido que existe um potencial de mão de obra subutilizada nos minifúndios, ao passo que é de admitir que nas empresas agrícolas a mão de obra esteja sendo plenamente *utilizada.*[29] Admitamos agora que esse aumento da disponibilidade de terras se faça no quadro da empresa. Esta tratará de atrair mão de obra adicional, dentro do quadro técnico que adota. Importa ter em conta que, no minifúndio, a ampliação da quantidade de terra abre ao trabalhador a possibilidade de valorizar o *próprio* trabalho, o que implica elevar o seu nível técnico. Suponhamos agora que essa valorização do trabalho do pequeno proprietário — mediante uma melhor relação homem-terra e a introdução de animais de trabalho — viesse a repercutir no preço de oferta da mão de obra rural. É claro que a empresa teria que encaminhar-se para a elevação da produtividade de sua mão de obra, a fim de acompanhar a alta dos salários. A capitalização teria que intensificar-se e as práticas tradicionais de cultivo teriam que ser progressivamente abandonadas. Evidentemente essa transformação só se faria se o custo da mão de obra aumentasse de forma significativa, o que somente poderia ocorrer se uma parte substancial da massa rural tivesse a possibilidade de trabalhar por conta própria em condições bem mais favoráveis que as que encontra atualmente nos minifúndios e nas terras marginais da fronteira móvel. Enquanto a empresa agromercantil for a fonte principal de emprego dessa massa rural, com os baixos níveis atuais de salá-

29 Evidentemente, quando se trata de trabalhador assalariado. Em se tratando de trabalhadores que dividem o seu tempo entre a produção de subsistência e a comercial, dentro da grande propriedade, sempre é possível, se o permite a demanda, aumentar a produção comercial em prejuízo da de subsistência.

rios, escassas serão as possibilidades de que se consolidem outras formas de organização agrícola.

Nas condições atuais, a massa rural em expansão destina-se a três frentes de trabalho:

a) a frente dos minifúndios, quando o trabalhador tem acesso a essa forma precária de propriedade da terra, onde subutiliza sua capacidade de trabalho e está praticamente impossibilitado de capitalizar e melhorar seu nível técnico;

b) a fronteira móvel sem apoio logístico ou financeiro onde se dedica a abrir terras com técnica primitiva, sem qualquer possibilidade de fixar-se e ascender à situação de proprietário; e

c) a integração numa empresa agromercantil como parceiro, foreiro, rendeiro, trabalhador assalariado etc., ou mediante a combinação de mais de uma dessas relações de trabalho; sua capacidade de trabalho é mais amplamente utilizada, se bem que as práticas sejam igualmente rudimentares.[30]

A empresa agromercantil tanto opera em zonas *velhas*, marcadas por forte degradação dos solos, como em zonas *novas*, recentemente abertas ao cultivo. Quando a demanda, externa e/ou interna, se debilita, certas áreas das zonas velhas perdem capacidade competitiva e são trans-

30 A ideia, que prevaleceu entre certos autores, de que a transformação das relações de trabalho dentro da empresa (de parceiro a trabalhador assalariado) constituía uma *evolução* nas relações de trabalho deriva de transplantação para a realidade brasileira de conceitos provindos da experiência histórica europeia. No Brasil a parceria implica quase sempre em remuneração do trabalho mais alta que o trabalho assalariado e não significa necessariamente menor integração no mercado, pois sua produção pode ser totalmente comercial. Por outro lado, ocorre que o trabalho assalariado se combine com atividade de subsistência em terras de inferior qualidade fora da propriedade principal.

formadas em pastagens. Essa debilitação da demanda não impede, entretanto, que a fronteira agrícola continue a deslocar-se, pois esse deslocamento é principalmente função do crescimento demográfico. Se a demanda de produtos agrícolas cresce com intensidade, revalorizam-se as zonas velhas, podendo mesmo ocorrer que estas façam investimentos para elevar a produtividade da mão de obra.

A REESTRUTURAÇÃO E O PROBLEMA DA DEMANDA

O modelo "clássico" de desenvolvimento agrícola das economias capitalistas baseia-se na hipótese de que crescimento da demanda de excedentes agrícolas e forte absorção de mão de obra rural pelas zonas urbanas em níveis mais altos de salários são dois processos que ocorrem paralelamente. A elevação do custo da mão de obra e a redução relativa dos custos dos insumos agrícolas induzem o empresário agrícola à capitalização, abrindo-lhe a via do progresso técnico. Sob a dupla ação da demanda urbana de produtos agrícolas e de mão de obra rural, a agricultura se transforma, assumindo finalmente as características de uma atividade industrial.[31] Se a oferta de mão de obra se

31 Esse modelo foi estilizado por Theodore W. Schultz em *The Economic Organization of Agriculture*. Nova York: McGraw-Hill, 1953. O professor William H. Nicholls tentou aplicá-lo ao caso de São Paulo em "The Transformation of Agriculture in a Semi-Industrialized Country: The Case of São Paulo", in *The Role of Agriculture in Economic Development*. Direção de Erik Thorbecke. Nova York: Columbia University Press, 1969. Ver no mesmo livro a interessante crítica de G. Edward Schuh a esse ensaio pouco convincente. Aliás, os dados apresentados pelo professor Nicholls em seu estudo mais recente ("The Brazilian Food Supply: Problems and Prospects", op. cit.) constituem uma clara demonstração de que o *desenvolvimento* da agricultura brasileira se faz contra a população rural: "Nossas cifras não deixam

mantém elástica nas zonas rurais, as condições para elevação do nível técnico só se apresentarão quando as terras agrícolas tenham sido totalmente ocupadas. Nesta hipótese, o progresso técnico tende a traduzir-se em aumento do rendimento da terra, o que não engendra necessariamente aumento dos salários agrícolas.

O caso brasileiro diverge duplamente desse modelo, pois as terras continuam a ser abundantes e a oferta de mão de obra permanece elástica no que respeita ao conjunto do setor agrícola. Em face dessa abundância de recursos, a extrema concentração da propriedade da terra permite à empresa agromercantil impor à população rural salários ínfimos; por outro lado, o baixo custo da mão de obra transforma-se em barreira à penetração do progresso técnico, perpetuando-se uma agricultura de altos e crescentes custos sociais, responsável pela depredação dos recursos naturais do país. Como a estagnação do nível

---

dúvida de que a estrutura agrária do Brasil reflete uma concentração relativamente elevada da propriedade da terra, da riqueza e da renda. O que era *menos de esperar* [grifo nosso], contudo, é que essas cifras indicam que a distribuição da renda agrícola é *mais* [grifo do autor] concentrada na agricultura moderna do que na agricultura relativamente primitiva do Nordeste. *Coisa estranha* [grifo nosso]: o sistema mais tradicional de propriedade da terra do Nordeste, condenado com tanta frequência pelos reformistas agrários, oferece, na verdade, muito maior proteção às famílias arrendatárias, as quais — pelo fato de que obtêm a maior parte de sua renda em espécie e pagam uma renda pela terra mais baixa do que seria de esperar — contam com uma proteção automática contra a inflação, da qual carecem os trabalhadores do Sul, que recebem salário em efetivo. Em consequência, como o estão confirmando nossas análises estatísticas de função de produção, é antes no Sul do que no Nordeste onde os trabalhadores agrícolas alugados são mais frequentemente 'explorados', no sentido econômico de receber um salário inferior ao seu produto marginal".

de vida da massa rural contribui para deprimir os salários urbanos e são estes que determinam a evolução da demanda de produtos agrícolas, tampouco por este lado surgem possibilidades de ruptura do impasse atual.[32]

Não é este um problema de solução fácil. Mas não há dúvida de que toda verdadeira solução passará necessariamente por uma reorganização da agricultura brasileira, ou seja, pela eliminação da tutela que a empresa agromercantil exerce sobre a massa da população rural. Somente assim será possível elevar o nível de vida dessa população e abrir a porta à penetração do progresso técnico. A ruptura da tutela permitirá que o trabalhador rural utilize melhor sua capacidade de trabalho, hoje em dia

32 É interessante observar que tanto o professor Nicholls, no último trabalho citado, quanto Ruy Miller Paiva, no trabalho citado em nota anterior, insistem em que o problema fundamental da agricultura brasileira é aumentar a *produtividade da mão de obra*. Entretanto, os dados publicados por esses autores permitem constatar que a produtividade no Sul do país é 4,6 vezes maior que no Nordeste, ao passo que o salário agrícola é apenas 90% mais alto. Desta forma, aumentar a produtividade da mão de obra sem modificar a estrutura agrária significa concentrar mais a renda, o que por seu lado reduz a participação dos produtos agrícolas nos gastos totais da coletividade. Ruy Miller Paiva afirma que "a posição do Brasil face ao problema da melhoria técnica não é de fácil solução, pois não somente a capacidade de absorção do mercado interno é pequena como a capacidade de aumento da produção é ponderável, o que virá acentuar o papel de mecanismo de autocontrole da expansão da melhoria técnica". Pretende-se assim ignorar que o mercado interno depende da renda per capita e *da distribuição da renda*, e que esta última depende da estrutura agrária em medida não insignificante. Ignorando este aspecto do problema, Paiva sugere como solução exportações subsidiadas, o que não pode ser senão uma solução para casos particulares. Para o professor Nicholls a solução do problema está em deter o crescimento da população.

subutilizada, em benefício de si mesmo. Evidentemente essa transformação requer um amplo esforço de assistência técnica e de ajuda financeira que não pode ser improvisado. Trata-se, em síntese, de reestruturar a economia agrícola de forma a dotá-la de um sistema de decisões capaz de tornar compatíveis os seguintes objetivos: (*a*) assegurar a expansão da produção, (*b*) criar novos empregos em escala adequada, (*c*) melhorar progressivamente o nível técnico e (*d*) assegurar a elevação do nível de vida da população rural em função do aumento de produtividade.

Elevar a produtividade do trabalhador rural sem reduzir o emprego significa evidentemente intensificar o crescimento da produção agrícola. Quando se coloca esta questão, levanta-se imediatamente a dúvida sobre a capacidade de absorção dos mercados. Não se deve esquecer, entretanto, que, se o aumento de produtividade for acompanhado de uma redistribuição da renda agrícola em benefício da massa rural, o consumo adicional desta absorverá parte significativa do aumento da produção.[33] Contudo, nunca se insistirá demais sobre o fato de que a reconstrução do setor agrícola só é viável se o setor urbano estiver em rápida expansão. No Brasil essa expansão deveria ser acompanhada de um aumento relativo da massa salarial dos grupos de baixas rendas.[34] Por último, caberia considerar a possibilidade de exportações subsidiadas de certos produtos, a fim de regularizar o escoamento das safras e evitar a deterioração ocasional dos preços relativos do setor agrícola.

33 A experiência de países que têm realizado reformas agrárias indica que esse aumento de consumo dos produtos agrícolas nas zonas rurais pode ser considerável. O que importa no caso é ligar esse aumento do consumo ao incremento da produtividade e a melhoras qualitativas no fator humano.

34 Trata-se de redistribuição de renda dentro do setor urbano, não devendo, portanto, afetar os termos de intercâmbio do setor agrícola.

Quando se observa com uma ampla perspectiva a organização da agricultura brasileira, percebe-se claramente nela um elemento invariante, que é o sistema de privilégios concedidos à empresa agromercantil, instrumento de ocupação econômica da América portuguesa. Esse sistema de privilégios, que se apoiava inicialmente na escravidão, pôde sobreviver em um país de terras abundantes e clima tropical graças a uma engenhosa articulação do controle da propriedade da terra com a prática da agricultura itinerante. A sua sobrevivência está assim diretamente ligada à persistência de formas predatórias de agricultura e é uma das causas primárias da extrema concentração da renda nacional. Sem um tratamento de fundo desse problema, dificilmente desenvolvimento significará no Brasil mais do que modernização de uma fachada, à margem da qual permanece a grande massa da população do país.

PENSAMENTO POLÍTICO

A Operação Nordeste*

Foi observando o conjunto da América Latina, de enormes disparidades de níveis de desenvolvimento — essa extensa gama de estruturas econômicas que vão, digamos, da Nicarágua à República Argentina — que cheguei a compreender muitas das peculiaridades do Brasil, a perceber melhor as inter-relações dessa autêntica constelação de sistemas econômicos que é o nosso país. Pode parecer pedante tal afirmação: que é necessário sair de sua terra para compreendê-la melhor. Contudo, desejo ser totalmente franco sobre este ponto: observando as vicissitudes e disparidades do desenvolvimento na América espanhola — as razões pelas quais uns países se desenvolviam e outros não — é que melhor percebi a natureza dos desequilíbrios regionais que hoje caracterizam esse subcontinente brasileiro. Imaginara-o, até então, um sistema único, onde a conveniência de cada uma das partes fosse a conveniência do todo, e a do todo o interesse de cada uma dessas mesmas partes. Pois, meus senhores, à medida que fui percebendo as causas profundas que explicam o sentido das crescentes desigualdades regionais, passei a preocupar-me seriamente com o próprio destino da nacionalidade brasileira, com o nosso próprio destino de povo.

* *A Operação Nordeste*. Rio de Janeiro: Iseb, 1959.

O BRASIL E O NORDESTE

O desenvolvimento econômico, no mundo todo, tende a criar desigualdades. É uma lei universal inerente ao processo de crescimento: a lei da concentração. E dentro de um país de dimensões continentais como o Brasil, de desenvolvimento espontâneo, entregue ao acaso, os imperativos desta lei tendem a criar problemas capazes de acarretar tropeços à própria formação da nacionalidade.

Tal afirmação, à primeira vista, poderá parecer simples frase de efeito, embora não seja. Permito-me dramatizar esta afirmação inicial porque estou convencido de que as crescentes disparidades regionais constituirão o mais grave problema do nosso país nesta segunda metade do século XX — problema principal, não só para nossa geração, mas seguramente para as duas gerações que nos seguirão. Não se trata de problema que possa ser resolvido por um governo ou por um grupo de homens, e é como tal que desejo seja compreendido.

Este grande país se formou, historicamente, ao longo de um processo de integração política de regiões desarticuladas mas dotadas de um lastro cultural comum. Contudo, em seu processo de integração econômica, sofreu profundo desvio na primeira metade deste século XX, em consequência do processo mesmo de industrialização. Esta é uma afirmação de enorme importância, que exige adequadas explicações.

O Brasil do século XIX, como sabemos, era uma constelação de pequenos sistemas econômicos isolados, unidos por vínculo político e ligados à economia internacional. Eram pequenas feitorias de comércio exterior que se distribuíam por este imenso território, com centros principais, como o do açúcar no Nordeste e o do café na região Centro-Sul. O desenvolvimento econômico do Brasil, nos últimos decênios do século XIX e em toda a primeira metade do século XX, assumiu a forma de articulação cada vez maior dessas ilhas econômicas. Tal articulação se fez em torno do mercado, em constante expansão, da região Centro-Sul, que encontrava nas exportações de café seu impulso de crescimento. Assim, por exemplo, quando a economia do açúcar entrou em colapso, com a desorganização do mercado mundial desse produto, sua sobrevivência tornou-se possível graças à reserva de mercado na região Centro-Sul. Caso análogo ocorreu com a economia da borracha, que entrou em total colapso com a plantação sistemática de seringais fora do Brasil. Em seguida a um período de grandes dificuldades, essa economia pôde subsistir apoiando-se no mercado do Centro-Sul. A borracha que outrora se colocava no estrangeiro passou a ser vendida no mercado interno; o açúcar que antes se ofertava no exterior passou a ter procura dentro do país; a região meridional encontrou um mercado em expansão dentro do país para os excedentes de arroz, trigo, vinhos etc.

Essa articulação, que os estudiosos da economia brasileira, na primeira metade do século XX, apreciaram como forma de evolução tendente a integrar o país em uma só economia, trazia o germe dos problemas que hoje estamos enfrentando, pois reproduzia o mesmo esquema de divisão geográfica do trabalho que viciaria todo o desenvolvimento da economia mundial, com suas metrópoles industrializadas e colônias produtoras de matérias-primas.

Em consequência desse tipo de evolução, à medida que a industrialização alcançava etapas mais avançadas, as desigualdades, dentro do Brasil, tenderam a acentuar-se.

Na época em que o Centro-Sul possuía uma simples economia de exportação, de características semicoloniais, igualmente vinculada aos grandes centros internacionais — economia de produtividade relativamente baixa, de estrutura parecida à do resto do Brasil —, embora formando um mercado de maiores dimensões, a ação dos fatores tendentes à concentração da renda era menos visível. À medida que esse centro maior, esse mercado mais importante no qual os outros começavam a se apoiar, foi se modificando internamente, com a industrialização, as relações de dependência foram se tornando patentes — transformaram-se progressivamente as antigas vinculações de economias de tipo primário, entre si, em relações de economias produtoras de matérias-primas com um centro industrial.

Se esse processo chegasse a persistir por muito tempo, observaríamos seguramente no Brasil profundos desequilíbrios regionais que provocariam conflitos de natureza econômica e política capazes de retardar nosso desenvolvimento econômico e social.

Não podem coexistir no mesmo país um sistema industrial de base regional e um conjunto de economias primárias dependentes e subordinadas, por uma razão muito simples: as relações econômicas entre uma economia industrial e economias primárias tendem sempre a formas de exploração.

Esse fenômeno de tão fácil observação, cujo estudo me acostumei a fazer com a objetividade de quem trabalha em laboratório, como técnico das Nações Unidas — a tendência das economias industriais, em razão de sua forma de crescer, a inibir o crescimento das economias primárias —, esse mesmo fenômeno está ocorrendo dentro de nosso país.

A OPERAÇÃO NORDESTE

Esta é a tela de fundo, é a base ideológica daquilo que, em termos jornalísticos, se definiu como Operação Nordeste. Para dar-lhe contornos mais nítidos empenhamo-nos em medir essa tendência à disparidade regional de graus de desenvolvimento. Medimos o ritmo de crescimento da economia brasileira no último quarto de século e verificamos que esse crescimento, embora bastante intenso, tem se processado de forma muito desigual entre as duas grandes regiões em que se concentram os mais importantes grupos populacionais do país.

Identificamos, para efeito de análise, o que poderíamos chamar de sistema subdesenvolvido mais importante do Brasil — a velha economia da cana-de-açúcar na forma como se apresenta hoje em dia —, a saber, o Nordeste. Isolamos esse velho sistema que se estende do Piauí à Bahia, do sistema econômico do Centro-Sul do Brasil, cujo centro é São Paulo. O ritmo de crescimento econômico do Centro-Sul é sensivelmente mais intenso que o da região Nordeste.

Por exemplo, se a participação do Nordeste no produto bruto da economia brasileira, antes da guerra, em 1939, era de cerca de 30%, hoje em dia é apenas de 11%. Trata-se de uma disparidade crescente, que se agrava todos os dias. É possível que já tenha atingido um ponto em que a reversibilidade não seja fácil.

Esse é um segundo aspecto do problema — seguramente o mais grave — para o qual tenho chamado a atenção repetidas vezes. A desigualdade econômica, quando alcança certo ponto, se institucionaliza. Tal fato, que observamos nas sociedades humanas — a tendência das desigualdades a se institucionalizarem e a formar classes —, também pode ocorrer entre as regiões do mesmo país. Quando a desigualdade entre níveis de vida de grupos populacionais atinge certos limites, tende a institucionalizar-se. E quando um fenômeno econômico dessa ordem obtém sanção institucional, sua reversão espontânea é praticamente impossível. Além disso, como os grupos economicamente mais poderosos são os que detêm o comando da política, a reversão mediante a atuação dos órgãos políticos também se torna extremamente difícil.

Quando uma economia subdesenvolvida cresce — como é o caso em todo o Brasil, mesmo na região de São

Paulo — os salários não tendem a crescer com a produtividade. Disso todos sabemos. Cresce a economia e os salários podem não crescer com a produtividade, pelo simples fato de que há sempre uma oferta de mão de obra pressionando por todos os lados e impedindo a organização da classe trabalhadora. À medida que a economia alcança maior grau de desenvolvimento, esse excedente de mão de obra disponível vai sendo absorvido. Mesmo em economia como a de São Paulo, ainda existe margem substancial de pequenos serviços e tarefas de todo tipo que poderão ser eliminados amanhã pela mecanização. Ainda se encontra ali grande massa de trabalhadores agrícolas a ser transferida para os setores secundários e terciários.

Quando se vencer essa etapa em São Paulo, uma das áreas mais desenvolvidas do Brasil, os salários tenderão espontaneamente a pressionar para cima, à proporção que aumente a produtividade. E, então, a classe trabalhadora se organizará eficientemente, como em todos os países industrializados do mundo. Terá força quando se tornar um fator relativamente escasso. Se nas primeiras etapas do desenvolvimento o fator escasso é o capital, nas fases mais avançadas o capital passa a ser relativamente abundante e a mão de obra relativamente escassa. Quando a economia chega a essa etapa, em que a mão de obra se torna escassa, deixa de ser subdesenvolvida. Em tais circunstâncias, a classe trabalhadora, seja qual for o regime, se organiza eficientemente e assume posição política poderosa. E, a partir desse momento, não mais permite que seus salários sejam condicionados por uma afluência desorganizada de mão de obra. Não foi por outra razão que se interrompeu o fluxo imigratório nos Estados Unidos, nem é por outra causa que a mobilidade da mão de obra é tão baixa na Itália.

Se tal fenômeno vier a ocorrer no Brasil, país de grande extensão geográfica, a formação de grupos regionais antagônicos poderá ameaçar a maior conquista de nosso passado: a unidade nacional.

Estamos diante de um problema de grande complexidade. Nenhum de nós pode alimentar a ilusão de solucioná-lo a prazo curto. O que almejamos, o que pretendemos, é modificar a tal ponto a maneira de encarar o problema que não seja possível voltar atrás. Como um astrônomo que, ao provocar pequena alteração na posição do seu telescópio, desloca a objetiva através de enormes distâncias siderais, acreditamos poder condicionar todo um processo histórico, modificando elementos estratégicos e alterando tendências de setores fundamentais.

REFORMA ADMINISTRATIVA: SUDENE

Não seria possível modificar todo um processo histórico se não partíssemos de uma interpretação desse processo: de uma adequada formulação do problema, ou diagnóstico da situação, como hoje dizemos. Para transformar esse diagnóstico em autêntica política de desenvolvimento, em ação, necessitamos de adequado instrumental administrativo.

Ora, a insuficiência administrativa talvez seja nosso mais grave problema. Isso com respeito à execução de qualquer política. Evoluímos rapidamente, no último quarto de século, quanto à concepção das funções governamentais.

Atualmente, estamos todos convencidos de que é função precípua do Estado brasileiro, além de preservar a integridade do nosso território, desenvolver as enormes potencialidades deste país. É uma corrida contra o tempo, esforço ingente para recuperar um imenso atraso relativo. Todavia, ainda não aparelhamos o Estado para o efetivo desempenho dessa complexa função de mentor do desenvolvimento. Nossa estrutura administrativa vem se transformando por partes, sem que jamais se haja empreendido sua reestruturação em função dos novos objetivos do Estado.

Força é convir que, entre nós, o Estado não está aparelhado sequer para solucionar problemas econômicos correntes. Muitas das dificuldades que temos com entidades financiadoras internacionais decorrem do fato de não estarmos preparados para resolver, em tempo devido, nossos problemas mais urgentes. Ainda menos o estamos para enfrentar esse problema muito maior — a tendência ao desequilíbrio regional —, razão de ser da Operação Nordeste. Deveríamos, portanto, partir de uma reforma administrativa.

Todavia, a longa experiência que tenho de trabalhar para o governo, inclusive como técnico de administração, convenceu-me de que as reformas administrativas a nada conduzem, se não são antecedidas de efetiva reformulação da política a seguir. Por outro lado, é extremamente difícil mudar as rodas enquanto o carro está andando, isto é, introduzir adequadas modificações no aparelho administrativo à medida que vai sendo possível implantar a nova política. A Superintendência do Desenvolvimento do Nordeste — Sudene — pretende ser um órgão de natureza renovadora com o duplo objetivo de dar ao governo um instrumento que o capacite a formular uma política de desenvolvimento para o Nordeste e, ao mesmo tempo, o habilite a modificar a estrutura administrativa em função dos novos objetivos.

Definidos esses objetivos, deixará de haver multiplicidade de políticas no Nordeste: uma do DNOCS — o Departamento Nacional de Obras Contra as Secas — e outra da Comissão do Vale do São Francisco; uma do DNER e outra do DNEF; finalmente tantas políticas quantos são os órgãos do governo federal que operam na região, todos crescendo vegetativamente, repetindo coisas que fizeram no passado, bem ou mal, na medida em que puderam, e quase todos com enormes dificuldades principalmente porque não podem ver o problema no seu todo.

Sem visão global do problema e, portanto, incapacitados para resolvê-lo, tendem a gerar em seus quadros um profundo sentimento de frustração, que quase sempre encontramos nos responsáveis pela política do governo federal no Nordeste.

A ideia básica, por conseguinte, é a de que o governo terá uma só política de desenvolvimento em relação ao Nordeste. Para este fim a Sudene deverá congregar os dirigentes das agências governamentais mais importantes na área, coordenando os planos de todas elas, a serem feitos em cooperação com os técnicos do órgão integrador. Não se trata, portanto, de promover uma reforma administrativa geral do dia para a noite, que, obviamente, não teria nenhum sentido prático — iríamos apenas trocar tabuletas, mudar os nomes das coisas. Trata-se, na verdade, de unificar a ação do governo, submetendo-a ao mesmo conjunto de diretrizes. Uma vez chegados a um acordo sobre essas diretrizes, impõe-se traduzir as mesmas em programas de trabalho. Dessa forma, as atividades de planejamento estariam integradas. A descentralização viria apenas na etapa de execução, cabendo ao órgão coordenador acompanhá-la em suas linhas gerais.

GÊNESE DO PROBLEMA DO NORDESTE

Mas não bastaria anunciar que vamos partir de um diagnóstico para a ação, sem nos determos um pouco mais na essência do problema econômico do Nordeste. Parece-me ver na expressão de todos que me ouvem o desejo de conhecer mais a fundo o problema do Nordeste. Qual a razão de ser desse problema? Por que essa região ficou atrás, em relação ao Centro-Sul do Brasil? De que forma é possível acelerar o ritmo de crescimento da economia nordestina? Tenho certeza de que, ao passarmos ao debate, as perguntas se orientarão nesse sentido. Portanto, antes de abordar a última parte desta palestra, referente ao que estamos fazendo neste momento no Nordeste, vamos dedicar alguns minutos a esclarecer que tipo de diagnóstico fizemos, como concebemos o problema do Nordeste.

O Nordeste, essa região de 25 milhões de habitantes que vai do Maranhão à Bahia, constitui a mais extensa dentre as zonas de mais baixo desenvolvimento, ou mais agudamente subdesenvolvidas, de todo hemisfério ocidental, comparável a alguns países do Caribe, ao Paraguai, à Bolívia. Trata-se de um fenômeno per se extremamente peculiar. É problema de enorme complexidade, que tem escapado à maioria das pessoas que pretendem formulá-lo. No Nordeste, formou-se desde meados do século XVI uma economia de exportação que, como toda economia de exportação, cresceu à medida que a demanda externa permitiu que crescesse: a economia do açúcar.

Essa economia do açúcar, baseada no aproveitamento das terras úmidas litorâneas, também permitiu o povoamento do *hinterland* nordestino, cuja pecuária forneceu ao litoral uma fonte de proteínas e um instrumento de trabalho, o boi. Esse povoamento se fez com uma técnica extremamente primitiva, à medida que o gado penetrou no interior. O homem seguiu a boiada. O gado, ao encontrar a floresta amazônica, do lado do Maranhão, parou; e se deteve ao encontrar as regiões mais áridas da depressão são-franciscana. Formou-se assim esse grande bolsão que é o Nordeste, particularmente o chamado Nordeste oriental, onde a população tem crescido sem cessar. Porque toda economia de exportação estimula a produção de gêneros em regiões marginais subsidiárias — produção esta que, em épocas de crise das exportações, involui para uma economia de subsistência. Esse tipo de economia permite um crescimento persistente da população, mesmo que sua produtividade se mantenha estacionária ou decresça.

Se observarmos mais de perto o fenômeno, veremos que o crescimento da economia do Nordeste, em grande parte, foi tão somente uma forma de decomposição e desagregação da economia açucareira.

A especialização agrícola da zona úmida significou que o fator mais escasso do Nordeste — constituído pelas terras de melhor qualidade — foi automaticamente mobilizado para o fim da monocultura, no caso, a produção da cana-de-açúcar. Por outro lado, a expansão das plantações de cana favoreceu o latifúndio; e o latifúndio, na zona úmida, acarretou a total inibição do desenvolvimento de qualquer cultura adicional, mesmo das ligadas à sobrevivência do homem. Esses dois fenômenos — monocultura e latifúndio — estão profundamente ligados à maneira pela qual evoluiu a economia do açúcar no Nordeste.

Uma terceira característica, já interessando à evolução recente, é que se trata de uma economia altamente concentradora da renda. Nesse tipo de economia, a renda se concentra em mãos de reduzido número de latifundiários. Ora, toda economia altamente concentradora de renda tende a impedir a formação de mercado interno, quer dizer, não pode facilmente passar da etapa de crescimento na base de exportação para a etapa de crescimento na base de mercado interno. Para melhor compreender esse fenômeno, consideremos o caso extremo de uma economia como a da Bolívia, grande exportadora de estanho, tendo inclusive uma exportação per capita maior que a do Brasil. A renda gerada por essas exportações se concentrava em poucas mãos. A massa de salários era relativamente pequena: poucos milhares de pessoas trabalhavam nas minas. O resto se concentrava na forma de lucros que emigravam do país. Resultado: não se formou nenhum mercado interno de significação.

Coisa parecida ocorreu com a economia do açúcar. Altamente concentradora de renda, dificultou a formação de um mercado interno, sem o qual não é possível passar da economia de exportação para a economia industrial. Fenômeno contrário ocorreu, em São Paulo, com o café. Na verdade o café é um grande distribuidor de renda.

A economia açucareira, não podendo absorver a mão

de obra que nela se formava, por insuficiência da demanda externa, criava excedentes populacionais, que se deslocavam para o interior, indo ocupar as terras mais pobres do agreste, o que propiciou a formação do minifúndio. Vamos encontrar ali uma economia de produtividade extremamente baixa, que cresceu e se expandiu, não porque houvesse um fator dinâmico a impulsioná-la — mas em virtude do debilitamento de outra economia. Nas etapas de decadência do açúcar, a mão de obra que a produção açucareira não podia absorver tinha de sair da Zona da Mata para ocupar o agreste, na forma de economia de subsistência.

A terceira faixa da economia do Nordeste é esse *hinterland* da pecuária que, desde o início, se constituiu em economia subsidiária do açúcar. Foi possível povoar de gado o Nordeste porque os engenhos absorviam grande quantidade de animais, não só para alimentação, mas também, e sobretudo, para tração. A fonte energética mais importante na economia açucareira era a força do animal que vinha do *hinterland*. Além disso, a produção de couros também permitiu, de certo modo, equilibrar essa pecuária. Contudo, era uma economia de baixíssima produtividade.

Com a intensificação do crescimento populacional nos últimos decênios e a saturação demográfica da região do agreste, tem se observado um deslocamento progressivo de populações em direção ao *hinterland* semiárido. É nesta área que mais tem crescido a população. Por outro lado, os contingentes urbanos dependem, cada vez mais, para seu abastecimento, dos excedentes da produção de alimentos da região semiárida, isto é, da região sujeita à incidência das secas.

Em linhas gerais, foi este o processo de formação histórica da economia nordestina: quando as exportações do açúcar perderam o impulso de crescimento, esgotou-se toda a força dinâmica do sistema, que se revelou incapaz de propiciar a transição automática para a industrialização. O Nordeste deixou de contar, há muito tempo, com um autêntico fator dinâmico, capaz de substituir o açúcar. Quando o açúcar entrou em estagnação, o Nordeste passou a constituir uma economia totalmente à míngua de impulso de crescimento, embora continuasse a expandir-se horizontalmente, pela economia de subsistência e pela ocupação de terras de inferior qualidade e mais sujeitas ao fenômeno das secas.

Tive a paciência de tentar medir a produtividade média, ou seja, a produção per capita, no Nordeste, ao longo de séculos, e cheguei à conclusão de que o nível mais alto alcançado pela economia da região ocorreu em fins do primeiro século da era colonial. Já no segundo século da colonização, ou, mais precisamente, a partir do término das guerras holandesas, quando apareceram os grandes concorrentes do Brasil no mercado mundial do açúcar, é notório o declínio dos níveis de produção per capita. Com efeito, nos 250 anos compreendidos entre 1650 e 1900, a economia do Nordeste se manteve em estagnação relativa. Nos últimos cinquenta anos o Nordeste conheceu uma nova etapa de crescimento, se bem que de ritmo lento, decorrente de outros fatores, sobre os quais não me posso estender agora — resultantes da vinculação do Nordeste ao mercado em rápido crescimento do Centro-Sul do Brasil. Aquela economia que perdera o impulso vindo do exterior passou a apoiar-se cada vez mais no Centro-Sul, colocando ali o seu açúcar em regime de defesa de preço, uma série de produtos primários e mesmo algumas manufaturas, como os tecidos de algodão que chegou a exportar em grande escala para o mercado centro-sulino, ao ingressar na primeira fase de industrialização. Assim, nos últimos cinquenta anos, a economia nordestina conseguiu elevar, se bem que moderadamente, sua renda per capita. Contudo, no conjunto da economia brasileira, o Nordeste continuou a perder terreno em termos relativos.

A complexidade da questão se agrava se levarmos em conta um elemento específico do problema nordestino — a semiaridez de grande parte do território e as secas. Convém salientar que o panorama apresentado até agora, com ignorância desse elemento, refere-se simplesmente à formação de uma economia de baixa produtividade. Mas a economia do Nordeste não é somente um sistema de baixa produtividade. É também um sistema sujeito a crises sui generis de produção e emprego.

ECONOMIA DE SUBSISTÊNCIA E ECONOMIA MONETÁRIA

Se abstrairmos a chamada zona úmida do litoral e observarmos em conjunto o *hinterland* semiárido, que ocupa praticamente todo o estado do Ceará, todo o estado do Rio Grande do Norte, grande parte dos estados da Paraíba, de Pernambuco, da Bahia e uma pequena parte do Piauí, Sergipe e Alagoas — esse *hinterland* onde habitam uns 12 milhões de nordestinos —, deparamos com extensa zona de 1 milhão de quilômetros quadrados sujeita a colapsos periódicos da precipitação pluviométrica. Embora nunca seja total a queda da precipitação, em algumas regiões pode alcançar 90%. A seca se configura quando a baixa da precipitação alcança 50% em região suficientemente extensa para afetar algumas centenas de milhares de pessoas. Além da queda na precipitação, a seca também se caracteriza por maior irregularidade nessa precipitação. Em vez de seiscentos milímetros em três meses, temos trezentos milímetros em quinze dias, ou em dois ou três aguaceiros. O fenômeno da seca, na forma como se apresenta no Nordeste, é quase único em todo o mundo. Existe coisa parecida em certas regiões, por exemplo no centro de Madagascar. Mas não existe paralelo, pelo menos em área tão extensa e tão povoada.

Ora, esse fenômeno não teria tanta gravidade se outro tipo de economia se houvesse formado no Nordeste, e não o que lá existe. E neste ponto reside a medula do problema que temos pela frente.

Para evitar certos equívocos correntes é necessário ter em conta, desde o início, que essa extensa região semiárida, com precipitação irregular, não tem características fisiográficas de deserto. É uma zona sui generis. Quem viajar pelo Nordeste semiárido, tendo conhecido áreas desérticas de qualquer parte do mundo, percebe desde logo a diferença. A nossa caatinga, a caatinga sertaneja que o selvagem já chamava de "floresta branca", é fenômeno quase único. Constitui abundante revestimento florístico, de zona semiárida, totalmente adaptado a condições específicas de solo e clima. Durante o longo período seco que ocorre todos os anos (cerca de oito meses) a caatinga se defende, usando parcimoniosamente suas reservas de água.

Ao anunciar-se o novo inverno, na certeza de que poderá renovar essas reservas, sacia-se sofregamente, dando lugar a esse espetáculo maravilhoso por sua instantaneidade que é a transfiguração daquele montão de gravetos secos em bosque verde.

A existência dessa vegetação peculiar, aberta à penetração do gado, com pastos que sofrem um processo natural de fenação, é que possibilitou a criação do tipo de economia que nos preocupa. Já observei que a penetração das boiadas se fez naturalmente, pelo sertão adentro. No período de chuvas a caatinga enverdece e formam-se as pastagens. Se bem que fracos, em razão do longo período seco, os pastos comportam certa carga animal — e, consequentemente, também certa carga humana. Essa carga humana tem de ser, evidentemente, pequena. E se na caatinga existisse apenas uma economia pecuária, o fenômeno das secas estaria longe de assumir a gravidade com que se apresenta. Essa gravidade decorre da maior densidade demográfica da região, consequência de certo tipo de agricultura que lá coexiste com a pecuária. A caatinga está constituída por certo tipo de vegetação xerófila, isto é, resistente à seca. Criar uma agricultura xerófila é matéria complexa, pois a carga vegetal por unidade de terra não pode ser grande. O rendimento por hectare do algodão mocó, por exemplo, é extremamente baixo, comparado a qualquer outro tipo de exploração algodoeira. Contudo, combinando uma agricultura baseada no algodão mocó com a pecuária, foi possível criar uma economia que trouxe à caatinga uma carga demográfica relativamente grande.

A fazenda típica da região sertaneja combina a pecuária com o algodão mocó, o trabalho assalariado na pecuária com a "meação" na agricultura. Se visitarmos uma fazenda dessas, encontraremos um conjunto de famílias de "moradores" — chamam-se moradores porque não são propriamente empregados, não têm salário monetário, são, digamos, sócios nos riscos e na venda da produção algodoeira, com direito à casa e a uma faixa de terra para lavoura de subsistência.

O algodão plantado dura vários anos — o meeiro faz a capinagem, cuida da plantação, faz a colheita e é dono da metade do produto. O dono da terra tem a outra metade — mas o seu gado constitui para ele importante fonte de renda adicional, tanto mais que representa de certo modo um capital móvel, capaz de ser transferido, em épocas de seca, para pastagens melhores.

Quanto ao meeiro de algodão, não tem outra fonte de renda além da meação, mas tem quase sempre o seu pequeno pedaço de terra, baixada ou várzea que seja, onde pode plantar os seus "legumes", para prover à sua alimentação e à de seus dependentes. E aí se fecha a economia. Ele planta para comer, mas também possui renda monetária.

Essa combinação de elementos de economia monetária com outros de economia de subsistência é que permitiu o aumento da população na caatinga. E foi esse aumento populacional que transformou a seca na grande calamidade social dos últimos três quartos de século.

EFEITOS DA SECA, CRISE DE INADAPTAÇÃO

Aqui está a essência do problema. A seca, que ocorre periodicamente, embora de forma imprevisível, não afeta gravemente o algodão mocó, que é uma xerófila. O gado, até certo ponto, resiste, porque se pode ter reserva de forragem e deslocar parte do rebanho para outras regiões. Antigamente, morria quase todo, mas agora, com as aguadas proporcionadas pela açudagem generalizada, o gado resiste. Ademais, resiste por outra razão a que me reportarei adiante. A produção de alimentos é a mais afetada. A grande massa de meeiros fica praticamente sem ter o que comer. Meio século de "obras contra as secas" em nada modificou esse elemento do problema, que, com o crescimento da população, tende a agravar-se dia a dia, ou melhor, de seca em seca. Não tendo o que comer, não adianta sequer ao homem ficar à espera da renda proporcionada pelo algodão. É esse o homem que sai para a estrada, que se "retira", em busca de alguma fonte de emprego que lhe permita sobreviver.

O mínimo que se pode dizer, portanto, é que se criou na região um sistema econômico estruturalmente vulnerável e instável, inadaptado ao meio. Na realidade o quadro ainda é pior do que o esboçado. Quando vem a seca, o homem transforma as sementes destinadas ao plantio em reserva alimentar, para comer enquanto sai pela estrada, em busca de melhor sorte. Além disso, é obrigado a vender a meação do algodão no momento que lhe é mais desfavorável, por um preço prefixado pelo dono da terra. E o fazendeiro o exige porque precisa do algodoal para transformá-lo em pasto, a fim de assegurar a sobrevivência de parte do gado.

O sistema econômico que existe na região semiárida do Nordeste constitui um dos casos mais flagrantes de divórcio entre o homem e o meio, entre o sistema de vida da população e as características mesológicas e ecológicas da região. Já nos referimos a esse fenômeno extraordinário de adaptação da flora ao clima, a caatinga, que representa toda uma riqueza vegetal. Esses recursos vegetais, todavia, ainda não foram devidamente estudados. Ainda não se pensou em criar uma economia da caatinga. Explora-se de modo rudimentar o algodão mocó e algumas outras xerófilas. Mas a caatinga encerra ainda muitas possibilidades, e pode proporcionar forragens arbóreas, resistentes à seca. Alguns idealistas têm procurado contornar a falta de estudos introduzindo plantas exóticas, como a algaroba, que está penetrando no sertão. A verdade, porém, é que depois de cinquenta anos de lutas contra as secas, continuamos sem saber qual o tipo de economia que pode subsistir na caatinga.

Não obstante se tenha realizado nos primeiros decênios deste século XX notável esforço para se alcançar melhor conhecimento da região, prevaleceu entre os dirigentes dos órgãos responsáveis, quase sempre engenheiros competentes, o princípio de que o grande problema do Nordeste é a limitação da disponibilidade de água. Daí a concentração de esforços no represamento da água. Ora, hoje sabemos que a escassez de água é apenas um dos componentes do problema. Sabemos que se chovesse o dobro a região possivelmente ainda seria mais pobre — a erosão tudo destruiria, inclusive a caatinga. O componente solo é igualmente fundamental. Este é que muitas vezes dificulta ou encarece extremamente o uso da água. Explica-se, assim, que tenhamos avançado tanto na acumulação de água e tão pouco no seu aproveitamento econômico. O Nordeste é uma das regiões do mundo onde é mais baixo o grau de utilização da água acumulada pelo homem. Isso diz tudo. Pelos padrões internacionais, a água já acumulada no Nordeste — cerca de 8 bilhões de metros cúbicos — permitiria irrigar uns 160 mil hectares. Todavia, lá não temos efetivamente irrigados mais de 5 mil.

Se saímos da caatinga, do complexo semiárido, e nos dirigimos à região litorânea, também encontramos problemas similares, resultantes de inadequado conhecimento da região. Encontramos a Zona da Mata, a faixa úmida do Nordeste oriental. Parte dessa zona está constituída por solos facilmente trabalháveis, ocupados pela cana. Mas também aí se encontram os tabuleiros litorâneos: faixa bastante próxima do litoral, que praticamente não teve utilização agrícola até o presente. São solos pobres, e os vales formados pela decomposição desses tabuleiros são muito pobres também. Pois esses solos pobres, mas perfeitamente aproveitáveis, ainda não foram estudados.

Em síntese: sendo pobre a base agrícola da economia do Nordeste, devemos envidar esforços para ampliar essa base, conhecendo melhor os recursos naturais da região. Só mediante persistente estudo do meio, do desenvolvimento de técnicas agrícolas adaptadas às regiões tropicais, teria sido possível criar no Nordeste condições para a formação de uma economia de alta produtividade. Em vez de procurar conhecer melhor o meio, de desenvolver técnicas de produção próprias, limitamo-nos a transplantar soluções. Particularmente nos últimos dois decênios, acentuou-se a tendência ao abandono dos estudos de base, no âmbito da ação oficial no Nordeste.

PLANO DE AÇÃO

Nosso ponto de vista é o seguinte: desenvolveu-se na região semiárida, na caatinga, uma economia inadequada ao meio, extremamente vulnerável à seca. O primeiro objetivo deve ser, portanto, criar ali uma economia resistente à seca. Para isso teremos de conhecer melhor a região, seus recursos de água superficial e subterrânea, sua flora, e teremos que mobilizar o crédito e a assistência técnica. Essa economia de maior produtividade há de implicar, provavelmente, redução do rebanho em algumas zonas. A sobrecarga animal prejudica a agricultura algodoeira e torna o sistema mais vulnerável à seca. Uma economia de mais alta produtividade, na caatinga, não será compatível com uma grande densidade demográfica. Assim, a reorganização da economia da caatinga criará excedentes populacionais que deverão ser absorvidos alhures. Daí a necessidade de incorporar novas terras ao Nordeste, de deslocar sua fronteira agrícola.

O problema é simples. A atual fronteira agrícola do Nordeste foi estabelecida quando a técnica de deslocamento do homem era muito primitiva. O homem penetrou onde o gado podia penetrar. O gado foi detido nos contrafortes da selva. Mas hoje em dia dispomos de outras técnicas e podemos transpor esses contrafortes. Podemos fazer crescer o Nordeste. Podemos incorporar ao Nordeste precisamente aquilo que lhe falta: terras úmidas, terras com invernos regulares. Isso que o homem, com a técnica mais ou menos primitiva do século XIX, não conseguiu fazer, cabe-nos realizar agora, abrindo estradas adequadas, colonizando, organizando uma economia adaptada ao meio.

Mas não existe desenvolvimento, hoje em dia, sem crescimento mais que proporcional das atividades secundárias. Pelo simples fato de que, sem tal crescimento, seria necessário que o Nordeste pudesse aumentar enormemente as suas exportações para o Centro-Sul e para o estrangeiro, pois teria de importar quantidades crescentes de manufaturas de consumo e bens de capital, exigidos pelo desenvolvimento.

Portanto, a terceira linha de ação é a de um forte aumento dos investimentos industriais na região. É a linha da industrialização do Nordeste. Mas não se deve aceitá-la como um postulado a priori e sim como decorrência da própria transformação da economia nordestina. Essa industrialização tem como primeiro objetivo absorver a massa enorme de população que já está sobrando nas zonas urbanas da região. Estima-se que há mais de meio milhão de pessoas em idade de trabalhar quase totalmente desocupadas, flutuando nas cidades do Nordeste. Só se poderá dar emprego a essa população por meio de um grande aumento das atividades do setor secundário, isto é, nas indústrias.

É possível alegar, sem dúvida, que o Nordeste não tem condições de industrialização porque não é um país, e sim um grupamento regional, e que sua indústria não poderá competir com a do Sul do Brasil. Nesse caso, seria antieconômica e facilmente destruída — em suma, o investimento se frustraria. Mas isso não é verdade. Existem indústrias que no Nordeste estariam mais bem situadas que no Centro-Sul. Não deixa de ser significativo que a indústria nordestina tenha sobrevivido nos últimos vinte anos — sobretudo nos últimos dez anos — não obstante a ação governamental lhe tenha sido adversa, embora, convém salientar, não deliberadamente. Assim, por exemplo, toda a política de câmbio no Brasil tem operado contra o Nordeste e contra a industrialização da região, e, apesar disso, essa indústria tem conseguido sobreviver. Ainda encontramos grande parte da velha indústria têxtil nordestina vendendo aqui no Sul de 30% a 40% da sua produção. É que a mão de obra lá é mais barata, a energia é hoje disponível em abundância e o algodão mais barato na região. Portanto, há condições para o desenvolvimento industrial, e para a terceira linha de ação a que nos propomos — um grande aumento nos investimentos industriais.

Houve, na verdade, neste país, total incompreensão dos aspectos regionais em toda nossa política de desenvolvimento industrial. No trabalho intitulado "Uma Política de desenvolvimento econômico para o Nordeste", fizemos profunda análise da disparidade de ritmos de crescimento entre as economias do Nordeste e do Centro-Sul. Essa análise veio demonstrar, entre outras coisas, que a escassez de cambiais, criada pela política de desenvolvimento e os subsídios em larga escala aos investimentos na indústria — subsídios decorrentes da política de controle das importações — favoreceram muito o Centro-Sul, onde as possibilidades imediatas de industrialização eram maiores. Sendo a economia nordestina predominantemente exportadora, grande parte da renda produzida pelas suas exportações teria de ser gasta no Sul por força daqueles controles sobre as importações. Tais controles, naturalmente, favoreceram a aquisição de bens de produção pela região em melhores condições para o desenvolvimento industrial — no caso, o Centro-Sul — enquanto o Nordeste era obrigado a adquirir bens de consumo no Sul, contribuindo, portanto, para acelerar o ritmo de industrialização desta região. Isso não foi intencional, mas involuntário — foi o resultado do tipo de política que se adotou no país nos últimos dez anos, no pós-guerra, digamos. A terceira linha de ação é, portanto, um grande aumento dos investimentos industriais para absorver a crescente população urbana semimarginal, e também um esforço para diminuir a disparidade de ritmo de crescimento entre o Nordeste e o Centro-Sul.

Mas não será possível seguir essa linha de ação no setor industrial se não resolvermos outro problema — o do abastecimento de alimentos nas zonas urbanas do Nordeste. Poder-se-ia argumentar que devemos começar pelos alimentos, porque é este o aspecto fundamental para o homem. Mas, como economista, quero primeiramente demonstrar que, ou aumentamos a produção de alimentos na região, resolvendo o problema agrícola, ou a industrialização não poderá realizar-se. E se não se realizar a industrialização, não haverá desenvolvimento no Nordeste.

Não se pode começar pela oferta de alimentos, simplesmente porque se esta aumenta no Nordeste, hoje em dia, a menos que haja considerável baixa de preços, a população não terá com que comprar os alimentos adicionais. Com efeito, se transformássemos a agricultura do Nordeste e inundássemos as cidades de alimentos, seria necessário baixar drasticamente os preços para que os alimentos fossem comprados, e com baixa tão grande não seria possível assegurar rentabilidade à economia agrícola. É necessário que cresça, simultaneamente, a demanda de alimentos, quer dizer, a massa de poder de compra das zonas urbanas, com a industrialização. São duas faces da mesma moeda. Mas se não aumentarmos a produção de alimentos, com o aumento da demanda de gêneros, os preços tenderão a subir, frustrando o desenvolvimento industrial. Isto porque os salários monetários teriam de crescer, perdendo o Nordeste sua principal vantagem na concorrência com o Centro-Sul — salários mais baixos no setor industrial.

Comparando o nível dos preços dos alimentos no Recife e em São Paulo, chega-se à conclusão de que o custo de vida para o operário é 25% mais alto na capital de Pernambuco do que no maior centro industrial do país. E essa diferença tende a acentuar-se. Em consequência, cada reajustamento do salário mínimo é prejudicial ao Nordeste. E o salário mínimo do Recife é, atualmente, apenas 25% inferior ao de São Paulo. Se prosseguirmos nesse caminho, acabaremos no Nordeste com um salário monetário mais alto que no Sul do Brasil, o que eliminaria toda possibilidade de industrialização daquela região.

O ponto nevrálgico da economia nordestina está, portanto, em sua agricultura. Se não resolvermos o problema da utilização adequada das terras da faixa úmida — subutilizadas nos grandes latifúndios do açúcar e nos chamados vales úmidos da zona litorânea —, não poderemos criar, no Nordeste, uma indústria capaz de sobreviver.

A LUTA PELO NORDESTE

No momento presente, temos no Nordeste um pequeno grupo de trabalho. Esse grupo está estrategicamente distribuído em doze frentes de ação, que incluem desde o estudo sistemático da indústria têxtil até a elaboração de um plano de emergência a ser executado em caso de seca, no próximo ano.

Essas doze frentes de ação se encaminham para a solução de alguns problemas. Para que se tenha uma ideia da complexidade desses problemas, basta referir que incluem desde a utilização da água no Nordeste — para criar uma economia de irrigação, capaz de estabilizar parcialmente a oferta de alimentos na zona semiárida — até a criação de uma reserva de alimentos adequadamente financiada e estrategicamente localizada para que, no momento preciso, possamos ter pelo menos uma primeira linha de defesa. Mas não bastará ter os alimentos, porque a população não teria com que comprá-los. A seca, em termos econômicos, se traduz principalmente em crise de poder de compra da população. Se distribuirmos alimentos, voltaremos à prática da pura assistência social e à ideia de que é possível combater a doença com calmantes. O que nos interessa é criar uma economia resistente. Portanto, não se trata apenas de intensificar a irrigação, de criar a rede de armazéns, de ter estoques bem localizados. Necessitamos também de um plano para absorver a população desempregada, de tal modo que, registrando-se um colapso na atividade de subsistência, se possa dar ao homem compensação adequada para que continue trabalhando, tenha poder de compra e adquira os alimentos oferecidos no mercado.

Dir-se-á que tarefa dessa complexidade não poderá ser executada com os meios limitados do novo aparelho administrativo e com as dificuldades políticas, e de todo tipo, que enfrentamos no Brasil. Quero afirmar, porém, em conclusão, que por maior que seja a tarefa, é modesta se levarmos em conta o objetivo que procuramos alcançar.

Temos consciência de que se a ação for bem orientada, o que fizermos hoje não poderá mais ser destruído. Teremos iniciado um movimento que, por maiores que sejam as dificuldades a vencer, condicionará todo o processo histórico posterior.

A isso me referia, ao dizer, no início desta palestra, que pensava, não na grande distância entre as estrelas, mas no milímetro do telescópio dos astrônomos.

O Nordeste: reflexões sobre uma política alternativa de desenvolvimento*

Está aberto um debate sobre os aspectos estruturais e conjunturais da crise que aflige o Nordeste e sobre as perspectivas, pouco encorajadoras, que se apresentam à região num futuro previsível. Já não se trata, como era corrente no passado, de conciliábulos a que tinham acesso apenas alguns iniciados. Hoje a problemática da crise é tema de discussão nas praças públicas, e não apenas nas grandes cidades. Contudo, são as universidades que dispõem dos meios para dar profundidade e continuidade ao confronto de ideias e operacionalidade aos resultados obtidos. E também para levar ao conhecimento da opinião pública informações valiosas que, com frequência, os centros de poder mantêm fora de toda visibilidade.

Sobre alguns pontos do amplo debate em curso parece haver convergência de opiniões. Por exemplo, creio que estamos todos de acordo em que se avançou consideravelmente no conhecimento da região, de suas possibilidades e limitações. No campo da pedologia como no da hidrologia dispomos de um número apreciável de monografias de elevado teor técnico, que são a base dos avanços significativos alcançados na economia regional. As estruturas agrárias foram mapeadas com precisão, o que nos permite ter uma

* Capítulo 7 de *Cultura e desenvolvimento em época de crise*. São Paulo: Paz e Terra, 1984.

ideia relativamente acurada da morfologia das explorações rurais e do tecido de relações sociais subjacentes ao sistema de produção e apropriação da renda agrícola.

Também dispomos de uma visão mais fiável do ciclo hídrico em que se inserem as estiagens intermitentes. Um melhor conhecimento dos recursos de água de superfície e subterrânea e das características físicas e químicas dos solos nos dá a ideia dos limites e das peculiaridades das áreas de irrigação economicamente viável. Grandes também foram os avanços no conhecimento da forma como se distribui a renda e da configuração da demanda daí resultante.

Em síntese, à diferença do que ocorria há um quarto de século, quando preparamos o trabalho técnico que conduziu à criação da Sudene, hoje dispomos de um razoável conhecimento da base física e das estruturas econômicas e sociais do nosso Nordeste.

Um segundo ponto sobre o qual também me parece existir certo consenso, pelo menos entre os estudiosos com mais autoridade no trato desses problemas, diz respeito à não correspondência entre crescimento econômico e desenvolvimento na evolução recente da região. É mesmo corrente que se afirme ser o Nordeste dos anos 1960 e 1970 um caso exemplar de mau desenvolvimento. Com efeito, poucas regiões do Terceiro Mundo terão alcançado, num período combinado de dois decênios, uma taxa de crescimento tão elevada, ou terão conhecido um processo de industrialização tão intenso. A participação do investimento no produto interno alcançou níveis poucas vezes igualados no mundo subdesenvolvido, traduzindo um considerável esforço de acumulação.

Ora, se é verdade que houve melhora considerável da infraestrutura física, particularmente nos setores de transportes e energia, não é menos evidente que os salários reais da grande massa da população em nada refletiram esse crescimento econômico, e que a grande maioria da população rural pouco ou nada dele se beneficiou. É verdade que a classe média, antes raquítica na região, passou a ocupar um espaço importante. Em compensação, a taxa de subemprego invisível (pessoas ganhando até um salário mínimo na ocupação principal) se mantinha em 80% em 1979. A emergência de uma classe média afluente, em meio à pobreza absoluta da maioria da população, é a evidência maior do malogro da política de desenvolvimento seguida na região.

O terceiro ponto em torno do qual também convergem opiniões, ainda que nem sempre de forma explícita, refere-se ao fato de que a crise em que submergiu todo o país tem múltiplas e complexas causas, mas quiçá nenhuma seja de tanto peso como a situação de desgoverno que prevalece entre nós há alguns anos. Sobre este ponto não me estenderei, mas considero da maior importância que o tenhamos em conta, pois, enquanto o país permanecer prostrado e exangue, a margem de manobras para atuar no Nordeste será necessariamente reduzida.

A recessão que se abate atualmente sobre o Brasil, por obra de seus próprios governantes, tem como alavanca mestra um corte brutal nos investimentos públicos, donde resulta que as regiões mais dependentes de aplicações do governo federal são particularmente sacrificadas. Se continuar a prevalecer o ponto de vista dos recessionistas — daqueles que colocam os interesses dos bancos nossos credores acima de quaisquer outras considerações na formulação de nossa política econômica — teremos de nos preparar, no Nordeste, para um prolongado período de retrocesso econômico, o que conduzirá ao desmantelamento de boa parte do que se construiu no último quarto de século. Não me cabe fazer nenhuma previsão sobre as formas que assumirá esse retrocesso econômico e suas projeções no plano social e político. Limito-me a expressar a opinião de que nós, nordestinos, devemos nos unir para combater essa política com todos os meios a nosso alcance.

Condenar uma região em que dois terços da população vivem no nível da pobreza absoluta a anos de retrocesso a destruir seus instrumentos de trabalho nos setores mais modernos de sua economia, a paralisar obras essenciais para que o Brasil cumpra metas de ajustamento da balança de pagamentos impostas por banqueiros que se beneficiam de elevações exorbitantes das taxas de juros escapa a qualquer racionalidade e constitui um crime contra o povo.

O Nordeste é, tradicionalmente, uma região com amplo excedente em suas relações comerciais com o exterior. Ainda em 1979, esse excedente correspondeu a 44% das exportações internacionais da região. E também se autoabastece no que respeita a fontes primárias de energia. Portanto, a política de reajustamento da balança de pagamentos não deveria ser definida sem ter na devida conta os interesses vitais da população nordestina. Um dos objetivos da criação da Sudene foi exatamente dotar a região de um instrumento que lhe permitisse participar eficazmente dos centros formuladores da política econômica e financeira do país. Essa a razão por que o seu superintendente era membro de pleno direito, em meu tempo, daquilo que hoje se chama o Conselho Monetário Nacional.

O primeiro passo para repensar o Nordeste, hoje, é repensar o Brasil tendo em conta a situação angustiante em que se encontra esta região. Compreendo que os banqueiros defendam seus interesses, se bem que a ninguém escapa a imoralidade que existe em extorquir juros quatro vezes mais altos do que aqueles que prevaleciam nos contratos originais. O que não compreendo é que nós mesmos não defendamos com o mesmo empenho o direito que tem o povo de sobreviver. Essa perplexidade existe hoje em todo o mundo quando nas televisões se exibem cenas que expõem o desespero de milhões de nossos conterrâneos privados do essencial para sobreviver.

Se conseguimos, no plano nacional, satisfazer essa condição básica que é a reconquista do direito de ter uma política de desenvolvimento, terá chegado a hora da verdade para todos nós. Que significa para o Nordeste, desenvolvimento nas circunstâncias atuais? A experiência dos últimos vinte anos ensinou amplamente que, se não se atacam de frente os problemas fundamentais, o esforço de acumulação tende a reproduzir agravado o mau desenvolvimento. E quais são os problemas fundamentais?

Há um quarto de século, no trabalho que deu origem à Sudene, escrevíamos: "o colapso de uma produção de alimentos organizada como agricultura de subsistência assume, necessariamente, dimensões de calamidade social [...]. O impacto da seca concentra-se no segmento mais frágil do sistema: a agricultura de subsistência, daí que suas repercussões sociais sejam tão profundas". E acrescentávamos: "Tanto as medidas de curto como as de médio e de longo prazo têm contribuído para fixar na região um excedente demográfico crescente, sem modificar em nada os dados fundamentais do problema".* A recomendação que derivava dessa percepção da realidade era clara: cabia dar prioridade à transformação da economia da zona semiárida para torná-la mais resistente ao impacto das secas. Portanto, a solução não estava em injetar recursos, subsidiar investimentos, pois estes podiam repetir os erros do passado: contribuir para incrementar a densidade demográfica sem, contudo, aumentar a resistência das atividades produtivas à seca, particularmente no que respeita à produção de alimentos destinados à população local.

Dispor de recursos para investir está longe, portanto, de ser condição suficiente para preparar um melhor

* "Uma política econômica de desenvolvimento para o Nordeste", Celso Furtado [1. ed. 1959], em *O Nordeste e a saga da Sudene*. Rio de Janeiro: Centro Celso Furtado/Contraponto, n. 4, 2009. (Coleção Arquivos Celso Furtado.)

futuro à massa da população nordestina. Nossa responsabilidade agora é velar para que não se repitam os mesmos erros, ou melhor, para que não se volte a adotar falsas políticas de desenvolvimento, cujos benefícios se encontram nas mãos de pequenos grupos.

No diagnóstico, há um quarto de século, dizíamos claramente que era necessário abrir os olhos para a evidência de que o problema fundamental do Nordeste estava em sua agricultura. Convinha não esquecer que a região é pobre em solos agricultáveis, comparativamente ao Centro-Sul do país. No documento referido chamava-se atenção para o fato de que a quantidade de terra cultivada por trabalhador era, no Centro-Sul, quase o dobro da que se observava no Nordeste. Em segundo lugar estava o fato de que, historicamente, os melhores solos não produziam para dar de comer à população regional, dedicados que estavam à produção de excedentes de exportação. Por último, era necessário ter em conta que a organização socioeconômica da região semiárida fazia incidir sobre a população mais pobre o mais duro impacto das secas periódicas. A conclusão já então parecia irrefutável: a menos que o Nordeste reconstrua todo o seu setor agrícola, capacitando-o para assegurar uma oferta elástica de alimentos, os caminhos de acesso ao desenvolvimento continuarão bloqueados. As classes médias sempre encontram uma saída abastecendo-se fora da região. Os sacrificados são os que dependem da agricultura de subsistência para alimentar-se e as massas urbanas de baixo nível de renda. A crescente dependência da importação de alimentos significaria que os preços destes teriam de elevar-se relativamente ao Centro-Sul, com óbvias consequências negativas para o desenvolvimento das atividades industriais.

Esta visão da realidade explica que três das quatro diretrizes básicas da política que sugerimos em 1959 se hajam referido à necessidade de empreender a reconstrução do conjunto do setor agrícola. A estratégia proposta consistia em atacar o problema em três frentes: a zona úmida, a zona semiárida e a fronteira agrícola na periferia subamazônica. Pareceu-nos ser esse o caminho mais curto e mais seguro para dotar a região de uma estrutura agrária capaz de viabilizar o seu desenvolvimento.

Se nos damos conta de que o desenvolvimento não é apenas um processo de acumulação e de aumento de produtividade macroeconômica, mas principalmente uma via de acesso a formas sociais mais aptas para estimular a criatividade humana e para responder às aspirações de uma coletividade, comprovamos com facilidade que um de seus aspectos fundamentais reside na conformação que assume o setor agrário.

As estruturas agrárias dos países que lideram o processo de desenvolvimento econômico e social não são o fruto de uma evolução necessária, ou seja, não são simples respostas ou adaptação ao avanço da acumulação e das técnicas incorporadas aos instrumentos de produção. Essas estruturas são o fruto de uma opção política orientada para formação de uma classe de agricultores aptos a assumir um papel dinâmico no processo de desenvolvimento.

A empresa agrícola apresenta diferenças fundamentais com respeito à industrial. Não somente porque em relação a ela não se aplica o conceito de economias de escala de produção, germe do processo de concentração do poder econômico. Mas, principalmente, porque sua forma de inserção ecológica estabelece limites à divisão social do trabalho, tanto no tempo como no espaço. Essa a razão pela qual a empresa agrícola predominante nos países de agricultura mais avançada continua a ser familiar. Mais precisamente: tendeu a ser familiar. Com efeito, na Europa Ocidental, o predomínio da unidade familiar autônoma de exploração agrícola é fenômeno da segunda metade do século XIX e principalmente do XX. Os Estados Unidos, com seus sistemas de *homestead* para ocupação da fronteira, foram pioneiros na matéria. No Japão a evolução deu-se por outro caminho, com a liberação das explorações familiares, depois da Segunda Guerra Mundial, das múltiplas servidões que sobre elas pesavam.

É corrente que se pense que uma reforma agrária pode constituir um avanço no plano social, mas envolve um elevado custo econômico. Essa é uma visão equivocada. O verdadeiro objetivo da reforma agrária é liberar os agricultores para que eles se transformem em atores dinâmicos no plano econômico. Daí que as reformas agrárias que desembocaram na coletivização das terras hajam fracassado do ponto de vista econômico. As estruturas agrárias tradicionais engendram a passividade, razão pela qual subutilizam o potencial produtivo do mundo rural. Por outro lado, a grande empresa agrícola moderna pressupõe um alto nível de capitalização e só apresenta óbvias vantagens no plano operacional em setores circunscritos da atividade agrícola.

Um maior dinamismo dos produtores agrícolas traduz-se em uma oferta de alimentos mais elástica, o que beneficia o conjunto da população e estimula o mercado de produtos não agrícolas ao elevar o nível de vida da população rural. No caso brasileiro e, mais particularmente, no nordestino, a estrutura agrária é o principal fator causante da extremada concentração da renda no conjunto da economia. Não tanto porque a renda seja mais concentrada no setor agrícola do que no conjunto das atividades produtivas. Mas pelo fato de que, não havendo no campo nenhuma possibilidade de melhoria das condições de vida para a massa trabalhadora, a população rural tende a se deslocar para as zonas urbanas, congestionando nestas a oferta de mão de obra não especializada. A sobreurbanização que se observa no Nordeste é uma das consequências negativas de sua atual estrutura agrária.

Hoje temos uma percepção mais clara e também mais dramática dessa realidade. Já antes da enorme calamidade que há cinco anos flagela a região, mais de 90% da crescente população urbana nordestina sofria de carência alimentar. Cerca de metade dessa população padecia de graves deficiências calóricas, ou seja, uma insuficiência alimentar de quatrocentas ou mais calorias por dia. Não vou reproduzir o quadro social calamitoso que apresenta a região, em brutal contraste com o nível de renda médio já alcançado. Quero apenas dar ênfase ao fato de que esse quadro existia antes da grande seca que se iniciou em 1979 e se mantinha sem maiores alterações depois de vinte anos de um forte crescimento econômico, que dificilmente poderá ser igualado em futuro previsível. Não tenho dúvida de que essa engrenagem perversa voltará a produzir os mesmos resultados no futuro se, retomado o crescimento, não formos capazes de dotar a região de uma estrutura agrária capaz de assegurar uma melhora efetiva nas condições de vida da população rural, ou seja, orientada para produção de alimentos de consumo geral. Quando falo de estrutura agrária, refiro-me não apenas ao sistema de produção, mas também ao de comercialização e financiamento dessa produção.

O sistema atual, em que o produtor de alimentos de consumo geral — os pequenos proprietários, arrendatários e posseiros — é esmagado por uma pirâmide compacta de intermediários comerciais e financeiros, somente poderá ser modificado se esse produtor chegar a ser suficientemente forte para organizar-se em cooperativas, ter acesso direto ao crédito oficial e gerar poder de mercado. Nenhum avanço real será realizado se não se logra elevar o nível de vida dos produtores pequenos e médios, pois somente eles têm aptidão para criar uma agricultura ecologicamente adaptada à região semiárida e absorvedora de mão de obra.

Essa nova estrutura agrária deverá ser instrumento de uma política econômica que tenha como principal objetivo dar elasticidade à oferta de alimentos de consumo popular. Nas condições estruturais que atualmente prevalecem os recursos de crédito oficial tendem a favorecer a produção de excedentes utilizados fora da região, ou são absorvidos pela intermediação e canalizados para fora da agricultura. É necessário que se compreenda que as consequências antissociais da política de crédito subsidiado são um reflexo da estrutura agrária, que surgiu historicamente vinculada a mercados externos. No quadro dessa estrutura a pobreza dos que trabalham a terra transforma-se em fonte de renda dos grandes proprietários e dos intermediários. O objetivo terá que ser dotar a região de uma estrutura agrária que favoreça e elevação da renda real da massa dos agricultores e estimule estes a investir e a absorver avanços técnicos. Se não se satisfazem esses requisitos estruturais, torna-se impraticável uma verdadeira política de desenvolvimento, ou melhor, as políticas de fomento agrícola tendem rapidamente a degenerar em políticas de criação de excedentes em benefício de grupos privilegiados.

Nada é mais importante para o desenvolvimento do Nordeste do que o aumento da resistência da região aos efeitos das secas. Nunca será demais afirmar que estas são parte da realidade nordestina, como as neves perenes são parte do mundo dos esquimós. Ninguém duvida que o impacto das secas seria menos negativo se a economia nordestina fosse mais bem adaptada à realidade ecológica regional, particularmente se a estrutura agrária não tornasse tão vulnerável a produção de alimentos populares. Se o rápido crescimento dos anos 1960 e 1970 aumentou a vulnerabilidade da região, é porque o verdadeiro problema não está em aumentar a produção e sim na impropriedade das estruturas. Nada nos impede, no futuro, de aumentar consideravelmente a resistência às secas, reduzindo os efeitos calamitosos destas no plano social, a partir de taxas mais modestas de crescimento econômico. Este é, quiçá, o maior desafio que temos pela frente.

Uma estrutura agrária apta para proporcionar uma oferta elástica de alimentos populares é condição necessária do desenvolvimento, mas não assegura por si mesma o desenvolvimento. Este pressupõe a existência disso que os economistas costumam chamar de "motor", ou seja, um centro dinâmico capaz de impulsionar o conjunto do sistema. Na economia tradicional do Nordeste esse papel dinâmico, ainda que exercido em escala modesta, coube à demanda externa (era a época da economia primário-exportadora). No período mais recente ele coube aos investimentos infraestruturais financiados, via de regra, a fundo perdido pelo governo federal e aos investimentos industriais, no mais das vezes subsidiados. Tanto no caso da economia primário-exportadora como no da industrialização recente a impulsão dinâmica produziu um crescimento que pouca ou nenhuma conexão teve com a demanda interna regional, razão pela qual as transformações sociais foram praticamente inexistentes, frustrando-se o verdadeiro desenvolvimento.

Mas não podemos deixar de reconhecer que essa impulsão dinâmica é essencial, vale dizer, que não existe desenvolvimento sem acumulação e avanço técnico, se bem que a recíproca não seja verdadeira. Uma adequada estrutura agrária é pré-requisito para o desenvolvimento, mas o impulso dinâmico deste terá que vir da complexificação do sistema produtivo em seu conjunto e isto, numa vasta região como o Nordeste, somente se torna possível mediante industrialização.

A indústria em sentido lato é o setor produtivo em que cresce mais rapidamente a produtividade, portanto é ela que lidera a elevação dos salários e produz o excedente que alimenta a acumulação e gera novos empregos, ainda que estes se situem em outros setores produtivos. O terciário moderno também apresenta as mesmas características, mas ele supõe o prévio desenvolvimento do setor industrial. A própria agricultura, em sua fase mais avançada, integra-se com a indústria, posto que o essencial de seus custos tende a assumir a forma de insumos produzidos pelas indústrias.

O problema crucial, num caso tão complexo como o do Nordeste, está em definir o tipo de industrialização capaz de gerar um verdadeiro desenvolvimento, pois sabemos de experiência que a tendência natural é favorecer indústrias sem qualquer vínculo direto com o mercado regional.

Importa, de antemão, que nos entendamos sobre nossos objetivos estratégicos, os quais terão necessariamente que ser de natureza social. Se o desenvolvimento requer a elevação do nível de vida da massa da população, ele somente será alcançado se o salário médio acompanhar o crescimento da produtividade social média e se o diferencial de salários tender a reduzir-se. Uma política dinâmica de desconcentração da renda exige que seja mantido um elevado esforço de investimento e que este seja efetivamente criador de novos empregos. São estas ideias elementares que não é demais relembrar. O que caracteriza o desenvolvimento é o projeto social subjacente. O crescimento econômico, tal qual o conhecemos, funda-se na preservação dos privilégios das elites que satisfazem seu afã de modernização. Quando o projeto social dá prioridade à efetiva melhoria das condições de vida da maioria da população, o crescimento se metamorfoseia em desenvolvimento. Ora, essa metamorfose não se dá espontaneamente. Ela é fruto da realização de um projeto, expressão de uma vontade política.

Se for nosso propósito lutar pelo desenvolvimento do Nordeste, uma das primeiras ilusões que teremos de abandonar é a ideia de equiparar o nível de renda do nordestino ao do Centro-Sul. Se esta última região reduz sua taxa histórica de crescimento econômico, isso repercutirá negativamente no Nordeste. A diferença de níveis de renda que hoje existe entre as duas populações constitui o legado do longo período de desenvolvimento primário-exportador, para o qual o Nordeste era menos dotado que o Centro-Sul, e dificilmente poderá ser eliminada, pelo menos enquanto esta última região não superar o considerável atraso que a separa das economias desenvolvidas. Cabe acrescentar que não está aí o problema. Nas estatísticas internacionais o Brasil figura em um nível de desenvolvimento social visivelmente abaixo do que lhe corresponde na classificação segundo a renda por habitante. Nada impede que, para uma taxa inferior nesta região, o Nordeste obtenha resultados mais significativos no plano social do que o Centro-Sul.

Para que o processo de industrialização seja não apenas um "motor" do crescimento, mas também um instrumento de homogeneização social, é necessário que essa industrialização se vincule amplamente ao mercado regional. Isso não significa que não possam existir indústrias primariamente ligadas ao mercado externo à região, mas, sim, que no seu conjunto as atividades industriais reflitam as condições socioeconômicas do Nordeste. Em outras palavras, é necessário que esta região se dote de um subsistema industrial capaz de assegurar o seu próprio crescimento apoiando-se na expansão da demanda interna.

Posto que o Nordeste possui uma renda por habitante que corresponde a cerca de um terço da região Centro-Sul, é natural que a demanda regional tenha uma composição distinta e, a fortiori, que a estrutura do setor industrial reflita essa distinção. Mas, à medida que as indústrias nordestinas tenderam a ser simples prolongamento das indústrias do Centro-Sul, a estrutura da oferta nesta última região passou a condicionar a demanda no mercado nordestino. A preponderância dos padrões de consumo da região mais rica teria que traduzir-se, na mais pobre, em maior concentração de renda e agravação das disparidades sociais.

A menos que modifiquemos essa situação, estaremos condenados a refletir ampliadas as deformações por demais notórias da sociedade do Centro-Sul do país. Longe de contribuir para reduzir as desigualdades sociais, a industrialização continuará a reforçar a tendência estrutural do sistema para concentrar a renda e excluir a maioria da população dos benefícios da acumulação realizada com subsídios oficiais. Portanto, não basta modificar a estrutura agrária; também é indispensável redirecionar o processo de industrialização.

Todo esforço deve ser envidado para obter uma maior integração da indústria regional e vinculá-la progressivamente ao mercado local. Isto exige que se estabeleça um regime de reserva de mercado para as indústrias que se localizem na região e adotem opções tecnológicas compatíveis com uma ampla criação de emprego. Indústrias com outra orientação tecnológica também poderão localizar-se na região, mas não há razão para que se beneficiem de estímulos oficiais. O sistema de subsídios deverá ser posto a serviço do desenvolvimento do mercado local e da homogeneização social.

Do ponto de vista nacional, trata-se de aplicar uma política de industrialização que tenha em conta a dimensão continental e as peculiaridades regionais do Brasil. A unificação do mercado nacional, obtida nos anos 1930, foi exigência de certo estágio de industrialização do país. Seus efeitos negativos nas áreas com um tecido industrial mais frágil puderam, por algum tempo, ser amortecidos graças aos elevados custos dos transportes inter-regionais. A partir dos anos 1950, os transportes passaram a ser amplamente subsidiados, mediante a construção de estradas a fundo perdido e a uma política de baixos preços de combustíveis. O quadro presente é distinto, pois o estágio atual da industrialização brasileira está exigindo a desconcentração territorial com vistas a economizar gastos em transportes e também descongestionar os grandes centros industriais do Centro-Sul, onde são notórias as deseconomias criadas pelo excesso de aglomeração. É no quadro de uma política industrial orientada para solução desses novos problemas que devemos reivindicar para o Nordeste uma maior autonomia de decisão.

São estes, no meu parecer, os dois eixos de uma política capaz de abrir para o Nordeste o caminho de um autêntico desenvolvimento. Para encetar uma luta dessa magnitude, que não terá êxito sem a participação entusiástica de toda uma geração, necessitamos dispor, no plano político, de adequados instrumentos de ação.

Em primeiro lugar, evidentemente, estão as tarefas no plano nacional de reconstrução do quadro constitucional e da plena legitimação do poder. Nessa fase de reinstitucionalização devemos reivindicar uma adaptação do quadro federativo à realidade atual do país, a fim de que regiões como o Nordeste possam preservar sua identidade e adquiram peso específico nas decisões que afetam as condições de vida do povo. À Sudene deveriam ser restituídas suas prerrogativas originais de órgão que assessora tanto o presidente da República como o Congresso Nacional e que participa do sistema de decisões do Poder Executivo no mais alto nível. Se não dispomos de instrumentos adequados de ação política, continuaremos reduzidos ao papel de pequenos satélites numa federação que se rege cada vez mais em função de interesses econômicos que nos escapam.

Na medida em que no Nordeste se constitua uma vontade política e que amadureça a consciência de que nossos problemas somente terão solução a partir da própria região, deixaremos de ser vistos com complacência, como dependentes incômodos ou como reserva de caça para aventureiros políticos. Então, recuperaremos o papel que já nos coube na condução dos destinos nacionais. E não será por falta de fé no futuro deste país que nós, nordestinos, deixaremos de cumprir a nossa missão na obra histórica de reconstrução que temos pela frente.

Nova concepção do federalismo*

A moldura da organização e o enquadramento das forças políticas em sentido exaustivo foi objeto de debate que antecedeu a promulgação da Constituição que Ulysses Guimarães apodaria de cidadã. No âmbito da comissão preparatória do projeto de Constituição, que tive a honra de integrar, discutimos amplamente pontos de doutrina fundamentais como a opção presidencialismo-parlamentarismo. De menor visibilidade externa mas de igual pertinência para as forças políticas que se enfrentaram foi o debate entre seguidores do Federalismo e do Unitarismo, o qual abarcou múltiplos aspectos das estruturas de poder.

A FORMAÇÃO DA NACIONALIDADE

Federalismo é o conceito mais amplo que tem sido utilizado para expressar a ideia de que a organização política deve basear-se na solidariedade e na cooperação, e não na compulsão. Foi com esta motivação que Proudhon afirmou, há mais de um século, que "somente a federação pode resolver, na teoria como na prática, o problema da conciliação".

* Capítulo 3 de *O longo amanhecer: reflexões sobre a formação do Brasil*. São Paulo: Paz e Terra, 1999.

Na Europa a história do federalismo está diretamente ligada à busca de formas de convivência de um grupo de nacionalidades ligadas por vínculos históricos no quadro de uma mesma organização estatal. É a formação dos Estados multinacionais, concebido o Estado no sentido que se lhe atribui, desde Maquiavel, de um corpo político de funções de controle social as mais abrangentes.

A luta pelo federalismo tem sido, na Europa, reflexo da aspiração profunda da preservação de identidade de grupos étnicos ou culturais com história própria. Não é de admirar, portanto, que essa luta se haja intensificado em nosso tempo, quando as agressões da indústria cultural tendem a esterilizar a capacidade criativa em benefício da homogeneização dos mercados.

No Brasil, a luta pelo federalismo está ligada às aspirações de desenvolvimento das distintas áreas do imenso território que o forma. Não se coloca entre nós o problema de choques de nacionalidades, de agressões culturais ligadas a disparidades étnicas ou religiosas. Mas sim o da dependência econômica de certas regiões com respeito a outras, de dissimetria nas relações entre regiões, de transferências unilaterais de recursos encobertas em políticas de preços administrados. Na diversidade das regiões estão as raízes de nossa riqueza cultural. Mas a preservação dessa riqueza exige que o desenvolvimento material se difunda por todo o território nacional.

Na formação de nossa nacionalidade tiveram relevância forças que conduziam ao centralismo político e outras que reivindicavam o federalismo. Muitos foram os estudiosos de nossa história que assinalaram a alternância de fases em que se reforça o poder central com aquelas em que se vitalizam os poderes regionais e locais.

Assim, a formação da nacionalidade brasileira deu-se através desse movimento pendular de distribuição do poder político, que não seria fácil explicar sem a consciência que cedo amadureceu entre nós de que somos um povo com um compromisso com o futuro, pois nos cabe ocupar e valorizar parcela importante do espaço planetário. Como somos um país com fronteiras que se deslocam permanentemente dentro do próprio território, nosso conceito de região é necessariamente dinâmico. Mas essa consciência de unidade nacional, dentro de um espaço que se expande, coexiste com o senso de identidade que se definiu historicamente em cada região particular. A identidade do brasileiro tem raízes em sua inserção regional, sendo de menor peso a dimensão religiosa ou étnica.

A pulsação centralismo-federalismo deve, portanto, ser situada na história tendo em conta esses dois traços fundamentais de nossa cultura, que são a consciência de unidade nacional e o irredutível da identidade regional. Mas daí não surgiram quadros institucionais conflituosos ou excludentes, e sim uma síntese que não se deve perder de vista quando olhamos para o futuro.

No período monárquico o centralismo se limitava ao quadro institucional e foi condição necessária para a formação do Estado nacional, de vez que as distintas regiões constituíam entidades autônomas do ponto de vista econômico, quase sem vínculos comerciais entre si, à exceção da região sulina que sempre competiu pelo mercado da região litorânea com os vizinhos platinos.

O SURTO DA ECONOMIA CAFEEIRA

A descentralização da primeira República liga-se ao grande surto da economia cafeeira. Com ele a política do governo central subordinou-se cabalmente aos interesses da região em mais rápida expansão. A política de câmbio então seguida, de permanente sobrevalorização do mil-réis, teve consequências sobremodo negativas para outras regiões do país, cujos preços de exportação não podiam ser administrados como os do café. Contudo, ao estimular o crescimento do mercado na região central, a política de valorização do café contribuiu para que as demais regiões encontrassem dentro do próprio país espaço para uma parcela crescente de seus excedentes exportáveis cuja demanda entrava em declínio.

O centralismo do período de Vargas abriu o caminho à completa unificação do mercado interno, o que era tanto mais importante quanto o elemento motor da economia passava a ser a atividade industrial. Foi graças a esse impulso centralizador que o Brasil se dotou definitivamente de um mercado interno integrado e capaz de autogerar o seu crescimento.

A restauração federalista da Constituição de 1946 em boa medida representou uma reação contra os excessos do centralismo do Estado Novo. Foi nesse período que se tomou consciência da gravidade dos desequilíbrios regionais que vinha produzindo uma industrialização concentrada em uma área limitada do território nacional. Fruto dessa tomada de consciência foi a criação de órgãos de desenvolvimento regional, como a Sudene, com a função precípua de introduzir elementos compensatórios da tendência concentradora que vinha se manifestando.

O centralismo dos governos militares fundou-se em uma visão do país que dava excessiva ênfase à ideia de segurança nacional. A política de "integração nacional", que teve no projeto extravagante da estrada transamazônica sua visão mais caricatural, mostrou a que ponto de irrealismo pode conduzir o centralismo levado a extremos em um país de dimensões continentais.

Devemos reconhecer que o centralismo foi instrumental na fase de formação da nacionalidade e, até certo ponto, na de construção de um sistema econômico suficientemente integrado para que a tecnologia moderna fosse amplamente absorvida. Num país de baixo nível de renda a fragmentação regional do mercado interno constituía sério obstáculo à formação de um sistema industrial.

Sem lugar a dúvida, o problema inicial foi o da fragilidade dos vínculos entre grupos de população espalhados em um vasto território, quase sempre relacionados autonomamente a centros econômicos do exterior. Inexistia base econômica em que fundar a unidade política. Mas o Estado brasileiro imperial, sendo uma prolongação do Estado português, manteve-se equidistante das regiões valorizando os interesses comuns. O federalismo precoce, à semelhança do que foi ensaiado entre as províncias do istmo centro-americano, teria possivelmente inviabilizado o projeto de nação que justificou entre nós a permanência da Coroa portuguesa.

INTERNAÇÃO DO CENTRO DINÂMICO

Não se pode ignorar que essa missão histórica do federalismo está esgotada. Ela se cumpriu em sua plenitude quando as distintas regiões do país integraram-se em um só sistema econômico. A desorganização da economia primário-exportadora, ocorrida no decênio de 1930, direcionou as atividades produtivas para o mercado interno, conduzindo à interiorização do centro dinâmico da economia brasileira. As barreiras alfandegárias entre estados foram desmanteladas e um sistema viário foi construído para facilitar o intercâmbio entre regiões. E também foram feitas reservas de mercado dentro do país para produtos que antes se destinavam com exclusividade ao mercado externo, como a borracha da Amazônia e o açúcar do Nordeste.

Surgiu, assim, uma interdependência estrutural que favoreceu a região mais industrializada, que era São Paulo. Com efeito, os subsídios implícitos na política de câmbio e na de crédito, que constituíram o cerne da política industrial, beneficiaram de preferência a região que com mais dinamismo competia pela substituição das importações de manufaturas. Sem desconhecer os aspectos negativos das desigualdades regionais que se agravavam, não se pode ignorar que nessa época uma sólida interdependência inter-regional foi forjada.

A situação do Rio Grande do Sul apresentou certa singularidade, pois seus excedentes agropecuários encontravam tradicionalmente mercado em outras regiões do país. Ainda assim os vínculos foram aprofundados, pois muitas manufaturas antes importadas tiveram de ser obtidas dentro do país. A desvalorização cambial e a elevação de tarifas favoreceram a região na vanguarda da industrialização e a interdependência que se reforçava era acompanhada de concentração geográfica da renda. De toda forma, a industrialização apoiada no mercado interno deu origem a vínculos profundos entre regiões que antes mantinham entre si débeis relações econômicas. A unidade nacional já não se circunscrevia ao plano subjetivo, pois penetrava os interstícios da vida dos cidadãos. Se temos em conta esse dado, percebemos sem dificuldade que o centralismo político é, hoje em dia, uma redundância, porque contribui para agravar os notórios aspectos negativos do centralismo econômico.

A experiência tem demonstrado que os processos de integração econômica de regiões de níveis distintos de desenvolvimento produzem concentração de renda e riqueza. A indústria moderna tem nas economias de escala uma de suas alavancas maiores. A isso cabe acrescentar o fenômeno das economias de complementaridade e o fato de que os investimentos públicos tendem a seguir o padrão dos privados. Como os salários industriais e dos serviços correlatos são relativamente altos, o processo de concentração geográfica da renda se autoalimenta de forma ampliada.

CAPACIDADE CRIATIVA DA SOCIEDADE

Só é possível, em economia de mercado, deter as tendências estruturais ao centralismo econômico mediante ação política, o que requer uma visão ampla do processo social. Somente a vontade política pode evitar que a difusão da racionalidade econômica venha transformar um tecido social diversificado num amálgama de consumidores passivos. E essa vontade política entre nós é inseparável do federalismo.

O problema institucional maior que se coloca à sociedade brasileira é exatamente esse de estimular sua capacidade criativa em todos os planos, capacidade que entre nós tem raízes regionais. Não se pode ignorar que à sombra do centralismo enraizado nos longos períodos de governos ditatoriais o poder executivo foi ocupando mais espaço no campo das decisões substantivas, diluindo a ordem federativa. Grande parte dos dispêndios do governo federal já não decorre de autorização parlamentar, mas tem origem no arbítrio das autoridades administrativas.

O centralismo político significa entre nós prevalência do poder econômico e, por conseguinte, subordinação das regiões economicamente mais débeis aos interesses daquelas que assumiram a vanguarda do processo de industrialização.

Sei que não basta restaurar formalmente a federação brasileira para restituir ao poder central equidistância com respeito às diferentes regiões do país. Essa insuficiência do quadro federativo tradicional já era evidente nos anos 1950, quando discutimos as mudanças institucionais requeridas para conter o aprofundamento das desigualdades regionais que tinham sua expressão mais flagrante no empobrecimento do Nordeste.

Das discussões dessa época emergiram algumas ideias que foram incorporadas à lei que instituiu a Sudene. A primeira delas refere-se à necessidade de que se instituam instâncias decisórias intermediárias entre os atuais níveis de poder estatal e nacional. O recorte político do território brasileiro, espelho que é de nossa história, deve sem dúvida ser preservado. Mas como ignorar que ele já não se coaduna com nossa realidade? As desigualdades demográficas e territoriais entre estados não são alheias às crescentes disparidades na qualidade de serviços essenciais prestados às populações. Os pequenos estados não alcançam a densidade mínima de recursos requerida para prestar adequadamente muitos desses serviços. E muito menos para exercer uma ação promocional efetiva no campo do desenvolvimento econômico.

O ESPAÇO DO PODER REGIONAL

A solução do problema que vimos de assinalar terá que ser buscada em novas formas de articulação entre poderes central e estadual, na linha do que foi tentado com a criação da Sudene. Mais precisamente, numa regionalização do poder central, o qual não seria apenas delegado, mas passaria a encarnar uma efetiva vontade regional. A fórmula que se encontrou nos anos 1950 não significou entorse para o quadro constitucional da época, pois consistiu na adesão voluntária dos governadores da região nordestina a um órgão deliberativo regional, que geria recursos do governo central. A articulação então encontrada dos poderes estadual e central permitiu que o novo órgão também participasse de decisões no âmbito nacional de repercussão na região.

No caso de uma reformulação constitucional, não seria fora de propósito discutir a possibilidade de uma esfera regional de poder. A fórmula a ser encontrada deveria preservar os estados atuais e, mediante a inserção do poder regional, buscar corrigir os aspectos mais negativos das desigualdades demográficas e territoriais existentes.

A descentralização regional do poder central deveria ser acompanhada de um planejamento plurianual, que permitisse compatibilizar as aspirações das distintas regiões. Só o planejamento permite corrigir a tendência das empresas privadas e públicas a ignorar os custos ecológicos e sociais da aglomeração espacial das atividades produtivas. Com efeito, somente o planejamento permite introduzir a dimensão espaço no cálculo econômico. Este é um ponto importante, pois a distribuição espacial da atividade econômica leva, com frequência, a conflitos entre regiões ou entre determinada região e um órgão do poder central.

Por último, convém não perder de vista que o revigoramento do federalismo na forma aqui referida requer, ao lado da plena restauração da autonomia estadual e do contrapeso de um poder regional, o fortalecimento da instituição parlamentar. Isso porque somente o poder que reúne os representantes do povo de todas as regiões pode dar origem a um consenso capaz de traduzir as aspirações dessas mesmas regiões em uma vontade nacional.

Reflexões sobre a pré-revolução brasileira*

O PRESENTE E O FUTURO

Em meus contatos com a juventude universitária de todo o Brasil, tenho observado que crescentes ansiedades dominam os espíritos. Generalizou-se a consciência de que o país caminha para transformações de grande alcance; e de que, sob nossos pés, como uma torrente profunda, trabalham forças insondáveis. E todos, ou quase todos os jovens, desejam compreender o que está ocorrendo e pretendem participar conscientemente dessas transformações: querem assumir uma posição ativa e contribuir para moldar um porvir que lhes pertence por excelência. Se bem que muitas vezes indecisa ou insegura, a juventude está confiante. E está exigindo de todos nós definição clara de posições: identificação corajosa de objetivos e métodos na luta pela conquista do futuro.

Prevalecendo-me da oportunidade que tive recentemente de visitar várias universidades brasileiras, vou permitir-me fazer algumas reflexões em torno de questões que me foram formuladas por homens e mulheres jovens que concluíram os seus cursos superiores. Apresento estas reflexões como um depoimento pessoal, franco, para que possamos continuar o diálogo, muitas vezes interrompido quando apenas havíamos contatado o essencial.

* Capítulo 1 de *A pré-revolução brasileira*. Recife: Ed. Universitária UFPE, 2009. (Primeira edição: 1962.)

A primeira dessas questões diz respeito ao desmedido custo social do desenvolvimento que vem se realizando no Brasil. A análise econômica limita-se a expor friamente a realidade. Sabemos que o desenvolvimento de que tanto nos orgulhamos, ocorrido nos últimos decênios, em nada modificou as condições de vida de três quartas partes da população do país. Sua característica principal tem sido uma crescente concentração social e geográfica da renda. As grandes massas que trabalham nos campos, e constituem a maioria da população brasileira, praticamente nenhum benefício auferiram desse desenvolvimento. Mais ainda: essas massas viram reduzir-se o seu padrão de vida, quando confrontado com o de grupos sociais ocupados no comércio e em outros serviços. O operariado industrial, que representa uma espécie de classe média dentro da sociedade brasileira, cresceu em termos absolutos e relativos sem, contudo, melhorar apreciavelmente o seu padrão de vida. Também aqui houve piora relativa, pois, com o grande crescimento do emprego urbano nos serviços, os operários presenciaram a ascensão de outros grupos sociais, de rendas mais altas.

E não somente no que diz respeito à concentração da renda o desenvolvimento vem apresentando aspectos sociais extremamente negativos. Com efeito, à causa do anacronismo da estrutura agrária, esse desenvolvimento provocou, em muitas partes, um aumento relativo da renda da terra, premiando grupos parasitários. Por outro lado, na ausência de uma política consciente que preservasse à ação do Estado o seu caráter social, improvisou-se, em nome do desenvolvimento, uma estrutura de subsídios que muitas vezes premiou de preferência os investimentos supérfluos, ou aqueles que vinham permitir, dada a sua tendência monopolística, uma concentração ainda maior da riqueza em mãos de grupos privilegiados. Através de simples doações de capital, os subsídios cambiais e creditícios transferiram para umas poucas mãos grandes riquezas sociais.

No plano político-administrativo, as distorções ainda são mais flagrantes. A ampliação e diversificação das funções do Estado, causa e efeito do desenvolvimento, não tendo sido acompanhada das necessárias reformas de base no próprio Estado, aumentou enormemente o coeficiente de desperdício na ação administrativa pública. Por outro lado, a atuação crescente do Estado no campo dos investimentos, conjugada àquela ineficiência, criou condições propícias à apropriação ilícita de capital à custa do povo. Os grandes contratos de obras públicas passaram a ser fonte corrente de acumulação rápida de fortunas, dentro e fora do governo.

É compreensível a indignação da juventude diante desse quadro: aí estão supostos representantes do povo eleitos pelos empreiteiros de obras públicas, aí está a aliança da máquina feudal com as verbas orçamentárias produzindo parlamentares, que somente poderão sobreviver se forem instrumentos dóceis de seus financiadores.

Poder-se-ia objetar que antigamente era pior: as eleições eram formais e uma oligarquia decidia por conta própria o que se chamaria vontade do povo. Mas essa objeção já não vale para os jovens de hoje. Todos sabem que, se as coisas são tão transparentes em nossos dias, é porque está a nosso alcance poder mudá-las; que, se sabemos onde estão os vícios do sistema, somos coniventes se não tratamos de erradicá-los.

E aí está a outra face — o lado positivo — do desenvolvimento: este trouxe para dentro do país os seus centros de decisão, armou-o para autodirigir-se, impôs-lhe a consciência do próprio destino, fê-lo responsável pelo que ele mesmo tem de errado.

No fundo de nossa intranquilidade presente encontraremos esta verdade simples: sabemos onde estão os erros de nosso desenvolvimento desordenado, sabemos que está a nosso alcance poder erradicá-los ou minorá-los, e temos consciência disso. Não é por outra razão que nos sentimos responsáveis e intranquilos.

UMA FILOSOFIA DA AÇÃO

Mas não se limitam os jovens de hoje a diagnosticar a realidade presente. A análise dos processos econômico-sociais não tem outro objetivo senão produzir um guia para a ação. Em verdade, essa mesma análise aponta para a necessidade de ação. A consciência de que somos responsáveis pelo muito do errado e do antissocial que aí está cria um estado de intranquilidade que somente pode ser superado pela ação.

Este é o segundo ponto no qual gostaria de me deter: a necessidade de uma filosofia que nos oriente na ação. Muita gente, aqui e fora do Brasil, me tem perguntado por que existe tanta penetração de marxismo na atual juventude brasileira. A razão é simples: o marxismo, em qualquer de suas variantes, permite traduzir o diagnóstico da realidade social em normas de ação. Devemos abordar esse assunto com absoluta franqueza, se pretendemos manter um diálogo eficaz com a juventude idealista e atuante desta época. Que vem a ser o marxismo de grande parte de nossa juventude? Creio que podemos enfeixá-lo em umas poucas atitudes, independentemente de análise que as fundamente:

a) o reconhecimento de que a ordem social que aí está se baseia, em boa medida, na exploração do homem pelo homem, fundando o bem-estar de uma classe, que abriga muitos parasitas e ociosos, na miséria da grande maioria;

b) o reconhecimento de que a realidade social é *histórica*; portanto, em permanente mutação, devendo a ordem presente ser superada; e

c) o reconhecimento de que é possível identificar os fatores estratégicos que atuam no processo social, o que abre a porta à política consciente de reconstrução social.

O último ponto conduz a uma atitude positiva e otimista, com respeito à ação política, que bem corresponde aos anseios da juventude.

Se vamos à essência dessa filosofia, aí encontramos, por um lado, o desejo de liberar o homem de todas as peias que o escravizavam socialmente, permitindo que ele se afirme na plenitude de suas potencialidades, e por outro descobrimos uma atitude otimista com respeito à autodeterminação consciente das comunidades humanas. Trata-se, em última instância, de um estádio superior do humanismo; pois, colocando o homem no centro de suas próprias preocupações, reconhece, contudo, que a plenitude do desenvolvimento do indivíduo somente pode ser alcançada mediante a orientação racional das relações sociais.

Qualquer que seja o nome que se lhe atribua, é impossível combater frontalmente essa doutrina, pois ela encerra os anseios profundos do homem moderno. Suas raízes mais vigorosas vêm do humanismo renascentista, que recolocou na pessoa humana o foco de seu próprio destino, e seu otimismo congênito emana da Revolução Industrial, que deu ao homem o controle do mundo exterior.

Se pretendemos manter um diálogo fecundo com a nova geração, devemos entender-nos sobre o que realmente é fundamental. Relegaremos para um segundo plano aquilo que é simplesmente operacional e, por definição, tem que estar subordinado aos fins colimados. Por exemplo: não seria possível atribuir mais que um caráter operacional à propriedade privada dos meios de produção, à empresa privada. Estamos todos de acordo em que a empresa privada é uma simples forma descentralizada de organizar a produção e que deve estar subordinada a critérios sociais. Sempre que exista conflito entre os objetivos sociais da produção e a forma de organização desta em empresa privada, teriam que ser tomadas providências para preservar o interesse social. Por outro lado, à medida que vai se alcançando maior abundância na oferta de bens, isto é, os estágios superiores do desenvolvimento, menor importância vão tendo as formas de organização da produção e maior o controle dos centros do poder político. Destes últimos é que se ditam, em última instância, as normas de distribuição e de utilização da renda social, sob as formas de consumo público ou privado.

Cabe, portanto, perguntar: quais são os objetivos fundamentais em torno dos quais nos poderemos unir? Esses objetivos devem ser admitidos como irredutíveis, ligados à nossa própria concepção de vida. Creio que é de absoluta importância que estabeleçamos com clareza esses objetivos, pois do contrário confundiremos meios com fins, ou transformaremos em nossos fins aquilo que para outros são apenas meios. Temos o direito de fazer esta reflexão, com respeito aos fins últimos que colimamos, independentemente de tomada de posição com respeito ao problema da preeminência russa ou americana com respeito aos destinos do mundo. Subordinar o futuro de nossa cultura às convergências de ordem tática de um ou de outro dos grandes centros de poder militar moderno é dar a luta perdida de antemão, pela carência total de objetivos próprios finais. Devemos considerar como um dado da realidade objetiva contemporânea o impasse entre os polos do poder político-militar. Ao considerar como um dado, estamos admitindo fora de nosso alcance modificar de forma significativa a relação de forças. Qualquer que seja a nossa posição, devemos reconhecer que a solução última desse impasse não será antecipada, pois a guerra, meio único capaz de determinar essa antecipação, continuará a apresentar-se como atitude de desespero, de perda total de fé no futuro do homem. A eficácia máxima de qualquer modificação em nossa posição, do ponto de vista do grande impasse, será sempre reduzida.

O reconhecimento de nossa própria impotência, num mundo dominado por um impasse supremo, impõe-nos o dever de tomar consciência plena dos objetivos de nossa ação política em função de nosso próprio destino de povo e cultura. Em outras palavras: a nossa impotência em face do impasse mundial tem, como reverso, maior margem de liberdade no que respeita à determinação dos próprios objetivos. E, como sói acontecer, essa margem maior de liberdade traz consigo uma consciência mais clara de responsabilidade.

É sobre essa tela de fundo de autodeterminação e consciência de responsabilidade que devemos projetar os objetivos irredutíveis da ação política. Creio que esses objetivos poderiam ser facilmente traduzidos, tomando como base a análise anterior, nas expressões: humanismo e otimismo com respeito à evolução material da sociedade. Em linguagem mais corrente: liberdade e desenvolvimento econômico.

Tenho usado a palavra humanismo porque a liberdade pode ser entendida também em termos de individualismo do século XIX, em que o individual muitas vezes se contrapunha ao social. Mas não tenhamos dúvida de que o que está no centro de todas as aspirações e ideais da juventude atual é um autêntico humanismo. O que indigna a juventude é o aspecto anti-humano de nosso desenvolvimento, é o fato de que o contraste entre o desperdício e a miséria se torne mais agudo dia a dia. Aí estão as populações rurais que vivem sobre a terra, mas não podem plantar para comer e passam fome quase todos os dias do ano. Aí estão cidades-capitais com 10% da população registrados nos hospitais como tuberculosos. E sabemos que tudo isso pode ser remediado, que já desapareceu de grande parte do mundo. Portanto, o que está no centro das preocupações dos jovens é o homem, o que os angustia é o seu aviltamento, é a consciência de que somos corresponsáveis por essa abjeção.

O desenvolvimento econômico é, em sentido estrito, um meio. Contudo, constitui um fim em si mesmo, um elemento irredutível da forma de pensar da nova geração, a confiança em que o alargamento das bases materiais da vida social e individual é condição essencial para a plenitude do desenvolvimento humano. Estamos na posição antitética da lenda do bom selvagem. Não nos seduzem as miragens de "uma nova Idade Média". Não nos comovem as inquietações daqueles que veem no progresso técnico as sementes da destruição do "homem essencial". É específico da nova geração esse otimismo com respeito ao desenvolvimento econômico, essa confiança em que a luta pelo domínio do mundo exterior não é senão o caminho da conquista do homem por ele mesmo, o desafio final às suas potencialidades de ser superior.

OS FINS E OS MEIOS

Alcançamos aqui o ponto central de nossas reflexões: definidos os objetivos autênticos, como concertar-nos para a ação? Como prevenir que a luta por objetivos intermediários ou secundários nos faça perder de vista os fins verdadeiros? É este um problema extremamente complexo, pois a experiência histórica dos últimos decênios criou a aparência de uma forçada opção, para os países subdesenvolvidos, entre liberdade individual e rápido desenvolvimento material da coletividade. Essa falsa alternativa tem sido apresentada por contendores de ambos os lados da controvérsia, isto é, em defesa da liberdade ou do bem-estar das massas.

Com efeito: é fato mais ou menos evidente que o rápido desenvolvimento material da União Soviética, até há pouco país subdesenvolvido, baseou-se, parcialmente, em métodos anti-humanos. As apropriações dos excedentes agrícolas, destinadas a financiar o desenvolvimento industrial, foram feitas manu militari, mediante coletivização compulsiva e repressão violenta de toda resistência. Para justificar esse método drástico, criou-se a "teoria" de que o camponês é fundamentalmente individualista e que a única forma de superar esse "individualismo" é impor a coletivização. É a teoria da salvação pela punição. Ora, sabemos todos que a produtividade agrícola decorre principalmente do nível técnico da agricultura; que nenhum "individualismo" camponês se pode contrapor à elevação desse nível técnico, e que a renda real do setor agrícola está determinada pelos preços relativos do que se produz e do que se compra ao camponês. A apropriação direta do produto excedente do setor camponês, realizada na União Soviética, decorreu de que era esse o método administrativamente mais fácil. E por essa facilidade administrativa pagou-se o enorme preço em vidas humanas conhecido. Mas ainda mesmo que deixássemos de lado a dolorosa experiência agrária soviética, cabe reconhecer como evidência universal que o rápido desenvolvimento econômico dos países de economia coletivista tem sido acompanhado de formas de organização político-social em que se restringem, além dos limites do que consideramos tolerável, todas as formas de liberdade individual. Essas restrições, se bem que aceitas voluntariamente nas fases de ardor revolucionário, dificilmente poderiam ser toleradas como formas normais de convivência humana.

Deve-se, entretanto, reconhecer que, do ponto de vista das massas dos países subdesenvolvidos, o argumento da experiência histórica dos países socialistas, com sua perda de liberdade individual, tem sido de reduzido alcance. Isto porque essas massas, porquanto não tiveram qualquer acesso às formas superiores da vida pública, não podem compreender o verdadeiro alcance do argumento. Ainda mais: a suposta alternativa — liberdade *versus* desenvolvimento rápido — pode resultar perigosa para a liberdade como aspiração coletiva, pois caberia inferir que a liberdade a que tem acesso uma minoria é paga com o sacrifício do bem-estar das grandes maiorias. Se chegássemos a admitir como tese válida que o desenvolvimento econômico dos países socialistas foi a contrapartida do cerceamento das liberdades cívicas, deveríamos também aceitar como verdadeiro o corolário de que o preço da liberdade que fruímos é o retardamento do desenvolvimento econômico geral.

Ainda menos eficaz, do ponto de vista das massas dos países subdesenvolvidos, é a versão mais direta do argumento segundo o qual o desenvolvimento dos países socialistas está sendo obtido com enorme custo humano, inclusive mediante formas de trabalho semiescravo. É que os povos subdesenvolvidos estão dispostos a pagar um preço, mesmo muito alto, pelo desenvolvimento. E isto porque sabem, da dura experiência da miséria em que vivem, o preço altíssimo que pagam para continuar subdesenvolvidos. Quantos milhões de vidas são ceifadas, anualmente, num país como o Brasil, pelo subdesenvolvimento? Quantos milhões de vidas são consumidas, pela fome e pelo desgaste físico provocado por formas primitivas de trabalho, antes que alcancem a plena maturidade? Quantos milhões de seres humanos por aí estão sem que tenham acesso à alfabetização ou qualquer outra oportunidade de participar nas manifestações médias e superiores da cultura? Poucos de nós temos consciência do caráter profundamente anti-humano do subdesenvolvimento. Quando compreendemos isso, facilmente explicamos por que as massas estão dispostas a tudo fazer para superá-lo. Se o preço da liberdade de alguns tivesse que ser a miséria de muitos, estejamos seguros de que escassa seria a probabilidade de que permanecêssemos livres.

Tivéssemos de aceitar como real essa alternativa e estaríamos diante de um impasse fundamental, decorrente de uma contradição entre os objetivos últimos, isto é, as metas que orientam o nosso esforço de construção social.

A explicação colateral de que essa contradição pode ser superada mediante o sacrifício das gerações presentes em benefício das futuras é totalmente falaciosa, pois não se trata apenas do sacrifício de pessoas, mas também de valores, e não podemos estar seguros de que os valores destruídos hoje possam ser reconstruídos amanhã, a menos que aceitemos uma teoria linear, de causação simples, segundo a qual a cada grau de desenvolvimento material da sociedade corresponde necessariamente outro de desenvolvimento dos demais valores. Uma teoria simplista deste tipo seria, entretanto, inaceitável de qualquer ponto de vista.

A universalidade com que se vem insistindo na referida alternativa decorre de que ela tem sido deduzida de distintas formas por contendores antagônicos. Aqueles que se dizem defensores da liberdade deduzem-na de que as modificações estruturais na ordem social, necessárias a uma rápida aceleração do desenvolvimento dos países subdesenvolvidos, vieram sempre emparelhadas com a supressão das liberdades fundamentais do homem. Aqueles que argumentam do lado oposto deduzem a mesma alternativa do outro fato histórico de que o único método eficaz para introduzir as modificações sociais necessárias ao rápido desenvolvimento tem sido a revolução de tipo marxista-leninista, que por sua natureza exige a implantação de rígida ditadura. Reconhece-se, assim, de ambos os lados, que as transformações sociais são causa eficiente da aceleração do desenvolvimento material em países subdesenvolvidos. De um lado, comprova-se que essas transformações, ali onde têm surgido, vêm de parelha com a supressão das liberdades fundamentais. De outro, postula-se que o método eficaz para lograr tais transformações engendra a rígida ditadura.

A discussão em torno desta matéria, de tão grande importância, tem sido obscurecida por uma grande confusão de conceitos, inconsciente ou propositada. Mais do que nunca é necessário que façamos clara distinção entre aqueles objetivos últimos, dos quais não nos devemos afastar na luta pelo aperfeiçoamento das formas de convivência social — os quais foram incorporados à filosofia social de Marx, mas constituem elementos de uma concepção do mundo mais ampla e em gestação no Ocidente desde o Renascimento —, e as técnicas elaboradas para a consecução total ou parcial desses objetivos. O marxismo-leninismo é uma dessas técnicas. Ele postula a inevitabilidade da revolução violenta, liderada por um partido de profissionais da revolução, devendo a nova ordem ser assegurada por um regime ditatorial, o qual perdurará durante um período de transição de duração indefinida. É necessário não esquecer que essa técnica foi forjada e aperfeiçoada na luta pela destruição de uma estrutura político-social totalmente rígida, que era o tsarismo. A experiência histórica dos últimos decênios tem demonstrado que, aplicada contra outras estruturas rígidas — a China Nacionalista e da ocupação japonesa, a Cuba de Batista são exemplos conspícuos —, essa técnica revolucionária, que exige disciplina espartana na base e a audácia de liderança de um Alexandre, pode ser de elevada eficácia.

O mesmo, entretanto, não se pode dizer com respeito às sociedades abertas. O exemplo da Europa Ocidental parece ser conclusivo: grandes máquinas partidárias de orientação marxista-leninista ficaram traumatizadas diante de uma realidade político-social em permanente mutação. A explicação desse fato histórico não é difícil: o marxismo-leninismo identifica no Estado — que define como “força especial de repressão” — a ditadura de uma classe, a burguesia. A unidade da ação revolucionária está facilitada pela clara definição do objetivo. Mas, a partir do momento em que o Estado deixa de ser simples ditadura de classe — para transformar-se num sistema compósito, representativo de várias classes, se bem que sob a égide de uma — aquela técnica revolucionária perde eficácia. A necessidade de discriminar entre o que o Estado faz de bom e de ruim, do ponto de vista de uma classe, exige uma capacidade de adaptação que não pode ter um partido revolucionário monolítico.

Da experiência histórica do século XX cabe inferir que somente pelo êxito de revoluções de tipo marxista-leninista foram alcançadas as rápidas e profundas transformações sociais, causa eficiente de um desenvolvimento econômico capaz de estreitar a distância com respeito aos países que começaram a industrializar-se no século XIX. Mas a experiência histórica também indica que tais revoluções somente tiveram êxito onde a estrutura social era rígida e anacrônica. Seria, entretanto, necessário postular que o único método eficaz para alcançar rápidas modificações sociais é o marxista-leninista, para dar consistência lógica à conclusão de que a aceleração do desenvolvimento tem como contrapartida necessária um regime ditatorial ou a exclusão das liberdades individuais. Mas, mesmo que estivéssemos dispostos a postular esta tese, não poderíamos desconhecer o outro fato histórico de que as técnicas marxistas-leninistas demonstraram ineficácia nas sociedades abertas. Assim, não podemos fugir de concluir: (a) que as ditaduras não foram criadas pela aceleração do desenvolvimento, mas preexistiam a esta; (b) que a aceleração somente se fez em estruturas anteriormente rígidas (ditaduras); (c) que as únicas técnicas de rápida transformação das estruturas sociais, utilizadas até o presente, têm eficácia limitada às sociedades rígidas (ditaduras). O problema fundamental que se apresenta é, portanto, desenvolver técnicas que permitam alcançar rápidas transformações sociais com os padrões de convivência humana de uma sociedade aberta. Se não lograrmos esse objetivo, a alternativa não será o imobilismo, pois as pressões sociais abrirão caminho, escapando a toda possibilidade de previsão e controle.

Vou permitir-me fazer mais uma reflexão sobre métodos revolucionários: baseando-se o marxismo-leninismo na substituição de uma ditadura de classe por outra, constituiria um regresso, do ponto de vista político, aplicá-lo a sociedades que hajam alcançado formas modernas de convivência social mais complexas, isto é, nas modernas sociedades abertas. Esse regresso se traduziria em termos de sacrifício dos objetivos mesmos que antes definimos como essenciais. Se é verdade que a ampliação da base material trazida pelo desenvolvimento vem facilitar ao homem uma vida mais plena, não o é menos que a forma de organização político-social constitui o marco dentro do qual se afirmam as manifestações superiores da vida do homem. Se bem seja provável que, no futuro, coexistam a total abundância dos recursos materiais e as formas de organização político-social capazes de permitir a plena afirmação dos autênticos valores humanos, no estágio histórico em que nos encontramos assim não ocorre necessariamente. Ter logrado formas superiores de organização político-social representa uma conquista pelo menos tão definitiva quanto haver atingido altos níveis de desenvolvimento material. Deste ponto de vista, em uma sociedade aberta, onde foram alcançadas formas de convivência social complexas, a revolução de tipo marxista-leninista representa óbvio retrocesso político. A experiência histórica tem indicado que, quando assim ocorre — caso de alguns países da Europa Central —, o socialismo, como forma de humanismo, perverte-se. Não sendo possível passar de uma sociedade aberta para uma ditadura sem criar um clima de frustração social, ocorre uma reversão de valores em múltiplos planos. Não permitindo o regime ditatorial que o homem ocupe o papel que lhe cabe na sociedade, torna-se necessário elevar ao primeiro plano uma série de mitos sociais que se sobrepõem aos verdadeiros valores humanos. Assim, o desenvolvimento material pode seguir paralelamente com a consolidação de uma ordem social baseada em princípios que são o reverso daquilo que estava na essência dos ideais humanísticos revolucionários.

DUALIDADE DA ESTRUTURA POLÍTICO-SOCIAL BRASILEIRA

Consideremos agora de frente o problema brasileiro. À luz da experiência histórica, não é difícil explicar por que a classe camponesa, no Brasil, é muito mais suscetível de ser trabalhada por técnicas revolucionárias de tipo marxista-leninista do que a classe operária, se bem que, do ponto de vista da ortodoxia marxista, esta última deveria ser a vanguarda do movimento revolucionário. É que a nossa sociedade é aberta para a classe operária, mas não para a camponesa. Com efeito: permite o nosso sistema político que a classe operária se organize para levar adiante, dentro das regras do jogo democrático, as suas reivindicações. A situação dos camponeses, entretanto, é totalmente diversa. Não possuindo qualquer direito, não podem ter reivindicações legais. Se se organizam, infere-se que o fazem com fins subversivos. A conclusão necessária que temos a tirar é a de que a sociedade brasileira é rígida em um grande segmento: aquele formado pelo setor rural. E com respeito a esse segmento é válida a tese de que as técnicas revolucionárias marxistas-leninistas são eficazes.

Chegamos, assim, a uma conclusão de extraordinária importância para nós: a existência de uma dualidade no processo revolucionário brasileiro. Na medida em que vivemos numa sociedade aberta, a consecução dos supremos objetivos sociais tende a assumir a forma de aproximações sucessivas. Na medida em que vivemos numa sociedade rígida, esses objetivos tenderão a ser alcançados por uma ruptura cataclísmica.

Se desejamos atingir o âmago dos problemas que temos de enfrentar, devemos formular claramente a questão: que viabilidade tem a revolução brasileira de se efetivar pelos métodos marxistas-leninistas? Creio que existem duas possibilidades de que isso ocorra. A primeira está ligada ao problema agrário. Não devemos esquecer que mais da metade da população brasileira deriva o seu meio de vida diretamente do setor agrícola. Na medida em que este se conserve com a rigidez atual, todo movimento reivindicatório que surja nos campos tenderá a assimilar rapidamente técnicas revolucionárias de tipo marxista-leninista. Temos assim, na corrente do processo revolucionário brasileiro, um importante setor de vocação marxista-leninista que em determinadas condições poderá liderá-lo. A consequência prática seria o predomínio, na revolução brasileira, do setor de menor evolução político-social. Os autênticos objetivos de nosso desenvolvimento, anteriormente definidos em termos de humanismo, estariam parcialmente frustrados de antemão.

A segunda possibilidade de efetivação de uma revolução de tipo marxista-leninista está ligada a um retrocesso na estrutura política. Observamos que esse tipo de revolução é pouco viável em uma sociedade aberta, a menos que seja imposta de fora para dentro, como ocorreu em alguns países da Europa Central. Contudo, não se exclui a possibilidade de um retrocesso em nossa organização político-social. A imposição de uma ditadura de direita, tornando rígida toda a estrutura política, criaria condições propícias a uma efetiva arregimentação revolucionária de tipo marxista-leninista. Ainda neste caso, entretanto, o mais provável é que o setor agrário viesse a predominar, em caso de revolução social. Sem as condições objetivas determinadas por um retrocesso político-social no país, com a destruição da capacidade de defesa do setor urbano, que já desfruta de formas de convivência política superiores, a única possibilidade de revolução de tipo marxista-leninista decorre da persistência da estrutura agrária anacrônica.

DIRETRIZES PARA A AÇÃO

Creio que já avançamos suficientemente para nos atrever a inferir alguns princípios que nos possam guiar na ação política. Não teremos dificuldade em nos pôr de acordo com respeito ao objetivo fundamental que é o homem em sua plenitude, libertado de todas as formas de exploração e sujeição. Somos, acima de tudo, humanistas. Esse objetivo somente poderá ser alcançado se nos organizarmos socialmente para atingir e manter um elevado ritmo de desenvolvimento econômico, e se esse desenvolvimento for conduzido com verdadeiro critério social.

Na realidade presente brasileira, para levar adiante essa política é mister introduzir com decisão importantes modificações em nossas estruturas básicas. Como não nos preparamos para essas modificações e as ansiedades coletivas se agudizam dia a dia, transformando o desenvolvimento em imperativo político, passamos a viver uma autêntica fase pré-revolucionária. Desta forma, ocupam presentemente o primeiro plano das preocupações políticas as técnicas de transformação social e os métodos revolucionários.

Em face do grau de desenvolvimento já alcançado por nossa estrutura social e política, devemos considerar como um retrocesso os métodos revolucionários que desembocariam necessariamente em formas políticas ditatoriais sob a égide de classes sociais, grupos ideológicos ou rígidas estruturas partidárias. Para evitar a preeminência de técnicas revolucionárias desse tipo, é necessário:

a) prevenir toda forma de retrocesso em nosso sistema político-social, e

b) criar condições para uma mudança rápida e efetiva da anacrônica estrutura agrária do país.

Essas diretrizes de ordem geral deverão ser detalhadas em normas de ação específicas. Para evitar um retrocesso social não basta desejá-lo: é necessário criar condições objetivas de caráter preventivo. O retrocesso na organização político-social não virá ao acaso, e sim como reflexo do pânico de certos grupos privilegiados em face da pressão social crescente. Não permitindo as rígidas estruturas adaptações gradativas, a maré montante das pressões tenderá a criar situações pré-cataclísmicas. Nessas situações é que os grupos dominantes são tomados de pânico e se lançam às soluções de emergência ou golpes preventivos. Fossem as modificações progressivas ou gradativas, e o sistema político-social resistiria.

A tarefa básica no momento presente consiste, portanto, em dar maior elasticidade às estruturas. Temos que caminhar com audácia para modificações constitucionais que permitam realizar a reforma agrária e modificar pela base a maquinaria administrativa estatal, o sistema fiscal e a estrutura bancária. Temos que subordinar a ação estatal a uma clara definição de objetivos de desenvolvimento econômico e social, cabendo ao Parlamento estabelecer diretrizes, mas retirando-se aos políticos locais o poder de discriminar verbas. Temos que dar meios ao governo para punir efetivamente aqueles que malversem fundos públicos, para controlar o consumo supérfluo, e para dignificar a função de servidor do Estado. Devemos ter um estatuto legal que discipline a ação do capital estrangeiro, subordinando-o aos objetivos do desenvolvimento econômico e da independência política. Deve o governo dispor de meios para conhecer a origem de todos os recursos aplicados nos órgãos que orientam a opinião pública. E acima de tudo devemos ter um plano de desenvolvimento econômico e social à altura de nossas possibilidades e em consonância com os anseios de nosso povo.

Que devemos fazer para transformar em normas de ação esses desejos e aspirações? Creio que a tarefa mais imediata é organizar a opinião pública para que ela se manifeste organicamente. Cabe aos estudantes, aos operários, aos empresários, aos intelectuais, quiçá aos camponeses, através de suas organizações incipientes, iniciarem o debate franco daquilo que esperam dos órgãos políticos do país. Os problemas mais complexos devem ser objeto de estudos sistemáticos por grupos de especialistas, devendo as conclusões ser objeto de debate geral. O país está maduro para começar a refletir sobre seu próprio destino. Dos debates gerais e das manifestações da opinião pública deverão surgir as plataformas que servirão de base à renovação da representação popular.

Obstáculos políticos ao crescimento brasileiro*

ESTRATÉGIA PARA MODIFICAR UMA ESTRUTURA ECONÔMICO-SOCIAL

Analisar os fatores políticos que dificultam o desenvolvimento econômico no Brasil equivale a indicar as causas pelas quais não foi possível a este país, até o presente, formular e implementar de forma consistente uma política de desenvolvimento. Caberia, portanto, formular de início a seguinte questão: que condições particulares se requerem para que o desenvolvimento, transformado em aspiração suprema de uma coletividade nacional, venha a prevalecer sobre interesses de classes e grupos nas definições políticas básicas? E que entendemos exatamente por uma política de desenvolvimento?

A tradição liberal considerava o desenvolvimento como resultante da ação de fatores que se geram dentro de qualquer sociedade e que têm suas raízes na própria psicologia humana: naquele instinto para a troca que Smith pretendeu identificar nos homens de todas as épocas. A despeito dos maus governos, pensava Smith, os povos tendem a encontrar o caminho do seu desenvolvimento. Os parâmetros da ideologia liberal — mercado livre de trabalho, livre-câmbio, *gold-standard* — foram sendo abandonados

* Texto apresentado na conferência sobre "Obstacles to Change in Latin America", promovida pelo Royal Institute of International Affairs (Chatam House), em Londres, fev. 1965. Publicado na *Revista Civilização Brasileira*, v. 1, n. 1, 1965.

como simples decorrência da necessidade de alcançar níveis superiores de racionalidade em sistemas econômicos de complexidade crescente. Entretanto, a ideia de uma política ativa de desenvolvimento somente surgiu muito depois, como subproduto do esforço que empreenderam alguns países capitalistas para lograr maior estabilidade em suas economias, isto é, no quadro das políticas anticíclicas. Ao pretender-se definir com precisão as condições de estabilidade de uma economia de livre empresa com um sistema produtivo altamente diferenciado e uma renda distribuída de forma muito desigual, surgiu a necessidade inelutável de formular a política de pleno emprego em termos dinâmicos, vale dizer, em termos de expansão da capacidade produtiva. Desta forma, nas economias capitalistas maduras, as chamadas políticas de estabilidade tenderam progressivamente a assumir a forma de políticas de desenvolvimento, atribuindo-se a órgãos centrais a responsabilidade de observar o funcionamento do sistema econômico como um todo, de definir estratégias de crescimento e de indicar os meios a utilizar para suprir os impulsos dinâmicos quando necessário.

Esse tipo de política de desenvolvimento, que poderíamos chamar de clássico, se enquadra em grande parte naquilo que Tinbergen qualificou de política quantitativa. Essa política se aplica com êxito ali onde existe um sistema econômico estruturalmente apto para crescer. Não é este o caso da grande maioria dos atuais países subdesenvolvidos, e certamente não é o do Brasil. Política de desenvolvimento significa, neste segundo caso, criar as bases de um sistema econômico apto para crescer. Trata-se, portanto, de um esforço de reconstrução de estruturas econômicas e sociais.

Concebida como uma estratégia para modificar uma estrutura econômica e social, a política de desenvolvimento somente pode existir em uma sociedade que haja tomado plena consciência de seus problemas, formulado um projeto com respeito ao seu futuro e criado um sistema de instituições capaz de operar no sentido da realização desse projeto. Evidentemente, o Brasil está longe de reunir as condições requeridas para a formulação de uma política de desenvolvimento concebida nesses termos. O crescimento do produto por habitante ocorrido nesse país, nos últimos três decênios, resultou de uma conjugação favorável de fatores e não propriamente da existência de uma política de desenvolvimento. Durante todo esse período a política econômica brasileira foi orientada por grupos diretamente interessados na defesa de interesses particulares, conforme trataremos de demonstrar mais adiante.

INDUSTRIALIZAÇÃO SEM POLÍTICA DE DESENVOLVIMENTO

A industrialização brasileira, ocorrida nos últimos três decênios, apresenta-se como um caso típico do que se tem chamado desenvolvimento na base de substituição de importações. Constituem, no entanto, uma característica brasileira, dentro do quadro latino-americano, a precocidade e a rapidez desse processo, no período que se abre com a crise de 1929. As grandes plantações de café, feitas com o estímulo dos preços altos que prevaleceram no período de 1927 a 1929, entraram em produção a partir de 1931, levando o país a uma grande crise de superprodução, exatamente quando os preços do produto se haviam reduzido de duas terças partes no mercado internacional. O Brasil teve, assim, que enfrentar, além da crise externa, que o obrigara a reduzir pela metade suas importações, outra crise interna decorrente da necessidade de financiar grandes quantidades de café que não encontravam mercado. Para fazer-se uma ideia da magnitude desse esforço, basta considerar que, em determinados anos, o valor do café comprado para estocar ou destruir foi superior a 10% do produto nacional bruto. Foi esta uma política inspirada pelos interesses do café, ou concebida para contentar a esses interesses.[1]

À medida que o governo comprava café para estocar ou destruir e inflacionava a renda monetária, a moeda brasileira se depreciava externamente, o que também favorecia aos cafeicultores, pois o preço do café subia em moeda local depreciada, embora o seu preço internacional estivesse baixando. As consequências dessa política foram, entretanto, muito mais amplas do que se poderia imaginar na época. Ao manter o nível da renda monetária dentro do país, em condições de declínio da capacidade para importar, a política de favores ao setor cafeeiro resultou ser, em última instância, uma política de industrialização. Com a rápida desvalorização da moeda cresciam os preços relativos das mercadorias importadas, criando-se condições extremamente favoráveis à produção interna. Como os lucros no setor cafeicultor estavam declinando, pois os favores oficiais não podiam compensar senão parcialmente a baixa no valor real das exportações, a produção manufatureira orientada para o mercado interno veio a constituir o negócio mais atrativo da

1 A revolução de outubro de 1930 substituiu no poder os grupos diretamente ligados aos interesses do café por outros de composição mais heterogênea e principalmente apoiados nas classes médias urbanas. Os interesses mais diretamente ligados ao café promoveram, sem êxito, uma contrarrevolução em 1932. Visando aplacar os interesses cafeicultores ou, pelo menos, desacreditar os seus líderes, o chamado governo revolucionário deu início a uma política de favores creditícios aos agricultores do café e de compra das safras, destruindo grande parte destas. Em pouco mais de um decênio foram destruídos 80 milhões de sacas, o que corresponde, aos preços atuais, a mais de 3000 milhões de dólares.

economia brasileira. Assim, recursos financeiros e capacidade empresarial foram transferidos do setor exportador tradicional, principalmente da produção e do comércio do café, para as indústrias manufatureiras. Entre 1929 e 1937, enquanto as importações declinaram em 23%, a produção industrial cresceu em 50%.

A segunda fase da industrialização brasileira — período do pós-guerra — não é menos interessante do ponto de vista da política seguida e dos resultados alcançados. Em 1946, com o objetivo de defender os preços do café no mercado internacional, quando ainda havia vultosos estoques no Brasil, o governo brasileiro manteve a paridade do cruzeiro que havia prevalecido durante a guerra, não obstante o nível de preços houvesse se elevado muito mais no Brasil do que nos Estados Unidos. Já se sabia, por experiência, que a desvalorização do cruzeiro significava imediata queda do preço internacional do café, com repercussões adversas para a balança de pagamentos do país. Ao tomar essa providência, que significava preços baixos para os produtos importados, o governo brasileiro desconsiderava totalmente os interesses da indústria, tanto mais que a tarifa brasileira era específica, não acompanhando sequer a elevação dos preços no mercado internacional.

As consequências dessa política foram as mais inesperadas. As importações subiram com rapidez, esgotando-se as reservas de divisas acumuladas durante a guerra e iniciando-se, já em 1948, um processo de endividamento a curto prazo. Preocupado com o preço do café, particularmente em face da dívida comercial que se acumulava, o governo preferiu introduzir um sistema de controle de importações a desvalorizar o cruzeiro.[2] Ao racionar a

2 Entre 1946 e 1949 as exportações de café subiram de 15,5 milhões para 19,4 milhões de sacas de sessenta quilos, se bem que a produção se mantivesse estacionária em torno de 16,5 milhões. Durante esse período esgotaram-se os estoques em

oferta de divisas, as autoridades foram levadas, na prática, a dar prioridade às importações de matérias-primas e bens intermédios em geral, para manter o nível de emprego nas indústrias já existentes, assim como às importações de equipamentos. Tudo que fosse "supérfluo" passou a ter a sua importação extremamente dificultada. Criou-se, assim, à sombra da defesa do preço externo do café, uma dupla proteção às indústrias: proibia-se, praticamente, a importação de "similares" e fornecia-se cobertura cambial para matérias-primas e equipamentos a preços subsidiados. A firmeza do governo na manutenção dessa política foi um dos fatores da forte elevação dos preços do café no mercado internacional, ocorrida em 1949. Por outro lado, essa elevação de preços criou condições para que o governo persistisse na referida política. Assim, parte substancial da melhora dos termos do intercâmbio, ocorrida entre 1949 e 1954, foi transferida para o setor industrial, na forma de uma oferta de produtos intermédios e equipamentos a preços relativos declinantes. Em tais condições e considerando que a demanda de bens finais permanecia inflacionada, os investimentos industriais teriam que apresentar uma taxa de rentabilidade crescente.

CARACTERÍSTICAS ECONÔMICAS DA INDUSTRIALIZAÇÃO

Do que se expôs nos parágrafos anteriores se infere que a industrialização brasileira tem sido uma consequência indireta de políticas inspiradas principalmente dos gru-

---

mãos do governo, criando-se uma situação de escassez do produto que provocaria a forte elevação de preços ocorrida a partir de 1949. As autoridades brasileiras admitiam que, caso desvalorizassem a moeda, impediriam essa elevação de preços.

pos ligados aos interesses da economia tradicional de exportação. Essa industrialização foi de tipo substitutivo, isto é, apoiou-se num mercado previamente criado pela economia de exportação. Ao contrário da industrialização clássica, que se fez abrindo caminho mediante uma redução nos preços relativos de seus produtos, que devem deslocar a produção artesanal preexistente, a de tipo substitutivo encontra um vazio criado por uma suspensão de importações, enquanto se mantém o nível da demanda, o que permite o seu avanço mesmo em um nível mais alto de preços.

A ausência de uma política que orientasse o processo de industrialização teve sérias consequências, cujos efeitos negativos se acumularam na fase presente. Assim, não foi preparada a infraestrutura que permitiria a transição de uma economia exportadora de produtos primários para outra de tipo industrial. Esse problema é particularmente grave em razão da extensão do país e do desenvolvimento semiautônomo que cada uma de suas principais regiões teve no passado. A preparação da infraestrutura de serviços básicos exigiria ampla ação do poder público, o que somente teria sido possível no quadro de uma política que definisse novas funções do Estado no campo econômico.

Outra consequência da inexistência de uma política consistente de industrialização foi a concentração de investimentos em indústrias menos "essenciais". Como as importações eram tanto mais dificultadas quanto menos essencial um produto, resultava que os setores que produziam artigos suntuários eram os mais atrativos. A indústria de bens de capital, em particular, teve o seu desenvolvimento entorpecido durante um longo período.

Não menos importante foi a tendência para sobrecapitalizar e sobremecanizar as indústrias. O grande subsídio implícito que havia na importação de equipamentos e a certeza de que uma vez interrompida essa política se realizariam vultosos ganhos de capital mediante a venda ou o uso desses equipamentos, criou uma tendência generalizada a sobreinverter em equipamentos. Como as inversões eram feitas de preferência em indústrias de menor essencialidade, surgiram margens importantes de capacidade ociosa nestas, enquanto as inversões de infraestrutura e em indústrias básicas (siderurgia, por exemplo) eram sabidamente insuficientes. Em seu conjunto, o sistema econômico tendeu a apresentar sérias distorções, com excesso de capacidade nuns setores e insuficiência noutros. Criou-se uma situação tal que, para manter um grau razoável de utilização da capacidade produtiva, tornava-se necessário elevar o nível do dispêndio (consumo mais inversão) bem acima do nível da renda (pagamento a fatores), o que somente é possível mediante uma margem substancial de endividamento externo.

A tendência à sobremecanização teve consequências ainda mais graves. O desequilíbrio no nível dos fatores é seguramente o mais sério problema que enfrentam as economias subdesenvolvidas. Trata-se de uma consequência inevitável da absorção de uma tecnologia tomada de empréstimo a economias muito mais avançadas, isto é, habilitadas a pagar salários muito mais elevados, medidos estes em termos de custo de equipamentos. Nas economias subdesenvolvidas os salários pagos no setor industrial são artificialmente elevados, o que se deve a uma série de fatores sociológicos e políticos. Este fato cria a tendência a supermecanizar as indústrias, na linha da tecnologia disponível, o que por seu lado justifica seguir adiante com a política de um nível distinto de salários, muito acima daquele que pagam os setores que dão emprego à grande maioria da população. A partir do momento em que os preços relativos dos equipamentos são rebaixados artificialmente (mediante subsídio cambial, como ocorreu no Brasil) os efeitos negativos dessa tendência se agravam necessariamente. Em consequência, os grandes investimentos industriais realizados no Brasil, entre 1950 e 1960, em nada contribuíram para modificar a estrutura ocupacional da população. Com efeito, entre esses dois anos, a ocupação manufatureira cresceu a uma taxa anual de 2,8%, vale dizer, inferior ao crescimento da população e menos da metade do crescimento da população urbana. Desta forma, o crônico subemprego de mão de obra agravou-se extremamente, numa fase de rápido crescimento da produção, como consequência da inexistência de uma política orientadora do processo de industrialização.

MUDANÇAS NA ESTRUTURA SOCIAL

A industrialização, conforme se indicou nos parágrafos anteriores, realizou-se à sombra dos efeitos indiretos de medidas adotadas com o objetivo de favorecer aos interesses da agricultura tradicional de exportação. Contudo, essa industrialização acarretou consequências para o conjunto da estrutura social do país, com importantes repercussões nas instituições em que se apoia o sistema tradicional de poder. Convém considerar detidamente este aspecto do problema das mudanças sociais ocorridas no Brasil nos três últimos decênios, se pretendemos identificar os principais obstáculos de caráter político que se antepõem ao desenvolvimento econômico do país na fase presente.

O sistema econômico e a estrutura social do Brasil não eram, em 1930, muito diversos do que haviam sido no século anterior. A economia do país continuava a apoiar-se na exportação de uns poucos produtos primários, principalmente café, e o Estado continuava a financiar-se principalmente com impostos arrecadados sobre o comércio exterior. A produção, seja de café, de açúcar, de cacau etc., estava organizada em fazendas, que continuavam sendo a instituição econômica e social básica do país. Cerca de quatro quintas partes da população do país vivia nos campos, organizada econômica e socialmente nessas fazendas, cujas dimensões eram algumas vezes consideráveis, abrigando muitos milhares de pessoas. Também cerca de quatro quintas partes da população estavam formadas por analfabetos, e estes, então como hoje, estavam constitucionalmente destituídos de direitos políticos. As pessoas que tinham participação efetiva no processo eleitoral representavam pouco mais de 1% da população do país. Para a grande massa da população, o Estado existia apenas através de alguns de seus símbolos mais ostensivos, como a figura do presidente da República, que substituiu a do Imperador. As autoridades locais, mesmo quando eram parte integrante da burocracia federal, estavam sob controle dos grandes senhores proprietários de terras. O voto era ostensivo e o controle dos votos era feito por pessoas da confiança dos senhores locais. Por último, havia um mecanismo por meio do qual os resultados das eleições podiam ser alterados pelas autoridades centrais. Desta forma, aqueles que estavam no poder dispunham de todos os meios para nele permanecer.

Do ponto de vista do homem comum que nascia e morria dentro de uma grande fazenda, o único sistema de poder real era o constituído pelos grandes senhores de terras. O Estado como organização política nacional tinha escassa significação para a massa da população, sendo sua função básica servir de suporte financeiro para a máquina militar e a burocracia civil. Esta última estava, para todos os fins práticos, submetida a chefes locais, que constituíam uma classe de senhores, cuja autoridade, tradicionalmente reconhecida, se apoiava no controle da propriedade da terra. Em síntese, o Brasil era uma república oligárquica de base latifundiária. As lutas pelo poder entre grupos oligárquicos regionais encontraram uma força moderadora e disciplinadora no poder pessoal do Imperador, o qual desempenhou papel básico na preservação da unidade nacional. O regime republicano, instaurado em 1889, reforçou o poder das oligarquias locais. Contudo, a essa altura, a preeminência do grupo cafeeiro era incontestada, permanecendo o controle do poder central com ele, de forma exclusiva, nos primeiros quatro decênios de vida republicana.

Ao lado dessa sociedade essencialmente estável, cujo sistema de poder era um simples reflexo de sua estrutura patriarcal, surgiu como fator de instabilidade uma população urbana, ocupada em atividades ligadas ao comércio exterior, ao Estado e a serviços em geral. Essa população tinha maior acesso à alfabetização e mesmo a formas superiores de cultura e estava sob a influência de correntes de ideias estrangeiras. Sobre ela recaía grande parte dos efeitos negativos da política de câmbio seguida tradicionalmente na defesa dos interesses dos exportadores. Toda vez que baixavam os preços externos dos produtos de exportação, desvalorizava-se para os importadores parte substancial da perda de renda real. Como essas populações urbanas dependiam relativamente muito mais das importações, inclusive para alimentar-se, ocorriam sempre fortes altas de preços nas principais cidades, toda vez que o país enfrentava baixas nos produtos exportados. Estas circunstâncias contribuíam para criar nas zonas urbanas um ambiente de inquietação, que muitas vezes se traduzia em revoltas locais. Contudo, a população urbana não era mais que um apêndice da economia rural, da qual derivava indiretamente a sua renda. Os estratos mais altos da população urbana estavam formados, na sua maioria, por membros das grandes famílias rurais.

A estagnação do setor agrícola de exportação, a concentração dos investimentos em atividades urbanas, principalmente manufatureiras e, por último, o rápido aumento das atividades estatais, trouxeram importantes transformações na estrutura social do país, cuja manifestação externa mais importante consistiu num rápido processo de urbanização. Em 1920, de acordo com o censo então realizado (não houve censo em 1930), a população brasileira era de cerca de 30 milhões de pessoas, das quais não mais de 7 milhões viviam em cidades. No momento presente a população do país alcança 80 milhões, dos quais não menos de 35 milhões vivem em cidades. Como a população urbana apresenta um grau de alfabetização muito superior ao da rural, se depreende que a atividade política sofreu importante deslocamento no seu centro de gravidade, pelo menos no que respeita ao processo eleitoral.

As importantes modificações da estrutura social que assinalamos não tiveram até o presente uma adequada correspondência no sistema de instituições políticas. Como o processo de industrialização se fez sem claro antagonismo com os interesses dos grupos ligados à velha agricultura de exportação, não se formou no país uma ideologia industrialista capaz de projetar-se significativamente no plano político. Em algumas regiões, as indústrias surgiram dentro do próprio quadro da velha economia agrícola, herdando desta o seu espírito paternalista. Assim, no Nordeste, as fábricas têxteis foram implantadas, muitas vezes, na zona rural, açucareira, ou em pequenas cidades isoladas do interior. Na região de São Paulo o processo de industrialização foi fortemente influenciado pela presença dos imigrantes europeus, que se mantinham isolados das atividades políticas, como se se considerassem em país estrangeiro. Inexistiram, portanto, condições históricas que favorecessem o surgimento de uma atitude política própria, dos industriais, em contraste com outros grupos dominantes. Os industriais ou tinham interesses ligados à economia agrícola, ou aceitavam a tutela dos velhos e experimentados líderes da economia tradicional. Ao contrário do modelo clássico do desenvolvimento capitalista, no Brasil a indústria cresceu (substituindo importações que haviam se tornado inviáveis) sem conflitar-se com a agricultura no plano ideológico. Isto foi particularmente verdade na fase de decadência da economia cafeeira, cuja política de defesa do próprio nível de renda e dos preços externos reverteu, em épocas sucessivas, em benefício dos industriais, seja assegurando-lhes mercado, seja fornecendo-lhes equipamentos a baixos preços.

Também não contribuíram para a formação de uma liderança industrial com projeções políticas as circunstâncias em que se desenvolveu o movimento operário. As condições sociológicas em que se processou a industrialização em São Paulo — com grande participação, desde os começos, de mão de obra imigrada da Europa — permitiu que se estabelecesse um nível de salário real relativamente elevado. Na medida em que se desenvolveram os meios de comunicação e tendeu a unificar-se o mercado de trabalho em todo o país, tornou-se evidente o desnível entre os salários reais pagos pela indústria em São Paulo e os pagos na maior parte das atividades no resto do país, particularmente na agricultura das regiões situadas ao norte daquele Estado. Assim, em condições de uma oferta totalmente elástica de mão de obra e de salários reais relativamente elevados, a classe operária assumiu desde os começos atitudes moderadas, sendo extremamente débil o movimento sindical. Dessa forma, na ausência de um antagonismo consciente entre classe trabalhadora e classe patronal, os empresários industriais se habilitam a um clima social similar ao que prevalecia na agricultura. As circunstâncias não favoreceram a formação neles de um comportamento específico, que contribuísse para diferenciá-los da velha classe de senhores da terra.

CONSEQUÊNCIAS POLÍTICAS DAS MUDANÇAS SOCIAIS

A essa falta de uma classe industrial armada de ideologia própria e com forte atuação política[3] cabe atribuir em boa parte a lenta modernização do marco institucional político brasileiro. As constituições políticas, inclusive a última — elaborada em 1946 — têm representado poderoso instrumento na mão da velha oligarquia agrícola para preservar sua posição como principal força política. O atual sistema federativo, ao atribuir grande força ao Senado, no qual os pequenos estados agrícolas e as regiões mais atrasadas têm influência decisiva, coloca o poder legislativo praticamente em mãos de uma minoria da população do país que habita regiões onde os interesses latifundiários exercem poder incontestado. Na Câmara, o número de deputados é proporcional à população de cada estado. Desta forma, quanto mais analfabetos tem um estado, mais valor tem o voto da minoria votante. Assim, o voto de um cidadão que habita um estado com 80% de analfabetismo, vale cinco vezes mais do que o daquele outro que habite um estado 100% alfabetizado. Como é nas regiões com mais analfabetos que a oligarquia tem mais força, o sistema eleitoral contribui para manter o predomínio desta. Conservando em suas mãos o poder legislativo, ao qual cabe com exclusividade a iniciativa de mudar a Constituição, a classe dominante tradicional ocupa uma posição privilegiada na luta pelo controle das instituições políticas.

A ocupação dos centros principais do poder não é causa suficiente, no entanto, para que a autoridade daí resul-

3 Este aspecto do problema foi objeto de recente análise, com base em dados empíricos, por Fernando Henrique Cardoso, em *Empresário industrial e desenvolvimento econômico*. São Paulo: Difel, 1964.

tante seja aceita como legítima pela maioria da população. E é porque essa legitimidade tem faltado de forma crescente, no Brasil, que o exercício do poder pela classe que detém o controle do Estado veio se tornando cada vez mais difícil.

Conforme já observamos, as modificações na estrutura social que se traduziram na urbanização criaram condições para a predominância do eleitorado urbano. Embora essa predominância venha sendo anulada, em grande parte, pelo mecanismo do processo eleitoral, abriram-se exceções para os votos majoritários. Estas exceções assumem importância, nos estados mais desenvolvidos, para o cargo de governador e, no plano nacional, para o cargo de presidente da República. Criaram-se, assim, condições para que o poder executivo represente as forças que desafiam o statu quo, representado pela velha oligarquia que domina o Congresso. As tensões entre os dois centros de poder tenderam a crescer, a ponto de, algumas vezes, traumatizarem a ação do governo.

Que forças são essas em que se apoiam os grupos que ocasionalmente têm desafiado a oligarquia tradicional? Vimos que as circunstâncias não favoreceram a formação de uma classe industrial capaz de liderar o movimento de modernização do país. Vimos, igualmente, que a classe operária tendeu a assumir uma atitude complacente de acomodação, antes que a liderar um movimento de transformação das estruturas institucionais. Para aprofundar a análise desse problema convém observar mais de perto a natureza do processo de urbanização do país. Essa urbanização tem na industrialização apenas um de seus fatores formativos. Não se trata da forma tradicional de urbanização decorrente do rápido emprego de mão de obra pelas manufaturas, característica da industrialização clássica. Com efeito, as indústrias têm absorvido pouca mão de obra no Brasil, muito menos do que a própria agricultura, particularmente a partir de

1950.[4] A urbanização resulta, principalmente, do forte crescimento demográfico, da extrema concentração na distribuição da renda, do aumento das atividades estatais, da forma poupadora de mão de obra que apresenta a tecnologia agrícola e de fatores sociológicos que atuam com particular intensidade nos países em que existe um desnível muito acentuado de padrões de vida entre os campos e a cidade.

A parte do incremento da população rural que não encontra ocupação nos campos — e essa parte é sempre grande quando a agricultura de exportação não está crescendo com intensidade — tende a emigrar para zonas urbanas. Nestas existe a perspectiva de algum trabalho, pois é nas cidades que se despende o grosso da renda, mesmo daquela que se concentra nas mãos dos grupos dirigentes da agricultura. Quando o desenvolvimento se faz com forte concentração de renda, como no Brasil, o mercado de serviços tende a crescer com intensidade, absorvendo direta e indiretamente importantes quantidades de mão de obra. Por outro lado, as grandes concentrações urbanas exigem obras públicas importantes, e um crescimento mais que proporcional do aparelho administrativo estatal, o que, por seu lado, contribui para intensificar o processo de urbanização. Evidentemente, essa intensificação somente se torna viável se a produção de bens — nas indústrias e na agricultura — está igualmente crescendo. E foi o que ocorreu no Brasil. Assim, em números redondos, enquanto a população total crescia a 3,2% e a urbana a quase 6%, a produção

4 Comparando os dados dos censos de 1950 e 1960, comprova-se que a mão de obra ocupada na agricultura aumentou em mais de 4,5 milhões de pessoas, ao passo que as indústrias manufatureiras criaram apenas 434 mil novos empregos. A taxa de crescimento anual no primeiro caso foi de 3,5% e, no segundo, de apenas 2,8%.

agrícola aumentava a 4,5% e a manufatureira a 9%. O que interessa assinalar no caso é que, enquanto a população urbana crescia a quase 6%, o emprego nas manufaturas crescia a menos de 3%. Desta forma, as grandes massas que iam se aglomerando nas cidades tinham que se acomodar em serviços ou sobreviver subempregadas nas conhecidas condições de miséria que caracterizam grandes aglomerados urbanos brasileiros.

Essa população urbana, sem uma estratificação definida que lhe desse alguma estabilidade e sem consciência de classe ou grupo que permitisse dar coerência a sua atuação, viria a representar o novo fator decisivo nas lutas políticas brasileiras. Ocorreu, assim, no país, um processo precoce de massificação, que daria origem ao populismo característico das lutas políticas brasileiras dos últimos decênios.

Nas circunstâncias que têm caracterizado o processo político brasileiro no passado recente, o próprio princípio de legitimidade do poder traz em si uma contradição. Com efeito, para legitimar-se o governo tem que operar dentro dos princípios constitucionais. Por outro lado, para corresponder às expectativas da grande maioria que o elegeu — principalmente da população urbana consciente politicamente —, o presidente da República teria que alcançar objetivos que são incompatíveis com as limitações que lhe cria o Congresso dentro das regras do jogo constitucional. Assim, os dois princípios de legitimação da autoridade — a subordinação ao marco constitucional e a obediência ao mandato substantivo que vem diretamente da vontade popular — entram em conflito, criando para o presidente a disjuntiva de trair o seu programa ou forçar uma saída não convencional, que pode ser inclusive a renúncia. Evidentemente, pode-se argumentar que o candidato à Presidência poderia haver se proposto um programa realista, tendo em conta o poder que detêm aqueles que controlam o Congresso como grande parte do aparelho do Estado. Mas, nesse caso, simplesmente não conseguiria eleger-se, pois sempre apareceria outro candidato disposto a oferecer às massas a promessa que estas estão exigindo. A massa, pelo fato mesmo de que é amorfa, não tem qualquer possibilidade de participar do processo político, exceto no momento da barganha do seu voto contra promessas eleitorais. E quando essa massa vive em condições de subemprego, submetida à permanente punição de um infraconsumo, por um lado, e, por outro, à excitação que representam para ela as formas de consumo conspícuo que prevalecem nos grupos de altas e médias rendas, depreende-se facilmente quão exigente tende a ser no momento supremo de barganhar o seu voto.

O pacto direto com a massa tem constituído, no período de pós-guerra, condição necessária para alcançar o poder executivo no Brasil. Entretanto, quanto mais amplo chega a ser esse pacto, maiores tendem a ser as limitações que, para a efetivação do poder, encontra aquele que o fez; isto é, maior tende a ser a suspeita que desperta na classe dirigente tradicional. Essa suspeita tem sua razão de ser principal na ambiguidade de toda programática de base populista. A própria heterogeneidade da massa, agravada num país com grande subemprego, exige dos líderes populistas compromissos com objetivos contraditórios ou disfuncionais. Ao contrário dos movimentos políticos que se apoiam nos interesses de uma classe ou de grupos com objetivos definidos, o populismo pretende dialogar com massas heterogêneas prometendo-lhes satisfação para as aspirações mais imediatas, sem qualquer preocupação com as consequências que daí poderiam advir a mais longo prazo. Por essa razão, todo grupo que atua organicamente dentro de um projeto, seja de desenvolvimento histórico, seja de preservação de um conjunto de valores, tende a conflitar com os movimentos populistas. No Brasil esse conflito tem assumido variadas formas e constitui o fundo da instabilidade política que tem caracterizado o país em toda a fase de industrialização, iniciada há pouco mais de três decênios.

A LUTA PELO PODER E A ARBITRAGEM MILITAR

A emergência precoce de uma sociedade de massas,[5] abrindo o caminho ao populismo, quando ainda não haviam se formado novos grupos dirigentes capacitados para definir um projeto de desenvolvimento nacional em contraposição à ideologia tradicionalista, constitui a característica básica do processo histórico brasileiro na fase de industrialização. A pressão populista existe, até certo ponto, como um fator exógeno ao processo político. Sua eficácia assume real significação apenas nas eleições dos dirigentes executivos. O poder continua em mãos da classe dirigente tradicional, que demonstrou aptidão para absorver dirigentes industriais e elementos representativos de novos interesses ligados ao capital estrangeiro. A organização federativa e a própria extensão do país, valorizando os centros de poder regionais, facilitaram a sobrevivência da velha estrutura política de base patrimonial, principalmente latifundiária.

A luta entre os chefes executivos, submetidos à permanente pressão das massas, com as quais realizam o pacto eleitoral, e o Congresso, onde se concentra o poder das classes dirigentes tradicionais, tem constituído uma constante da política brasileira nos anos recentes. Essa luta constitui apenas o aspecto externo mais visível do conflito interno profundo que vem traumatizando o

5 Ver sobre este ponto a análise de Francisco C. Weffort, *Estado e massas no Brasil*, Santiago do Chile, 1964, in *Revista Civilização Brasileira*, Rio de Janeiro, ano 1, n. 7, maio 1966.

processo político brasileiro. Assim, as pretensões "desenvolvimentistas" do poder executivo se traduzem em planos de obras públicas, metas de investimentos etc., que constituem um compromisso dos chefes com a massa. No Congresso, que habilmente assimilou a retórica do populismo, esses planos não enfrentam obstáculos maiores, sendo aprovados como simples "autorização de gastos". Entretanto, não tem o mesmo comportamento o Congresso no que respeita ao financiamento das obras, negando-se a discutir toda reforma tributária que permita efetivo aumento da capacidade financeira do governo com base numa distribuição da carga fiscal socialmente mais justa. Todas as iniciativas legislativas visando modificar o marco institucional em que se apoia o sistema de poder ou a alterar a distribuição da renda, seja de iniciativa do Executivo ou de algum parlamentar, são anuladas nas comissões do Congresso. Um inquérito recente indicou a existência, nas gavetas dessas comissões, de mais de duas centenas de projetos de reforma agrária. Por outro lado, o preenchimento dos cargos de direção dos órgãos-chave deve ser discutido em cada caso com as forças políticas dominantes, ou seja, com a classe dirigente tradicional. Em alguns setores de importância decisiva, o poder executivo tem uma capacidade de ação legalmente limitada. Assim, o órgão que formula a política do café está sob o controle dos próprios interesses dos cafeicultores, diretamente ou por intermédio de representantes de governos estaduais.

Observada exteriormente e em conjunto, a administração federal se apresenta como um sistema articulado com unidade de comando. Todavia, uma análise mais acurada indica de imediato que seus centros de decisão estão divididos e subornados a grupos dirigentes regionais. Como as instituições políticas regionais estão submetidas ao mais estrito controle por parte da velha classe dirigente, a capacidade do poder central para levar adiante determinadas políticas tropeça em múltiplos obstáculos antepostos por interesses locais. A superação desses obstáculos quase sempre se faz à custa de grande dispersão de recursos. Em 1959, a fim de poder enfrentar o grave problema do Nordeste, onde eram crescentes as tensões sociais provocadas pela pobreza crônica e pelas secas periódicas, o governo federal teve de criar uma nova máquina administrativa, que se sobrepôs às numerosas agências federais já atuando na região. Estas últimas, no entanto, estavam sob controle de grupos políticos locais e era praticamente impossível resgatá-las.

O controle da máquina administrativa federal por grupos políticos locais constitui sério obstáculo a toda tentativa de racionalização dessa máquina. Por outro lado, a ineficiência que daí resulta para os órgãos administrativos limita a eficácia do governo central e fortalece os centros locais de poder. Cria-se, assim, um círculo vicioso pelo qual a feudalização do poder é causa da ineficiência administrativa e esta última é condição para que continue a divisão do poder. Sob certo aspecto, o governo central é principalmente um aparelho arrecadador de impostos, nas zonas urbanas e nas partes mais desenvolvidas do país, os quais se destinam à manutenção de uma máquina administrativa sob controle da velha classe dirigente e servindo aos interesses desta. Assim, tem sido possível mobilizar recursos das zonas mais desenvolvidas, principalmente dos centros urbanos, para manter um sistema de poder baseado na velha estrutura latifundiária.

O conflito profundo que existe entre as massas urbanas, sem estruturação definida e com liderança populista, e a velha estrutura de poder que controla o Estado permeia todo o processo político do Brasil atual. Os líderes populistas, conscientes do estado psicológico das massas, reivindicam uma rápida modernização do país, mediante "reformas de base", "modificações estruturais". O controle do Estado, no entanto, permanece em mãos da classe dominante tradicional, que tem habilmente utilizado a pressão populista como espantalho para submeter mais facilmente a seu controle os novos grupos de interesses patrimoniais surgidos com a industrialização. Esse conflito de poder entre os líderes populistas e a classe dirigente tradicional ocupa o centro da luta política e torna impraticável a consecução de qualquer programa coerente por parte daqueles que ocasionalmente dirigem o país. Como no centro mesmo da discussão política se colocou o problema da eficiência das "regras do jogo" a que devem obedecer aqueles que aspiram a um poder legítimo, é natural que a luta política tenda a agravar o antagonismo e a reduzir a área de possível consenso.

A existência de um conflito fundamental que põe em xeque o próprio funcionamento das instituições básicas em que se apoia o poder cria condições favoráveis à arbitragem militar, conforme ocorreu recentemente no Brasil. Essa arbitragem em si não elimina as causas do conflito, mas cria condições para a ruptura do impasse. Tanto pode servir para consolidar a estrutura tradicional de poder, submetendo as massas a um processo de adormecimento, como para forçar mudanças nas estruturas tradicionais. Esta segunda hipótese, no entanto, somente se configura quando surgem condições favoráveis a um populismo militar, isto é, quando a oportunidade de acesso ao poder proporcionada pela arbitragem é aproveitada por um líder carismático. A reação da classe dominante tradicional tende a ser grande, neste último caso, pois nada a atemoriza mais do que um populismo armado. Assim, o problema volta a formular-se nos seus termos iniciais, devendo o chefe militar buscar diretamente apoio nas massas, pois já não poderá legitimar o seu poder com o manto da arbitragem. Na primeira hipótese, em que a pressão das massas é reduzida mediante qualquer derivativo ou suprimida pela violência, a arbitragem pode ser apresentada, pela manipulação da opinião pública, como interpretando o autêntico interesse nacional, cuja defesa tende a confundir-se com a manutenção do statu quo.

Caberia perguntar: um sistema de poder orientado para a preservação do statu quo tem condições para formular e executar uma política de desenvolvimento em um país em que o desenvolvimento requer necessariamente modificações na própria estrutura social? Caso não tenha condições de realizar essa política, terá viabilidade histórica esse sistema de poder ou tenderá a um impasse como ocorreu no caso anterior? Esse impasse terá possibilidade de prolongar-se ou levará rapidamente a nova ruptura? A experiência brasileira no futuro imediato deverá esclarecer essas questões.

Em síntese, pode-se afirmar que o desenvolvimento constitui a aspiração básica da sociedade brasileira de nossos dias. Essa aspiração se manifesta na forma de descontentamento generalizado em relação às precárias condições de vida que enfrenta a população do presente e, simultaneamente, através de uma atitude otimista com respeito à possibilidade de que o país possa superar essas condições e alcançar formas superiores de organização social. Todavia, essa aspiração existe tão somente como força potencial, pois a sociedade brasileira não conseguiu, até o presente, criar um sistema de instituições com base nas quais o poder político possa ser exercido para traduzir em projetos operacionais as aspirações básicas da coletividade.

O novo quadro internacional*

A segunda metade do século XX constitui uma fase de particular importância na evolução do capitalismo como processo de formação de um sistema econômico de âmbito planetário.

O segundo conflito mundial teve duas consequências de grande alcance para a reordenação do quadro internacional. A primeira foi a bipolarização do poder político fundada em uma confrontação ideológica, cujo acirramento superou tudo o que a história conhecera no gênero desde a época das Cruzadas. A segunda foi a progressiva integração dos mercados das economias capitalistas industriais, realizada sob uma tutela política, exercida pelos Estados Unidos, que derivava sua legitimidade da confrontação ideológica. A tutela americana revestiu-se de várias formas — subsídios financeiros e cambiais do Plano Marshall, pressão para o desmantelamento das anacrônicas estruturas coloniais, monitoramento dos circuitos monetários e financeiros pelas instituições de Bretton Woods, redução persistente das barreiras protecionistas graças à ação sistemática do Gatt, apoio a programas de integração regional — mas seu fundamento estava em que os Estados Unidos assumiam a organização e o essencial dos custos da defesa

* Datado do Rio de Janeiro, 9 de abril de 1989, não publicado.

do conjunto das nações de economia capitalista em face da ameaça do que se convencionou chamar de projeto de dominação mundial da União Soviética instrumentalizado pelo "comunismo internacional".

As projeções dessa evolução política no plano econômico foram consideráveis. As economias capitalistas industriais, que no meio século anterior haviam crescido apoiando-se essencialmente em mercados internos autônomos — a área do mercado externo era reservada de preferência para o intercâmbio de produtos manufaturados por matérias-primas —, verão esses mercados internos integrarem-se progressivamente. Passou a prevalecer novo modo de desenvolvimento com abertura crescente da economia, cabendo ao comércio exterior o papel de carro-chefe nesse processo. Ao mesmo tempo modificavam-se os fundamentos do intercâmbio externo, que já não se apoia na dotação relativa de fatores (vantagens comparativas estáticas) e sim na inovação de processos e de produtos.

Graças às mudanças estruturais provocadas pelo novo modo de desenvolvimento, a economia capitalista industrial conheceria sua fase de mais intenso crescimento, ao mesmo tempo que se reduziam as disparidades de níveis de produtividade e consumo per capita entre as nações que a formam. Uma problemática nova foi naturalmente surgindo desse quadro. A integração dos mercados nacionais nem sempre se fez pelo mesmo caminho. Nos Estados Unidos prevaleceu a linha de descentralização extraterritorial de suas empresas (transnacionalização), as quais buscaram aproveitar a mão de obra mais barata existente no exterior e tirar partido de seu avanço tecnológico. Outros países empenharam-se em aumentar sua participação direta nos mercados internacionais. Contudo, com o correr do tempo, esse segundo grupo de países também adotaria a linha da transnacionalização de seus sistemas produtivos. Mas importa assinalar que a precoce e rápida transnacionalização das empresas americanas teve como consequência um menor esforço de investimento nos próprios Estados Unidos e, consequentemente, um menor aproveitamento nesse país dos consideráveis avanços tecnológicos da época. Se a isso se acrescenta o grande custo de manutenção de um sistema de defesa de crescente sofisticação, compreende-se o declínio da competitividade externa da economia americana, com sérios efeitos negativos na sua balança de pagamentos. As tentativas feitas pelo governo americano nos anos 1960 de defender o dólar taxando a saída de capitais teve como consequência a retenção de liquidez no exterior por parte das empresas que se transnacionalizavam, precipitando a pressão sobre as reservas de ouro dos Estados Unidos, tudo levando finalmente à quebra do padrão-ouro, às taxas de câmbio flutuantes e à rápida transnacionalização do sistema bancário americano no âmbito do mercado em expansão do eurodólar.

Para os fins que temos em vista não importa neste momento entrar em detalhes sobre o complexo processo de transformação estrutural das economias industriais, e sim captar o sentido geral do mesmo. A transnacionalização, iniciada pelos sistemas produtivos, culminou com a formação de um sistema monetário-financeiro internacional, com ampla margem para criação de liquidez, escapando totalmente às normas reguladoras impostas pelos governos nacionais. A existência de um mercado capaz de mobilizar recursos financeiros em grande escala permitiu que a crise de balança de pagamentos dos Estados Unidos se aprofundasse e prolongasse, passando esse país a exercer considerável pressão sobre a disponibilidade internacional de recursos financeiros e a incitar outros países a manter elevados saldos em suas balanças de transações correntes.

Essa situação responde pela rápida erosão da capacidade reguladora macroeconômica dos governos nacionais, o que explica a vaga de pressões inflacionárias dos anos 1970. No final desse decênio e na primeira metade dos anos 1980, a cena internacional foi marcada por um esforço persistente dos países industriais para recuperar a estabilidade e retomar o crescimento, mesmo enfrentando um elevado custo social. Cabe assinalar que nada foi feito para frear o processo de transnacionalização, que estava na origem dos desequilíbrios, e só tardiamente se buscou uma saída em alguma forma de coordenação dos sistemas de decisão macroeconômica que operam em âmbito nacional. Os esforços que estavam sendo feitos para organizar os mercados internacionais de produtos primários, com a participação de governos de países produtores e consumidores e de instituições multilaterais, foram abandonados e mesmo combatidos. Nenhum entendimento se admitiu com a Opep, concentrando-se todos os esforços em reduzir o seu poder para fazê-la desaparecer ou torná-la inócua. A transnacionalização de atividades produtivas, financeiras e monetárias continuou a avançar no âmbito de empresas privadas, ao mesmo tempo que se procurava reduzir todas as formas de interferência dos governos na ação dessas empresas. Desregular é a palavra de ordem.

As fortes pressões inflacionárias engendradas pelo laxismo dos mercados de eurodivisas e agravadas pelas elevações bruscas dos preços do petróleo induziram os países industriais a um esforço de ajustamento que se desdobra entre os anos 1970 e começo dos anos 1980. A estratégia adotada pode ser sintetizada nos pontos seguintes:

1. Redução da demanda de petróleo procedente dos países da Opep, mediante a intensificação da produção em outras áreas e o desenvolvimento de fontes alternativas de energia.

2. Utilização do excesso de liquidez internacional para financiar a expansão de suas exportações para os países do Terceiro Mundo e socialistas, assumindo os bancos transnacionalizados a responsabilidade operacional.

3. Adoção de política recessiva interna mediante elevação das taxas de juros, o que permitiu reduzir a participação da massa de salários na renda interna em benefício das margens de lucro.

4. Orientação dos investimentos para aumentar a competitividade internacional, com redução da demanda de mão de obra, o que permitiu a retomada gradual do crescimento sem pressão de custos salariais.

5. Pressão para a baixa dos preços dos produtos primários nos mercados internacionais — facilitada pelo acirramento da concorrência entre países endividados —, o que contribuiu para reduzir os custos de produção nos países industriais.

6. Inversão do fluxo de capitais em detrimento dos países do Terceiro Mundo: de importadores estes se transformarão em exportadores líquidos de recursos reais para os países industriais, que assim aumentam suas disponibilidades de fundos para investimento sem pressão inflacionária.

Essa estratégia permitiu aos países capitalistas industriais sair da armadilha da estagflação, mais precisamente absorver as pressões inflacionárias e retomar o crescimento a despeito das dificuldades criadas à regulação macroeconômica pelo processo de transnacionalização. Alcançado esse ponto, começou-se a tentar a prática de novas formas de regulação macroeconômica mediante a concertação das autoridades monetárias e fiscais dos países de maior peso econômico. Essa globalização das políticas macroeconômicas no que concerne às grandes nações industriais está em seus albores, mas deve ser vista como uma mutação maior no quadro evolutivo da economia capitalista industrial. Os avanços que façam a Europa Ocidental em sua integração e o conjunto Estados Unidos-Canadá na fusão de seus mercados virão facilitar o processo de entendimento global, dado que a redução do número de atores políticos com exercício de plena soberania simplificará os mecanismos de decisão.

Modificações estruturais de tão grande amplitude no centro do sistema capitalista não poderiam deixar de repercutir profundamente nas relações das economias industriais com as do Terceiro Mundo. Na esfera do comércio o elemento decisivo é o controle da tecnologia, a qual tem a faculdade de concorrer com todos os fatores de produção tradicionais. No quadro que está emergindo, o intercâmbio de produtos tende a ser superado pelo de serviços, ou melhor, cresce a participação destes no valor total do comércio internacional. Com efeito: esforço considerável está sendo realizado no âmbito do Gatt pelos países de maior avanço tecnológico do mundo capitalista, tendo à frente os Estados Unidos, para submeter os fluxos de informação relacionada com conhecimentos técnicos a normas similares às que regem atualmente o comércio de bens. A esse fim pretende-se uniformizar internacionalmente as legislações que regem a propriedade intelectual, definindo-se esta de forma a abranger toda criação humana com projeções no plano econômico. Como não é possível inventar a roda mais de uma vez, o primeiro inventor, seu proprietário intelectual, passa a cobrar uma renda de quem pretenda produzir roda em qualquer parte do mundo. Como o fluxo de novas técnicas está crescentemente sob controle das empresas transnacionais, estas ocuparão posição privilegiada em todos os sistemas produtivos. A cópia e a imitação de novas técnicas — via clássica do desenvolvimento dos países retardados — serão severamente punidas. Os que ocupam posição de vanguarda na produção tecnológica cobrarão um tributo dos retardatários.

O que os países industriais estão tentando, neste momento de particular debilidade dos países do Terceiro Mundo, é transferir a legislação sobre essa matéria para a esfera do direito internacional. Ao lado da uniformização das normas sobre propriedade intelectual, figuram dispositivos sobre movimento internacional de capitais, circulação internacional de informações, direito de instalação de atividades econômicas — tudo isso escapando à esfera do direito interno.

O processo de renegociação da dívida externa dos países do Terceiro Mundo tem como tela de fundo essa reestruturação da economia internacional promovida pelas economias industriais, sem tomar conhecimento da situação particular dos países de industrialização tardia. Os "ajustamentos estruturais" que atualmente promove o Banco Mundial em muitos países endividados têm como objetivo central internacionalizar segmentos crescentes das economias que a eles se submetem, pretendendo-se ignorar as consequências negativas da perda de governabilidade que daí resulta. Nas economias que passam por esses "ajustamentos", a lógica das relações internacionais passa a reger a ordenação das atividades econômicas internas. Já não haverá espaço para uma política de desenvolvimento centrada em conceitos como o de produtividade social. A própria ideia de interesse econômico nacional perde sentido se o parâmetro básico para aferir a racionalidade econômica se situa nos mercados internacionais.

Não estou insinuando que os processos referidos moldarão necessariamente o devenir das economias do Terceiro Mundo. Mas eles se configuram atualmente como as tendências dominantes. Portanto, é de uma reflexão sobre eles que devemos partir na formulação de qualquer estratégia de ação para enfrentar a atual problemática brasileira.

Para onde caminhamos?*

Os economistas da nova geração se interrogam frequentemente sobre as causas das baixas taxas de crescimento da economia brasileira no último quarto de século. Os dados são surpreendentes se temos em conta que no quarto de século anterior o país apresentou um dinamismo considerável colocando-se entre as duas ou três economias de mais rápido crescimento em todo o mundo. Os economistas não parecem ter explicação para essa mutação tão significativa. Um país dotado de imensas reservas de recursos naturais e de mão de obra adota uma política que se satisfaz com uma taxa de crescimento próxima de zero. Não é fácil descobrir as causas desse processo, mas devemos reconhecer que ele tem origem ou é reforçado pelo chamado Consenso de Washington, que não passou de um receituário neoliberal a serviço da consolidação da política imperial dos Estados Unidos. De acordo com essa nova doutrina, que surgiu nos anos 1990, os Estados nacionais já não teriam um papel importante na criação de empregos. Essa fórmula, que é o ideal do neoliberalismo, funcionou muito precariamente ou não funcionou. O Brasil se endividou desbragadamente, a ponto de comprometer sua governabilidade. Se persistirmos no caminho de crescente endividamento externo, reverter a situação

* Publicado no *Jornal do Brasil*, 10 nov. 2004.

será mais e mais difícil. E mesmo se o país tentar alguma forma de negociação com os credores, não poderemos vislumbrar uma solução fácil, pois o sistema financeiro internacional age com rapidez e unidade de comando. Uma solução alternativa para escapar a esse quadro de grande vulnerabilidade externa seria o governo praticar uma punção interna que permitisse triplicar o superávit em conta-corrente. Contudo, esse segundo caminho, se parece lógico em termos contábeis, é impraticável por suas implicações políticas e por exigir profundas modificações no sistema fiscal visando modificar o perfil da dívida interna. Quando, nos anos 1990, os governantes aderiram ao famoso Consenso de Washington, adotaram, sem maiores explicações e sem debates com a sociedade, a doutrina de que era necessário concentrar as atenções nos mercados externos, condição essencial para recuperar o dinamismo perdido. Todavia, ninguém foi capaz de explicitar a razão de ser dessa mudança de estratégia, e nem por que ela seria mais benéfica à população de um país populoso e continental como o nosso. Aparentemente, essa mudança decorria do fato que as empresas transnacionais iam controlando progressivamente os centros de comando das atividades econômicas. Seja como for, o resultado dessa soma perversa do Consenso de Washington com as taxas de crescimento que já vinham declinando foi a desarticulação do mercado interno e do parque industrial, acuando alguns milhões de brasileiros a buscar sobrevivência no trabalho informal.

Hoje ainda sofremos as consequências desses anos do "consenso". Se, inversamente, nos remetemos àqueles anos em que o Brasil apresentou taxas de crescimento elevadas, ou razoáveis, deparamo-nos com outro problema de igual gravidade. Refiro-me ao fato de que, historicamente, o dinamismo da economia brasileira se fez acompanhar de acentuada concentração de renda, o que é uma forma espúria de geração de poupança. Alcançamos assim o fundo do problema: a variável que comandou o dinamismo da economia brasileira dos anos 1950 ao fim dos anos 1970 apoiou-se no processo de concentração da renda. Não havia como escapar a essa dura realidade: o sistema econômico só funcionava de forma regular quando a remuneração do capital atingia determinados níveis. Essa constatação nos leva a aclarar outro ponto intrigante da dinâmica da economia brasileira: os níveis extravagantes de suas taxas de juros.

É inegável que há uma estreita ligação entre o processo de concentração de renda, o nível das taxas de juros e as taxas de crescimento da economia. Assim, para abordar os paradoxos de nossa economia faz-se necessário ter em conta esses múltiplos fatores, aparentemente desvinculados. Em poucas palavras: se as taxas de juros não forem suficientemente altas (e as do Brasil inscrevem-se entre as mais altas do mundo), os capitais estrangeiros não se sentem atraídos a investir no país; sem esses investimentos externos (os setores internos não dão conta das necessidades e acumulam um passivo considerável) o país tem pouca margem para crescer. Ora, o recurso aos investimentos externos aumenta consideravelmente a nossa dívida; e o crescimento deles resultante tende a agravar a concentração da renda. Antes que se diga que estamos numa quadratura do círculo, convém lembrar que a reforma fiscal, tão repetidamente prometida nos governos anteriores, não consegue apoio do Congresso Nacional. Essa reforma é essencial para enfrentar qualquer dos problemas expostos acima. A carga fiscal no Brasil é alta, mas injusta, pois incide de forma desproporcional sobre a parte da população de menor poder aquisitivo, já que os impostos indiretos (essencialmente os de consumo) são relativamente os que mais pesam. Precisamos de uma reforma que modifique a distribuição da carga fiscal, liberando essas camadas de baixa renda. Não se trata de onerar mais ainda a classe média que paga imposto de renda, mas de redistribuir o perfil dos contribuintes, hoje profundamente marcado por desigualdades, como a das instituições bancárias que, apesar de seus lucros fabulosos, são praticamente isentas de imposto. Uma reforma fiscal corrigirá essas distorções, mas não só. Seu objetivo, como foi o das diversas reformas implantadas em países da Europa, é *também* criar sociedades mais homogêneas. Certos setores do sistema produtivo provavelmente sofrerão baixa de rentabilidade, mas é a sociedade como um todo que terá de fazer um esforço de adaptação se o objetivo geral — como imaginamos que seja — for o de solucionar os sérios problemas do país. Em realidade, uma reforma fiscal pode ir tão longe a ponto de modificar o sistema de valores das classes dirigentes de determinada sociedade. No nosso caso, já se fez evidente a fragilidade das estruturas sociais resultantes de tantos decênios de concentração de renda conjugada com baixo crescimento. Esta é uma problemática que merece a atenção, não só dos estudiosos da matéria, mas de toda a sociedade, e, em particular, dos nossos governantes.

Globalização e identidade nacional*

O PROCESSO DE GLOBALIZAÇÃO

Os ajustamentos que neste fim de século se manifestam nas relações internacionais requerem para sua compreensão uma visão global apoiada não apenas na análise econômica, mas também na imaginação prospectiva que nos habilita a pensar o futuro como história. Sem essa visão global, não captaremos sequer o sentido dos acontecimentos que nos concernem diretamente e estaremos incapacitados para agir eficazmente como sujeitos históricos.

Com essa preocupação, farei algumas reflexões sobre a realidade mundial emergente, para, em seguida, abordar a problemática que nos preocupa mais diretamente.

1. Não devemos perder de vista que a economia mundial penetrou numa fase de tensões estruturais sem precedentes por sua abrangência planetária. Essas tensões se manifestam desde o começo dos anos 1980 nos países do Terceiro Mundo sob a forma de brusca elevação das taxas de juros dos mercados internacionais e de intensa drenagem de capitais para os Estados Unidos, o que explica a euforia desfrutada pela população norte-americana a partir da segunda metade dos anos 1980. O vértice da tensão que se manifesta na economia mundial situa-se na inflação virtual da economia norte-americana, inflação causada pelo longo declínio da taxa de poupança conju-

* Capítulo 3 de O *capitalismo global*. São Paulo: Paz e Terra, 1998.

gado com o elevado déficit na conta-corrente da balança de pagamentos. A baixa na taxa de poupança resulta da convergência de déficits do governo federal, com persistente redução da poupança privada. Com efeito, a taxa de poupança da economia dos Estados Unidos reduziu-se à metade do nível observado nos três decênios anteriores a 1980. Seu nível atual corresponde a um terço da média da taxa de poupança dos países da OCDE e a menos de um quarto da do Japão. Em consequência, os Estados Unidos deixaram de ser o maior credor e provedor mundial de capitais para ocupar a posição de maior devedor. Sua dívida externa supera atualmente 1 trilhão de dólares.

2. Esse desequilíbrio estrutural da economia dos Estados Unidos é a causa da drenagem para esse país de mais de metade da poupança disponível para investimentos internacionais.[1] Muito provavelmente, esse desequilíbrio persistirá por alguns anos, e a solução que venha a ser dada a esse problema pesará seriamente na configuração futura da estrutura de poder mundial. A tensão no centro econômico hegemônico provoca reacomodação de forças com reflexos difíceis de prever na área latino-americana, a qual atravessa um período de crise de suas estruturas políticas.

3. Outra fonte de tensão a ter em conta é o amplo processo de destruição-reconstrução das economias do Leste europeu, as quais continuarão a absorver parte da poupança gerada pelos demais países, sem que tenham possibilidade de remunerar adequadamente esses capitais, o que também contribui para manter elevadas as taxas de juros. À diferença do que pensavam os observadores internacionais em um primeiro momento, esse processo será longo, podendo absorver vários decênios. A queda no nível de produção foi de 4,5% em 1990 e, em 1991,

1 Cf. "The USA's Twin Deficits", *World Imbalances*, *wider*, Relatório de 1989, Helsinqui.

alcançou 15,4%, persistindo por vários anos. O processo de reciclagem institucional está sendo profundo e abre enormes possibilidades à cooperação do capital internacional. Esses países dispõem de recursos humanos que os colocam em posição vantajosa na concorrência com os países do Terceiro Mundo. Superada a fase de reconstrução institucional, tudo leva a crer que nessa região se abrirá uma nova fronteira dinâmica da economia capitalista. Ora, esse amplo processo de reconstrução econômica, incluída a parte oriental da Alemanha, reforça a tendência à elevação das taxas de juros em detrimento das economias do Terceiro Mundo.

4. A integração dos países da Europa ocidental é irreversível, mesmo que não sejam alcançados os ambiciosos objetivos de Maastricht. Esse processo reforça os grandes grupos econômicos que operam transnacionalmente, mas abre espaço para os agentes que atuam em esferas sociais outras que as especificamente econômicas e financeiras. O debilitamento dos instrumentos de política macroeconômica exigirá ação compensatória em outras áreas abertas à invenção política. Na Europa Ocidental ocorre a mais importante experiência de superação do Estado nacional como instrumento de coordenação das atividades econômicas em sociedades que conciliam os ideais de liberdade e de bem-estar social. Isso pressupõe a conquista de crescente homogeneidade social, o que não é fácil obter dada a orientação atual do progresso técnico.

5. Independentemente das mudanças na configuração da estrutura do poder político mundial, deve prosseguir a realocação de atividades produtivas provocada pelo impacto das novas técnicas de comunicação e tratamento da informação, o que tende a concentrar em áreas privilegiadas do mundo desenvolvido as atividades criativas, inovadoras ou simplesmente aquelas que são instrumento de poder.

6. Tudo indica que prosseguirá o avanço das empresas transnacionais, graças à crescente concentração do poder

financeiro e aos acordos no âmbito da Organização Mundial do Comércio sobre patentes e controle da atividade intelectual, o que contribui para aumentar o fosso entre países desenvolvidos e subdesenvolvidos.

7. Com o avanço da internacionalização dos circuitos econômicos, financeiros e tecnológicos, debilitam-se os sistemas econômicos nacionais. As atividades estatais tendem a circunscrever-se às áreas sociais e culturais. Os países marcados por acentuada heterogeneidade cultural e/ou econômica serão submetidos a crescentes pressões de forças desarticuladoras. A contrapartida da preeminência da internacionalização é o afrouxamento dos vínculos de solidariedade histórica que unem no quadro de certas nacionalidades populações marcadas por acentuadas disparidades culturais e de nível de vida.

8. A atividade política internacional facilitará a abordagem dos problemas ligados ao equilíbrio ecológico, ao controle do uso de drogas, ao combate das enfermidades contagiosas, à erradicação da fome e à manutenção da paz. A esfera econômica tende a ser crescentemente dominada pelas empresas internacionalizadas, as quais balizarão o espaço a ser ocupado por atividades de âmbito local e/ou informais. A importância relativa destas últimas definirá o grau de subdesenvolvimento de cada região: áreas desenvolvidas e subdesenvolvidas estarão assim estruturalmente imbricadas numa compartimentação do espaço político que cristaliza as desigualdades sociais.

9. A estrutura internacional de poder evolui para assumir a forma de grandes blocos de nações-sedes de empresas transnacionais que dispõem de rico acervo de conhecimentos e de pessoal capacitado. O intercâmbio internacional de serviços, particularmente os financeiros e tecnológicos, cresce em detrimento do de bens tradicionais. Na dinâmica desse sistema, prevalecem as forças tendentes a reproduzir a atual clivagem desenvolvimento/subdesenvolvimento. Para escapar a esse sistema de for-

ças que se articulam planetariamente, é necessário que se conjugue uma vontade política fundada em amplo consenso social com condições objetivas que poucos países do Terceiro Mundo reúnem atualmente.

A PRESERVAÇÃO DA IDENTIDADE NACIONAL

Convém refletir sobre esses ajustamentos estruturais globais em curso de realização se pretendemos identificar o espaço dentro do qual o Brasil fará suas opções históricas, sem perder de vista suas singularidades. Como preservar a identidade cultural e unidade política em um mundo dominado por grupos transnacionais que fundam seu poder no controle da tecnologia, da informação e do capital financeiro? É esse o desafio. Para enfrentá-lo, cabe refletir seriamente sobre a perda de dinamismo da economia brasileira nos dois últimos decênios.

O que veio a chamar-se desenvolvimento econômico, no Brasil, traduz a expansão de um mercado interno que se revelou de enorme potencialidade. Longe de ser simples continuação da economia primário-exportadora que herdamos da era colonial — constelação de núcleos regionais autônomos —, a industrialização assumiu a forma de construção de um sistema econômico com considerável autonomia no que respeita à formação de poupança e à geração de demanda efetiva. Graças aos efeitos de sinergia, esse sistema representava mais do que a soma dos elementos que o formavam.

Assim, mesmo sem haver gozado de uma situação privilegiada como os Estados Unidos um século antes — grande influxo de capitais e de quadros técnicos originários das regiões mais desenvolvidas da Europa —, o Brasil seria no terceiro quartel do século XX a fronteira em expansão mais rápida do mundo capitalista.

Durante três séculos a economia brasileira baseara-

-se na exploração extensiva de recursos em grande parte não renováveis: da exploração florestal dos seus primórdios até a grande mineração de ferro, passando pelo uso destrutivo dos solos nos vários "ciclos" agrícolas. Com efeito, por muito tempo fomos um caso exemplar do que hoje se conhece como "desenvolvimento não sustentável". Civilização predatória, estávamos condenados a enfrentar uma imensa crise quando completássemos a destruição da base de recursos não renováveis (ou renováveis a custos crescentes), ou quando a demanda internacional de tais recursos fosse reduzida pela incidência de fatores tecnológicos ou econômicos.

É somente no século XX que a economia brasileira deixa de fundar seu dinamismo na depredação de recursos naturais e passa a apoiá-lo de forma principal na assimilação de avanços tecnológicos e na acumulação de capital reprodutível. Isso, graças ao processo de industrialização que passou a ser o motor do desenvolvimento do país a partir da grande depressão dos anos 1930.

O Brasil lançou as bases de um sistema industrial em época de grandes transtornos internacionais, tendo cabido ao Estado papel decisivo na estratégia então adotada. O sacrifício imposto à população foi compartilhado por todas as classes sociais, inclusive aqueles grupos antes habituados a terem acesso a bens de consumo importados. Durante alguns decênios, o país teve de se reestruturar, reduzindo consideravelmente a participação das importações na oferta de bens de consumo, enquanto a população crescia, particularmente nas áreas urbanas. Uma nova realidade social começava a emergir: os ricos, consumindo produtos nacionais, já não eram vistos como habitantes de outro planeta; e a classe média em formação ocupava espaços crescentes e assumia posições de liderança no plano cultural.

O quadro internacional, que havia possibilitado a industrialização, mudou profundamente no início dos anos 1970: a crise do dólar, seguida do primeiro choque petroleiro, deu origem a grande massa de liquidez internacional com a baixa nas taxas de juros, conduzindo ao processo de sobre-endividamento de grande número de países do Terceiro Mundo. O que vem em seguida é a dolorosa história dos ajustamentos impostos aos países devedores: de absorvedores passam estes a supridores de capitais internacionais, devendo concomitantemente aumentar o esforço de poupança e reduzir o investimento interno. Esses ajustamentos exigem um consenso e uma disciplina social difíceis de ser alcançados em qualquer país, e mais ainda em sociedades marcadas por profundas desigualdades e atraso político, como é a brasileira. Daí que a crise atual, que já se prolonga por dois decênios, nos pareça insuperável, havendo sido notória a incapacidade do Estado para enfrentá-la.

Aumentar o esforço para aprofundar a inserção externa da economia — o que atualmente se apresenta como requisito da modernização — somente se justifica se esse esforço for realizado no quadro de uma autêntica política de desenvolvimento socioeconômico, o que não é o caso se o aumento das exportações tem como contrapartida contração do mercado interno.

Não se deve perder de vista que a lógica das transações internacionais sempre operou em detrimento dos países de economia dependente. As extraordinárias taxas de crescimento que conheceu a economia brasileira nos quatro decênios compreendidos entre os anos 1930 e 1970 refletiram especificamente um dinamismo fundado na expansão do mercado interno.

Nunca é demais recordar que os preços reais dos produtos primários exportados pelos países do Terceiro Mundo apresentam historicamente tendência declinante. A média desses preços no quinquênio 1986-90 correspondeu aproximadamente à metade do que foram quarenta anos antes, ou seja, em 1948-55. Um grupo de analistas do Banco Mundial concluiu em estudo que esse declínio já se prolonga por mais de um século,[2] declínio que vem se acentuando. Entre 1989 e 1991 os preços dos produtos primários exportados pelos países pobres declinaram em média 20%, queda que se aproxima da ocorrida na depressão de 1980-2 que deflagrou a crise da dívida externa desses países. Prisioneiros de uma lógica perversa, muitos países pobres procuram compensar a baixa de preços aumentando as exportações e obtendo financiamento externo, inclusive de agências multilaterais, para aumentar a produção. A concorrência desabrida resultante levou, nos anos recentes, à ruína os produtores de café e de cacau. A renda auferida pelos produtores de café foi reduzida à metade e ainda maiores foram as perdas dos de cacau e açúcar, em consequência do desmantelamento dos tênues mecanismos de defesa dos preços, existentes em época anterior à onda de desregulamentação.

A pressão conjugada da oferta de mão de obra gerada pelo crescimento demográfico e da rigidez da procura de produtos primários nos mercados internacionais levou, no passado, os países periféricos a buscar o caminho da industrialização. Contudo, poucos dentre esses países reuniam as condições de dimensão demográfica, potencial de recursos naturais e liderança empresarial para fundar a industrialização no desenvolvimento do mercado interno. A grande maioria dos países pobres que buscam industrializar-se ficam na dependência de acesso marginal ao mercado internacional como subcontratistas de empresas transnacionais. Foram poucos os que avançaram na construção de um sistema econômico com certo grau de autonomia na geração da demanda efetiva e no financiamento dos investimentos reprodutivos.

As barreiras que enfrentam esses países para ter acesso aos mercados internacionais não se manifestam ape-

2 *The World Bank Economic Review*, jan. 1988.

nas na degradação dos preços reais dos produtos primários que exportam. Essa tendência, assinalada por Raúl Prebisch há meio século, tem explicação simples na natureza mesma desses produtos, cuja importância relativa declina com o crescimento da renda de uma população. As dificuldades que enfrentam os países pobres em seu esforço para penetrar nos mercados internacionais são ainda mais amplas do que supunham os primeiros teóricos do subdesenvolvimento, que se limitavam a observar a natureza dos produtos sem dar atenção à estrutura dos mercados internacionais. Ora, tudo leva a crer que nestes as manifestações do que se entende por *poder de mercado* assumem considerável importância. É necessário não perder de vista que, no que concerne aos produtos manufaturados, as transações internacionais são, via de regra, constituídas por operações internas às grandes firmas no regime de preços administrados.

Estudo da Comissão Sul[3] pôs em evidência que os preços dos produtos manufaturados exportados pelos países do Terceiro Mundo cresceram 12% em termos nominais (em dólares), nos anos 1980. Ora, durante esse mesmo decênio, os preços das manufaturas exportadas pelos países industrializados cresceram 35%. Se ajustamos o poder de compra gerado pelas manufaturas exportadas por países do Terceiro Mundo tendo em conta os preços das máquinas e equipamentos que eles importaram, vemos que a perda alcançou 32% no referido decênio. Dessa forma, o ganho de espaço nos mercados internacionais de manufaturas vem exigindo dos países pobres esforço crescente. Certo, não existe desenvolvimento sem acesso à tecnologia moderna, e esse acesso se dá de preferência pela via do comércio internacional. O que aconteceu no passado, em um país com as potencialidades do Brasil, foi que o acesso ao

3 Cf. *Non-Alignment in the 1990s*, South Center, estudo preparado para a conferência de Jacarta, 1992.

mercado internacional desempenhou papel apenas coadjuvante na promoção do desenvolvimento, sendo o impulso principal gerado internamente.

Se temos em conta que nossa economia dificilmente pode recuperar seu dinamismo apoiando-se basicamente nas relações externas, cabe indagar se não terá sido um erro abandonar a estratégia de construção do mercado interno como "motor de crescimento". Não digo que esse abandono haja sido deliberado ou mesmo consciente. Ele refletiu mudanças conjunturais e mesmo estruturais da economia internacional que não soubemos enfrentar com decisão e imaginação. Perdeu-se um decênio, durante o qual a capacidade de autogoverno de que dispunha o país se deteriorou consideravelmente, reduzindo-se a eficácia dos instrumentos de política macroeconômica. Os compromissos formalizados com os credores internacionais — sindicato de bancos e FMI — limitam a margem de manobra.

Os sistemas econômicos de grandes dimensões territoriais e acentuadas disparidades regionais e estruturais — Brasil, Índia e China aparecem em primeiro plano — dificilmente sobreviverão se perdem a força coesiva gerada pela expansão do mercado interno. Nesses casos, por mais importante que seja a inserção internacional, esta não é suficiente para dinamizar o sistema econômico. Num mundo dominado por empresas transnacionais, esses sistemas heterogêneos somente sobrevivem e crescem por uma vontade política apoiada em um projeto com raízes históricas.

A teoria do desenvolvimento econômico dos grandes sistemas heterogêneos — social ou culturalmente — ainda está por ser escrita. O fracasso da União Soviética veio demonstrar cabalmente que tais sistemas já não sobrevivem apoiando-se tão somente em estruturas de dominação burocrática e militar. O considerável crescimento econômico apoiado na industrialização e com base no mercado interno, durante o meio século que se inicia nos anos 1930, deu origem no Brasil a fortes vínculos de interdependência entre regiões que, no longo período primário-exportador, poucas relações econômicas mantinham umas com as outras.

É certo que o dinamismo do mercado interno em boa medida fundou-se na cooperação de empresas estrangeiras, numa época em que a disputa de capitais na área internacional era bem menos intensa do que atualmente e nosso endividamento externo, muito menor. Portanto, o primeiro desafio que deve enfrentar o Brasil é o de aumentar sua capacidade de autofinanciamento, o que requer um maior esforço de poupança pública e privada e maior disciplina e transparência no uso das divisas geradas pelas exportações.

Esforço maior de poupança e mais disciplina social somente serão alcançados caso se saia da recessão, vale dizer, caso se utilize melhor a capacidade produtiva já existente. Para isso é necessário recuperar a eficácia dos instrumentos de comando macroeconômico, saneando as finanças públicas e disciplinando os fluxos externos monetários e financeiros. No Brasil, a eficácia da ação do governo começa por sua capacidade de disciplinar as relações externas. Em meados dos anos 1990, com o Plano Real, o governo brasileiro mais uma vez fundou a política de estabilização (de preços e de câmbio) num crescente endividamento externo. Ora, todas as grandes crises brasileiras se iniciaram por problemas cambiais. Resta, portanto, saber se o terreno perdido nessa área essencial ainda poderá ser recuperado. Ou se já é algo impróprio falar de sistema econômico com respeito ao Brasil.

Metamorfoses do capitalismo*

Nesta noite em que a Universidade Federal do Rio de Janeiro me outorga o título de doutor *honoris causa*, permitam-me que relembre aos economistas aqui presentes certas linhas de reflexão que balizaram minha jornada de mais de meio século. Venho de uma época em que os estudantes tomavam contato com a matéria econômica em outros cursos, como o de direito, que concluí em 1944 nesta universidade. Foi em 1948 que me doutorei em economia, pela Universidade Sorbonne, com a tese *A economia colonial brasileira nos séculos* XVI *e* XVII.

Seria este o ponto de partida da longa caminhada que empreendi, norteado pelo que foi uma paixão da vida inteira: pensar o Brasil. Em 1949, publiquei meu primeiro estudo analítico sobre as transformações da economia brasileira no século XX. Nele estavam contidos os germes do que seria, dez anos depois, meu livro *Formação econômica do Brasil*.

Entre as duas datas, tive a oportunidade de trabalhar na Cepal — o órgão das Nações Unidas que se tornou uma verdadeira escola de pensamento econômico latino-americana. Foi aí, debruçado sobre as estatísticas, que

* Texto lido na sessão solene de outorga do título de doutor *honoris causa* pela Universidade Federal do Rio de Janeiro, em 2 de dezembro de 2002.

me dei conta do *atraso* da economia brasileira. Desde então, enfrentei o desafio de tentar entender as razões desse quadro num país com as potencialidades do nosso. Voltei-me para uma visão global da história, apoiada no conceito de sistema de forças produtivas.

Que caminhos nos tinham levado ao subdesenvolvimento? Os mais de três séculos de regime escravista? A incapacidade de nos inserirmos no processo de industrialização do século XIX? Ainda nos anos 1930, nossas classes dirigentes defendiam uma economia "essencialmente agrícola". E em meados dos anos 1950, gerava acalorada polêmica o debate sobre como industrializar o Brasil. Não é supérfluo lembrar que, nesse momento, a maioria dos nossos economistas criava obstáculos à formulação de uma política de industrialização, tendo aliás fortes apoios externos para essa doutrina.

Já na época, convencido de que a classe industrial nascente podia assumir um papel histórico, me pus a trabalhar os instrumentos capazes de lhe facilitar a tarefa. Destes, cito a introdução, entre nós, das técnicas de planejamento de base macroeconômica, elaboradas na Cepal por uma equipe dirigida por mim, e que inspirariam tanto o Plano de Metas de JK como, anos depois, o Plano Trienal que me coube elaborar durante o governo do presidente João Goulart.

Cedo percebi que o subdesenvolvimento requeria um esforço específico de teorização, e assim elaborei o que mais tarde ficou conhecido como *teoria do subdesenvolvimento*. Com efeito, o subdesenvolvimento é um processo histórico autônomo. Não é uma etapa pela qual passaram as economias que já alcançaram grau superior de desenvolvimento. É uma forma perversa de crescimento.

Com o *crescimento econômico* eleva-se a renda da população. Com a *modernização*, adotam-se novas formas de vida, imitadas de outras sociedades que, estas sim, beneficiam-se de autêntica elevação da produtividade física. Mas só o *desenvolvimento* propriamente dito é capaz de fazer do homem um elemento de transformação, passível de agir tanto sobre a sociedade como sobre si mesmo, e de realizar suas potencialidades. Daí que a reflexão sobre o desenvolvimento traga em si mesma uma teoria do ser humano, uma antropologia filosófica.

Hoje o Brasil tem uma renda dez vezes superior à renda da época em que comecei a refletir sobre o nosso *subdesenvolvimento*. Nem por isso diminuíram as desigualdades sociais; nem por isso fomos bem-sucedidos no combate à pobreza e à miséria. Cabe, pois, a pergunta: o Brasil se desenvolveu? A resposta, infelizmente, é não. O Brasil cresceu. Modernizou-se. Mas o verdadeiro desenvolvimento só ocorre quando beneficia o conjunto da sociedade, o que não se viu no país.

Hoje eu faria uma reflexão complementar sobre esse paradoxo, que não é exclusivo ao Brasil, de vivermos uma época de grande enriquecimento da humanidade e, ao mesmo tempo, de agravação da miséria de uma ampla maioria. O que se segue é o fruto de minhas indagações recentes sobre o que chamarei de "Metamorfoses do capitalismo".

No mundo contemporâneo ninguém pode ignorar que o processo de globalização dos circuitos econômicos e financeiros tende a se impor, independentemente da política que este ou aquele país venha a adotar. Trata-se de um *imperativo tecnológico*, semelhante ao que comandou o processo de industrialização que moldou a sociedade moderna.

Ora, o maior entrelaçamento dos mercados e o subsequente enfraquecimento dos sistemas estatais de poder, que enquadram as atividades econômicas, estão gerando importantes mudanças estruturais, que se traduzem, em todos os países, por crescente concentração da renda e formas de exclusão social. Há quem considere adversas as tensões daí resultantes, mas elas também podem ser vistas como precondição de nova forma de crescimento econômico cujos contornos ainda não estão definidos. O certo é que neste começo de século o crescimento econômico engendra necessariamente um novo estilo de organização da sociedade, e este acarreta forte concentração de poder.

Permitam-me recordar que a primeira Revolução Industrial também criou desemprego, especialmente no setor agrícola, o qual empregava tradicionalmente mais de dois terços da massa trabalhadora. Daí que o desenvolvimento só se haja efetivado ali onde a economia contou com mercados em expansão. É fato notório que os mercados se ampliaram no quadro de uma revolução tecnológica que gerava a retração da demanda de mão de obra e também da renda da massa dos trabalhadores. Sabemos que num primeiro período as empresas dos países que lideravam a Revolução Industrial forçaram a abertura dos mercados externos, o que explica a ofensiva imperialista que prosseguiu durante o século XIX. Contudo, o motor desse crescimento econômico foi, tanto quanto o dinamismo das exportações, a expansão dos mercados internos possibilitada pelo aumento do poder de compra da população assalariada.

Com efeito, explica-se a dinâmica da civilização industrial pelo processo de aumento automático do poder de compra da população, ou seja, pela expansão da massa dos salários. Certo, tal explicação ultrapassa necessariamente o quadro da análise econômica convencional, já que a repartição da renda reflete fatores de natureza institucional e política.

Se a lógica dos mercados houvesse prevalecido sem restrições, a internacionalização das atividades econômicas (ou seja, o processo de globalização) teria se propagado muito mais cedo, reproduzindo, numa versão ampliada, a experiência da Inglaterra, onde a participação do comércio externo na renda nacional ultrapassou 50% já nos anos 70 do século XIX. Disso teria resultado uma maior desconcentração geográfica das atividades industriais, favorável aos países da periferia. Por outro lado, teria intensificado a concentração social da renda nos países que lideravam a Revolução Industrial.

Mas a história não seguiu por esse caminho. Prevaleceram, na verdade, maior concentração geográfica das atividades industriais em benefício dos países do Centro e uma repartição de renda mais igualitária nesses países. Eram eles que comandavam a vanguarda tecnológica, o que explica que hajam adotado as políticas de proteção social.

Para entender esse quadro histórico é necessário ter em conta as novas forças sociais engendradas pelo processo de urbanização resultante da industrialização. A emergência de uma nova forma de poder, consequência da ação dos trabalhadores organizados em sindicatos, acarretou a elevação dos salários reais e impôs aos governos políticas protecionistas para defender seus mercados internos. Assim, a partir de então o motor do crescimento passou a ser o dinamismo do mercado interno, cabendo às exportações um papel coadjuvante.

O aumento do poder de compra da massa dos trabalhadores desempenhou, portanto, um papel primordial no processo de desenvolvimento, comparável apenas ao papel da inovação técnica. O dinamismo da economia capitalista derivou, assim, da interação de dois processos: de um lado, a inovação técnica — a qual se traduz em elevação da produtividade e em redução da demanda de mão de obra —, de outro lado, a expansão do mercado — que cresce junto com a massa dos salários. O peso do primeiro desses fatores (a inovação técnica) depende da ação dos empresários em seus esforços de maximização de lucros, ao passo que o peso do segundo fator (a expansão do mercado) reflete a pressão das forças sociais que lutam pela elevação de seus salários.

O processo atual de globalização a que assistimos no momento desarticula a ação sincrônica dessas forças que no passado garantiram o dinamismo dos sistemas econômicos nacionais. Quanto mais as empresas se globalizam, ou seja, quanto mais escapam da ação reguladora do Estado, mais tendem a se apoiar nos mercados externos para crescer. Ao mesmo tempo, as iniciativas dos empresários tendem a fugir do controle das instâncias políticas. Voltamos assim ao modelo do capitalismo original, da primeira metade do século XIX, cuja dinâmica se baseava nas exportações e nos investimentos no estrangeiro.

Em suma, o tripé formado pelo grande capital, os trabalhadores organizados, e os Estados nacionais — base tradicional do sistema capitalista — encontra-se evidentemente abalado, em prejuízo das massas trabalhadoras organizadas e em proveito das empresas que controlam as inovações tecnológicas. Já não existe o equilíbrio que, no passado, era garantido pela ação reguladora do poder público. Daí que, em todos os países, tenha baixado a participação dos assalariados na renda nacional, independentemente das taxas de crescimento.

Ora, a progressiva interdependência dos sistemas econômicos tornou obsoletas as técnicas que vinham sendo desenvolvidas nos últimos decênios para captar o sentido do processo histórico que vivemos. Se foi possível multiplicar modelos graças ao avanço vertiginoso das técnicas de manipulação de dados, sua fiabilidade reduziu-se a quase zero. Exemplo conspícuo ocorreu no antigo Gatt, atual Organização Mundial do Comércio, cujo esforço em projetar o futuro do comércio internacional foi incapaz de dirimir as dúvidas sobre sua evolução.

Hoje em dia, já se reconhece que é notoriamente limitada a possibilidade de interferir nos processos macroeconômicos, como constatam os governos mais bem aparelhados, impotentes que são para enfrentar um problema como o desemprego.

Essa pouca transparência do acontecer em que estamos envolvidos decorre da intervenção de novos fatores e da mudança do peso relativo de outros, o que implica aceleração do tempo histórico. Os sistemas econômicos nacionais com grande autonomia, submetidos a choques externos apenas ocasionais, são coisa do passado. Os mercados de tecnologia, serviços financeiros, meios de comunicação, sem falar nos de matérias-primas tradicionais, operam hoje unificados ou marcham rapidamente para a globalização.

Já podemos tirar algumas conclusões do novo quadro histórico que se esboça. Os desajustamentos causados pela exclusão social de parcelas crescentes de população surgem como o mais grave problema em sociedades pobres e ricas. Eles não decorrem apenas da orientação do progresso tecnológico, pois também refletem a incorporação indireta ao sistema produtivo da mão de obra mal remunerada dos países de industrialização retardada. Organizar a produção em escala planetária leva necessariamente a grande concentração de renda, contrapartida do processo de exclusão social a que fizemos referência.

Gostaria de encerrar com umas palavras dirigidas aos jovens aqui presentes.

No curso da história as ciências têm evoluído graças àqueles indivíduos que, em dado momento, foram capazes de pensar por conta própria e ultrapassar certos limites. Com a economia, essa ciência social que deve visar prioritariamente ao bem-estar dos seres humanos, não é diferente. Ela requer dos que a elegeram imaginação e coragem para se arriscar em caminhos por vezes incertos. Para isso não basta se munir de instrumentos eficazes. Há que se atuar de forma consistente no plano político, assumir a responsabilidade de interferir no processo histórico, orientar-se por compromissos éticos.

O Brasil está prestes a iniciar uma fase nova e difícil — bonita, por que não dizer? — de sua caminhada histórica. Elegemos um presidente da República que, conhecendo melhor que qualquer outro o povo brasileiro, reúne os atributos para se tornar um marco na vida política do país.

Mais que nunca os novos desafios serão de caráter social, e não principalmente econômico, como ocorreu em fases anteriores do desenvolvimento do capitalismo. A imaginação política terá, assim, que passar ao primeiro plano. Equivoca-se quem pretende que já não existe espaço para a utopia. Esse é o desafio maior que enfrenta a nova geração: convido-a a assumi-lo sem temores.

CULTURA,
CIÊNCIA,
ECONOMISTAS

Acumulação e criatividade*

Quaisquer que sejam as antinomias que se apresentem entre as visões da história que emergem em uma sociedade, o processo de mudança social que chamamos desenvolvimento adquire certa nitidez quando o relacionamos com a ideia de criatividade. Simplesmente para reproduzir suas estruturas tradicionais, as sociedades necessitam de meios de defesa e adaptação, cuja eficácia reflete a aptidão de seus membros para formular hipóteses, solucionar problemas, tomar decisões em face da incerteza. Ora, a emergência de um excedente adicional — consequência do intercâmbio com outros grupamentos humanos ou simplesmente do acesso a recursos naturais mais generosos — abre aos membros de uma sociedade um horizonte de opções: já não se trata de reproduzir o que existe, e sim de ampliar o campo do que é imediatamente possível, esse espaço intermediário entre o ser e o nada a que se referiu Leibniz, dentro do qual se concretizam as potencialidades humanas. O novo excedente constitui, portanto, um desafio à inventividade. De um ângulo de observação distinto, não podemos deixar de notar que se os grupamentos humanos se empenharam por toda parte para ter acesso

* Capítulo 5 de *Criatividade e dependência na civilização industrial*. São Paulo: Companhia das Letras, 2008. (Primeira edição: 1978.)

a novo excedente é porque a vida social gera uma energia potencial cuja liberação requer meios adicionais. Em sua dupla dimensão de força geradora de novo excedente e impulso criador de novos valores culturais, esse processo liberador de energias humanas constitui a fonte última do que entendemos por desenvolvimento.

A gama maravilhosa de culturas que já surgiram sobre a Terra testemunha o fabuloso potencial de inventividade do homem. Se algo sabemos do processo de criatividade cultural, é exatamente que as potencialidades do homem são insondáveis: em níveis de acumulação que hoje nos parecem extremamente baixos produziram-se civilizações que, em muitos aspectos, não foram superadas. Também sabemos que essa criatividade faz-se dentro de um espaço descontínuo que se amplia abruptamente e que tende a saturar-se. Tudo se passa como se determinada mensagem inicial — autêntica mutação — contivesse um programa pelo qual se pautará o comportamento futuro do processo criativo. Que em menos de um século a tragédia ática haja surgido e evoluído até alcançar sua expressão definitiva, jamais superada — como observa com convicção esse tradutor apaixonado de Sófocles que foi Hegel —, é uma indicação de que certa cultura pode atravessar períodos de frenética criatividade. O teatro, ao permitir aos gregos aprofundar sua identidade cultural, penetrar nas raízes míticas do subconsciente coletivo, enriqueceu-lhes as vidas no nível da visão do mundo e do conhecimento de si mesmos. Heródoto, que ganhava o pão de cada dia recitando em praça pública capítulos da história das guerras pérsicas — como historiador ele lutou contra o chauvinismo dos gregos e tratou de induzi-los a conhecer o rico patrimônio cultural dos "bárbaros" —, constitui exemplo maravilhoso da emergência da consciência crítica numa cultura.

Se pouco sabemos das leis da criatividade cultural, é ampla a evidência de que o campo do possível no que concerne a essa criatividade é mais amplo do que, sob influência de tradições religiosas e filosóficas, somos inclinados a pensar. Uma comparação mesmo superficial da filosofia grega, de tão profunda influência na formação do homem moderno — filosofia essencialmente voltada para a observação do mundo sensível —, com a filosofia hindu, orientada para a experiência subjetiva, para os conflitos morais inerentes à condição humana, é suficiente para dar-nos uma ideia da amplidão do horizonte em que se move a inventividade humana. Ainda assim, esse movimento não é errático: o essencial da atividade criadora evolui no âmbito de um espaço estruturado, como sugerimos. A sociedade primeiramente reproduz-se, e ao fazê-lo imprime uma coerência diacrônica à cultura. A dialética da inovação encontra aí limites dos quais só se libera quando se produzem as descontinuidades referidas.

Na cultura surgida da revolução burguesa, a racionalidade é um desses moldes ou estruturas implícitas que ordenam e submetem a criatividade. Max Weber nos advertiu para a importante linha demarcatória que nessa cultura diferencia a racionalidade com respeito aos *meios* da atividade social, daquela que concerne aos *fins* da ação humana. Essa bifurcação — o dualismo cartesiano é uma de suas primeiras e mais nítidas manifestações — muito provavelmente tem suas origens na coexistência de dois sistemas de cultura — o feudal e o burguês — no processo formativo da civilização europeia moderna. Graças a ela, as energias criadoras puderam ser progressivamente canalizadas e postas a serviço do desenvolvimento das forças produtivas. A história da civilização industrial pode ser lida como uma crônica do avanço da técnica, ou seja, da progressiva subordinação de todas as formas de atividade criadora à racionalidade instrumental.

Assim, a pesquisa científica foi progressivamente posta a serviço da invenção técnica, que por seu lado está a serviço da busca de maior eficiência do trabalho humano e da diversificação dos padrões de consumo. Ora, por muito tempo essa pesquisa constituiu-se principalmente numa aventura superior do espírito — expressão desse "espírito absoluto" que para Hegel se manifestava sob as formas de experiência artística, religiosa e filosófica —, resposta ao anseio do homem de melhor compreender e conhecer o mundo sensível e a si mesmo. Como o conhecimento do mundo sensível é condição sine qua non para que o homem transforme o mundo, portanto para que prossiga com o processo de acumulação, é natural que a ciência haja ascendido a posição eminente na cultura surgida da revolução burguesa. Mas, na medida em que se transforma em atividade ancilar da técnica, reduz-se o seu escopo como experiência fundamental humana. Algo similar ocorreu com a criatividade artística, progressivamente colocada a serviço do processo de diversificação do consumo.

Os impulsos mais fundamentais do homem, gerados pela necessidade de autoidentificar-se e de situar-se no universo — impulsos que são a matriz da atividade criativa: a reflexão filosófica, a meditação mística, a invenção artística e a pesquisa científica básica —, de uma ou outra forma foram subordinados ao processo de transformação do mundo físico requerido pela acumulação. Atrofiaram-se os vínculos da criatividade com a vida humana concebida como um fim em si mesma, e hipertrofiaram-se suas ligações com os instrumentos que utiliza o homem para transformar o mundo. Marcuse, ao afirmar que "a ciência, *em virtude de seu próprio método* e conceitos, projetou e promoveu um universo no qual a dominação da natureza permaneceu ligada à dominação do homem", iluminou um importante aspecto desse tema, mas também contribuiu para veicular uma imagem distorcida da ciência. Esta é uma manifestação da criatividade que somente pode ser entendida plenamente quando inserida no contexto cultural. Os métodos que utiliza — e que muitas vezes se afastam do modelo que deles traçam os epistemólogos — não são independentes dos problemas que aborda e da forma como percebem a realidade os homens de ciência.

Na economia capitalista o processo de acumulação marcha sobre dois pés: a inovação, que permite discriminar entre consumidores, e a difusão, que conduz à homogeneização de certas formas de consumo. Ao consumidor cabe um papel essencialmente passivo: a sua *racionalidade* consiste exatamente em responder "corretamente" a cada estímulo a que é submetido. As inovações apontam para um nível mais alto de gastos, que é a marca distintiva do consumidor privilegiado. Mas o padrão inicialmente restritivo terá de ser superado e difundido, a fim de que o mercado cresça em todas as dimensões. As leis desse crescimento condicionam a criatividade.

Todo objeto de uso final, que não procede diretamente da natureza, é fruto da invenção humana, é um *objeto de arte*. Seu fim é enriquecer a existência dos homens. Aquele que constrói a própria casa aí põe o seu engenho para dotar-se de um ambiente que lhe faça a vida mais interessante. O mesmo se pode dizer com respeito à vestimenta, aos alimentos, enfim, de tudo o que é expressão imediata da personalidade humana. Se esses objetos são adquiridos no mercado, a participação do indivíduo no arranjo da própria vida reduz-se a um mínimo ou assume a forma de simples mimetismo social. A possibilidade de criar algo para si próprio ou no quadro das relações pessoais míngua: a vida como projeto original tende a ser substituída por um processo de adaptação a estímulos exteriores. O indivíduo poderá reunir em torno de si uma miríade de objetos, mas sua participação na invenção destes terá sido nula. Os objetos que adquire e substitui a qualquer instante podem proporcionar-lhe "conforto", mas carecem de uma vinculação mais profunda com sua personalidade. A produção de tais objetos está subordinada ao processo de acumulação, que encontra na homogeneização dos padrões de consumo uma poderosa alavanca. Alguns desses objetos serão extraordinariamente sofisticados, mas ainda assim pouco duráveis, pois a intensidade da inovação tem como contrapartida a rapidez da obsolescência. A compreensão do exato funcionamento de tais objetos requer tal nível de expertise que o seu usuário corrente os terá como coisas misteriosas. Demais, em sua maioria os objetos de consumo já são concebidos tendo em vista sua posterior difusão, ainda que sob a forma de modelos menos dispendiosos. Assim, um conjunto de normas derivadas do processo de acumulação sobrepõe-se à atividade criadora em sua expressão mais universal, qual seja, a invenção do estilo de vida da sociedade.

Não se trata de postular a existência de um sujeito transcendental, anterior a toda realidade social. O que importa é identificar o espaço dentro do qual se exerce a criatividade, concebida no seu sentido amplo de invenção da cultura. O que chamamos de processo de secularização não constitui um "amadurecimento" natural dos espíritos, como pensam H. Cox e outros idealizadores da Tecnópolis. A secularização é uma das manifestações, em relação à visão do mundo, da subordinação aos *meios* da atividade inventiva do homem. À medida que a criatividade é posta a serviço do processo de acumulação, os meios tendem a ser vistos como fins, produzindo-se a ilusão de que todo avanço da "racionalidade", na esfera econômica, contribui para a liberação ou "desalienação" do homem. Contudo, esse "progresso" não se traduz necessariamente por uma redução do campo do irracional na vida social, pois o homem comum não está em condições de *entender* os *gadgets* que são postos à sua disposição e tampouco a sua visão do mundo — alimentada pelo mass media — é menos povoada de elementos míticos do que em outras épocas.

De uma maneira geral, todas as formas que assume a criatividade humana podem ser postas a serviço do processo de acumulação. Mas são aquelas cujos resultados são por natureza cumulativos — a ciência e a tecnologia — que melhor satisfazem as exigências desse processo, o que lhes vale o lugar privilegiado que ocupam na civilização industrial. Mutatis mutandis, sem a subordinação da ciência e da tecnologia ao processo de acumulação, este jamais teria alcançado a intensidade que o caracteriza. Da convergência desses dois efeitos resultou que as energias criadoras do homem tenderam a ser canalizadas para áreas circunscritas e progressivamente subordinadas à lógica dos meios. Posta a serviço da acumulação e orientada para produzir resultados cumulativos, a criatividade conheceu uma expansão fabulosa, dando origem a uma civilização em que os homens são expostos, em uma fração de suas vidas, a mais inovações do que conhecera a humanidade em toda a sua história anterior. Mas esse frenesi criador se exerce num espaço delimitado pela racionalidade formal: nele o homem existe principalmente como objeto suscetível de ser *analisado*, condicionado, programado. A criação não cumulativa — por natureza mais dependente da consciência de valores finais — tendeu a minguar nesse contexto cultural condicionado por uma percepção fragmentária do homem. Assim, no mundo artístico, a tendência a subordinar os fins aos meios levou a substituir a visão global ligada ao conceito de estilo pela percepção analítica que conduz ao conceito de linguagem. Linguagens formalizadas em uma terminologia analítica transposta da matemática invadiram os manuais de composição musical. Uma concepção da pesquisa inspirada no reducionismo científico tendeu a ocupar espaço crescente nas academias de arte. Por outro lado, as criações artísticas de épocas anteriores foram isoladas de seu contexto, desvinculadas do espírito da época que as produziu, conforme as exigências dos processos de difusão comercial.

Quiçá haja sido o romantismo a última visão global do homem que emergiu no mundo ocidental. Essa visão projeta uma personalidade que corajosamente assume o próprio destino ao mesmo tempo que busca manter-se em harmonia com a natureza. Goethe, em sua *Ifigênia*, ao inverter o espírito da primeira Ifigênia de Eurípedes e sobrepor a criatura humana às forças transcendentes do destino, fez de obra-prima do classicismo o vetor dessa nova imagem do homem que por um século definiria o rumo da criatividade artística na Europa.

As formas sociais constituem uma esfera da invenção cultural em que é mais difícil estabelecer a linha demarcatória entre fins e meios. A invenção de novos tipos de associação entre os membros de uma sociedade e a institucionalização das relações (de cooperação ou conflituais) entre os indivíduos são a expressão da capacidade criadora do homem em uma de suas formas mais nobres. Assim, na evolução do capitalismo moderno a invenção da sociedade anônima — instituição por um grupo de pessoas privadas de uma entidade com personalidade autônoma e de vida indefinida — significou autêntica mutação. A invenção da greve — essa instituição sui generis que faz possível o uso controlado da violência fora do Estado — não terá sido mutação de menor alcance. Expressão superior da *convivência política*, a criação de novas formas sociais é certamente inseparável de um sistema de valores. Daí uma necessidade de legitimidade que obstaculiza a subordinação dos fins aos meios. Ainda assim, na atividade política os aspectos operacionais podem ganhar considerável relevância. A simples evolução dos meios técnicos de coleta e manipulação da informação produz necessariamente hipertrofia do poder burocrático. Contudo, nada é mais indicativo da canalização de forças criadoras para os *fins*, na vida social, do que a existência de atividade política.

Exatamente neste campo as sociedades que emergiram da revolução burguesa revelaram possibilidades excepcionais. O processo de acumulação opera como elemento propulsor de um sistema de forças sociais de grande complexidade: se no plano da civilização material a criatividade pode ser reduzida analiticamente a relações de causa e efeito, no das formas sociais faz-se necessário projetá-la na tela de fundo das antinomias e contradições inerentes à vida social. Os avanços e recuos de um processo de acumulação de direção descentralizada refletem-se na estrutura social sob a forma de antagonismos, e favorecem a conscientização de grupos e classes. O pluralismo institucional dessas sociedades tem aí plantadas as suas raízes. A atividade política é condição necessária para que se manifeste a criatividade no plano institucional, vale dizer, para que se inovem as formas sociais de maneira a reduzir as tensões geradas pela acumulação. É preciso não perder de vista que a acumulação é inseparável de transformações sociais, posto que ela se apoia na inovação. A simples observação da evolução do direito comercial põe em evidência que a invenção de novas formas sociais desempenhou importante papel no processo de acumulação, canalizando assim energias que de outra forma teriam provocado rupturas. Mas isso não impediria que a ampliação dos canais da acumulação — a possibilidade de criar grandes unidades produtivas — levasse à formação de vastas aglomerações de trabalhadores com interesses comuns, abrindo a porta a novas formas de ação política. O fogo cruzado da concorrência e da luta de classes — esta alimentada pela crescente escassez relativa da mão de obra — engendrou um complexo sistema de arbitragem e uma miríade de leis e normas cuja simples atualização requer complexa atividade política. Ao lado do pluralismo ideológico — fonte da intensa atividade política que caracteriza as sociedades capitalistas — operam superideologias de função essencialmente moderadora. O "nacionalismo", a "segurança nacional", a "defesa da família" ou da "civilização cristã" são exemplos dessas superideologias que se invocam acima da estrutura de classes a fim de impor uma maior disciplina social ou de frear um processo de mudança que ameaça interesses que já não encontram fonte de legitimidade no quadro do pluralismo ideológico. As superideologias reforçam as estruturas de poder; portanto operam em benefício dos grupos hegemônicos.

Nas sociedades em que a difusão da civilização industrial se apoiou num rígido controle social e na planificação centralizada das atividades econômicas, a acumulação deveria pautar-se num projeto social explicitamente definido (interesses da massa trabalhadora, eliminação de atraso vis-à-vis das sociedades capitalistas etc.). Os antagonismos sociais iriam decrescendo, à medida que emergisse uma "sociedade sem classes". Conforme a profecia sainsimoniana retomada por Marx, "o governo dos homens seria substituído pela administração das coisas". Por trás dessa doutrina estava a ideia de que a atividade política se confunde com as lutas pelo controle do Estado e com o exercício do poder por este. A construção de novas formas sociais, requeridas por uma sociedade em que se gera um crescente excedente, era assimilada à administração das coisas, relegada ao poder administrativo. Os conflitos sociais não seriam mais do que a expressão das lutas pela apropriação inigualitária do excedente: reflexo da exploração do homem pelo homem. Mas se a definição dos fins também pode gerar antinomias na vida social, o campo da atividade política é muito mais amplo, e esta muito mais permanente. Ocorre que nessas experiências de engenharia social os antagonismos surgiram antes do que se pensava, ainda que sob novas formas, pelo fato de que o sistema de incitações levaria a reproduzir as formas de comportamento que se imaginavam específicas da sociedade capitalista. Inexistindo um espaço político em que se manifestem os antagonismos que vão sendo conscientizados, tendem a aparecer formas sub-reptícias de atividades políticas, que muitas vezes conduzem à dissipação de energias criadoras. Demais, se os antagonismos não são canalizados no plano local ou setorial, a confrontação tende a assumir a forma de ruptura global com o sistema, esterilizando-se como fonte geradora de invenção cultural. A experiência histórica desses países constitui caso extremo de rarefação da atividade política aberta. Tuteladas por um poder burocrático centralizado, as formas sociais tendem a esclerosar-se, transformando-se finalmente em obstáculo ao próprio processo de acumulação. Por outro lado, a passividade a que é reduzida a população reflete-se em redução da iniciativa em todos os planos em que os indivíduos exercem uma atividade criadora socialmente reconhecida. Em síntese: o esvaziamento da atividade política engendra o niilismo ou a revolta, e não a liberação do homem.

Ali onde o transplante da civilização industrial se realizou no quadro da dependência, as antinomias sociais criadas pela aceleração da acumulação conduziram a situações que têm sua especificidade. No caso do transplante indireto — isto é, por meio de exportação de produtos primários — a acumulação no sistema produtivo é de pouca monta, o que significa que a massa da população permanece no quadro do sistema tradicional de dominação social. A própria escravidão pôde ser conservada por muito tempo a serviço da produção de matérias-primas, no quadro do sistema de divisão internacional do trabalho. A atividade política neste caso se reduz a confrontações entre grupos que dividem o excedente, principalmente entre aqueles que exercem tutela sobre a massa trabalhadora mediante o controle do acesso à terra e os que controlam os canais da comercialização e têm acesso direto aos centros metropolitanos de poder. Situações desse tipo produziram contrafações dos regimes políticos criados por um autêntico dinamismo social. Assim, o século XIX conheceu formas de pluralismo partidário operando dentro de elaborados sistemas parlamentares em países em que a maioria da população trabalhadora permanecia escrava ou perto disso. O desenvolvimento institucional, nestes casos, pouca criatividade requeria, o que não significa que as instituições transplantadas fossem de nenhuma valia para a evolução das formas sociais. Na fase de aceleração da acumulação — de industrialização dependente — colocar-se-ão problemas de maior significação. As estruturas sociais serão afetadas pela insuficiência da acumulação com respeito às técnicas que vão sendo adotadas. Permanecerá a heterogeneidade tecnológica, o que manterá a elasticidade da oferta de mão de obra.

Num sentido objetivo, esse tipo de acumulação cria antinomias sociais mais agudas do que aquelas que caracterizaram o desenvolvimento do capitalismo nos países que conheceram a revolução burguesa. Mas as projeções no plano político estão longe de ter a mesma relevância. De uma ou outra forma, a massa da população é mantida sob tutela: a participação no processo político da massa assalariada faz-se sob o controle de grupos que integram a estrutura tradicional de poder. Ocasionais deslocações nessa estrutura levam à emergência de lideranças "populistas", cujos "excessos" conduzem a purgas de autoritarismo. Certo: tanto por via populista como por via autoritária penetram reformas estruturais ou inovações institucionais por vezes de real alcance. Contudo, tais reformas, mesmo quando correspondem a necessidades do processo de acumulação, alimentam-se mais do mimetismo ideológico do que de autêntica criatividade política. Ora, dada a especificidade dos problemas que nesses países coloca a intensificação da acumulação, a inventividade no plano das formas sociais é tanto ou mais importante do que em outros contextos. A tendência ao mimetismo, alimentada pela dominação ideológica, substitui uma forma de imobilismo por outra.

Reflexões sobre a cultura brasileira*

A formação histórica brasileira tem suas raízes no processo de mundialização da civilização europeia. O deslocamento da fronteira agrícola do velho continente para as terras americanas, o transplante intercontinental de grandes massas de mão de obra africana, a implantação de linhas regulares de comércio interoceânicas são episódios de um processo histórico sem precedentes, que tem seu epicentro na Europa ocidental e serve de moldura à formação do Brasil como nação e como sistema de cultura.

Uma reflexão sobre as raízes de nossa cultura deve ter como referência inicial a vaga expansionista europeia do século XVI, essa época de transição, interregno entre dois mundos ordenados: o da fé e o do conhecimento científico. Nenhum conceito é mais representativo desse período em que o homem transita entre dois sistemas de certezas do que o de Fortuna, a incerteza que o espreita por todos os lados e estimula a audácia.

Somos em verdade a criação de uma época em que o conhecimento fundava-se mais na compreensão do que na explicação das coisas, que confiava mais na analogia do que na lógica, que substitui a consciência de pecado pela ideia de dignidade humana.

* Capítulo I de *Cultura e desenvolvimento em época de crise*. São Paulo: Paz e Terra, 1984.

Nessa época de intensa criatividade cultural assinalam-se dois processos de particular relevo. O primeiro tem como ponto de partida uma nova leitura da cultura clássica e conduz à secularização da vida civil, ao neoplatonismo galileano, que identifica o mundo exterior como estruturas racionais traduzíveis em linguagem matemática, à legitimação do poder pela eficiência, finalmente à ampliação do espaço em que age e pensa o homem. Essa autêntica revolução cultural, que irradia da Itália, abarca todas as manifestações da criatividade, estendendo-se dos estudos de anatomia, com Vesalius, aos de arquitetura, com Bramante. A penetração progressiva do discurso racional somente se explica tendo em conta o avanço realizado nos dois séculos anteriores pela economia de mercado em detrimento das formas feudais de organização econômica e social. O cálculo econômico, que transforma a natureza e o próprio homem em fatores de produção, reforçava a visão racional do mundo exterior e era por esta legitimado.

A segunda manifestação cultural de grande poder germinativo assume a forma de avanço da fronteira geográfica mediante a abertura de linhas de navegação intercontinentais. Por esse meio, amplia-se consideravelmente a base do processo de acumulação na Europa e estabelecem-se de forma permanente contatos entre grandes civilizações contemporâneas do Ocidente e do Oriente. O foco de onde parte esse segundo vetor conducente à mundialização da cultura europeia é Portugal.

A cultura brasileira é um dos múltiplos frutos desse processo de desdobramento geográfico da civilização europeia a partir dos inícios do século XVI. Tem, contudo, a particularidade de integrar-se na área de ação imediata de Portugal, foco de uma das vertentes a que fizemos referência.

O rápido avanço das fronteiras geográficas e econômica da Europa no século XVI é quiçá a primeira grande vitória política obtida não pela força militar, mas mediante o uso de inovações tecnológicas. Durante três quartos de século os portugueses aplicaram-se em acumular conhecimentos teóricos e práticos com vistas a capacitarem-se para alcançar e explorar terras longínquas, utilizando meios econômicos escassos. Tudo foi concebido e executado no quadro de um *projeto*, e aí reside a extraordinária antecipação da modernidade. Realizou-se um esforço coordenado em múltiplas frentes, pois se tratava de, ao mesmo tempo, desenvolver a técnica de construção de barcos para a navegação de longo curso, formar navegantes e outros especialistas, elaborar a técnica de navegação de alto-mar, acumular conhecimentos cartográficos, abrir novas rotas marítimas e terrestres.

Um projeto dessa grandeza somente pôde ser concebido e concretizado porque circunstâncias históricas particulares conduziram a uma aliança precoce entre a monarquia portuguesa, ameaçada pelo movimento unificador da península, liderado pelos castelhanos, e a burguesia de Lisboa. Não vem ao caso detalhar esse tema, tão bem estudado pelo historiador português António Sérgio, mas convém assinalar que foi relevante para a história europeia que o sentido de continuidade, característica da ação dos governos monárquicos, fosse posto a serviço de um ambicioso projeto de expansão comercial, cuja execução somente podia ser assegurada por homens de espírito mercantil.

O Estado português esteve presente em todas as fases do complexo desdobramento do projeto de descoberta do caminho marítimo das Índias e de exploração comercial destas. Pode-se mesmo afirmar que essa experiência de associação de um poder político, cuja legitimidade não tinha raízes mercantis, com o espírito de empresa burguês, serviu de modelo para a criação das companhias de comércio e navegação, que surgiram posteriormente na Holanda e na Inglaterra como instituições de direito privado mas exercendo funções públicas.

Essa íntima articulação entre o Estado e grupos mercantis estará igualmente presente na ocupação, na defesa e na exploração das terras americanas em que se constituíra o Brasil. A isso cabe atribuir o sentido de continuidade que caracterizará a ação portuguesa, patente na permanente preocupação de preservar e ampliar a integridade territorial, a despeito dos altos custos incorridos na defesa de vastas áreas sem perspectiva de valia econômica.

Outra referência que nos ajuda a captar o perfil do ser cultural brasileiro é o fato de que os portugueses não foram apenas o povo dominante, como os ingleses no Canadá, mas também o único povo que, durante todo o processo formativo do Brasil, manteve-se em contato com suas matrizes, delas se realimentando. Em todo o período colonial os portugueses foram uma minoria em face da presença indígena e também da presença da população de origem africana, que logo começa a afluir como força de trabalho. Mas o peso dessa minoria na formação da cultura brasileira é avassalador. Não apenas porque os portugueses são os senhores, e os demais, escravos ou quase escravos, pois o número dos que não são proprietários nem exercem funções de mando cresce rapidamente. O decisivo esteve em que os portugueses não somente partiram de técnicas mais avançadas, mas continuavam a alimentar-se de suas fontes culturais europeias. Ora, os aborígenes e os africanos haviam se isolados de suas matrizes culturais respectivas e, ao serem posteriormente privados das próprias línguas, perdiam o senso da identidade cultural.

Nos três séculos do período colonial desenvolve-se no Brasil uma cultura que, sendo portuguesa em sua temática e estilo, incorpora não apenas motivos locais, mas também toda uma gama de valores das culturas dos povos dominados. A expressão mais forte da nova cultura apresenta-se na arquitetura e na escultura, o que não é de surpreender, tendo em conta o espaço que Estado e Igreja ocupam na sociedade.

A apropriação e a exploração das terras brasileiras fizeram-se no quadro de empresas agrícolas voltadas para a exportação. Contudo, as atividades mercantis permaneceram mediadas por agentes metropolitanos, o que impedirá a formação no país de uma classe comerciante com consciência de seus interesses específicos e capaz de disputar uma esfera de poder. À diferença de outros países da América Latina, nos quais emergiu na época colonial uma burguesia mercantil que estará na origem dos movimentos independentistas que se manifestam em Buenos Aires, Caracas e México em 1810, no Brasil as atividades comerciais de algum vulto permanecerão sob estrito controle dos portugueses, mesmo no período que se segue imediatamente à independência. O desdobramento da Coroa, ocorrido em 1822, foi obra de homens como José Bonifácio de Andrade e Silva, com larga experiência no exercício de funções dentro do Estado português.

A permanência de certos traços da cultura brasileira — que nos séculos XVI e XVII apresenta sua maior força em Olinda e Salvador da Bahia, implanta-se com vigor no Rio de Janeiro e nas Minas Gerais do século XVIII, e ressurge nas terras maranhenses em fins desse século e começos do século XIX — explica-se pela estabilidade do sistema de dominação social latifundiário-burocrático. Na ausência de uma classe mercantil poderosa, tudo dependia do Estado e da Igreja. A criação cultural reflete a preeminência dessas instituições.

O ciclo barroco brasileiro, cuja expressão mais rica é a integração da arquitetura com a escultura, a pintura e a música ocorrida no século XVIII em Minas Gerais, constitui quiçá a última síntese cultural no espírito da Europa do pré-Renascimento. Sua temática e seu poder morfogenético derivam da mesma visão do mundo que nutriu os pintores flamengos do Quatrocentos e primeira metade do Quinhentos ou, em época anterior, os construtores das catedrais góticas. Com o Renascimento dissolve-se essa síntese cultural, cuja expressão mais pura encontra-se nos círculos concêntricos de Dante.

A eclosão do humanismo abre na Europa um processo criativo polifacético, que somente produzirá uma nova ideia global do homem com o romantismo. O dinamismo desse novo quadro cultural reflete o fundo móvel de uma sociedade competitiva, na qual a criatividade tecnológica é um dos principais recursos de poder.

O quadro histórico em que se forma o Brasil — articulação precoce, em Portugal, do Estado com a burguesia e total domínio da sociedade colonial pelo Estado e pela Igreja — congela o processo cultural no universo europeu pré-humanismo. Daí que se haja dito com razão ser o Aleijadinho, esse artesão e santeiro, o último grande gênio da Idade Média. Importa assinalar que, à semelhança da síntese medieval europeia, o barroco brasileiro era a expressão da sociedade como um todo. Sua mensagem atingia senhores e escravos. Mas a extraordinária *performance* do processo cultural brasileiro nesse período teve, como contrapartida, crescente distanciamento de uma Europa em rápida transformação cultural. A cultura brasileira do período colonial podia ser vista como uma dessas subespécies que tendem a desaparecer pelo fato mesmo de que se diferenciam do ramo dominante.

A ruptura cultural brasileira pós-barroco não se explica sem se ter em conta as mudanças ocorridas no contexto maior em que estava inserido o país. A Revolução Industrial que irrompe na Europa no último quartel do século XVIII constitui autêntica mutação no processo acumulativo subjacente ao conjunto das atividades sociais. Até essa época a acumulação não absorvia mais do que uma pequena fração do produto social e, de preferência, ocorria fora das atividades produtivas. A mecanização abre a porta a aumentos consideráveis na produtividade do trabalho e ao crescimento do excedente, fatores que causam a intensificação da acumulação, na qual se fundam tanto a elevação do nível quanto a diversificação dos padrões de consumo.

Os dois vetores que viabilizam a expansão do sistema produtivo são o incremento da produtividade do trabalho social e a diversificação do consumo, vale dizer, o progresso tecnológico nos procedimentos produtivos e na concepção dos bens e serviços de consumo final. Ora, o sistema de divisão internacional do trabalho permitiu isolar esses dois processos. Um país que se especializasse na produção agrícola para a exportação podia ter acesso à moderna tecnologia sob a forma de produtos de consumo sem ter que investir para elevar a produtividade física do trabalho. As vantagens comparativas estáticas criadas pela especialização e o acesso a um mercado em expansão davam origem a um excedente que permitia pagar os bens de consumo sofisticados que estavam penetrando no mercado internacional. Era o processo da *modernização dependente*, que outra coisa não é senão a utilização do excedente gerado pela especialização na exportação de produtos primários e retido localmente, para modelar os padrões de comportamento de forma a estimular a importação de manufaturas destinadas ao consumo, cristalizando um certo padrão de divisão internacional do trabalho. A modernização dependente fez que a ruptura da síntese barroca conduzisse a padrões de comportamento imitativos, a um crescente bovarismo, e não a novo processo cultural criativo, à diferença do ocorrido na Europa com a passagem da visão do mundo medieval para o humanismo. O distanciamento entre elite e povo será o traço característico do quadro cultural que emerge nesse período, produzido pela modernização dependente. As elites, como que hipnotizadas, voltam-se para os centros da cultura europeia, de onde brotava o fluxo de bens de consumo que o excedente do comércio exterior permitia adquirir. Na escala de valores desse quadro cultural, a simples visita de uma companhia teatral europeia a uma cidade do país assumia a significação de acontecimento cultural marcante na vida de uma geração. O povo era reduzido a uma referência negativa, símbolo do *atraso*, atribuindo-se significado nulo à sua herança cultural não europeia e recusando-se valia à sua criatividade artística. O indianismo de um Carlos Gomes ou de um Alencar, ao atribuir aos homens da terra valores emprestados de outra cultura, expressa a rejeição do povo real. E a ironia sutil com que Machado observa este tem o sabor de uma escusa em face de um tema proibido.

Assim desprezado pelas elites, o povo continua seu processo formativo com considerável autonomia, o que permitirá que as raízes não europeias de sua cultura se consolidem e que sua força criativa se expanda menos inibida, em face da cultura da classe dominante. A diferenciação regional do Brasil deve-se essencialmente à autonomia criativa da cultura de raízes populares.

A descoberta, casual ou buscada, do país real pelas elites é certamente o traço mais saliente do processo cultural brasileiro no século XX. Muitos são os fatores intervenientes, de origens interna e externa. O isolamento provocado pelos conflitos mundiais e a crise da economia primário-exportadora, que conduzem a uma industrialização tardia apoiada exclusivamente no mercado interno, constituem a tela de fundo. A ascensão da economia norte-americana, impulsionando uma cultura de massas dotada de meios extraordinários de difusão, opera contra esse fundo como principal fator de desestabilização do quadro cultural baseado na dicotomia elite-povo.

A urbanização torna a presença do povo mais visível, e também mais difícil de escamotear a criatividade cultural deste. Mas é a emergência de uma classe média de importância econômica crescente que introduzirá elementos novos de peso na equação do processo cultural brasileiro. A classe média forma-se no quadro da modernização dependente, mediada por uma industrialização que segue as linhas da substituição de importações. Contudo, a grande maioria de seus elementos está demasiado próxima do povo para poder ignorar a significação cultural deste. Mais ainda: o caráter de massa da cultura da classe média faz que suas relações com o povo sejam não de exclusão, como era o caso das elites bovaristas, e sim de envolvimento e penetração. Dessa forma, a ascensão da cultura de classe média é o fim do isolamento do povo, mas também o começo da descaracterização deste como força criativa. Uma visão panorâmica do processo cultural brasileiro neste final do século XX descobre, num primeiro plano, o crescente papel da indústria transnacional da cultura, que opera como instrumento da modernização dependente. Num segundo plano, assinala-se a incipiente autonomia criativa de uma classe média assediada pelos valores que veicula essa indústria, mas que tem uma face voltada para a massa popular. Em terceiro plano, abarcando todo o horizonte, perfila-se essa massa popular sobre a qual pesa crescente ameaça de descaracterização. A emergência de uma consciência crítica em alguns segmentos da classe média está contribuindo para elevar o grau de percepção dos valores culturais de origem popular, criando áreas de resistência ao processo de descaracterização. Uma nova síntese, capaz de expressar a personalidade cultural brasileira, depende, para definir-se, da consolidação dessa consciência crítica, pois somente ela pode preservar os espaços de criatividade que sobrevivem na massa popular. Na fase em que nos encontramos, o processo de globalização do sistema de cultura tende a ser cada vez mais rápido. Todos os povos lutam para ter acesso ao patrimônio cultural comum da humanidade, o qual se enriquece permanentemente. Resta saber quais serão os povos que continuarão a contribuir para esse enriquecimento e quais aqueles que serão relegados ao papel passivo de simples consumidores de bens culturais adquiridos nos mercados. Ter ou não acesso à criatividade, essa é a questão.

Ciência para quê e para quem?*

Aceitei o honroso convite para participar desta reunião de homens e mulheres preocupados com o avanço da ciência no Brasil consciente de que o momento é de crítica e autocrítica, de definição de rumos e assunção de responsabilidades.

Porque assim entendi o convite, me permitirei fazer dois comentários: o primeiro, sobre o fruto de nosso trabalho, ou seja, sobre o conhecimento científico. E o segundo, sobre a responsabilidade social dos homens e mulheres dedicados a esse tipo de atividade criadora.

Nossa civilização se distingue de todas que a antecederam pelo papel que nela desempenha a criação de conhecimentos. O que chamamos de civilização industrial é, com efeito, a resultante da convergência de dois processos de criatividade cultural: um no nível das estruturas sociais, que veio a ser conhecido como a revolução burguesa; o outro no nível da produção de conhecimentos, que chamamos de revolução científica.

A revolução burguesa não é outra coisa senão a progressiva imposição de critérios de racionalidade à ordenação social, a partir das atividades produtivas. E a revolução científica é a prevalência de uma visão da natureza

* Apresentado na sessão inaugural da 31ª Reunião Anual da SBPC em Fortaleza, ago. 1979.

como sendo dotada de uma estrutura racional, escrita em caracteres geométricos, segundo a expressão de Galileu. A mudança de uma óptica aristotélico-empirista para outra platônico-formalista — e a consequente ascensão das matemáticas ao estatuto de matriz última da ciência — permitiria unificar em um mesmo discurso a visão da natureza e da realidade social.

A técnica tem sua origem no comportamento racional do homem com respeito a um fim predeterminado. Ela pode ser concebida como uma extensão voluntária das funções do organismo humano: das mãos, dos braços, do cérebro. Assim, as regras da lógica fluem naturalmente de uma comparação entre os fins propostos e os resultados obtidos, e estão presentes em todas as culturas, posto que decorrem da prática do trabalho produtivo. No princípio de tudo esteve a ação, lembra-nos o Fausto de Goethe.

À diferença do conhecimento, que pode ser totalmente contemplativo, a técnica, tal como todo comportamento racional, só adquire sentido em função de *fins* predeterminados. A aplicação dos critérios do comportamento racional à organização da produção, que chamamos de revolução burguesa, deve portanto ser entendida como ampliação do campo da técnica. Ora, essa ampliação implicou subordinar crescentes segmentos da atividade social à consecução de objetivos predeterminados.

Vejamos agora se é possível unir as duas linhas de reflexão que acabamos de esboçar. O discurso neoplatônico de Galileu permitiu identificar uma mesma estrutura racional — a realidade matematizável a que se referiu Descartes — no mundo físico e no mundo social. Paralelamente, a revolução burguesa moldava crescentes segmentos desse mundo social a critérios de racionalidade derivados do cálculo econômico. Tudo se passou como se o empenho em transformar a sociedade em uma máquina de acumular riqueza tomasse corpo concomitantemente com a elaboração dos instrumentos cognoscitivos que facilitavam essa transformação. Mas não percamos de vista que nesse processo a criação de conhecimento é posta a serviço da técnica, que está ligada a fins predeterminados. Deparamo-nos, assim, com o traço fundamental de nossa civilização: a técnica apoiada na ciência, ou seja, a *tecnologia*. Quiçá fosse mais correto dizer: a criação de conhecimento a serviço da técnica, ou ainda, a serviço dos fins que dão coerência ao comportamento racional numa sociedade voltada para a acumulação.

Nada caracteriza tanto a nossa civilização como essa crescente subordinação da criação de conhecimentos à técnica. Não é por outra razão que o conhecimento nobre, prestigioso em nossa época, não é o contemplativo, voltado para os valores supremos da vida. E sim o conhecimento científico, ou seja, a forma de conhecimento que, por excelência, capacita o homem para antecipar os acontecimentos, subordinar o mundo físico a seus propósitos, submeter outros homens a seu domínio.

Em síntese, a ciência de nossa época não pode ser entendida se não a relacionarmos com os fins que presidem a ordenação da vida social em nossa civilização. É por essa razão que tem sentido afirmar ser a ciência uma leitura seletiva da realidade. Mais se subordina à técnica — e é este o traço marcante deste momento —, mais seletiva é essa leitura; vale dizer, mais rigorosamente canalizado é o esforço criador que a ciência representa. É natural, portanto, que os homens que se dedicam à ciência se interroguem sobre os propósitos que presidem a ordenação do mundo atual e conduzem à frenética criação tecnológica de nossa época.

A resposta é tão simples quanto aterradora: o primeiro fator responsável por esse frenesi tecnológico é a luta pelo poder em escala planetária. Sabe-se que pelo menos a metade de todos os recursos canalizados para a pesquisa científica e tecnológica nos últimos três decênios tiveram sua origem em planos armamentistas. Por espantoso que isto seja, cabe reconhecer que a nossa época se caracteriza por essa primazia do instinto de morte na definição dos fins que orientam a criatividade humana. Em um sentido profundo a geração contemporânea produziu um antirrenascimento. Enquanto a era de Leonardo, Erasmo e Galileu revelou ao homem novas e fascinantes dimensões da vida, a nossa era deu a esse homem uma capacidade de destruir o que o eleva (ou o rebaixa) ao nível de um deus do mal.

A segunda força orientadora da criatividade tecnológica é a preservação das estruturas de dominação social. À diferença do tempo biológico, no qual de ordinário se desdobra uma série de eventos já programados, o tempo social enfeixa permanentemente elementos conflitivos e abre espaço à criatividade. Esta a razão pela qual a categoria de causalidade envolve tantas dificuldades quando aplicada às ciências sociais. Na sociedade, reproduzir-se é também transformar-se. Também aqui a tecnologia desempenha papel fundamental. É graças à inventiva tecnológica que nossas sociedades industriais logram conciliar um forte ritmo de acumulação — o que implica transformações estruturais — com a preservação dos sistemas de privilégios que as fazem tão notoriamente elitistas.

Contudo, as transformações podem ser orientadas em função de novos valores. E aqui descobrimos o terceiro plano em que se desdobra a invenção tecnológica em nossa civilização: o da liberação do homem, da satisfação de suas efetivas necessidades, do desenvolvimento de suas imensas potencialidades como ser criador. Que os homens e as mulheres de outras épocas hajam criado valores culturais que hoje nos maravilham, e isso com baixos níveis de desenvolvimento das forças produtivas, é suficiente para nos levar a pensar nas oportunidades perdidas desta época tão imensamente rica e tão brutalmente simplificadora da vida humana.

O ponto a que desejo chegar e que diz respeito diretamente a esta reunião é o seguinte: qual a responsabilidade dos que criam e divulgam conhecimentos no mundo atual, mais particularmente na periferia deste mundo que é onde nos encontramos?

A profissionalização dos cientistas, sua transformação em indivíduos que vendem serviços e procuram tirar partido da escassez do que vendem, conforme as leis do mercado, é o primeiro problema que se coloca. Isso porque uma sociedade em que a criatividade está subordinada às leis do mercado é uma sociedade em que os que controlam os meios — os beneficiários diretos da acumulação — ditam a lei da cidade. Os fins da vida social não serão mais do que um reflexo da lógica desses meios. Portanto, é indispensável que os cientistas vejam naquilo que eles produzem *valores*, algo que tem um sentido em si mesmo, que está relacionado com os fins da vida humana. Produzir valores implica ter consciência do contexto social em que vivemos, assumir na plenitude a cidadania. E também significa organizar-se como cientistas para contribuir decisivamente no processo de reconstrução social.

Na periferia são os cientistas os que mais facilmente adquirem uma visão global do mundo, pois a ciência é hoje um sistema de criação de conhecimentos organizado em escala planetária. A percepção da dependência em que nos encontramos resulta naturalmente dessa visão global. Isso aumenta a responsabilidade que cabe naturalmente aos cientistas como agentes da transformação social. Se os cientistas tomarem plena consciência da significação última do que produzem, como valores sociais e humanos, do contexto social em que estão inseridos e da situação de dependência a que tem sido relegado o nosso país, terão necessariamente — como cidadãos ou como força social organizada — que contribuir de forma decisiva para colocar a ciência e a tecnologia a serviço da solução dos imensos problemas que enfrenta nossa sociedade.

Se é verdade que a tecnologia tem sido correntemente instrumento da preservação de privilégios, como ignorar que mesmo nos regimes mais autoritários e nas sociedades mais fechadas o poder, para preservar-se, necessita da cooperação dos que produzem conhecimentos? Portanto, a responsabilidade dos homens e mulheres de ciência é evidente e indeclinável nesta civilização da tecnologia. Faço esta afirmação com a certeza de ser compreendido, pois a razão de ser desta Sociedade Brasileira para o Progresso da Ciência tem sido a consciência da responsabilidade cívica que cabe aos que se dedicam à ciência no Brasil.

A responsabilidade dos cientistas*

Muito jovem tive a intuição de que estava destinado ao mundo do saber e tratei de defender-me de todas as tentações que me afastavam desse rumo. Foi então que percebi que todas as ciências brotam do mesmo tronco e que os valores universais, comuns a todas as culturas, se alimentam da mesma seiva. No caso do Brasil, o que nos interessa não é a ciência em si, mas a relevância da investigação científica para decifrar esse teorema apaixonante que é a construção deste país continental.

As peripécias da vida alimentadas pela ideia de que nosso povo merecia um destino melhor levaram-me a ser cassado de direitos políticos e a partir para o exílio, privando-me da fortuna de exercer atividades universitárias entre nós. Mas vinte anos como professor em universidades da Europa e dos Estados Unidos ensinaram-me a reconhecer a importância do trabalho intelectual realizado no Brasil, mesmo durante os anos em que foi mais pesada a censura.

Hoje me vem certa nostalgia ao rememorar as longas conversas que tive com José Israel Vargas à sombra dos vetustos colégios da Universidade de Cambridge, quando imaginávamos que dali a dez anos, se muito, o Brasil es-

* Discurso de posse na Academia Brasileira de Ciências, 4 de junho de 2003.

taria no chamado Primeiro Mundo. Passado mais de um decênio, tive troca de ideias não menos interessante com outro ilustre membro desta casa, José Leite Lopes. A lucidez não era menor, mas a visão do futuro do Brasil assumira tons bem mais sombrios. Estávamos na Universidade de Estrasburgo, onde se integram admiravelmente o espírito francês e o espírito alemão. Essas longas caminhadas, que se estenderam a vários continentes, me permitiram observar a variedade da produção universitária nos centros de mais prestígio, e consolidaram em mim a convicção de que nosso país é um permanente desafio à criatividade humana, pela diversidade dos valores que integra. Portanto, havia que olhar para a frente, investir nas novas gerações.

O interesse crescente pelos trabalhos científicos e suas aplicações tecnológicas é traço marcante da civilização ocidental. As grandes civilizações orientais haviam amealhado uma massa enorme de conhecimentos, mas não chegaram a captar as complexas relações entre o conhecimento ordenado (ciência), a riqueza ordenada (bens e serviços) e a faculdade normativa de exercer poder. Hoje, esse quadro não é mais o mesmo: as posições de vanguarda do Ocidente na ciência e em suas aplicações, que o singularizaram até fins do século XIX, esvaneceram-se nos últimos decênios do século XX. Com efeito, as projeções mais recentes a respeito da distribuição espacial dos frutos do desenvolvimento, tanto econômico como científico, indicam que nos próximos dois a três decênios o mundo oriental terá alcançado, ou mesmo superado, o Ocidente.

As ciências evoluem graças a agentes que são capazes de atingir e ultrapassar certos limites. Não basta armar-se de instrumentos eficazes. O valor de um cientista resulta da combinação de dois ingredientes: imaginação e coragem. Em muitos casos, cabe-lhe também atuar de forma consistente no plano político, portanto assumir a responsabilidade de interferir no processo histórico. Não devemos esquecer que a ciência, essa maravilhosa criação do engenho humano, está condicionada pelos valores da sociedade onde é gerada. Basta lembrar que supostas teorias científicas sobre as diferenças raciais, que prevaleceram no século XIX, nada mais foram do que um simples subproduto das doutrinas imperialistas em voga na época.

As ciências sociais, talvez mais que outras, são sujeitas a influências ideológicas que refletem o espírito de uma época. Se ajudam os homens a enfrentar uma profusão de problemas, também contribuem para conformar a visão do mundo que prevalece em certa sociedade. Assim, podem servir de cimento ao sistema de dominação social em vigor, e eventualmente justificar abusos de poder. Sabe-se que, ao longo da história, não foram raros os casos em que as estruturas de poder procuraram cooptar os homens de ciência. Os fornos crematórios foram fruto dessa colaboração espúria.

Daí a importância de que prevaleçam na sociedade compromissos éticos.

No campo das ciências sociais, cujo objeto de estudo, diferentemente de um fenômeno natural, nem sempre é algo perfeitamente definido, e sim algo em formação, criado pela vida dos homens em sociedade, o princípio da responsabilidade moral faz-se ainda mais premente. Na área que me é familiar — a economia — verifica-se um empenho em buscar o formalismo, em adotar métodos que fizeram a glória das ciências chamadas exatas. Esse louvável esforço tem, todavia, um reverso, pois pode levar a esquecer que o objeto das ciências sociais nem sempre comporta o rigor formalista. Disso me dei conta cedo, ao me debruçar sobre os problemas do desenvolvimento econômico. Com efeito, o próprio conceito de desenvolvimento nos permite perceber que o homem é um fator de transformação agindo tanto sobre o contexto social e ecológico como sobre si mesmo.

É natural que se espere dos cientistas sociais, e dos economistas em particular, respostas às questões que mais de perto afligem o nosso povo. Mas, como tudo o que diz respeito ao homem tem uma dimensão social, esses problemas não podem ser apreciados fora de um contexto amplo que envolve variáveis políticas, portanto, poder e valores. Partindo dessas reflexões, permitam-me abordar alguns temas mais afins com a ciência econômica, embora creia que sejam do interesse geral.

O primeiro ponto diz respeito à tendência persistente da economia brasileira ao desequilíbrio interno e externo. Nas atuais condições de entrosamento internacional dos sistemas produtivos e dos circuitos financeiros, pergunto-me se não estaríamos em face de desequilíbrios estruturais com sérias implicações externas. É evidente que nos países desenvolvidos as sociedades são cada vez mais homogêneas no que respeita às condições básicas de vida, enquanto no mundo subdesenvolvido elas são cada vez mais heterogêneas. A integração política planetária, em avançado processo de realização, está reduzindo o alcance da ação regulatória dos Estados nacionais.

Nesse novo quadro, um caso exemplar entre nós é o do combate à inflação crônica que marca a economia brasileira, e leva governos a praticar uma política recessiva. Os economistas tendem a reduzir esse problema a uma simples dicotomia entre restrição de demanda monetária ou ampliação da oferta de bens e serviços. Mas qualquer dessas saídas exige modificações amplas na distribuição da renda, que por seu lado tem demonstrado ser um objetivo difícil de alcançar. Ademais, deve-se ter em conta que muitas das variáveis com que lidamos no campo da política econômica dependem de decisões tomadas fora do país. Levando o raciocínio ao extremo: o espaço de manobra de um governo pode ser tão restrito que ele se veja privado da faculdade de ter política econômica, em razão de compromissos assumidos com credores externos, e seja forçado a praticar uma moratória com sérias projeções políticas.

A verdade é que temos de reconhecer que nos escapa a lógica do processo de globalização em curso, o que nos dificulta captar o sentido do processo histórico que estamos vivendo. Não conseguimos compreender os fundamentos do acontecer atual, nem dirimir dúvidas essenciais, não obstante os fantásticos avanços das técnicas da informação. Essa pouca transparência do processo em que estamos envolvidos, e ao qual chamamos de aceleração do tempo histórico, revela a intervenção de fatores que fogem ao nosso entendimento, até mesmo os de natureza estrutural. Já praticamente não existem sistemas econômicos nacionais dotados de relativa autonomia. Os mercados de maior relevância, particularmente os de tecnologia de vanguarda e de serviços financeiros, operam hoje unificados e marcham rapidamente para a completa globalização.

Mas este é um processo aberto. O que vai acontecer em cada país dependerá em parte substancial do comportamento de seu povo e de seu governo. Vejamos o que está ocorrendo nas principais áreas econômicas mundiais. Os países da Europa Ocidental estão empenhados na mais rica experiência de cooperação política e de integração dos mercados de fatores, inclusive de mão de obra, o que implica um esforço financeiro comum para reduzir as desigualdades de nível de vida existentes na região.

Pretensamente com o mesmo propósito de mobilizar recursos políticos para colher vantagens econômicas, os norte-americanos tomaram uma série de iniciativas cujo objetivo é integrar sob seu comando as economias do hemisfério ocidental. Essa integração, no caso do Canadá, dá continuidade a um processo histórico, conquanto enfrente problemas culturais. Mas, com respeito à América Latina, e em particular ao Brasil, os problemas decorrentes desse plano de integração continental revestem-se da maior gravidade. Com efeito, caso aceite firmar esse acordo que acena com uma suposta integração entre iguais, o Brasil estará na realidade firmando um compromisso entre desiguais, pois quem lidera esse projeto é nada menos do que a maior potência mundial em termos econômicos, políticos e militares. É evidente a assimetria entre os futuros cossignatários desse projeto conhecido pelo nome de Alca (Área de Livre-Comércio das Américas), que estabelece regras comuns para um amplo espectro de atividades, que vão desde investimentos norte-americanos no hemisfério até o controle da propriedade intelectual. Em outras palavras, o projeto acarreta a clara perda de soberania para o Brasil, que teria de renunciar a um projeto próprio de desenvolvimento, abdicar de uma política tecnológica independente, e esfacelar o seu já fragilizado sistema industrial. Se o modelo de integração europeia objetiva homogeneizar os padrões de desenvolvimento de seus membros, permitindo a mobilidade de mão de obra, a Alca, ao contrário, exclui toda possibilidade de fluxos migratórios. E mesmo que não excluísse, seria tão prejudicial para o nosso país que, parodiando às avessas o famoso escritor que fugiu do nazismo e veio a morrer entre nós, poderíamos proclamar: o Brasil é um país sem futuro.

Faço essas reflexões para enfatizar a responsabilidade que nos advém coletivamente na construção de um Brasil melhor. Somos uma força transformadora deste mundo. Cabe-nos, a nós, intelectuais e cientistas aqui presentes, balizar os caminhos que percorrerão as gerações futuras.

Quando tomei posse na Academia Brasileira de Letras, afirmei que o domínio avassalador da razão técnica limita cada vez mais o espaço em que atuam os seres humanos. Quero concluir estas palavras lembrando que a história é um processo aberto e o homem é alimentado por um gênio criativo que sempre nos surpreenderá. De instituições culturais como esta Academia espera-se que velem para que essa chama criativa se mantenha acesa e ilumine as áreas mais nobres do espírito humano.

A formação do economista em país subdesenvolvido*

Convergem sobre os economistas, de todos os lados, os chamados mais urgentes. O desenvolvimento econômico, qualificado como o problema do século, é matéria de sua especialidade. As desigualdades entre níveis de vida de grupos populacionais, e as disparidades entre ritmos de crescimento de sistemas econômicos, também são matérias da competência do economista. Os grandes desequilíbrios causadores de tensões político-sociais, sejam aqueles decorrentes de desajustamentos entre a poupança e a inversão, entre a oferta de bens de consumo e o desejo dos consumidores de exercer o seu poder de compra, entre a capacidade de pagar no exterior e a propensão para importar, entre o que a coletividade solicita do governo e a capacidade de pagamento desse governo, entre o desejo de desenvolver-se economicamente e a ansiedade de gastar de imediato o disponível, sejam aqueles de caráter mais social, como os causados pelo contraste entre os desperdícios visíveis e as necessidades gritantes não satisfeitas, enfim, os desequilíbrios que estão na raiz dos grandes problemas de nossa época são de natureza econômica ou têm uma importante dimensão econômica.

* Capítulo 7 de *A pré-revolução brasileira*. Recife: Ed. Universitária UFPE, 2009. (Primeira edição: 1962.)

No ponto de convergência desse *mare magnum* de problemas, traduzidos todos em linguagem de urgência, referidos a uma realidade em rápida mutação que não pode ser fixada senão quando já deixou de ser para transformar-se em estatísticas, no centro de tudo isso está o economista. Estará ele preparado para responder a esse desafio?

O jovem aplicado e inteligente que criteriosamente fez o seu curso de economia, entre nós, terá conseguido um razoável conhecimento das múltiplas dependências dessa mansão senhorial que é a teoria dos preços. Estará em condições de traçar caprichosas famílias de curvas de indiferença e de discutir sobre a teoria do comportamento de consumidor e do equilíbrio da firma em níveis distintos de complexidade. Terá dado muitas voltas em torno das teorias monetárias e muito esforço terá feito para descobrir as linhas de parentesco entre essas teorias e o corpo central das teorias econômicas. Conhecerá muitas doutrinas sobre o ciclo econômico, se bem que, no íntimo, esteja convencido de que elas todas dizem mais ou menos a mesma coisa, ou não dizem nada. Haverá construído alguns esquemas abstratos para determinar o ponto de equilíbrio das balanças de pagamentos. Terá avançado algo pelos caminhos imprevistos do modelo keynesiano e talvez saiba combinar com elegância o multiplicador e o acelerador. Finalmente, haverá lido, assistematicamente, muita coisa sobre "desenvolvimento econômico", se bem que não tenha encontrado conexão clara dessas leituras com as boas teorias aprendidas nos compêndios.

Ao enfrentar-se com o mundo real, esse economista sente-se, para surpresa sua, extremamente frustrado. Indo trabalhar numa empresa privada, logo perceberá que a análise marginal está destituída de qualquer alcance prático. Em pouco tempo, terá percebido que é muito mais importante compreender as limitações de natureza administrativa e as controvérsias de tipo fiscal que emaranham a vida de uma empresa do que conhecer os mais sutis caprichos da posição de equilíbrio de uma firma teórica. Para fazer um bom estudo de mercado, necessita-se muito mais saber trabalhar com a imaginação à base de dados e informações indiretas do que de refinadas técnicas de análise.

A desorientação será bem maior ainda, entretanto, se o economista for convocado para trabalhar no setor público. Neste caso, perceberá, em pouco tempo, que se tudo que aprendeu não é totalmente inútil, quase tudo que é realmente útil ele deixou de aprender. Surge, então, o problema da pós-graduação. A situação será remediável se o economista houver recebido uma base adequada, que o capacite para complementar, mediante esforço próprio, a sua formação. Está aqui a chave de nosso problema.

Para que possa retificar e complementar a sua formação e desenvolver-se com base na própria experiência, o economista deve ter uma ideia clara do que é a economia como ciência. Deve saber que toda ciência trabalha com esquemas conceituais, mas elabora e testa esses esquemas com base na observação do mundo objetivo. Assim, o fundamental na formação do economista é que nele se haja desenvolvido a aptidão para observar de forma sistemática o mundo objetivo. Não devemos esquecer que a observação disciplinada da realidade objetiva é muito mais difícil em economia que na maioria das outras ciências, dadas a grande complexidade e a permanente mutação dessa realidade mesma. Como é impraticável captá-la em toda a sua complexidade, torna-se indispensável destacar ou abstrair aquilo que a realidade econômica tem de mais permanente, ou que nela é mais representativo. Observar o mundo real é, para o economista, de alguma forma, saber esquematizá-lo ou simplificá-lo. Em outras palavras, é saber reduzir o comportamento dos fenômenos reais à interação de um número de variáveis suficientemente pequeno para que possamos integrá-las em um esquema conceitual. Quanto maior a simplificação, menor o número de variáveis, e quanto menor o número de variáveis, mais fácil será integrá-las em um esquema. Dessa forma, toda teoria de elevado rigor, em economia, corresponde a uma realidade extremamente abstrata, ou grandemente simplificada. Em matéria de comércio internacional, por exemplo, a teoria mais rigorosa é aquela que se refere a um mundo formado por dois países e a um intercâmbio em que entram apenas dois produtos etc.

Ora, a grande dificuldade que enfrenta o estudante de economia, em um país subdesenvolvido, é que as teorias que lhe são ensinadas são exatamente aquelas que se baseiam em observações feitas mediante extrema simplificação de um mundo real que, demais, do ponto de vista estrutural é fundamentalmente distinto daquele em que ele vive. Essas simplificações do mundo real são, muitas vezes, ditadas pela mera conveniência do uso de certas técnicas de análise. Não devemos esquecer que quem analisa a realidade adota uma técnica de análise, técnica essa que preexiste à escolha do objeto analisado. E, uma vez adotada determinada técnica, ou método, é comum em economia que a própria técnica, emprestada de outra ciência, passe a condicionar a marcha do esforço da teorização. É de todos conhecida a influência esmagadora que o cálculo infinitesimal exerceu sobre os economistas marginalistas, cujos modelos de firma padrão, de consumidor típico, de equilíbrio parcial etc., chegaram a afastar-se distâncias quilométricas da realidade a fim de que o trabalho de teorização pudesse avançar dentro dos caminhos abertos pela análise diferencial e integral.

Mas não somente o predomínio de certas técnicas sofisticadas de análise tem contribuído para alienar o nosso economista do mundo real. A maneira mesma como se apresentam as teorias econômicas nas faculdades vem contribuindo para a alienação do estudante. A forma verdadeira de ensinar uma ciência consiste em apresentar os seus quadros conceituais como sistemas de hipóteses, cuja eficácia explicativa deve ser testada com respeito a uma determinada realidade. Esse teste, entretanto, raramente é feito no ensino de economia, entre nós. Quando muito, procura-se demonstrar a consistência lógica interna do sistema de hipóteses, partindo de um conjunto de definições; mas raramente se aborda o problema de sua eficácia explicativa com respeito a uma determinada realidade empírica. Em outras palavras, raramente se passa do campo da doutrina para o da teoria científica.

Não se creia, entretanto, que seria tarefa fácil dar esse passo decisivo do campo das doutrinas (cujo teste se realiza no terreno da lógica) para o das autênticas teorias científicas (cujo teste reside em sua eficácia explicativa) em um país subdesenvolvido. A doutrina refere-se a um protótipo ideal, criado em nosso espírito, ao passo que uma teoria científica diz respeito a um dado mundo real. O que tem ocorrido em economia é que uma teoria, formulada para explicar determinada realidade com limites no tempo e no espaço, é correntemente transformada em doutrina de validez universal. Assim, uma teoria formulada para explicar o comportamento da balança de pagamentos de um país como os Estados Unidos, quando universalizada, transforma-se em mera doutrina, que pode servir para justificar determinadas políticas, mas não para explicar indiscriminadamente a realidade de um país qualquer.

As teorias econômicas falecem, assim, de uma dupla debilidade. A primeira deriva de que as hipóteses explicativas são formuladas com respeito ao comportamento de modelos demasiadamente simplificados, o que em grande parte se deve à aplicação de técnicas de análise elaboradas para outro tipo de trabalho científico. Essa primeira falha é de natureza universal e vem sendo superada através de um grande esforço feito para melhorar a base de observação empírica, graças à acumulação de informações estatísticas e outras, e também no sentido do desenvolvimento autônomo de técnicas de análise, inclusive no campo matemático.

A segunda debilidade, específica da economia ensinada em nosso país, tem sua raiz em que as teorias correntes, em sua generalidade, foram formuladas para explicar o comportamento de estruturas distintas da nossa. As diferenças entre as estruturas desenvolvidas e subdesenvolvidas parecem ser suficientemente grandes para retirar parte substancial da eficácia explicativa de muitas das teorias econômicas de maior aceitação. Ora, como ainda não existe um corpo de teorias, ou de variantes teóricas, elaboradas diretamente para explicar o comportamento de uma economia subdesenvolvida, semi-industrializada, com insuficiência crônica de capacidade para importar, com excedente estrutural de mão de obra em todas as direções, como é a nossa, não é de admirar que o estudante de economia saia de sua escola e comece a enfrentar o mundo real com mais dúvidas e perplexidades do que outra coisa.

Em face da escassez de teorias econômicas de aplicação viável nas estruturas subdesenvolvidas, considero que, na formação do economista, deve-se dar prioridade ao domínio das técnicas que capacitam para observar, de forma sistemática, a realidade econômica. Saber observar metodicamente o mundo real, isto é, saber retirar da realidade, com os meios disponíveis, os elementos necessários à representação da mesma em termos econômicos é mais importante do que um refinado conhecimento dos mais sutis modelos estocásticos. Em segundo lugar, em razão do caráter histórico dos fenômenos econômicos, devemos ter sempre em conta que a validez de uma teoria é muito mais limitada, em economia, do que em outras disciplinas científicas. Em ciência, poder explicar significa estar armado para prever. Em economia, explica-se dez para poder prever um, e o que se logra prever é sempre o mais geral, isto é, aquilo que é comum a uma multiplicidade de fenômenos e, portanto, tem um caráter histórico limitado. Em outras palavras: aquilo que é mais específico de uma determinada realidade é o que mais dificilmente pode ser previsto. À medida que o econômico se esvazia de seu conteúdo histórico e mais se aproxima de um protótipo abstrato, mais pode ser previsto. Seria, entretanto, ingênuo atribuir excessiva importância a essa previsão que se refere a uma realidade esvaziada de seus ingredientes mais específicos.

O economista que possua uma base metodológica sólida, e clara compreensão do método científico em geral, tende a ser quase necessariamente, entre nós, heterodoxo. Em pouco tempo, ele aprenderá que os caminhos trilhados lhe são de pouca valia. Logo perceberá que a imaginação é um instrumento de trabalho poderoso e que deve ser cultivada. Perderá em pouco tempo a reverência diante do que está estabelecido e compendiado. Na medida em que venha a pensar por conta própria, com independência, reconquistará a autoconfiança, perderá a perplexidade.

Objetividade e ilusionismo em economia*

A ciência econômica exerce indisfarçável sedução nos espíritos graças à aparente exatidão dos métodos que utiliza. O economista, via de regra, trata de fenômenos que têm uma expressão quantitativa e que, pelo menos em aparência, podem ser isolados de seu contexto, isto é, podem ser *analisados*. Ora, a *análise*, ao identificar relações estáveis entre fenômenos, abre o caminho à *verificação* e à *previsão*, que são as características fundamentais do conhecimento científico em sua mais prestigiosa linhagem. Particularmente no mundo anglo-saxônico, entende-se como sendo *ciência* (*science*) o uso do *método científico*, e este último é concebido no sentido estrito da aplicação da análise matemática e, mais recentemente, da mecânica estatística. Compreende-se, portanto, que homens de valor, como Hicks e Samuelson hajam se empenhado tanto em traduzir tudo o que sabemos da realidade econômica em linguagem de análise matemática. Não tanto por pedantismo, como a alguns pode parecer, mas porque estão convencidos, seguindo Stuart Mill, da unidade metodológica de todas as ciências; portanto, o progresso da economia se faz no sentido de uma aplicação crescente do método científico, e este tem o seu paradigma na ciência física.

* Capítulo 4 de *O mito do desenvolvimento econômico*. Rio de Janeiro: Paz e Terra, 1974.

Ocorre, entretanto, que o objeto de estudo da economia não é uma natureza que permanece idêntica a si mesma e é totalmente exterior ao homem, como o são os objetos estudados nas ciências naturais. Para que o preço do feijão fosse algo rigorosamente *objetivo* deveria ser, como se ensina nos livros de texto, a resultante da interação de duas forças, a procura e a oferta, dotadas de existência objetiva. Seria o caso, por exemplo, se a oferta de feijão dependesse apenas da precipitação pluviométrica e a sua procura, das necessidades fisiológicas de um grupo definido de pessoas. Mas a verdade é que a oferta de feijão está condicionada por uma série de fatores *sociais* com uma dimensão *histórica*, os quais vão desde a manipulação do crédito para financiar estoques até o uso de pressões para importar ou exportar o produto, sem falar no controle dos meios de transporte, no grau de monopólio dos mercados etc. Da mesma maneira, a demanda resulta da interação de uma série de forças sociais, que vão da distribuição da renda até a possibilidade que tenham as pessoas de sobreviver produzindo para a própria subsistência. Quando aplica o método analítico a esse fenômeno (o preço do feijão), o economista diz: constantes todos os demais fatores, se aumenta a oferta do feijão, o preço deste tende a diminuir. Ora, o aumento da oferta também modifica outros fatores, como o grau de endividamento para estocagem, a pressão para exportar etc. A ideia de que tudo o mais permanece constante, que é essencial para o uso do aparelho analítico matemático (graças a esse recurso metodológico, múltiplas relações entre pares de variáveis podem ser tratadas simultaneamente na forma de um sistema de equações diferenciais parciais), essa ideia leva a modificar em sua própria natureza o fenômeno econômico. Se a oferta começa a aumentar, os compradores podem antecipar aumentos maiores, baixando os preços muito mais do que seria de prever inicialmente. Assim, a própria estrutura do sistema pode modificar-se, como decorrência da ação de um fator. É que toda decisão econômica é parte de um conjunto de decisões com importantes projeções no tempo. Essas decisões encontram sua coerência última num *projeto* que introduz um sentido unificador na ação do agente. Isolar uma decisão do conjunto dotado de sentido, que é o *projeto* do agente, considerá-la fora do tempo e em seguida adicioná-la a decisões pertencentes a outros projetos, como se se tratasse de elementos homogêneos, é algo fundamentalmente distinto do que em ciência natural se considera como legítima aplicação do método analítico.

Quando se percebe essa diferença epistemológica, compreende-se sem dificuldade que em economia o conhecimento científico, isto é, a possibilidade de verificar o que se sabe e de utilizar o conhecimento para prever (e, portanto, para agir com maior eficácia), não pode ser alcançado dentro do quadro metodológico em que vem atuando a chamada "economia positiva".

Essa conclusão se impõe de forma ainda mais clara com respeito à análise macroeconômica, a qual pretende explicar o comportamento de um sistema econômico nacional. Neste caso, as definições dos conceitos e categorias básicas da análise estão diretamente influenciadas pela visão inicial que tem o economista do *projeto implícito* na vida social. Esta se apresenta como um *processo*, ou seja, como um conjunto de fenômenos em interação que adquirem *sentido* (são inteligíveis globalmente) quando observados diariamente. Essa percepção global do processo social é principalmente obtida mediante observação dos agentes que controlam os principais centros de decisão, ou seja, que exercem *poder*. A existência de um Estado facilita a identificação das estruturas centrais de poder. Da mesma forma, a concentração do poder econômico (grandes empresas) e da manipulação da informação (grandes cadeias de jornais e estações de rádio) facilitam a identificação de estruturas colaterais de poder. É em torno das decisões emanadas dos centros principais de poder que se ordena o amplo processo da vida social. Nem o mais ingênuo jovem economista doutrinado em Chicago acredita hoje em dia no mito da "soberania" do consumidor como princípio ordenador da vida econômica. Demais, admitida a hipótese da "soberania" do consumidor, em que basear a introdução do postulado da homogeneidade, isto é, como somar as preferências de um milionário com as de um pobre que passa fome?

As hipóteses globais, que emprestam um sentido à vida social, são o ponto de partida de todo economista que define categoria de análise macroeconômica. E essas hipóteses globais são formuladas a partir da observação do comportamento dos agentes que controlam os centros principais do poder: não interessa saber se aqueles que o exercem derivam sua autoridade do consenso das maiorias ou da simples repressão; se o consenso das maiorias resulta da manipulação da informação ou da interação de forças sociais que se controlam mutuamente. No caso, apenas interessa assinalar que os que mandam falam em nome da coletividade. Quaisquer que sejam as motivações do que legisla sobre impostos, do que decide onde localizar uma estrada e do que arbitra entre a construção de um hospital e a de um quartel, as decisões tomadas sobre esses assuntos condicionam a vida coletiva. É certo que o estudioso da vida social poderá considerar muitas dessas decisões *equivocadas*, isto é, incapazes de produzir os resultados esperados pelos agentes que as tomaram; ou *inadequadas*, vale dizer, em desacordo com os *autênticos interesses sociais*. Em um e outro caso, o estudioso estará comparando meios com fins, o que põe a claro o fato de que ele é consciente da existência de um conjunto coerente de valores, sem o que não lhe seria possível *entender* (emprestar sentido) à vida social. Que o estudioso prefira os seus próprios valores aos dos agentes que controlam o poder não altera o fundo da questão: é observando o comportamento dos agentes que controlam os centros de decisão e dos que estão em condições de contrapor-se e modificar os resultados buscados por aqueles que ele parte para captar o sentido do conjunto do processo social.

Coloquemos esse problema num plano mais concreto. Os economistas falam correntemente de inversão ou investimentos como de algo que não comporta maiores ambiguidades. "Em toda política de desenvolvimento, qualquer que seja o sistema, um alto nível de investimento sempre será essencial." É essa uma afirmação totalmente equivocada. Investimento é o processo pelo qual se aumenta a capacidade produtiva mediante certo custo social. Suponhamos que o objetivo seja produzir mais bem-estar social e que na definição de bem-estar se concorde em dar a mais alta prioridade à melhoria da dieta infantil, a fim de obter melhores condições para o conjunto da população. Esse objetivo pode ser muito mais rapidamente alcançado reduzindo o consumo supérfluo das minorias privilegiadas (modificando a distribuição do bem-estar) do que aumentando o investimento. Para o economista, existe algo comum a todo ato de investimento: a subtração de recursos ao consumo, ou a transferência do ato de consumo de hoje para o futuro. "Sobre este ponto estamos todos de acordo", diria o professor de economia. Ora, essa afirmação se baseia numa falácia gritante: a ideia de que o consumo é uma massa homogênea. Quando me privo de uma segunda garrafa de vinho, subtraio cinquenta cruzeiros ao consumo, os quais podem ser utilizados para investimento; quando um trabalhador manual é obrigado a reduzir a sua ração de pão, pode estar comprimindo o nível de calorias que absorve abaixo do que necessita para cobrir o desgaste do dia de trabalho, o que a longo prazo pode reduzir o número total de dias que trabalhará em sua vida. O economista mede o valor do pão economizado, digamos 2,5 cruzeiros, e dirá: "A poupança extraída de vinte trabalhadores equivale à segunda garrafa de vinho de que se privou o sr. Furtado". Se o consumo não é uma massa homogênea, tampouco poderá sê-lo a poupança, que se define como "recursos subtraídos ao consumo presente". E se a poupança não é homogênea, como poderá sê-lo a inversão? Como medir com a mesma régua a inversão financiada com a redução do pão dos trabalhadores e a outra financiada com a minha privação de uma garrafa de vinho?

Passamos à outra vaca sagrada dos economistas: o Produto Interno Bruto (PIB). Esse conceito ambíguo, amálgama considerável de definições mais ou menos arbitrárias, transformou-se em algo tão real para o homem da rua como o foi o mistério da Santíssima Trindade para os camponeses da Idade Média na Europa. Mais ambíguo ainda é o conceito de taxa de crescimento do PIB.

Por que ignorar, na medição do PIB, o custo para a coletividade da destruição dos recursos naturais não renováveis e o dos solos e florestas (dificilmente renováveis)? Por que ignorar a poluição das águas e a destruição total dos peixes nos rios em que as usinas despejam seus resíduos? Se o aumento da taxa de crescimento do PIB é acompanhado de baixa do salário real e esse salário está no nível de subsistência fisiológica, é de admitir que estará havendo um desgaste humano. As estatísticas de mortalidade infantil e expectativa de vida podem ou não traduzir o fenômeno, pois, sendo médias nacionais e sociais, anulam os sofrimentos de uns com os privilégios de outros.

Em um país como o Brasil, basta concentrar a renda (aumentar o consumo supérfluo em termos relativos) para elevar a taxa de crescimento do PIB. Isto porque, dado o baixo nível médio de renda, somente uma minoria tem acesso aos bens duráveis de consumo e são as indústrias de bens duráveis as que mais se beneficiam de economias de escala. Assim, dada certa taxa de investimento, se a procura de automóveis cresce mais que a de tecidos (supondo-se que os gastos iniciais nos dois tipos de bens sejam idênticos), a taxa de crescimento será maior. Em síntese: quanto mais se concentra a renda, mais privilégios se criam, maior é o consumo supérfluo, maior será a taxa de crescimento do PIB. Desta forma a contabilidade nacional pode transformar-se num labirinto de espelhos, no qual um hábil ilusionista pode obter os efeitos mais deslumbrantes.

Não se trata, evidentemente, de negar todo valor a esses conceitos, nem de abandoná-los se não podemos substituí-los por outros melhores. Trata-se de conhecer-lhes a exata significação. A objetividade em ciências sociais vai sendo obtida na medida em que se explicitam os fins e se identificam nos meios (nos métodos e instrumento de trabalho), o que nestes é decorrência necessária dos referidos fins.

Como esse esforço no sentido de explicação de fins e de identificação do condicionamento dos métodos de trabalho pelos valores implícitos na escolha dos problemas é responsabilidade direta do cientista social, pode-se afirmar que o avanço das ciências sociais também depende do papel que na sociedade se atribuem e exercem os que estudam os problemas sociais. O progresso dessas ciências não é independente do avanço do homem em sua capacidade de autocrítica e autoafirmação. Não é de surpreender, portanto, que essas ciências se degradem quando declinam o exercício da autocrítica e a consciência de responsabilidade social.

Tábua de matéria sugerida*

I. FORMAÇÕES SOCIAIS E ESTRUTURAS DE PODER

Formas históricas do processo de socialização do homem. Os grupos sociais.

A organização social e as normas disciplinadoras do comportamento individual. Os objetivos sociais. As formas de integração social. Interiorização pelo indivíduo dos objetivos sociais.

Formas de organização social orientadas para o aumento da eficiência do trabalho individual. A produção dos meios de subsistência como atividade coletiva. A divisão social do trabalho e a emergência de um horizonte de opções sociais. O desenvolvimento da cultura, soma das formas de comportamento transmitidas pelo processo de socialização do indivíduo. O consumo como ato coletivo e como ato individual. A propriedade privada individual.

Diferenciação de atividades sociais. Assimetria das relações dos membros da comunidade com os indivíduos que exercem o *poder* e/ou manipulam o *sobrenatural*. Criação do excedente social. Emergência e institucionalização das desigualdades no acesso ao produto do

* Este texto, publicado como anexo do capítulo 1, "Prefácio a Nova Economia Política", do livro homônimo, é um índice elaborado pelo autor com temas propostos aos cientistas sociais para futuros estudos. Cf. *Prefácio a Nova Economia Política*. São Paulo: Paz e Terra, 1976.

trabalho social. Reprodução do sistema de dominação social. Codificação e sacralização das normas reguladoras do comportamento individual. As formas básicas de apropriação do excedente: a autoritária e a mercantil.

As formações sociais como formas históricas de organização social. Grupos informais e formais. Separação entre funções de decisão-controle e de execução. As estruturas hierárquicas. O uso da violência como forma de integração social. A experiência militar e sua significação na evolução dos sistemas de dominação social.

Estabilidade e legitimação dos sistemas de dominação social. Base patrimonial e hereditária do poder. As ideologias como fator de integração social e legitimação do poder.

A ascensão política da burguesia mercantil europeia. O controle das atividades produtivas pelo capital mercantil. Preeminência da apropriação mercantil do excedente.

O modo capitalista de produção como generalização da apropriação mercantil do excedente às atividades produtivas. Consequência de sua penetração na agricultura: instabilidade de emprego, expulsão de populações do campo, barateamento da mão de obra. Penetração nas atividades manufatureiras e abertura de um novo horizonte de possiblidades à acumulação.

Evolução dos sistemas de dominação social na fase de aceleração da acumulação. Importância crescente do controle da informação e da criatividade. A *intelligentsia*, vetor da ideologia dominante e desestabilizador social. Os avanços na burocratização e seus efeitos secundários.

2. AS ATIVIDADES SOCIAIS E O PRODUTO SOCIAL

As atividades sociais como expressão da diferenciação de funções dos membros de uma sociedade. As decisões dos agentes individuais concebidas no seu contexto social. A separação entre meios e fins numa sociedade individualista-competitiva. A *racionalidade* econômica. A *microeconomia* como construção ideológica da cultura burguesa na fase predominantemente individualista.

Tipologia das atividades sociais:

a) Atividades produtivas dos indivíduos destinadas a satisfazer diretamente suas necessidades, próprias e de seus dependentes;

b) Atividades produtivas dos indivíduos isolados ou em grupos destinados ao intercâmbio;

c) Atividades ligadas ao processo de socialização;

d) Atividades ideológicas ligadas ao processo de integração social;

e) Atividades ligadas aos processos de controle e repressão social.

Identificação das necessidades básicas dos membros de uma sociedade. Os condicionantes fisiológicos e ecológicos. Necessidades de alimentação, vestimenta e habitação. A atividade cultural como participação ativa.

As necessidades derivadas do horizonte de expectativas do indivíduo, decorrência de sua inserção numa estrutura social dada. A influência das desigualdades dos níveis de consumo na criação de novas necessidades.

O processo de criação de novas necessidades numa sociedade inigualitária em expansão. O papel da moda e da obsolescência dos produtos de consumo. A vida cultural como forma passiva de consumo. A criação *artística* para o consumo.

A difusão social de novas necessidades como vetor da ideologia da classe dominante.

(A tipologia das atividades sociais visa abranger o conjunto dos membros da sociedade. Com efeito: a *produção econômica* não pode ser entendida se a considerarmos isoladamente do *sistema de valores* que está na base da integração social e permite que o sistema de poder alcance a eficácia necessária para se manter. A atividade realizada no quadro familiar deve ser considerada, tanto quando ela se liga diretamente à produção — agricultura de subsistência, artesanato de autoconsumo — como quando ela se integra no processo de socialização, treinamento profissional etc. A população *subempregada*, ou reconhecida como desempregada, não deve ser considerada apenas como um custo social, porquanto ela desempenha um papel na mobilidade da mão de obra e na definição do custo de reprodução da população, portanto na determinação da dimensão relativa do excedente.)

O produto social: entidade que não pode ser definida independentemente da estrutura social, portanto do custo de reprodução da população, da aplicação do excedente, do sistema de preços que os reflete.

Atividades sociais incluídas e não incluídas no produto social. Dificuldades que se apresentam à medição de certas dessas atividades. Atividades que dão lugar à criação de um fluxo monetário.

(Na prática dos países de economia capitalista adota-se o critério de incluir no produto, demais das atividades que dão origem a pagamentos em moeda, aquelas às quais se pode imputar por analogia um valor monetário, como a produção agrícola para autoconsumo. Esquemas alternativos: inclusão do trabalho realizado no quadro familiar pelas mulheres, exclusão dos gastos no sistema de repressão social etc. A medição do produto social funda-se no custo de reprodução da população e em decisões arbitrárias, que refletem o sistema de valores dos grupos que se apropriam do excedente.)

O custo de reprodução da população. O excedente social como expressão última das desigualdades nos padrões de consumo de uma formação social.

A estimativa do nível de vida básico da população. O salário básico individual e seu complemento coletivo.

A apropriação do excedente como expressão do sistema de dominação social. A estratificação social. Principais instrumentos econômicos do sistema da dominação social: orientação da inovação técnica, controle da criação de emprego, manipulação do nível geral de preços.

3. O SISTEMA DE PRODUÇÃO

A produção como um processo social ligado à reprodução da população e aos objetivos da vida social. Os recursos utilizados e sua dimensão intertemporal. A organização do sistema de produção como reflexo do nível alcançado pela acumulação e da estrutura social. Relações entre o sistema de valores dominantes, a composição do produto social, o perfil da acumulação global e o desenvolvimento das forças produtivas.

A estrutura do sistema de produção. A matriz de insumo-produto. A distribuição da força de trabalho. Espessura temporal da acumulação. Coeficientes técnicos e grau de rigidez da estrutura produtiva.

A divisão intertemporal do trabalho e a diferenciação do sistema de produção entre setores destinados à produção de bens finais de consumo, e à produção de bens intermediários. A crescente importância, entre estes últimos, dos equipamentos. Equipamentos destinados a produzir outros equipamentos. A combinação trabalho presente e trabalho passado nas distintas fases do processo produtivo de cada produto. O trabalho especializado. O progresso técnico e o campo de variação dessa combinação. A função de produção como delimitação de um horizonte de possibilidades técnicas no nível da empresa.

Interdependência das atividades econômicas. Economias externas e de aglomeração. A produtividade como fenômeno social, relativo ao conjunto do sistema produtivo. Do especulador mercantil ao empresário da produção. O sistema de preços e a eficiência na rentabilidade relativa das empresas. Os investimentos públicos e seus efeitos indiretos na rentabilidade das empresas. A racionalidade do empresário. Seu horizonte de percepção e os custos não assumidos. O poder do empresário. Seu acesso aos recursos sociais.

A organização social dentro da empresa. Trabalho manual e trabalho especializado. A estrutura de direção. O controle financeiro da empresa. Dos grupos informais de trabalhadores à organização sindical. O controle dos sindicatos pelo Estado.

A organização da produção agrícola. Importância dos fatores ecológicos e do regime fundiário. O grau de penetração do modo capitalista de produção e as formas de criação de emprego. A tecnificação da agricultura e sua crescente dependência de insumos industriais. As estruturas agrárias e sua importância na determinação do custo de reprodução da população.

4. REPRODUÇÃO DA POPULAÇÃO E ESTRUTURA SOCIAL

O enquadramento dos trabalhadores manuais no sistema de produção. A escravidão e as diversas formas de servidão. Subemprego e desemprego periódico como fatores constringentes. Os obstáculos à mobilidade social vertical.

"Normalização", "racionalização", "organização científica do trabalho" como métodos de disciplina social. As técnicas de remuneração e de incitação.

A significação da luta de classes nas formações sociais em que predomina o modo capitalista de produção. Seus efeitos na intensidade da acumulação e na orientação do progresso técnico. O poder sindical e a incompressibilidade dos salários nominais. Nível de emprego, inflação e salários reais.

A luta de classes no plano ideológico. O trabalho não pago das mulheres. Caráter conservador da família em condições de instabilidade de emprego. Controle da informação, manipulação da opinião pública.

A participação dos trabalhadores manuais no produto social. A distribuição da renda e suas relações com a estrutura patrimonial.

Relação entre o salário básico e a produtividade social, e sua significação para a competitividade internacional das empresas.

O consumo coletivo e sua significação na redução das desigualdades dos padrões de consumo.

5. A APROPRIAÇÃO DO EXCEDENTE

A matriz institucional do sistema de dominação social. O regime de propriedade em geral. O sistema fundiário. O direito sucessório. A propriedade imobiliária. Sistema de patentes. Propriedade intelectual.

O controle do sistema de decisões. Definição e interpretação dos "interesses coletivos". Os objetivos sociais: prioridades nos investimentos, orientação da educação, condicionamento da criatividade, arbitragem da inovação na *moda* e no valor comercial dos frutos da criação artística. Papel da propaganda e do controle da informação.

O sistema de preços na apropriação do excedente. As formas de mercado. Concorrência de preços, mediante inovação de produtos. Discriminação de preços e renda do produtor. Empresas dependentes e empresas líderes. A administração dos preços no quadro dos oligopólios.

O poder burocrático na apropriação do excedente. O aumento relativo das burocracias públicas e privadas como decorrência da crescente complexidade da organização social.

As profissões liberais e os remanescentes do poder corporativo. O controle do acesso a essas profissões. Relações pessoais, cooptação, estratificação.

A transformação de excedente em capital. As distintas formas de capital financeiro. Os mercados de títulos. A concentração do capital financeiro.

Os intermediários financeiros e a criação de liquidez. Os bancos como centros privilegiados na estrutura do poder econômico. A tutela do capital financeiro sobre as empresas.

Repartição do excedente entre consumo corrente, acumulação improdutiva e acumulação reprodutiva. Seus reflexos na estrutura social, na intensidade da acumulação e na orientação do progresso técnico assimilado.

6. ACUMULAÇÃO E INOVAÇÃO

Modo de produção capitalista e aceleração da acumulação.

A acumulação pública diretamente ligada à reprodução da estrutura social: investimentos no processo de socialização, de repressão, de legitimação do poder.

A acumulação privada ligada à reprodução social: investimentos em habitações, gastos em bens duráveis e na formação profissional.

A acumulação nas atividades produtivas (adicional à simples reposição da acumulação já existente) como resultado de decisões intertemporais na utilização do excedente. Alongamento dos processos produtivos, verticalização na divisão do trabalho (aumento da composição orgânica do capital, elevação do coeficiente de capital) e os avanços na produtividade social decorrentes de inovações nas técnicas de produção, economias de escala, economia de complementaridade etc.

A inovação dos produtos finais e a acumulação. Acumulação-difusão de produtos já conhecidos e acumulação e introdução de novos produtos. Relações entre a intensidade e o perfil da acumulação, e a reprodução da formação socioeconômica.

7. RELAÇÕES EXTERIORES

A aceleração da acumulação e a formação do sistema de divisão internacional do trabalho.

As "vantagens comparativas" e a formação das economias periféricas. A difusão irregular do modo capitalista de produção e a expansão do intercâmbio internacional com base na captação autoritária do excedente nos países periféricos. As consequentes disparidades no processo de acumulação e a dependência.

A difusão cultural e a introdução de novos padrões de consumo. A emergência de novos grupos dominantes com acesso ao excedente criado no quadro do intercâmbio externo. Condições históricas que permitiram à burguesia local, em certos países, liberar-se da dominação externa. As disparidades internacionais nos níveis de acumulação no sistema produtivo e sua irreversibilidade.

Captação internacional do excedente. Os preços internacionais. Os mercados de câmbio e os fluxos financeiros internacionais como instrumentos de pressão na captação do excedente.

Integração de atividades produtivas e de comercialização em espaços multinacionais e a emergência da economia transnacional. Crescimento relativo dos excedentes nos distintos países. O controle da técnica e da informação como principais instrumentos de captação do excedente internacional.

A criação de liquidez internacional. A grande empresa transnacional e suas relações com os estados nacionais. O mercado financeiro internacional.

8. O ESTADO E A COORDENAÇÃO DAS ATIVIDADES SOCIOECONÔMICAS

A concentração no Estado das diversas formas autoritárias de captação de excedente. A importância crescente do sistema impositivo.

Complexidade das atividades do Estado. Coação e controle social. Modificação e codificação de normas disciplinadoras do comportamento social dos indivíduos.

O crescente papel do Estado no processo de socialização dos indivíduos, mediante o controle das instituições de ensino e dos meios de comunicação audiovisual.

A participação do Estado no processo de acumulação, tanto destinada a reproduzir a estrutura social como a aumentar a produtividade.

A especificidade do Estado nas chamadas economias de mercado, ou seja, aquelas em que o excedente é principalmente apropriado mediante o intercâmbio. O controle da criação de liquidez, dos fluxos financeiros e das relações com o exterior. O controle do nível da demanda efetiva e a regulação da criação de emprego. A coordenação das decisões de investimento a longo prazo visando aumentar a produtividade social e reduzir a instabilidade.

O Estado nas economias centralmente planificadas. Predominância da forma autoritária de apropriação do excedente. Ordenação em um "plano" dos objetivos sociais. A importância das formas burocráticas de poder.

9. O AVANÇO DA ACUMULAÇÃO E AS TENSÕES NA FRONTEIRA ECOLÓGICA

O aumento da eficiência como contrapartida de um maior consumo de energia.

A irreversibilidade da degradação da energia. Criação de entropia e desorganização dos ecossistemas.

A aceleração da acumulação em condições de apropriação privada dos recursos naturais. Socialização dos danos causados no plano ecológico. Comprometimento das opções futuras.

Recursos renováveis e não renováveis. A ótica dos interesses privados e a aceleração do uso dos recursos não renováveis. O efeito dessa ótica sobre a orientação do progresso técnico.

O custo ecológico da reprodução de certas estruturas sociais. Destruição dos solos aráveis e o latifundismo-minifundismo. As explorações mineiras predatórias no quadro do sistema de divisão internacional do trabalho.

A urbanização como um complexo de formas de acumulação produtivas e improdutivas. Consequências no plano ecológico.

10. TIPOLOGIA DO DESENVOLVIMENTO ECONÔMICO NO MUNDO ATUAL

O desenvolvimento concebido como processo de diferenciação de um sistema produtivo que se traduz em aumento da produtividade social. Essa diferenciação resulta do aprofundamento da divisão social do trabalho. Na sua dupla dimensão — diferenciação de tarefas e intertemporalidade — a divisão do trabalho é o vetor do progresso técnico. Todo desenvolvimento possui um conteúdo, uma dimensão substantiva, instilados pelos objetivos da vida social, vale dizer, pelos grupos sociais que se apropriam do excedente e exercem as opções implícitas na utilização deste. Portanto, não cabe falar de desenvolvimento sem referência a certo tipo de formação socioeconômica.

A eclosão do modo capitalista de produção, a aceleração da acumulação, a formação do sistema de divisão internacional do trabalho e o amplo processo de difusão cultural que este provocou se traduziram em grandes disparidades geográficas na intensidade e na orientação da acumulação. Em consequência surgiram duas formações socioeconômicas capitalistas típicas: as economias subdesenvolvidas, dependentes ou periféricas, e as economias desenvolvidas, dominantes ou centrais.

Nos países em que houve atraso no processo de acumulação, a *modernização* e a aculturação carreadas pela dependência externa engendraram crescentes desigualdades sociais e aumentaram os custos do controle social. Essa situação de fundo, ocasionalmente coadjuvada pela interveniência de fatores políticos externos, levou a rupturas nos sistemas de poder e à ascensão de grupos portadores de um projeto de reconstrução social, acarretando modificações profundas no processo de apropriação do excedente. Contudo, a evolução subsequente conduziu a crescente divergência na forma de estruturação do poder e de disciplina social, o que não seria sem consequências para a orientação da acumulação. Em um extremo temos formações sociais em que o sistema da empresa hierarquizada foi conservado, e noutro formações sociais em que a disciplina no trabalho se apoia de preferência na interiorização pelo indivíduo dos objetivos sociais. Em síntese, podemos identificar no mundo atual dois tipos de formação socioeconômica criados pelo capitalismo na fase de aceleração da acumulação, e dois tipos de formação socioeconômica resultantes de revoluções sociais, ocorridas em áreas caracterizadas pelo atraso no processo de acumulação, e inspiradas nas ideologias igualitárias surgidas nas lutas de classe dos países mais avançados no processo de acumulação. A cada uma dessas quatro formações socioeconômicas correspondem a tipos diversos de desenvolvimento. Um modelo teórico que pretenda reduzi-los a denominadores comuns não poderá ir muito além da descrição dos aspectos técnicos das atividades econômicas.

Cronologia

1920 26 DE JULHO Celso Furtado nasce em Pombal, no sertão da Paraíba, filho de Maria Alice Monteiro, de família de proprietários de terra, e Maurício de Medeiros Furtado, de família de magistrados. É o segundo dos oito filhos do casal.

1927 A família se muda para a Cidade da Paraíba, capital do estado.

1932 Início dos estudos secundários, no Liceu Paraibano.

1936 Dá aulas de geografia e português e dirige cursos noturnos em escolas públicas.

1938 Estudos no Ginásio Pernambucano, no Recife.

1939 Muda-se para o Rio de Janeiro, indo morar em pensões da Lapa e do Flamengo.

1940 Entra para a Faculdade Nacional de Direito. É secretário de redação, e depois repórter e crítico de música, da *Revista da Semana*. Revisor do *Correio da Manhã*. Com o amigo de liceu Adhemar Nóbrega, futuro secretário particular de Villa-Lobos, entra em contato com o maestro e participa ativamente da vida musical carioca.

1942 SEMANA SANTA Viaja a Ouro Preto para reportagem com a equipe do cineasta Orson Welles, que passa uma temporada no Brasil.

1943 É aprovado no concurso do Departamento Administrativo do Serviço Público (Dasp) para assistente de organização, e no do Departamento do Serviço Público do Estado do Rio para técnico de administração, indo trabalhar em Niterói.

1944 Cursa o Corpo de Preparação de Oficiais da Reserva (CPOR), no Rio de Janeiro. Escreve artigos sobre administração e organização para a *Revista do Serviço Público*, do Dasp. Conclui a faculdade de direito. É convocado para a Força Expedicionária Brasileira (FEB).

1945 JANEIRO Embarca para a Itália como aspirante a oficial da FEB, a bordo do navio *General Meig*. Acampado na Toscana, serve como oficial de ligação junto ao 5º Exército norte-americano. Sofre um acidente durante a ofensiva final dos aliados no norte da Itália, sendo recolhido num hospital americano.

AGOSTO Retorna ao Brasil e toma a decisão de não ser advogado, como o pai, mas economista.

1946 Ganha o prêmio Franklin D. Roosevelt, em concurso promovido pelo Instituto Brasil-Estados Unidos (Ibeu), com o ensaio "Trajetória da democracia na América". Colabora para a revista *Ciência Política*. Publica, por conta do autor, seu primeiro livro, *De Nápoles a Paris: contos da vida expedicionária*, sobre a presença brasileira na Itália durante a Segunda Guerra Mundial.

DEZEMBRO Segue para Paris, onde se inscreve no curso de doutorado em economia da Faculdade de Direito e Ciências Econômicas da Universidade de Paris (Sorbonne) e no Instituto de Ciências Políticas, onde faz um curso sobre marxismo com o professor Auguste Cornu. Envia reportagens e artigos para a *Revista da Semana*, *Panfleto* e *Observador Econômico e Financeiro*.

1947 Viaja à Inglaterra, para visita à London School of Economics. Integra a brigada francesa de reconstrução de uma estrada na Bósnia, perto de Sarajevo. Com o pintor Carlos Scliar e a pianista Anna Stella Schic, participa do Festival da Juventude em Praga.

1948 JUNHO Doutor em economia pela Universidade de Paris, com a tese *L'Économie coloniale brésilienne aux XVIÈ et XVIIÈ siècle*, dirigida por Maurice Byé, obtendo a menção *très bien*.

AGOSTO Retoma o trabalho no Dasp em Niterói e junta-se ao quadro de economistas da Fundação Getúlio Vargas, trabalhando na revista *Conjuntura Econômica*.

Casa-se com Lucia Tosi, com quem terá os filhos Mario e André.

1949 FEVEREIRO Instala-se em Santiago do Chile como economista da recém-criada Comissão Econômica para a América Latina (Cepal), órgão das Nações Unidas que se transformará na única escola de pensamento econômico surgida no Terceiro Mundo. Dedica-se a pesquisas e elabora seus primeiros trabalhos de economia.

1950 É nomeado diretor da Divisão de Desenvolvimento da Cepal. Até 1957, quando se afasta da instituição, será encarregado de missões na Argentina, México, Venezuela, Equador, Peru e Costa Rica.

MARÇO Publica o primeiro ensaio de análise econômica, "Características gerais da economia brasileira", na *Revista Brasileira de Economia*, da Fundação Getúlio Vargas.

1951 Encontros nos Estados Unidos com Wassili Leontieff, W. W. Rostow, Melville Herskovits e Theodore Schultz, em universidades e instituições de pesquisa e ensino que trabalham com o desenvolvimento econômico.

1952 SETEMBRO Publica "Formação de capital e desenvolvimento econômico" na *Revista Brasileira de Economia*, seu primeiro artigo traduzido no exterior, pela revista *International Economic Papers*, órgão da Associação Internacional de Economia que veicula contribuições à teoria econômica escritas em outras línguas.

1953 Instala-se no Rio de Janeiro para presidir o Grupo Misto Cepal-BNDE, que elabora o "Esboço de um programa de desenvolvimento, período de 1955-1962", com ênfase nas técnicas de planejamento recém-elaboradas na Cepal. Esse estudo é editado em 1955 e servirá de base para o Plano de Metas do governo de Juscelino Kubitschek.

1954 Cria, com um grupo de amigos, o Clube de Economistas, no Rio de Janeiro, que lança a revista *Econômica Brasileira*. Publica *A economia brasileira*, seu primeiro livro de economia, sobre a teoria do desenvolvimento e subdesenvolvimento.

1956 JANEIRO Muda-se para a Cidade do México, onde elabora para a Cepal um estudo sobre a economia mexicana.

1957 SETEMBRO Segue para a Universidade de Cambridge, onde permanece um ano no King's College. Aí escreve *Formação econômica do Brasil*.

1958 Retorna ao Brasil, desliga-se definitivamente da Cepal e assume uma diretoria do BNDE. À frente do Grupo de Trabalho do Desenvolvimento do Nordeste (GTDN), para o qual é nomeado pelo presidente Juscelino Kubitschek, elabora o estudo "Uma política econômica de desenvolvimento para o Nordeste", que dá origem ao Conselho de Desenvolvimento do Nordeste (Codeno). É nomeado seu secretário-executivo.

1959 JANEIRO Publica *Formação econômica do Brasil*. Candidata-se à cátedra de professor de economia da Faculdade Nacional de Direito, da antiga Universidade do Brasil, com uma tese sobre os desequilíbrios externos nas economias subdesenvolvidas.

DEZEMBRO É aprovada pelo Congresso Nacional a lei que cria a Superintendência do Desenvolvimento do Nordeste (Sudene), com sede no Recife. É nomeado seu superintendente.

1961 Encontro em Washington com o presidente John Kennedy, cujo governo decide apoiar um programa de cooperação com a Sudene. Encontro com o ministro Ernesto Che Guevara, chefe da delegação cubana na Conferência de Punta del Este, para discutir o programa da Aliança para o Progresso.

1962 SETEMBRO É nomeado, no regime parlamentar, o primeiro titular do Ministério do Planejamento. Elabora o Plano Trienal, apresentado ao país em dezembro pelo presidente João Goulart por ocasião do plebiscito, em janeiro do ano seguinte, que visa confirmar o parlamentarismo ou restabelecer o presidencialismo.

1963 JUNHO Deixa o Ministério do Planejamento e retorna à Sudene, no Recife. Concebe e implanta a política de incentivos fiscais para os investimentos na região.

1964 31 DE MARÇO Informado do levante militar, junta-se ao governador Miguel Arraes, no palácio do governo de Pernambuco.

10 DE ABRIL O governo militar publica o Ato Insti-

tucional nº 1, que cassa seus direitos políticos por dez anos. As universidades Yale, Harvard e Columbia o convidam para lecionar.

MEADOS DE ABRIL Embarca para Santiago do Chile, a convite do Instituto Latino-Americano para Estudos de Desenvolvimento (ILPES).

SETEMBRO Assume o cargo de pesquisador graduado do Instituto de Estudos do Desenvolvimento da Universidade Yale. Faz conferências em diversas universidades norte-americanas.

1965 SETEMBRO Assume a cátedra de professor de desenvolvimento econômico na Faculdade de Direito e Ciências Econômicas da Universidade de Paris, na qual permanecerá por vinte anos. É o primeiro estrangeiro nomeado para uma universidade francesa, por decreto presidencial do general De Gaulle. Durante esses anos leciona também no Institut de l'Amérique Latine, no Institut d'Études du Développement Économique et Sociale, no Institut des Sciences Politiques, na École Normale Supérieure e na École des Hautes Études en Sciences Sociales. Suas pesquisas se concentram em três temas: a expansão da economia capitalista, o estudo teórico das estruturas subdesenvolvidas e a economia latino-americana. Nesses anos de exílio tem uma vasta produção intelectual, que inclui oito livros.

1967 Organiza, a pedido de Jean-Paul Sartre, um número especial da revista *Les Temps Modernes* sobre o Brasil.

1968 JUNHO Vem ao Brasil pela primeira vez depois de sua cassação, a convite da Câmara dos Deputados, para debates sobre a economia brasileira. As conferências proferidas na Comissão de Economia da Câmara, em Brasília, são reunidas no livro *Um projeto para o Brasil*, lançado semanas antes do AI-5.

1972 Professor visitante na American University, em Washington, D.C.

1973 Professor da Universidade de Cambridge, Inglaterra, ocupando a cátedra Simon Bolívar. É feito *fellow* do King's College.

1975 Passa um semestre no Brasil, dirigindo um seminário sobre economia do desenvolvimento na PUC de São Paulo.

1976 Professor visitante da Universidade Columbia, em Nova York.

1978 Inicia um mandato de três anos como membro do Conselho Acadêmico da Universidade das Nações Unidas, em Tóquio, sendo convidado para ser seu reitor.

1979 Depois da anistia, retorna regularmente ao Brasil. Casa-se com Rosa Freire d'Aguiar.

1981 Filia-se ao PMDB, como membro do diretório nacional.

1982 Assume o cargo de diretor de pesquisas da École des Hautes Études en Sciences Sociales, em Paris, por três anos, dirigindo seminários sobre economia brasileira e internacional.

1985 JANEIRO Integra, a convite do recém-eleito presidente Tancredo Neves, a Comissão do Plano de Ação do Governo (Copag).
AGOSTO É designado embaixador do Brasil junto à Comunidade Econômica Europeia, em Bruxelas. Integra a Comissão de Estudos Constitucionais, presidida por Afonso Arinos, para elaborar um projeto de nova Constituição.

1986 MARÇO É nomeado ministro da Cultura do governo José Sarney, quando elabora e implanta a primeira lei de incentivos fiscais à cultura.

1987 Integra a South Commission, criada e presidida pelo presidente Julius Nyerere, da Tanzânia, e formada por países do Terceiro Mundo para formular uma política para o Sul.

1993 Inicia o mandato trienal de membro da Comissão Mundial para a Cultura e o Desenvolvimento, da ONU/Unesco, presidida por Javier Pérez de Cuéllar.

1996 É eleito membro da Comissão Internacional de Bioética, da Unesco.

1997 É eleito para a Academia Brasileira de Letras. É organizado em Paris, pela Unesco e pela Maison des Sciences de l'Homme, o colóquio internacional "O que é So desenvolvimento? A contribuição de Celso Furtado".

1999 Seu livro *O capitalismo global* ganha o prêmio Jabuti na categoria Ensaio.

2000 São organizados seminários internacionais sobre sua obra em Belo Horizonte, Recife, João Pessoa e São Paulo. É inaugurada a exposição "Celso Furtado — Vocação Brasil", na Academia Brasileira de Letras, que no ano seguinte é levada a Santiago do Chile.

2003 É eleito para a Academia Brasileira de Ciências. Economistas da América Latina e personalidades da Europa e dos Estados Unidos encaminham seu nome ao comitê do prêmio Nobel de Economia, em Estocolmo.

2004 20 DE NOVEMBRO Falece em casa, no Rio de Janeiro, de parada cardíaca. O presidente Lula decreta luto oficial por três dias.

2005 É criado o Centro Internacional Celso Furtado de Políticas para o Desenvolvimento, no Rio de Janeiro.

2009 É inaugurada a Biblioteca Celso Furtado, no Rio de Janeiro, com todo seu acervo bibliográfico catalogado. Inicia-se a publicação da série documental Arquivos Celso Furtado.

Esta obra foi composta em Sabon por warrakloureiro
e impressa em ofsete pela Geográfica sobre papel Pólen Soft
da Suzano Papel e Celulose para a Editora Schwarcz
em junho de 2013

FSC
www.fsc.org
MISTO
Papel produzido a partir de fontes responsáveis
FSC® C019498

A marca FSC® é a garantia de que a madeira utilizada na fabricação do papel deste livro provém de florestas que foram gerenciadas de maneira ambientalmente correta, socialmente justa e economicamente viável, além de outras fontes de origem controlada.